2022年度版

地方初級 教養試験 過去問 350

【試験ガイド】
①試験概要 …………………………………… ❹
②出題分析 …………………………………… ⓳

【令和2年度試験出題例】

【地方初級〈教養試験〉過去問&解説No.1～No.350】

政治 ……………………………………	2
経済 ……………………………………	31
社会 ……………………………………	50
日本史 …………………………………	61
世界史 …………………………………	79
地理 ……………………………………	96
倫理 ……………………………………	111
文学・芸術 ……………………………	119
国語 ……………………………………	130
数学 ……………………………………	142
物理 ……………………………………	150
化学 ……………………………………	164
生物 ……………………………………	177
地学 ……………………………………	195
文章理解 ………………………………	211
判断推理 ………………………………	236
数的推理 ………………………………	285
資料解釈 ………………………………	338

◆本書は、平成10年度から令和2年度の過去問を収録しています。
◆各科目の問題数は、令和2年度試験の出題比率に基づいて配分しています。したがって、主要科目ほど掲載数が多くなっています。
◆法改正、制度変更などがあった分野の問題、またはデータが古くなった事情問題は、問題文を最新情報に基づいた記述に改めたうえで、〈改題〉表示をしています。
◆本書に掲載した過去問は、受験者から寄せられた情報をもとに実務教育出版が独自に復元したものです。したがって、必ずしも実際の試験問題と同一であるとは限りません。

験研究会編
教育出版

実務教育出版

実力養成から、直前の実力チェックまで役立つシリーズ!

初級公務員 完全マスターシリーズ 高校卒業程度試験に対応!

教養試験の出題分野を完全網羅。教養対策はこれでOK!

教養試験の出題ポイントをピックアップし、覚えやすいように整理した問題集です。穴埋め式の問題を解きながら、出題ポイントやキーワードをしっかりと確認することができます。さらに、理解度テストで反復学習ができるので、着実に実力が身につきます。

資格試験研究会編●定価各:990円

社会科学の完全マスター	政治、経済、倫理・社会から頻出の31テーマに絞り、テーマ別にその理解度をチェック。出題ポイントをおさえているので、効率よく学習できます。
人文科学の完全マスター	日本史、世界史、地理、文学・芸術から頻出の29テーマに絞り、その理解度をチェック。出題範囲の広い人文科学分野を確実にマスターできます。
判断推理の完全マスター	文章から推理する問題、位置・法則・論理に関する問題、数量・手順に関する問題、平面・空間図形に関する問題から全23テーマを収録。
面接・作文の完全マスター	実際の面接試験でよく聞かれる質問や、作文試験でよく出されるテーマを紹介。面接や作文試験に対する実戦的な準備をすることができます。

公務員試験の「時事対策」にはこの2冊!

令和3年度試験完全対応
公務員試験 速攻の時事

重要時事問題がコンパクトにまとまった要点整理集の決定版!

資格試験研究会編●定価:1,100円

令和3年度試験完全対応
公務員試験 速攻の時事 実戦トレーニング編

『速攻の時事』に対応した問題演習編。2冊使えば実戦力が確実に身につく!

資格試験研究会編●定価:990円

傾向の把握と実力試しに格好の過去問&解説書

2022年度版[公務員試験] 合格の350シリーズ

近年の過去問を選りすぐり、試験別に350問収録。出題範囲やレベル・傾向の把握、実力養成に格好の過去問&解説書です。1問1頁で、見やすく学習しやすい構成となっています。令和2年度問題を巻頭に収録。

資格試験研究会編●定価各:1,980円

国家一般職[高卒・社会人]教養試験 過去問350
<平成22〜令和2年度の問題を収録>

地方初級 教養試験 過去問350
<平成10〜令和2年度の問題を収録>

高卒警察官 教養試験 過去問350
<平成7〜令和2年度の問題を収録>

地方初級
試験ガイド

① 試験概要

毎年，激戦が繰り広げられる地方初級試験。令和2年度の情報をもとに，都道府県や政令指定都市に勤務する一般事務系職種を中心に，その試験の仕組みなどを紹介していこう。

本書では，「地方初級試験（都道府県・政令指定都市・特別区の高卒程度試験）」および「市役所初級試験（市役所〈政令指定都市を除く〉の高卒程度試験）」という地方公務員採用試験の過去問を収録しているが，地方公務員採用試験は多岐にわたっているので，初めにそれを整理し，まとめておこう。

■公務員の種類

公務員はその所属によって国家公務員と地方公務員とに分けられる。すなわち，国の機関，たとえば，各府省庁やその地方機関，付属機関等に勤務する職員を国家公務員といい，国によって採用され給与を受ける。

それに対して，地方公共団体に勤務する公務員を地方公務員という。地方公務員の採用は，各自治体ごとによって行われるため募集職種も給与も自治体ごとに異なっている。

■仕事内容など

●一般事務

本庁やその出先機関など幅広い職場に配属される。仕事内容としては，文書の管理，経理や庶務などの事務的・庶務的なものが中心である。

●学校事務

公立学校（小・中・高）が勤務場所である。仕事内容は，教職員の給与計算，福利厚生面でのサポート，経理，備品管理など学校全体に関する事務が中心となる。

●警察事務

警察本部や警察署などが勤務場所である。警察官と異なり，その仕事は事務に限定される。具体的には，運転免許証に関する事務，給与業務などである。

●技術系職種

林業，土木，農業，農業土木，建築，電気，機械，化学，水産などがある。

●警察官，消防官

警察官は，他の高卒程度試験とは別に採用試験が行われる。犯罪の予防や捜査，被疑者の逮捕，交通の取締りなどに従事する。なお，警察官の採用試験については，『高卒警察官〈教養試験〉過去問350』を参照してほしい。

消防官は政令指定都市，市役所などで募集される。消防署に勤務し，消火業務，救急業務や防災指導などに従事する。

■受験申込み

希望する自治体の人事委員会や人事課などから申込用紙と受験案内を郵送あるいはインターネット経由で取り寄せるか，直接取りに行き，申込用紙に必要事項を記入して郵送もしくは持参，または自治体のWeb上の申込フォームから各自治体に申し込む。

■試験ガイド

●受験資格

原則として年齢制限があるが，受験資格は自治体や職種によって異なる。特に大学卒業者あるいは大学在学中の者に対しては，自治体によって学歴要件等が異なり，受験年齢が該当していれば学歴を問わない自治体もあれば，大卒および見込者には受験資格が与えられないところなど，さまざまだ。志望先の受験案内で早めに確認しておこう。

●試験日程

道府県と政令指定都市は，例年，共通の日（9月下旬の日曜日）に1次試験を行っている。申込受付期間や1次合格発表日，2次試験日などは自治体によって異なっている。

東京都と特別区（東京23区）は，例年，他の道府県よりも2～3週間早く1次試験を行っているので，他の自治体との併願が可能である。

市役所の多くは例年9月中旬（道府県・政令指定都市よりも1週間早い）の日曜日に1次試験を行っているが，市によってはそれ以外の日程の場合もある。ただし，年度によって試験が実施されない場合もある。

合格の350

各自早めに正式な日程を確認しておこう。

なお，都道府県・政令指定都市の事務系職種については，令和2年度の試験構成等の一覧を❻〜❽ページに，配点（比率）の一覧を❾〜⓫ページに掲載しているので，合わせて確認してほしい。

●試験内容

・教養試験

出題範囲は，一般知識分野と一般知能分野に分かれる。

一般知識分野は，社会科学（政治・経済・社会），人文科学（日本史・世界史・地理・倫理・文学芸術・国語），自然科学（数学・物理・化学・生物・地学）の各分野から高校で学ぶ程度の知識を問う問題が出題される。

一般知能分野は，文章理解，判断推理，数的推理，資料解釈が出題される。

一部の自治体では選択解答制（出題される問題のうち自分で解答する問題を選べる形式）が導入されている。

試験日が共通である道府県・政令指定都市においては，ほぼ共通の問題が出題されている（全自治体ですべて共通とは限らない）ので，本書では，この統一試験日に実施された試験を「地方初級」とする。同様に，9月中旬の統一試験日に実施された市役所試験を「市役所」とする。なお，市役所の共通問題には，一般知識分野・一般知能分野が20問ずつ出題される「Standard」，一般知能分野の比率が高い「Logical」などの種類がある（p.㉑「出題内訳表」参照）。

・適性試験

事務適性を見るための試験で，計算（簡単な四則演算），照合（文字や数字を照らし合わせて正誤を見分ける），置換（手引きに従って文字や数字や記号を他の文字などに置き換える），図形把握（同じ形や異なる形の図形を探す）といった形式の問題を短時間で多数解くもの。

市役所の約4割で実施されており，100問・10分・3形式が一般的である。

・作文試験

1次試験で課されるか，2次試験で課されるかは自治体によって異なる。1次で課される場合も，採点結果は2次試験の合否判定の際に考慮されることが多い。課題としては，

・道民から期待される北海道職員とはどのような人物か，あなたの考えを述べなさい。（北海道）
・私が考える未来の東京（東京都）
・SNSとの上手な付き合い方について，あなたの考えを述べなさい。（神奈川県）
・あなたが自身の成長を感じられたことについて述べなさい。（岡山県）
・私が地域に対してできること（特別区）
・チームワークの大切さについて，あなたの考えを述べよ。（広島市）
・コミュニケーションの重要性と役割について。（宮城県名取市）
・高齢者がいきいきと暮らせる社会について。（埼玉県川越市）
・信頼される公務員となるため，あなたは何を心がけ，実践するのか，あなたの考えを述べなさい。（山梨県甲州市）
・市民の立場に立ち，親切で真心のこもった市民サービスを提供できる職員とは。（奈良県御所市）
・アフターコロナの島原市はどのような市を目指しますか。（長崎県島原市）

などが出題されている。

・面接試験

主に2次試験で課される。形式としては，個別面接，集団面接，集団討論などがあるが，個別面接が主流である。個別面接は，3人程度の面接官に1人の受験生が対するケースが多く，志望動機や趣味，性格など受験生の人柄などを見る目的で行われる。特別難解な事柄について質問されるわけではないので，はきはきとした明るい対応が好感をもたれる。

2年度 都道府県・政令指定都市 〈高卒程度〉事務系職種試験構成一覧

自治体名	試験区分等	一次試験日	年齢資格	教養試験 択一式 題数	時間(分)	記述式・短答式，資格加点等①・②の別，試験名(内容)，題数，時間	事務適性試験 ①or②	作文試験 ①or②	字数(程度)	時間(分)	面接試験 ①or②or③	形式	その他（適…適性検査／性…性格検査／身…身体検査／資…資格調査）
北海道	一般行政，教育行政，警察行政，公立小中学校事務B	9/27	H11.4.2～H15.4.1生	40	120	なし	なし	なし			②	個	①適
青森県	一般事務，教育事務，警察事務	9/27	H11.4.2～H15.4.1生	40	120	なし	なし	①＊	800	60	②	個・グループワーク	②適
岩手県	一般事務，警察事務	9/27	H11.4.2～H15.4.1生	50	120	なし	なし	①	1,000	60	②	個	②適，身
宮城県	一般事務，学校事務，警察事務	9/27	H11.4.2～H15.4.1生	50	120	なし	なし	②	800	60	②	個	②適，資
秋田県	一般事務，警察事務，教育事務	9/27	H7.4.2～H15.4.1生	50	120	なし	なし	①＊	800	60	②	集(一般事務，教育事務)・個	②適，資
山形県	行政，警察行政，小・中学校事務Ⅰ	9/27	H11.4.2～H15.4.1生	50	120	なし	なし	②	1,000	60	②	個	②適
福島県	行政事務，警察事務，市町村立学校事務職員	9/27	H11.4.2～H15.4.1生	50	120	なし	なし	①＊	800	60	②	個・個・討	②適
茨城県	事務(知事部局等，警察本部)，小中学校職員事務	9/27	H11.4.2～H15.4.1生	50	120	なし	なし	①＊	800	60	②		②適，資
栃木県	行政，警察行政，小・中学校事務	9/27	H11.4.2～H15.4.1生	50	120	なし	なし	①＊	800	60	②		②適，資
群馬県	行政事務，学校事務，警察事務	9/27	H11.4.2～H15.4.1生	50	120	なし	なし	②	900	90	②	個・自己PR	②適
埼玉県	一般事務，小・中学校事務，警察事務	9/27	H11.4.2～H15.4.1生	50	120	なし	なし	②	700～900	60	②	個・個(警察事務は1回のみ)	②適，資
千葉県	一般行政，市町村立学校事務，警察事務	9/27	H11.4.2～H15.4.1生	50	120	なし	なし	①＊	900	60	②	個	②適，資
東京都	事務，警視庁事務，消防庁事務	9/13	H11.4.2～H15.4.1生	45	120	なし	なし	①	600～1,000	80	②	個	①適(消防庁事務のみ)，②適(警視庁事務のみ)，身(消防庁事務，警視庁事務のみ)
神奈川県	行政，公立小中学校等事務，警察事務	9/27	H11.4.2～H15.4.1生	50	120	なし	なし	①＊	600	60	②	個	①適(警察事務のみ)，②性
山梨県	行政，警察行政，小・中学校事務	9/27	H11(学校事務はH3).4.2～H15.4.1生	50	120	なし	なし	②		60	②	個，個	②適，資
長野県	行政，小中事務，警察行政	9/27	H11(小中学校事務はS60).4.2～H15.4.1生	50	120	なし	なし	②	800	60	②	※1	②適，資
新潟県	一般事務，警察事務，学校事務職員	9/27	H11.4.2～H15.4.1生	50	120	なし	なし	①＊	800	60	②		②適，資
岐阜県	事務，警察事務，市町村立小中学校事務職員	9/27	H11.4.2～H15.4.1生	50	120	なし	なし	①＊		60	②	個	②適
静岡県	行政，小中学校事務，警察行政	9/27	H9.4.2～H15.4.1生	50	120	なし	なし	①＊		50	②	個・討	②適
愛知県	事務，警察職員事務，小中学校職員事務	9/27	H9(小中学校職員事務はH7).4.2～H15.4.1生	50	120	なし	なし	②※2		60	②		②適
三重県	一般事務，警察事務，学校事務	9/27	H11.4.2～H15.4.1生	50	120	なし	なし	②		60	②	個	②適
富山県	一般事務，学校事務，警察事務	9/27	H11.4.2～H15.4.1生	50	120	なし	なし	②		60	②	個・個	②適
石川県	行政，小中学校事務職員A	9/27	H10.4.2～H15.4.1生	50	120	なし	なし	②	600	60	②	個	①適，資
福井県	行政，小・中学校事務	9/27	H11(小・中学校事務はH2).4.2～H15.4.1生		120	なし	なし	②		60	②	個	①適，②適

2年度　都道府県・政令指定都市〈高卒程度〉事務系職種試験構成一覧

自治体名	試験区分等	一次試験日	年齢資格	教養試験 択一式 題数	時間(分)	記述式・短答式, 資格加点等 試験名(内容),題数,時間	事務適性試験 ①or②	形式 題数,時間(分)	作文試験 ①or②	字数(程度)	時間(分)	面接試験 ①or②or③	形式 個…個別面接 集…集団面接 討…集団討論	その他 適…適性検査 性…性格検査 身…身体検査 資…資格調査
滋賀県	一般事務, 警察事務, 小・中学校事務	9/27	H11.4.2～H15.4.1生	50	120	なし	なし		②	800	90	②	個・討	①適
京都府	事務, 学校事務職員B, 警察事務職員B	9/27	H11(学校事務職員,警察事務職員はH9).4.2～H15.4.1生	50題中45題選択	120	なし	なし		①*		60	①,②	①集 ②個	②適
大阪府	行政, 警察行政	9/27	H11.4.2～H15.4.1生	45題選択	110	なし	なし		①	800	60	②	行政:個・個, 警察行政:個	②適(警察行政のみ)
兵庫県	一般事務職, 警察事務職, 教育事務職, 小中学校事務職	9/27	H11.4.2～H15.4.1生	50	120	なし	なし		① / ①	1,200(論文) / 800(作文)	90 / 60	②	個・個	①自己PRカード ②適
奈良県	一般事務, 警察事務職, 小・中学校事務職B	9/27	H11.4.2～H15.4.1生	50題中40題選択	100	なし	なし		①*		60	②	個	①適
和歌山県	一般事務, 学校事務, 警察事務	9/27	H8.4.2～H15.4.1生	50	120	なし	なし		②	800	60	②	個	②適
鳥取県	一般事務 / 警察行政	9/27	H11.4.2～H15.4.1生	50	120	なし	なし		①*		60	②	討・個 / 個	①適
島根県	一般事務, 学校事務B, 警察事務	9/27	H11.4.2～H15.4.1生	50	120	なし	なし		②			②	個・自己紹介書	②適
岡山県	事務, 小・中学校事務職員B / 警察行政B	9/27	H11.4.2～H15.4.1生	50	120	なし	なし		② / ①	800 / 800	60 / 60	② / ②	個 / 集・個	①適
広島県	行政(一般事務, 小中学校事務, 警察事務)	9/27	H11.4.2～H15.4.1生		120	なし	なし		②	800	60	②	個・個	②適
山口県	事務, 警察事務, 小・中学校事務	9/27	H11.4.2～H15.4.1生	50	120	なし	なし		②		60	②	個	②適
徳島県	一般事務, 学校事務, 警察事務	9/27	H11.4.2～H15.4.1生	50	120	なし	なし		②	800(論文)	60	②	個	②適
香川県	一般行政事務, 学校事務	9/27	H11.4.2～H15.4.1生	50	120	①漢字試験(国語の基礎力), 30分	なし		②		60	②	個	②適
愛媛県	一般事務, 警察事務	9/27	H11.4.2～H15.4.1生	50	120	なし	なし		②		60	②	個	②適
高知県	行政, 警察事務, 教育事務※3	9/27	H11.4.2～H15.4.1生	50	120	なし	なし		① / ①	(論文) / (論文)	120	②	討・個・個	②適
福岡県	行政, 教育行政, 警察行政	9/27	H9.4.2～H15.4.1生	50	150	なし	なし		②	2,000	60	②	個	②適, 資
佐賀県	行政, 教育行政, 警察行政	9/27	H11.4.2～H15.4.1生	50	150	なし	なし		②	1,000	60	②	個	
長崎県	一般事務, 教育事務, 警察事務	9/27	H11.4.2～H15.4.1生	50	120	なし	なし		②	800	60	②or	個	②適, 面接カード
熊本県	一般事務, 警察事務, 教育事務	9/27	H11.4.2～H15.4.1生	50	120	資格加点(教育事務以外, 英語, 韓国語, 朝鮮語)	なし		②		60	②	集・個	②適
大分県	一般事務, 教育事務, 警察事務	9/27	H11.4.2～H15.4.1生	50	150	①教養試験Ⅱ(国語の基礎力), 60分	なし		②	800	80	②	個・個・個	②適
宮崎県	一般事務, 警察事務	9/27	H11.4.2～H15.4.1生	50	150	なし	なし		②		60	②	個	②適
鹿児島県	一般事務, 警察事務	9/27	H11.4.2～H15.4.1生	50	150	なし	なし		②	800	60	②	個	①エントリーシート ②適
沖縄県	一般事務 警察事務	9/27	H11.4.2～H15.4.1生	50	150	なし	なし		②	600	60	②	個	②適
札幌市	一般事務 学校事務	9/27	H11.4.2～H15.4.1生	55題中50題選択	120	なし	なし		なし			①or②※4	①個,面接カード, ②個	
仙台市	事務, 学校事務	9/27	H9.4.2～H15.4.1生	45題中40題選択	120	なし	なし		②	1,200	120	②	個	②適

2年度 都道府県・政令指定都市〈高卒程度〉事務系職種試験構成一覧

自治体名	試験区分等	一次試験日	年齢資格	教養試験 択一式 題数	択一式 時間(分)	記述式・短答式,資格加点等 ①・②別,試験名(内容),題数,時間	事務適性試験 ①or②	形式 題数	時間(分)	作文試験 ①or②	字数(程度)	時間(分)	面接試験 ①or②or③	形式 個…個別面接 集…集団面接 討…集団討論	その他 適…適性検査 性…性格検査 身…身体検査 資…資格調査
さいたま市	行政事務, 学校事務	9/27	H11.4.2～H15.4.1生	50	120	なし	なし			②	800	60	②	個	②適
千葉市	事務, 学校事務	9/27	H11.4.2～H15.4.1生	50	120	なし	なし			②	800(論文)	60	②	個	②適
特別区	事務	9/13	H11.4.2～H15.4.1生	50題中45題選択	120	なし	なし			①	600～1,000	80	②	個	※5
横浜市	事務	9/27	H11.4.2～H15.4.1生	50	120	なし	なし			②	750	60	②	個	
川崎市	行政事務	9/27	H11.4.2～H15.4.1生	50	120	なし	なし			②	800～1,000	60	②	討・個・面接カード	
相模原市	行政	9/27	H11.4.2～H15.4.1生	30		なし	なし			①	(論述)		①,②	①個・面接カード,②個	①適
新潟市	一般事務	9/27	H11.4.2～H15.4.1生	50	120	なし	なし			②	1,200	60	①,②	①個,②個・個	②適
	学校事務A					なし	なし			③			②,③	②個,③個	③適
静岡市	事務	9/27	H13.4.2～H15.4.1生	50	120	②筆記試験60分85問(一般教養,時事,市政)	なし			なし			①,②※6	①グループワーク ②個・個	①面接シート,適
浜松市	行政, 学校事務	9/27	H11.4.2～H15.4.1生	40	120	なし	②			③	(小論文)		②,③		①性,②適,③身
名古屋市	行政一般, 学校事務	9/27	H11.4.2～H15.4.1生	50	150	なし	なし			①*		60	②	個	
京都市	一般事務職, 学校事務職	9/27	H11(学校事務職はS50).4.2～H15.4.1生	50題中45題選択	120	なし	なし			①	600	50	①,②	①個,②個	
大阪市	事務行政(18-21), 学校事務	9/27	H11(学校事務はH7).4.2～H15.4.1生	45題中40題選択	130	なし	なし			①		60	②	個	②プレゼンテーションカード
堺市	事務, 学校事務	9/27	H11(学校事務はS46).4.2～H15.4.1生	40	100	なし	なし			②	800(論文)	60	②	個	②性
神戸市	総合事務	9/27	H9.4.2～H15.4.1生	40題中35題選択	120	なし	なし			③	(論文)		②,③	②個・討,③個	①適
岡山市	事務, 学校事務B	9/27	H5(学校事務はH11).4.2～H15.4.1生	50	120	なし	なし			なし			②,③	②個,③個・討	①エントリーシート, ②適
広島市	行政事務, 学校事務	9/27	H11(学校事務はH9).4.2.以降生	50	120	なし	なし			②	800(小論文)	60	②,③	②個・面接カード,③個・討	
北九州市	一般事務員	9/27	H11.4.2～H15.4.1生	50	150	なし	なし					60	②	個	②適
福岡市	行政事務, 学校事務	9/27	H10.4.2～H15.4.1生	50	150	なし	なし			②	800		②	個	
熊本市	事務職, 学校事務職		H11.4.2～H15.4.1生		120	①記述式(文章理解,時事問題等),60分	なし			②		60	②	討・個・個	②適

注1：2年度に各自治体で行われた一般事務系の試験構成を受験案内と受験者からの情報をもとに一覧表にした。空欄は不明、斜体文字は元年度以前の情報。①,②,③はそれぞれ一次試験、二次試験、三次試験の意。①*は一次で実施、二次で評価。

注2：採用候補者名簿に登録後、各任命権者による面接・健康診断等を行う自治体もあり。

※1　行政：個・個、小中事務：個、警察行政：不明。

※2　事務・警察職員事務：②、小中学校職員事務：①*

※3　申込時に第1,第2志望を選択可。

※4　面接試験（1回目）の受験対象者は教養試験の成績により決定し、別日程で実施。

※5　採用候補者名簿に登載後、特別区等による面接等あり。

※6　面接試験（1回目）の受験対象者は教養試験の結果により決定し、別日程で実施。

●2年度　自治体別・配点（比率）一覧（事務系）●

自治体名	職　種	教養試験	適性試験	その他	作(論)文試験		面接試験		合計	最終合格決定方法	合格基準
青森県	一般事務，教育事務，警察事務	100点	—	—	50点	二次*	150点	二次	300点	一次と二次を総合	基準に満たない種目がある場合，不合格。
岩手県	一般事務，警察事務	200点	—	—	100点	一次	300点	二次	600点	一次と二次を総合	基準に満たない試験方法がある場合，不合格。
宮城県	一般事務，学校事務，警察事務	100点	—	—	100点	二次	200点	二次	400点	一次と二次を総合	基準に満たない種目がある場合，不合格。
秋田県	一般事務，警察事務，教育事務	100点	—	—	50点	二次*	300点※1	二次	450点	一次と二次を総合	基準に満たない種目がある場合，不合格。
山形県	行政，警察行政，小・中学校事務Ⅰ	300点	—	—	100点	二次	400点	二次	800点	二次の得点のみ	基準に満たない種目がある場合，不合格。
福島県	行政事務，警察事務，市町村立学校事務職員	200点	—	—	30点	二次*	250点	二次	480点	一次と二次を総合	基準に満たない種目がある場合，不合格。
茨城県	事務（知事部局等，警察本部），小中学校職員事務	300点	—	—	50点	二次	350点	二次	700点	一次と二次を総合	教養試験と作文試験は満点の4割，個別面接は満点の5割。ただし教養試験については，3割までの範囲内で引き下げる場合がある。
栃木県	行政，警察行政，小中学校事務	100点	—	—	50点	二次	350点	二次	500点	一次と二次を総合	合格基準に達しない場合，不合格。
群馬県	行政事務，学校事務，警察事務	400点	—	—	100点	二次	500点	二次	1000点	一次と二次を総合	基準に満たない種目がある場合，不合格。
埼玉県	一般事務，小・中学校事務	100点	—	—	100点	二次	300点	二次	500点	一次と二次を総合	基準に満たない種目がある場合，不合格。
	警察事務	100点	—	—	100点	二次	200点	二次	400点	一次と二次を総合	
千葉県	一般行政，市町村立学校事務，警察事務	100点	—	—	100点	二次*	400点	二次	600点	二次の得点のみ	基準に満たない試験方法がある場合，不合格。
神奈川県	行政，公立小中学校等事務	200点	—	—	50点	二次*	250点	二次	500点	二次の得点のみ	基準に満たない科目がある場合，不合格。
	警察事務	200点	—	—	50点	二次*	200点	二次	450点	二次の得点のみ	
山梨県	行政，警察行政，小中学校事務	40点	—	—	20点	二次	60点	二次	120点	一次と二次を総合	基準に満たない種目がある場合，不合格。
長野県	行政，小中事務	400点	—	—	300点	二次	900点	二次	1600点	二次の得点のみ	教養試験は正答率4割（160点）。ただし，平均正答率が4割未満の場合等は変更の可能性あり。作文は120点（警察行政は100点）。面接（口述）試験は，7段階評定で，3人の試験員のいずれの評定も下位2段階以下でなく，かつ，うち2人以上の評定が上位4段階以上であること。
	警察行政	400点	—	—	250点	二次	750点	二次	1400点	二次の得点のみ	
新潟県	一般事務，警察事務，学校事務職員	100点	—	—	20点	二次*	130点	二次	250点	二次の得点のみ	教養試験は正答率3割5分以上，作文試験11点以上，面接試験50点以上。教養試験については目安であり，引き下げる場合がある。
岐阜県	事務，警察事務，市町村立小中学校事務職員	100点	—	—	200点	二次*	800点	二次	1100点	二次の得点のみ	基準に満たない種目がある場合，不合格。
静岡県	行政，小中学校事務，警察行政	80点	—	—	40点	二次	480点	二次	600点	一次と二次を総合	基準に満たない科目がある場合，不合格。
愛知県	事務，警察職員事務，小中学校職員事務	40点	—	—	20点	二次	40点	二次	100点		基準に満たない科目がある場合，不合格。
	一般事務，警察事務，学校事務	100点	—	—	50点	二次	100点	二次	240点	一次と二次を総合	教養試験は標準点50点かつ正答率35%，作文試験… 面接と適性検査は50点（6段階の上位5段階に評定されること）。

地方初級＜教養＞過去問350　**9**

自治体名	職種	教養試験	適性試験	その他	作(論)文試験		面接試験		合計	最終合格決定方法	合格基準
富山県	一般事務, 学校事務, 警察事務	100点	—	—	40点	一次	210点	二次	350点	一次と二次を総合	基準に満たない種目がある場合, 不合格。
石川県	行政, 小中学校事務職員A	100点	—	—	40点	一次	560点	二次	700点	一次と二次を総合	基準に満たない種目がある場合, 不合格。
福井県	行政, 小・中学校事務	100点	—	—	60点	二次	160点	二次	320点	一次と二次を総合	基準に満たない種目がある場合, 不合格。
滋賀県	一般事務, 警察事務, 小・中学校事務	200点	—	—	100点	二次	300点	二次	600点		
京都府	事務, 学校事務職員B, 警察事務職員B	100点	—	—	100点	二次*	100点 / 300点	一次 / 二次	600点	二次の得点と作文試験の結果を総合	基準に達しない場合, 不合格。
大阪府	行政 警察行政	—	—	—		一次		二次		一次と二次を総合	基準に満たない科目がある場合, 不合格。
兵庫県	一般事務職, 警察事務職, 教育事務職, 小中学校事務職	一次の教養試験, 論文試験, 作文試験の合計が300点					450点	二次	750点	二次の得点のみ	面接試験の合格基準に達しない場合は不合格。
奈良県	総合職(一般事務), 警察事務職, 小・中学校事務職B	150点	—	—	50点	二次*	400点	二次	600点	一次と二次を総合	基準に満たない種目がある場合, 不合格。
和歌山県	一般事務, 学校事務, 警察事務	1000点	—	—	200点	二次	1400点	二次	2600点	一次と二次を総合	基準に満たない種目がある場合, 不合格。
鳥取県	一般事務 / 警察行政	150点	—	—	80点 / 200点	二次* / 二次*	600点 / 500点	二次 / 二次	830点 / 850点	一次の作文と二次の面接の合計	基準に満たない場合, 不合格。
島根県	一般事務, 学校事務B, 警察事務	300点	—	—	200点	二次	500点	二次	1000点		基準に満たない種目がある場合, 不合格。
岡山県	事務, 小・中学校事務職員B / 警察行政B	100点	—	—	100点 / 40点	二次 / 一次	400点 / 340点 ※2	二次 / 二次	600点 / 480点	二次の得点のみ	基準に満たない種目がある場合, 不合格。
広島県	行政(一般事務, 小中学校事務, 警察事務)	70点	—	—	30点	一次	100点	二次	200点	一次と二次を総合	基準に満たない項目がある場合, 不合格。
山口県	事務, 警察事務, 小・中学校事務	50点	—	—	60点	二次	140点	二次	250点	二次の得点のみ	教養試験の得点が平均点の6割未満, 作文試験の得点が平均点の5割以下または口述試験等（個別面接と適性検査）の得点が35点以下は不合格。
徳島県	一般事務, 学校事務, 警察事務	100点	—	—	40点	二次	160点	二次	300点	一次と二次を総合	基準に満たない種目がある場合, 不合格。
香川県	一般行政事務, 学校事務	600点	—	漢字試験(200点)	200点	一次	配点非公表	二次		二次の得点のみ	各試験の成績が一定以下の場合, 不合格。
愛媛県	一般事務, 警察事務	90点	—	—	60点	二次	300点	二次	450点	一次と二次を総合	基準に満たない種目がある場合, 不合格。
高知県	行政, 警察事務, 教育事務	50点	—	—	50点 / 50点	一次 / 二次	150点	二次	300点	一次と二次を総合	一次試験および二次試験（論文）は各種目の配点の3割以上, 面接は一定の成績に達しない場合は不合格。
福岡県	行政, 教育行政, 警察行政	50点	—	—	20点	二次	100点	二次	170点	二次の得点のみ	基準に満たない種目がある場合, 不合格。
佐賀県	行政, 教育行政, 警察事務	200点	—	—	100点	二次	300点	二次	600点	一次と二次を総合	基準に満たない科目がある場合, 不合格。
長崎県	一般事務, 教育事務, 警察事務	50点	—	—	180点	二次	600点	二次	830点	二次の得点のみ	基準に満たない種目がある場合, 不合格。
熊本県	一般事務, 警察事務, 教育事務	200点	—	資格加点（教育事務以外, 語学・20点）	50点	二次	200点	二次	450点	二次の得点のみ	各試験種目の平均点または配点の4割の点のいずれか低い点（面接試験は配点の6割の点）に満たない場合は不合格。
大分県	一般事務, 教育事務, 警察事務	160点	—	教養試験Ⅱ（国語の基礎力）（40点・一次）	50点	二次	350点	二次	500点	一次と二次を総合	基準に満たない種目がある場合, 不合格。

自治体名	職種	配点							合計	最終合格決定方法	合格基準
		教養試験	適性試験	その他	作(論)文試験		面接試験				
宮崎県	一般事務，警察事務	100点	—	—	20点	二次	160点	二次	280点		基準に満たない種目がある場合，不合格。
鹿児島県	一般事務，警察事務	100点	—	—	75点	二次	300点	二次	475点	二次の得点のみ	基準に満たない種目がある場合，不合格。
沖縄県	一般事務，警察事務	100点	—	—	30点	二次	60点	二次	190点		基準に満たない種目がある場合，不合格。
仙台市	事務，学校事務	100点	—	—	100点	二次	300点	二次	500点	二次の得点のみ	基準に満たない種目がある場合，不合格。
さいたま市	行政事務，学校事務	100点	—	—	100点	二次	400点	二次	600点	二次の得点のみ	二次試験において，基準に満たない科目がある場合，不合格。
千葉市	事務，学校事務	100点	—	—	50点	二次	150点	二次	300点	二次の得点のみ	
横浜市	事務	410点	—	—	100点	二次	300点	二次	440点 ※3	一次(40点満点に換算)と二次を総合	基準に満たない科目がある場合，不合格。
川崎市	行政事務	300点	—	二次の面接・作文試験の合計が700点					1000点	一次と二次を総合	基準に満たない科目がある場合，不合格。
相模原市	行政	120点	—	—	100点	一次	120点 (一次) / 240点 (二次)		580点	二次の得点のみ	基準に満たない試験および検査がある場合，不合格。
新潟市	一般事務	100点	—	—	70点	二次	90点 (一次) / 280点 (二次)		540点	二次の得点のみ	一定の基準に達しない場合，不合格。
新潟市	学校事務A	100点	—	—	40点	三次	120点 (三次) / 160点 (三次)		420点	三次の得点のみ	一定の基準に達しない場合，不合格。
静岡市	事務	100点	—	筆記試験(記述式：70点・二次)			105点 (一次※4) / 600点 (二次)		875点	二次の得点のみ	基準に満たない科目がある場合，不合格。
浜松市	行政，学校事務	1	1 (二次)	—	1	三次	3 (二次) / 3 (三次)			三次の得点のみ	基準に満たない科目がある場合，不合格。
名古屋市	行政一般，学校事務	600点	—	—	600点	二次＊	1800点	二次	3000点	一次と二次を総合	基準に満たない科目がある場合，不合格。
京都市	一般事務職	9割	—	—	1割	一次	配点非公表 ※5			二次の得点のみ	基準に満たない種目がある場合，不合格。
京都市	学校事務職	—	—	—		二次＊				二次の得点のみ	基準に満たない種目がある場合，不合格。
大阪市	事務行政，学校事務		—	—		一次		二次		二次のみ	基準に満たない科目がある場合，不合格。
堺市	事務，学校事務	80点	—	—	100点	二次	300点	二次	480点	二次の得点のみ	
神戸市	総合事務	300点	—	—	100点	三次	300点 (二次※6) / 200点 (三次)		900点	一次・二次・三次を総合	それぞれの試験段階で基準に満たない試験がある場合，不合格。
岡山市	事務，学校事務B	100点	—	—			300点 (二次) / 600点 (三次)		1000点		各試験段階で基準に満たないものがある場合，不合格。
広島市	行政事務，学校事務	300点	—	—	200点	二次	200点 (二次) / 400点 (三次※7)		1100点	一次・二次・三次を総合	基準に満たない項目がある場合，不合格。
北九州市	一般事務員	100点	—	—	50点	二次	200点	二次	350点	一次と二次を総合	基準に満たない試験がある場合，不合格。
福岡市	行政事務，学校事務	100点	—	—	40点	二次	200点	二次	340点	二次の得点のみ	基準に満たない科目がある場合，不合格。
熊本市	事務職，学校事務職	100点	—	教養試験(記述式：50点・一次)	100点	二次	300点 (二次※8)		550点	二次の得点のみ	基準点に満たない試験種目がある場合は不合格。

注：公表分のみ。教養試験・適性試験はいずれの自治体でも一次試験で実施。面接試験には，集団討論，適性検査等が含まれる場合がある。
＊　実施は一次試験日。
※1　一般事務，教育事務は集団面接100点，個別面接200点。警察事務は個別面接300点。
※2　集団面接40点，個別面接300点。
※3　一次試験（教養試験・410点）を40点満点に換算。
※4　一次試験としてグループワーク試験を実施。
※5　個別面接を一次試験と二次試験で計2回実施。一般事務職の一次面接対象者は教養と作文の合計点，学校事務職の一次面接対象者は教養のみの点数で決定。
※6　個別面接200点，グループワーク100点。
※7　個別面接300点，グループ討議100点。
※8　集団討論50点，個別面接250点。

2年度 都道府県・政令指定都市 実施結果

(令和3年2月17日現在)

※競争率（倍）は一次受験者数÷最終合格者数。
※二次受験者数欄の◎印は二次試験の後，三次試験を行っている。
※最終合格者数の女性の内数欄の◆印は，受験申込時に女性を選択した人数（一部の自治体では，任意項目の場合もある）。
※採用予定人数は，それぞれ「約～名」の意。原則として，受験案内に記載された人数。一部，最終合格発表時のものもある。

試験の種類	職種（試験区分）	申込者数	一次受験者数	一次合格者数	二次受験者数	最終合格者数（総数）	最終合格者数（女性の内数）	競争率（倍）	採用予定人数
都道府県									
北海道									
行政職員（B区分）	一般行政B	761	616	270	非公表	132	55◆	4.7	70
行政職員（B区分）	教育行政B	115	91	73	非公表	38	22◆	2.4	20
行政職員（B区分）	警察行政B	98	79	53	非公表	25	19◆	3.2	15
行政職員（B区分）	農業B	19	18	16	非公表	15	7◆	1.2	12
行政職員（B区分）	水産B	9	9	7	非公表	2	0◆	4.5	2
行政職員（B区分）	林業B	60	54	46	非公表	36	3◆	1.5	27
行政職員（B区分）	総合土木B（農業土木）	66	56	51	非公表	38	0◆	1.5	14
行政職員（B区分）	総合土木B（建設土木）	60	46	39	非公表	33	4◆	1.4	11
行政職員（B区分）	建築B	16	9	8	非公表	4	2◆	2.3	4
公立小中学校事務職員（B区分）	公立小中学校事務B	50	39	28	非公表	8	4◆	4.9	8
青森県									
高校卒業程度	一般事務[1]	47	42	12	12	5	3	4.9	5
高校卒業程度	教育事務[1]	87	81	43	41	20	13		20
高校卒業程度	警察事務[1]	22	19	13	13	4	3		4
高校卒業程度	林業	5	5	4	4	1	0	5.0	4
高校卒業程度	総合土木	19	14	11	10	4	0	3.5	4
岩手県									
Ⅲ種	一般事務	335	312	136	131	75	47	4.2	50
Ⅲ種	警察事務	18	14	6	6	4	4	3.5	3
Ⅲ種	林業	10	8	6	6	3	0	2.7	3
Ⅲ種	総合土木	10	10	7	7	6	0	1.7	5
Ⅲ種	機械	2	1	1	1	1	0	1.0	1
Ⅲ種	電気	5	5	4	3	1	0	5.0	1
宮城県									
高等学校卒業程度	事務（一般事務）[2]	368	335	96	90	52	23		30
高等学校卒業程度	事務（学校事務）[2]	54	49	17	16	9	5	6.8	5
高等学校卒業程度	事務（警察事務）[2]	64	59	9	9	4	4		5
高等学校卒業程度	総合土木	28	24	17	15	11	3	2.2	5
高等学校卒業程度	水産	3	3	2	2	2	1	1.5	1
高等学校卒業程度	林業	4	3	1	1	0		—	1
秋田県									
高校卒業程度	一般事務a	108	100	15	12	5	0	16.7	4
高校卒業程度	一般事務b					1	0		
高校卒業程度	農業農村工学	10	10	7	7	7	2	1.4	7
高校卒業程度	林学	5	5	2	1	1	0	5.0	2
高校卒業程度	土木A	18	17	9	7	6	0	2.8	3
高校卒業程度	教育事務	104	101	31	28	16	9	6.3	16
高校卒業程度	警察事務	45	41	25	24	2	2	20.5	4
山形県									
高校卒業程度	行政	116	106	18	18	10	5	10.6	10
高校卒業程度	警察行政	65	59	19	17	9	7	6.6	5
高校卒業程度	総合土木	8	7	5	5	5	1	1.4	5
市町村立学校事務職員	小・中学校事務Ⅰ	86	78	32	31	15	11	5.2	15
市町村立学校事務職員	小・中学校事務Ⅱ	68	54	13	13	5	4	10.8	5
福島県									
高校卒程度	行政事務	99	88	23	23	15	4	5.9	10
高校卒程度	警察事務	33	30	15	13	5	2	6.0	4
高校卒程度	土木	5	5	5	5	5	1	1.0	3
市町村立学校事務職員（高校卒程度）		117	100	37	37	21	13	4.8	18
茨城県									
高校卒業程度	事務（知事部局等）	224	202	98	84	42	未集計	4.8	31
高校卒業程度	事務（警察本部）	71	56	31	31	12	未集計	4.7	10
高校卒業程度	土木	7	7	4	4	2	未集計	3.5	1
高校卒業程度	農業	8	6	4	4	0	未集計	—	1
小中学校職員　高校卒業程度	事務	172	152	85	80	42	未集計	3.6	30

[1] 「一般事務」「教育事務」「警察事務」については，3職種の中から第3志望まで選択しており，申込者数，一次受験者数は，第1志望の職種で計上されている。一次合格者は，成績順および志望順により決定。二次受験者数および最終合格者数は，第一次試験の合格職種ごとに決定したもの。
[2] 「事務（一般事務）」「事務（学校事務）」「事務（警察事務）」の3区分から第3志望まで選択できるため，「競争率」は合計で算出。

 地方初級＜教養＞過去問350

試験の種類	職種（試験区分）	申込者数	一次受験者数	一次合格者数	二次受験者数	最終合格者数 総数	最終合格者数 女性の内数	競争率（倍）	採用予定人数
				栃木県					
高校卒業程度	行政	74	69	16	16	7	6	9.9	5
高校卒業程度	総合土木	11	10	6	6	5	0	2.0	5
高校卒業程度	電気	3	3	0	0	0	0	—	1～2
高校卒業程度	警察行政	37	37	9	9	5	5	7.4	3
小中学校事務職員(高校卒業程度)	小中学校事務	48	45	14	14	6	3	7.5	5
				群馬県					
Ⅲ類	行政事務	103	88	23	21	14	4	6.3	11
Ⅲ類	警察事務	65	54	17	16	7	3	7.7	7
Ⅲ類	学校事務	80	71	11	11	7	2	10.1	4
Ⅲ類	森林	6	6	3	3	2	0	3.0	2
Ⅲ類	農業	17	16	9	9	6	3	2.7	4
Ⅲ類	畜産	5	5	4	4	2	1	2.5	1
Ⅲ類	設備	6	6	3	3	1	0	6.0	1
Ⅲ類	総合土木	15	15	8	8	4	0	3.8	1
				埼玉県					
初級	一般事務	306	244	98	非公表	28	未集計	8.7	16
初級	設備	9	9	7	非公表	4	未集計	2.3	3
初級	総合土木	9	8	5	非公表	3	未集計	2.7	5
小・中学校事務初級	小・中学校事務	178	163	69	非公表	27	未集計	6.0	13
警察事務初級	警察事務	134	108	51	非公表	17	未集計	6.4	10
				千葉県					
初級	一般行政	1,018	806	390	344	183	66	4.4	93
初級	農業土木	15	13	9	9	8	1	1.6	3
初級	土木	37	33	32	27	23	3	1.4	16
初級	電気	22	17	16	16	15	1	1.1	6
初級	機械	11	6	6	5	4	1	1.5	5
初級(警察事務)	警察事務	132	106	54	47	37	30	2.9	15
市町村立学校事務初級	市町村立学校事務初級	268	217	108	100	59	35	3.7	36
				東京都					
Ⅲ類	事務	1,018	670	142	113	62	未集計	10.8	40
Ⅲ類	土木	124	82	75	63	43	未集計	1.9	20
Ⅲ類	建築	7	3	2	2	2	未集計	1.5	1
Ⅲ類	機械	36	28	23	21	14	未集計	2.0	7
Ⅲ類	電気	39	27	24	22	14	未集計	1.9	8
警視庁警察行政職員Ⅲ類	事務	非公表	564	非公表	非公表	90	非公表	6.3	30
警視庁警察行政職員Ⅲ類	電気	非公表	3	非公表	非公表	2	非公表	1.5	6
東京消防庁職員Ⅲ類	事務								1
東京消防庁消防官	消防官Ⅲ類								80
				神奈川県					
Ⅲ種	行政	207	147	68	62	18	未集計	8.2	10
Ⅲ種	建設技術(土木)	10	6	5	5	5	未集計	1.2	5
Ⅲ種	電気	5	3	3	3	2	未集計	1.5	3
公立小中学校等事務Ⅲ種	小中学校等事務Ⅲ種	81	65	30	27	5	未集計	13.0	5
警察事務Ⅲ種	警察事務Ⅲ種	147	117	64	53	14	未集計	8.4	10
				山梨県					
高校卒業程度	行政	24	23	8	7	3	1	7.7	2
高校卒業程度	警察行政	30	26	7	6	3	2	8.7	2
高校卒業程度	土木	7	6	5	4	2	0	3.0	1
高校卒業程度	農業土木	4	3	1	1	1	0	3.0	2
高校卒業程度	電気	4	3	2	2	2	1	1.5	1
小中学校事務職員	学校事務	168	127	52	42	19	16	6.7	12
				長野県					
高校卒業程度	行政	65	60	14	13	4	0	15.0	5
高校卒業程度	電気	5	5	2	2	1	0	5.0	若干
高校卒業程度	農業	9	7	6	6	3	2	2.3	若干
高校卒業程度	総合土木	12	12	5	5	3	0	4.0	5
高校卒業程度	林業	7	7	6	4	3	1	2.3	若干
小中学校事務職員	小中事務	234	187	45	37	18	10	10.4	15
警察行政職員(高校卒業程度)	行政	165	124	30	26	6	4	20.7	5
				新潟県					
高校卒業程度	一般事務	122	105	21	21	8	3	13.1	6
高校卒業程度	警察事務	23	21	11	11	4	4	5.3	1
高校卒業程度	総合土木	23	22	16	13	8	1	2.8	6
高校卒業程度	電気	7	6	3	2	2	0	3.0	3
義務教育諸学校事務職員	学校事務職員	173	150	24	22	10	6	15.0	5
				岐阜県					
短大・高校卒程度	事務A *2	89	73	53	17	} 21	} 未集計	} 4.0	} 15
短大・高校卒程度	事務B(東濃地域) *3	8	6	5	5				
短大・高校卒程度	事務B(飛騨地域) *3	5	5	4	4				

*3 「事務」「土木」の「採用予定人数」はA区分，B区分（東濃地域），B区分（飛騨地域）の合計。それぞれの全体で試験の成績上位者から合格者を決定し，合格者にB区分の受験者がいた場合に勤務地を限定して採用。ただし，B区分の合格者が，東濃または飛騨地域の採用予定者よりも多い場合にはB区分の合格者の一部をA区分の合格者とすることがある。

試験の種類	職種（試験区分）	申込者数	一次受験者数	一次合格者数	二次受験者数	最終合格者数 総数	最終合格者数 女性の内数	競争率（倍）	採用予定人数
短大・高校卒程度	農業	7	7	3	3	2	未集計	3.5	若干
短大・高校卒程度	林業	3	3	3	3	3	未集計	1.0	若干
短大・高校卒程度	農業土木	4	3	3	3	3	未集計	1.0	若干
短大・高校卒程度	警察事務	48	44	25	23	8	未集計	5.5	5
高校卒程度	土木A *3	6	4	4	4	} 4	} 未集計	} 1.5	} 若干
高校卒程度	土木B（東濃地域）*3	2	2	1	1				
高校卒程度	土木B（飛騨地域）*3	0	0	0	0				
市町村立小中学校等事務職員　短大・高校卒程度	市町村立小中学校等事務職員	57	48	37	37	16	未集計	3.0	10
静岡県									
高等学校卒業程度	行政	85	72	19	18	5	2	14.4	4
高等学校卒業程度	小中学校事務	36	30	10	8	2	2	15.0	2
高等学校卒業程度	警察行政	53	47	18	17	5	2	9.4	4
高等学校卒業程度	土木	9	7	4	4	4	0	1.8	3
愛知県									
第2回職員	事務	231	191	76	68	24	15	8.0	20
第2回職員	林学	5	4	3	3	2	1	2.0	若干
第2回職員	農業土木	7	7	7	7	4	0	1.8	若干
第2回職員	土木	9	8	7	6	2	0	4.0	若干
第2回警察職員	事務	74	58	24	21	5	4	11.6	5
市町村立小中学校職員	事務	480	346	138	99	60	38	5.8	45
三重県									
C試験	一般行政分野（一般事務）	87	76	23	23	12	非公表	6.3	9
C試験	自然分野（農業）	7	7	4	4	2	非公表	3.5	2
C試験	工学分野（総合土木）	10	10	8	8	7	非公表	1.4	5
C試験	警察事務	41	39	15	13	8	非公表	4.9	5
市町立小中学校職員　C試験	学校事務	16	16	5	5	3	非公表	5.3	3
富山県									
初級	一般事務	28	26	10	9	8	非公表	3.3	5
初級	学校事務	38	34	14	12	9	非公表	3.8	7
初級	警察事務	32	27	16	15	7	非公表	3.9	4
石川県									
高校・短大卒程度	行政	61	52	10	10	7	4	7.4	4
高校・短大卒程度	小中学校事務職員A	31	28	15	15	7	6	4.0	7
高校・短大卒程度	小中学校事務職員B	13	10	6	6	4	3	2.5	3
福井県									
II種	行政	28	23	5	5	3	0	7.7	3
II種	土木（総合）	3	3	2	2	2	1	1.5	2
II種	林学	2	2	1	1	1	0	2.0	2
市町立小・中学校事務職員	小・中学校事務	169	146	38	33	25	17	5.8	17
滋賀県									
初級	一般事務	18	17	13	13	3	2	5.7	5
初級	警察事務	23	19	13	12	4	3	4.8	3
初級	総合土木	4	4	3	3	1	0	4.0	1
市町立小・中学校事務職員（高校卒業程度）	小・中学校事務	56	44	32	32	15	5	2.9	13
京都府									
二類	事務	47	41	19	18	9	5◆	4.6	10
二類	農業	2	2	2	2	1	0◆	2.0	若干
二類	畜産	0	0	0	0	0	0◆	―	若干
二類	林業	1	1	1	1	1	0◆	1.0	若干
二類	土木	8	8	7	7	7	1◆	1.1	5
公立学校職員	学校事務職員B	32	27	12	11	7	5◆	3.9	5
警察事務職員	警察事務職員B	46	38	18	18	9	7◆	4.2	5
大阪府									
行政（高校卒程度）		397	292	120	109	64	未集計	4.6	40
警察行政（高校卒程度）		137	105	72	71	24	未集計	4.4	25
土木（高校卒程度）		25	19	15	15	10	未集計	1.9	5
建築（高校卒程度）		8	8	5	4	4	未集計	2.0	1名～3名
兵庫県									
行政B（高卒程度）	一般事務職*4	100	91	40	39	11	8	8.3	8
行政B（高卒程度）	警察事務職*4	41	34	32	26	8	7	4.3	6
行政B（高卒程度）	教育事務職*4	32	30	24	22	6	6	5.0	5
行政B（高卒程度）	農学職*4	5	1	1	1	1	0	1.0	2
行政B（高卒程度）	林学職*4	4	4	3	3	1	0	4.0	1
行政B（高卒程度）	総合土木職*4	15	14	8	8	3	2	4.7	2
行政B（高卒程度）	小中学校事務職*4	40	35	32	32	9	7	3.9	6
奈良県									
II種	総合職（一般事務）	15	15	6	4	2	0◆	7.5	2

*3　「事務」「土木」の「採用予定人数」はA区分，B区分（東濃地域），B区分（飛騨地域）の合計。それぞれの全体で試験の成績上位者から合格者を決定し，合格者にB区分の受験者がいた場合に勤務地を限定して採用。ただし，B区分の合格者が，東濃または飛騨地域の採用予定者よりも多い場合にはB区分の合格者の一部をA区分の合格者とすることがある。

*4　一次受験者数→筆記試験受験者数，一次合格者数→筆記試験合格者数，二次受験者数→面接試験受験者数。

地方初級＜教養＞過去問350

試験の種類	職種（試験区分）	申込者数	一次受験者数	一次合格者数	二次受験者数	最終合格者数 総数	最終合格者数 女性の内数	競争率（倍）	採用予定人数
Ⅱ種	総合職（土木）	2	2	1	1	1	0◆	2.0	2
Ⅱ種	森林管理職	121	95	21	16	6	0◆	15.8	5
Ⅱ種	警察事務職	18	12	8	8	4	2◆	3.0	2
市町村立小・中学校事務職員	小・中学校事務職（A区分）	251	184	62	53	12	9◆	15.3	11
市町村立小・中学校事務職員	小・中学校事務職（B区分）	27	25	16	16	7	5◆	3.6	5
和歌山県									
Ⅲ種	一般事務	21	19	10	10	4	2	4.8	2
Ⅲ種	学校事務	185	163	62	62	30	13	5.4	30
Ⅲ種	警察事務	48	40	13	13	4	0	10.0	4
Ⅲ種	土木	6	3	2	2	2	0	1.5	3
鳥取県									
高校卒業程度	一般事務	69	65	37	37	19	10	3.4	11
高校卒業程度	土木	6	6	3	3	3	0	2.0	1
高校卒業程度	警察行政	30	22	14	14	5	4	4.4	4
島根県									
高校卒業程度（A日程）	総合土木	11	10	8	8	7	0	1.4	6
高校卒業程度（A日程）	建築	0	0	0	0	0	0	—	1
高校卒業程度（B日程）	一般事務	80	70	32	31	16	10	4.4	13
高校卒業程度（B日程）	総合土木	21	18	18	16	13	2	1.4	8
高校卒業程度（B日程）	建築	1	1	1	1	1	0	1.0	1
高校卒業程度（B日程）	学校事務B（出雲地区）	8	8	6	5	2	2	4.0	2
高校卒業程度（B日程）	学校事務A（石見地区）	26	20	7	6	4	2	5.0	2
高校卒業程度（B日程）	学校事務B（石見地区）	3	3	3	1	0	0	—	2
高校卒業程度（B日程）	警察事務	26	21	8	7	3	2	7.0	3
岡山県									
県職員B	事務	57	36	12	11	5	3	7.2	4
県職員B	土木	11	9	7	3	3	0	3.0	3
県職員B	林業	6	2	0	0	0	0	—	2
警察行政職員B	警察行政職員B	40	25	14	12	3	2	8.3	2
市町村立小・中学校事務職員	小・中学校事務A	255	135	35	25	7	4	19.3	7
市町村立小・中学校事務職員	小・中学校事務B	49	41	19	18	7	5	5.9	6
広島県									
高校卒業程度	行政（一般事務）	120	78	14	13	8	4	9.8	6
高校卒業程度	行政（小中学校事務）	93	62	25	24	10	10	6.2	9
高校卒業程度	行政（警察事務）	43	36	18	17	7	6	5.1	4
高校卒業程度	林業	4	0	0	0	0	0	—	1
高校卒業程度	総合土木	18	11	9	8	6	2	1.8	4
山口県									
高校卒業程度	事務	98	80	21	20	13	3	6.2	3
高校卒業程度	警察事務	46	39	17	17	8	5	4.9	2
高校卒業程度	土木	14	12	9	9	7	3	1.7	2
高校卒業程度	建築	2	2	2	2	2	1	1.0	1
高校卒業程度	林業	4	2	2	2	2	0	1.0	1
高校卒業程度	電気	4	1	1	1	1	0	1.0	1
高校卒業程度	小・中学校事務	154	128	56	55	26	20	4.9	15
徳島県									
高等学校卒業程度	一般事務	70	67	10	10	4	1	16.8	4
高等学校卒業程度	学校事務	34	32	10	10	5	3	6.4	2
高等学校卒業程度	警察事務	69	63	12	11	8	5	7.9	4
高等学校卒業程度	電気	3	3	1	1	1	0	3.0	1
高等学校卒業程度	農業	2	1	1	1	1	0	1.0	1
高等学校卒業程度	林業	3	3	2	2	2	0	1.5	1
香川県									
高校卒業程度	一般行政事務	23	22	7	7	4	2	5.5	3
高校卒業程度	学校事務	8	7	4	3	1	1	7.0	1
高校卒業程度	農業土木	2	2	2	2	1	0	2.0	1
高校卒業程度	土木	3	2	2	2	2	0	1.0	1
愛媛県									
初級	一般事務	71	68	29	21	15	3	4.5	10
初級	警察事務	54	52	12	10	8	4	6.5	4
初級	電気	2	2	2	2	1	0	2.0	1
高知県									
初級	行政*5	第1志望 102 / 第2志望 53	86 / 48	35	32	16	7		15
初級	警察事務*5	第1志望 39 / 第2志望 51	33 / 41	16	15	10	7	5.0	3
初級	教育事務*5	第1志望 51 / 第2志望 71	45 / 64	21	21	7	7		7
初級	土木	23	22	20	19	14	1	1.6	12
初級	林業	6	6	4	4	2	0	3.0	1

＊5 「行政」「警察事務」「教育事務」の受験者は，3つの試験区分の中から，いずれかを第1志望とし，残りの試験区分のうちいずれかを第2志望とすることができる。競争率は，3つの試験区分の合計で算出。

地方初級＜教養＞過去問350

試験の種類	職種（試験区分）	申込者数	一次受験者数	一次合格者数	二次受験者数	最終合格者数		競争率（倍）	採用予定人数
						総数	女性の内数		
福岡県									
Ⅲ類	行政	379	195	37	37	27	未集計	7.2	10
Ⅲ類	教育行政	132	100	35	35	12	未集計	8.3	11
Ⅲ類	警察行政	100	71	12	12	5	未集計	14.2	4
Ⅲ類	土木	17	13	11	11	5	未集計	2.6	2
Ⅲ類	農業土木	8	7	7	7	5	未集計	1.4	2
Ⅲ類	林業	12	7	3	2	2	未集計	3.5	3
佐賀県									
高等学校卒業程度	行政	110	82	26	24	10	未集計	8.2	10
高等学校卒業程度	教育行政	25	22	5	5	2	未集計	11.0	2
高等学校卒業程度	警察事務	67	60	16	14	7	未集計	8.6	5
高等学校卒業程度	電気	4	4	3	3	2	未集計	2.0	1
高等学校卒業程度	総合土木	30	26	14	13	7	未集計	3.7	7
高等学校卒業程度	建築	8	8	5	5	3	未集計	2.7	2
高等学校卒業程度	農業	8	3	3	3	2	未集計	1.5	3
高等学校卒業程度	林業	3	1	1	1	1	未集計	1.0	1
長崎県									
高校卒業程度	一般事務	134	114	43	37	20	10	5.7	5
高校卒業程度	教育事務	51	44	9	7	4	3	11.0	4
高校卒業程度	警察事務	74	64	9	9	2	2	32.0	2
高校卒業程度	林業	2	2	2	2	2	0	1.0	1
高校卒業程度	農業土木	3	3	2	2	2	0	1.5	1
高校卒業程度	土木	20	17	12	11	7	0	2.4	5
熊本県									
高等学校卒業程度	一般事務	145	115	27	26	10	5	11.5	10
高等学校卒業程度	警察事務	36	34	12	12	5	4	6.8	4
高等学校卒業程度	教育事務	19	14	7	6	2	2	7.0	2
高等学校卒業程度	総合土木（一般土木）	18	16	10	10	6	1	2.7	6
高等学校卒業程度	総合土木（農業土木）	16	16	15	14	5	0	3.2	5
高等学校卒業程度	農業	9	8	5	5	1	0	8.0	1
高等学校卒業程度	林業	15	13	6	6	2	0	6.5	2
大分県									
初級	一般事務	130	111	45	45	18	10	6.2	15
初級	教育事務	59	50	27	24	9	6	5.6	9
初級	警察事務	42	33	12	12	4	2	8.3	4
初級	林業	4	1	1	1	1	0	1.0	1
初級	総合土木	16	15	12	12	5	0	3.0	5
初級	電気	2	2	2	2	1	0	2.0	2
宮崎県									
高等学校卒業程度	一般事務	283	236	38	37	20	11	11.8	15
高等学校卒業程度	警察事務	48	42	7	5	5	2	8.4	2
高等学校卒業程度	電気	6	4	3	3	2	0	2.0	1
高等学校卒業程度	土木	18	18	16	16	11	2	1.6	6
高等学校卒業程度	農業土木	8	8	7	7	7	0	1.1	4
高等学校卒業程度	林業	6	3	2	1	1	0	3.0	2
鹿児島県									
高校卒業程度	一般事務	218	191	54	51	26	15	7.3	19
高校卒業程度	警察事務	78	63	24	24	8	5	7.9	8
高校卒業程度	農業土木	11	11	7	5	5	0	2.2	4
高校卒業程度	林業	5	2	2	2	2	0	1.0	2
高校卒業程度	土木	20	20	16	14	12	1	1.7	2
高校卒業程度	建築	6	5	5	5	2	0	2.5	1
沖縄県									
初級	一般事務	456	252	12	12	7	未集計	36.0	5
初級	土木	12	10	3	3	3	未集計	3.3	若干
初級	農業土木	6	6	2	2	2	未集計	3.0	若干
初級	警察事務	268	130	16	16	5	未集計	26.0	若干
政令指定都市									
札幌市									
高校の部	一般事務	288	209	100	99	37	23	5.6	30
高校の部	学校事務	29	21	7	7	2	2	10.5	若干
高校の部	一般技術（土木）	17	14	14	13	6	1	2.3	5
高校の部	一般技術（電気）	10	8	6	6	3	0	2.7	若干
高校の部	一般技術（機械）	6	5	5	5	1	0	5.0	若干
高校の部	消防吏員	195	156	61	59	22	1	7.1	20
仙台市									
消防士（高校の部）		264	247	28	26	14	0	17.6	10
高校卒程度	事務	228	207	47	43	23	14	9.0	20
高校卒程度	学校事務	11	11	7	7	2	2	5.5	若干
高校卒程度	土木	11	11	10	9	0	0	0.7	5

地方初級＜教養＞過去問350

試験の種類	職種（試験区分）	申込者数	一次受験者数	一次合格者数	二次受験者数	最終合格者数		競争率（倍）	採用予定人数
						総数	女性の内数		
高校卒程度	建築	5	5	3	3	1	0	5.0	5
高校卒程度	機械	3	3	3	3	1	0	3.0	若干
高校卒程度	電気	7	6	3	3	2	0	3.0	若干
さいたま市									
高校卒業程度	行政事務	199	164	23	17	7	4	23.4	5
高校卒業程度	学校事務	22	16	10	8	3	2	5.3	2
高校卒業程度	消防	267	239	62	57	16	1	14.9	16
高校卒業程度	消防（救急救命士）	58	49	16	13	4	0	12.3	4
千葉市									
初級	事務	142	118	41	40	14	未集計	8.4	8
初級	学校事務	22	19	13	13	4	未集計	4.8	若干
初級	消防士	385	340	96	90	33	未集計	10.3	20
特別区									
Ⅲ類	事務	5,283	3,892	1,052	578	398	未集計	9.8	138
横浜市									
高校卒程度	事務	506	407	104	86	45	未集計	9.0	40
高校卒程度	土木	3	2	2	2	2	未集計	1.0	数人
高校卒程度	機械	4	4	4	4	3	未集計	1.3	数人
高校卒程度	電気	4	4	3	3	2	未集計	2.0	数人
高校卒程度	水道技術	19	15	11	11	7	未集計	2.1	数人
高校卒程度	消防	550	429	159	139	59	非公表	7.3	55
高校卒程度	消防（救急救命士）	83	70	34	27	17	非公表	4.1	15
川崎市									
高校卒程度	行政事務	188	144	45	33	15	9	9.6	15
高校卒程度	土木	2	2	1	1	1	1	2.0	若干
高校卒程度	電気	1	1	1	1	1	0	1.0	若干
高校卒程度	機械	1	1	0	0	0	0	—	若干
高校卒程度	建築	0	0	0	0	0	0	—	若干
高校卒程度	消防士	206	143	51	47	28	2	5.1	15
相模原市									
高校卒業程度	行政	92	86	23	23	8	7	10.8	7
高校卒業程度	消防	74	59	14	14	5	0	11.8	5
新潟市									
高校卒業程度	一般事務	64	57	11	11	3	未集計	19.0	2
高校卒業程度	土木（水道）	5	5	5	4	4	未集計	1.3	2
高校卒業程度	建築	4	4	4	4	1	未集計	4.0	1
高校卒業程度	電気	2	2	2	2	0	未集計	—	1
高校卒業程度	電気（水道）	4	4	3	3	3	未集計	1.3	3
高校卒業程度	機械	3	3	3	3	1	未集計	3.0	1
高校卒業程度	学校事務A	11	11	8	8◎	1	未集計	11.0	1
高校卒業程度	学校事務B	68	61	16	13◎	2	未集計	30.5	2
高校卒業程度	消防士	174	155	22	22	7	未集計	22.1	7
静岡市									
高校卒程度	事務	8	7	7	7	3	未集計	2.3	3
高校卒程度	技術（土木）	7	7	7	6	5	未集計	1.4	3
高校卒程度	技術（建築）	1	1	1	1	1	未集計	1.0	若干
高校卒程度	技術（電気）	3	3	3	3	1	未集計	3.0	若干
高校卒程度	技術（機械）	2	2	2	2	1	未集計	2.0	若干
高校卒程度	技術（水道技術）	2	2	1	1	1	未集計	2.0	若干
高校卒程度	消防士	72	64	19	18	9	未集計	7.1	5
浜松市									
第Ⅲ類行政職員	事務（行政）	33	25	15	15◎	5	未集計	5.0	3
第Ⅲ類行政職員	事務（学校事務）	17	12	4	4◎	1	未集計	12.0	若干
第Ⅲ類行政職員	技術（土木）	4	3	3	3◎	2	未集計	1.5	若干
第Ⅲ類行政職員	技術（建築）	3	3	3	3◎	1	未集計	3.0	若干
第Ⅲ類行政職員	技術（電気）	2	2	2	2◎	1	未集計	2.0	若干
第Ⅲ類行政職員	技術（機械）	2	2	2	2◎	1	未集計	2.0	若干
第Ⅲ類消防職員	消防士	54	39	18	15◎	10	未集計	3.9	6
第Ⅲ類消防職員	救急救命士	38	19	11	11◎	5	未集計	3.8	5
名古屋市									
第2類	事務（行政一般）	148	88	57	非公表	12	未集計	7.3	5
第2類	技術（土木）	19	17	13	非公表	7	未集計	2.4	5
第2類	技術（建築）	1	0	0	非公表	0	未集計	—	若干
第2類	技術（機械）	1	1	1	非公表	0	未集計	—	若干
第2類	技術（電気）	4	2	2	非公表	2	未集計	1.0	若干
第2類	学校事務	18	13	8	非公表	2	未集計	6.5	若干
第2類	消防	511	390	148	非公表	60	非公表	6.5	50
京都市									
中級	一般事務（行政）	47	37	8	8	5	2	7.4	5
中級	一般技術職（土木）	10	9	9	8	5	0	1.8	5
中級	一般技術職（建築）	4	3	2	1	1	0	3.0	若干

試験の種類	職種（試験区分）	申込者数	一次受験者数	一次合格者数	二次受験者数	最終合格者数		競争率（倍）	採用予定人数
						総数	女性の内数		
中級	一般技術職（電気）	3	3	1	1	1	0	3.0	若干
中級	一般技術職（機械）	2	2	1	1	0	0	—	若干
中級	消防職	216	183	46	42	20	0	9.2	15
中級	学校事務職	331	274	42	42	12	10	22.8	15
中級（11月実施）	一般技術職（土木保全）	18	9	5					若干
大阪市									
消防吏員B	（男）Ⅱ	748	630*6	41	36	26	未集計	24.2	25
消防吏員B	（女）Ⅱ	46	36	7	5	4	未集計	9.0	数名
消防吏員B	（男）Ⅰ	589	467	76	68	32	未集計	14.6	30
消防吏員B	（女）Ⅰ	25	18	6	4	2	未集計	9.0	数名
事務行政（18-21）	事務行政（18-21）	222	151	59	57	35	未集計	4.3	30
高校卒程度技術	都市建設［主に土木］	23	18	13	8	8	未集計	2.3	15
高校卒程度技術	機械	4	4	4	2	2	未集計	2.0	数名
高校卒程度技術	電気	6	2	2	2	2	未集計	1.0	数名
学校事務	学校事務	213	147	62	59	33	未集計	4.5	30
堺市									
高校卒程度	事務	86	64	28	25	10	未集計	6.4	10
高校卒程度	土木（農学・造園を含む。）	9	8	7	7	5	未集計	1.6	3
高校卒程度	機械	2	2	1	1	1	未集計	2.0	若干
高校卒程度	電気	3	3	3	3	2	未集計	1.5	若干
消防吏員A（高校卒程度）	消防吏員A（高校卒程度）	195	136	56	56	18	1	7.6	11
消防吏員B（高校卒程度（航海・機関））	消防吏員B（高校卒程度（航海・機関））	1	1	1	0	0	0	—	若干
神戸市									
高校卒	総合事務	54	46	17	14◎	4	4	11.5	3
高校卒	土木	6	6	4	3◎	2	1	3.0	若干
高校卒	建築	5	3	3	3◎	1	0	3.0	若干
高校卒	総合設備（電気）	2	1	0	0◎	0	0	—	若干
高校卒	総合設備（機械）	2	2	1	1◎	0	0	—	若干
高校卒	消防	199	179	72	70◎	22	1	8.1	15
岡山市									
短大・高校卒業程度	事務	45	36	18	18◎	2	2	18.0	2
短大・高校卒業程度	土木	8	7	7	7◎	3	0	2.3	2
学校事務	学校事務A	167	92	25	20◎	4	4	23.0	4
学校事務	学校事務B	7	5	4	4◎	1	1	5.0	1
消防職員（短大・高校卒業程度）	消防	61	56	14	14◎	5	1	11.2	2
広島市									
Ⅱ種	行政事務	110	78	39	35◎	12	未集計	6.5	10
Ⅱ種	土木	12	10	9	9◎	7	未集計	1.4	5
Ⅱ種	学校事務	129	86	37	31◎	11	未集計	7.8	10
Ⅱ種	消防	543	445	134	120◎	44	未集計	10.1	35
北九州市									
初級	一般事務員	186	126	25	25	12	8	10.5	8
初級	一般技術員（土木）	21	16	15	14	11	2	1.5	8
初級	一般技術員（建築）	8	6	5	5	3	1	2.0	2
初級	一般技術員（電気）	10	8	6	6	4	0	2.0	3
初級	一般技術員（機械）	15	10	7	7	3	0	3.3	2
初級	消防士	131	108	28	28	8	2	13.5	7
初級	消防士（航海）	1	0	0	0	0	0	—	若干
初級	消防士（機関）	2	2	1	1	1	0	2.0	
福岡市									
初級（定期採用）	行政事務	668	467	105	103	51	未集計	9.2	47
初級（定期採用）	学校事務	81	51	13	11	6	未集計	8.5	6
初級（定期採用）	行政技術（土木）	82	71	45	44	26	未集計	2.7	21
初級（定期採用）	行政技術（建築）	23	18	11	11	8	未集計	2.3	7
初級（定期採用）	行政技術（電気）	21	18	11	11	7	未集計	2.6	6
初級（定期採用）	行政技術（機械）	23	15	9	9	3	未集計	5.0	2
消防吏員B	消防吏員B	634	473	91	73	34	未集計	13.9	28
初級（早期採用）	行政事務	41	32	17	16	9	未集計	3.6	8
熊本市									
初級職	事務職	225	171	43	43	20	7	8.6	20
初級職	学校事務職	44	33	12	10	5	4	6.6	5
初級職	技術職（土木）	25	21	16	13	8	0	2.6	8
初級職	技術職（建築）	4	4	3	3	2	1	2.0	2
初級職	技術職（機械）	11	8	2	2	1	0	8.0	1
初級職	技術職（電気）	13	10	7	7	2	0	5.0	2
消防職	初級消防職	209	164	13	12	6	2	27.3	6
消防職	初級消防職（救急救命士）	20	12	5	5	1	0	12.0	1

＊6　再試験対象者を含む。

② 出題分析

　教養試験で出題される多くの科目をマスターするためには，効率的な学習が不可欠である。公務員試験では，過去の出題と類似した問題が出ることが多い。出題されやすいテーマを把握していれば，そのテーマを重点的に学習することができ，効率が断然アップする。以下，各科目の出題ポイントを，㉑～㉔ページの「出題内訳表」と合わせて読んでほしい。

◎政治

　憲法に関する問題が最頻出で，出題の柱は基本的人権と統治機構の2つ。基本的人権の中では，自由権と社会権と「新しい人権」をチェックしておくとよい。統治機構の中では，国会が頻出である。憲法以外では，選挙と各国の政治制度もしばしば出題される重要テーマである。

◎経済

　①経済用語などの基本的な知識の確認と，②現代の日本経済事情（背景）に関連した出題が増えている。教科書レベルの経済知識を，現代社会の中での問題と関連させて，正確に理解できているかが問われている。日本経済における景気の問題やそれに対する財政・金融政策などが頻出である。

◎社会

　①社会学・心理学の理論，②現代社会の諸相，③国際事情に大別できるが，「時事的な」問題についての出題が多い。環境，人口，社会保障，労働などのテーマに関する問題が頻出である。特に，日本の少子高齢化に関する問題と，それに関連した社会保障制度（改革）の問題は重要である。

◎日本史

　出題されやすい時代は，例年，鎌倉時代から江戸時代であるが，飛鳥・奈良・平安といった古代史の出題も見られるので，各時代の特色をしっかり把握しておくことが重要である。「テーマ史」では，文化史や外交史の出題頻度が高い。

◎世界史

　ヨーロッパ史とアジア史に大きく分けられる。ヨーロッパ史（アメリカ史を含む）では，古代ギリシアをはじめとして，中世の十字軍遠征，近代のルネサンスや大航海時代，市民革命，産業革命から戦後の冷戦，ソ連の崩壊まで出題されている。アジア史では，秦・漢・隋・唐などの王朝史，孫文の中華民国，毛沢東の中華人民共和国，天安門事件までの中国史の出題頻度が高い。

◎地理

　気候と地形および農林水産業に加え，世界の主要地域（国）と日本の地誌，民族（言語等）・宗教，環境問題などが出題される。気候は，ケッペンの気候区の特徴，ハイサーグラフや雨温図，植生や土壌などとの関連を問うものが多い。各国地誌では，東南アジアがやや多く，アフリカやヨーロッパの農業や環境問題に関する出題にも注意。

◎倫理

　西洋思想・東洋思想とも，複数の思想家を組み合わせ，条件に合致する「人物」を選ぶ形式で出題されることが多い。思想家の残した有名な言葉や著書，思想内容で正誤を判断するものが主流。西洋思想の出題が多いが，中国の諸子百家や日本の有名な思想家についても問われている。

◎文学・芸術

　文学では，日本文学が出題の中心で，古典文学から現代の戦後文学まで幅広い範囲から出題されている。有名な作品の冒頭文も重要である。芸術は，美術と音楽に大きく分かれ，美術では西洋の近代絵画と画家との組合せ，音楽では西洋のクラシック音楽と作曲家との組合せの問題が多い。

◎国語

　主流は漢字と慣用表現で，漢字は四字熟語が頻出である。同音異義語の中から正確な熟語を選び出す能力はIT社会に不可欠であり，手で書く練習が重要。慣用表現ではことわざ・慣用句からの出題が多い。敬語表現も基本事項が問われる。

◎数学

　高校の数学Ⅰと数学Aの範囲が中心で，教科書の基本例題レベルの問題が大半。数学Ⅰでは数と式の計算，方程式・不等式，一次関数・二次関

地方初級＜教養＞過去問350　⑲

数，図形と計量（三角比，面積，体積など），数学Aでは平面図形，数学Ⅱでは図形と方程式（直線・放物線，不等式の表す領域など）が頻出。

◎物理

「力学」が最頻出，次いで「電磁気」「波」が頻出テーマ。計算問題は，力学では「等加速度運動」「落下運動」「力のつりあい」「運動の法則」「仕事」「力学的エネルギー保存の法則」，電磁気では「直流回路」「抵抗の接続」「電力」「電流の熱作用」の出題がほとんどである。知識問題は，基本的な物理現象を問う問題が大半で，「波動の性質」「熱の伝わり方」「電磁波の性質」が頻出分野。

◎化学

物質量を用いた簡単な計算，化学反応式の係数の決定や量的計算，非金属元素の性質（特に気体の性質），熱化学の計算などが頻出事項。「日常生活の化学」として，「酸性雨」「オゾン層の破壊」「地球の温暖化」「家庭にある化学物質」などが出題されることもある。日頃から新聞の科学欄などを注意深く読むようにするとよいだろう。

◎生物

「遺伝の法則」「遺伝子と染色体」，および「体液と恒常性」「刺激と動物の行動」からの出題が圧倒的に多い。また，「植物の反応と調節」の分野からも光合成や光周性などの出題が続いており注意が必要である。

◎地学

①大気・気象，②天文関連，③地球内部のエネルギーが頻出分野。「気象」ではエルニーニョ現象などの出題も見られる。「大気」では，その構造や太陽放射と大気の熱収支，風の吹き方など。天文分野は，地球の自転・公転とその現象や証拠などが頻出。災害や緊急地震速報からの出題もあるので，ニュースや新聞なども見ておくとよい。

◎文章理解

英文の出題形式は内容把握が中心。内容把握は選択肢と本文のある部分が一致しているかどうかを問うもので，英文を正確に読む力，選択肢間の相違を的確にとらえる力が必要である。要旨把握は全文の内容から要旨を判断する問題で，部分一致を問う内容把握とは異なる。現代文は要旨把握，内容把握の出題が多いが，筆者の言いたいことや要旨を大まかに把握するだけでは不十分で，複数のポイントについて内容を正確に反映しているかどうかを検討させる出題が多くなっている。

◎判断推理

「非図形分野」は，大きく形式論理，文章条件推理，数量条件推理に分けられる。形式論理では，命題に関する対偶と三段論法をしっかりと理解しておくこと。文章条件推理では，条件の読み取り，条件の整理が確実にできるように，問題演習で実力を養っておくとよい。数量条件推理はパターン化しにくい問題も多いので，なるべく多くの問題に触れておくことが望ましい。「図形分野」では，平面図形の構成，多面体の展開図，軌跡といった頻出分野を中心に学習し，解法の要点となる事項を理解しておくとよい。

◎数的推理

数に関する問題，数量に関する問題（文章題），場合の数と確率，図形が出題の中心である。数に関する問題では，約数・倍数の基本となる素数と素因数分解から学習し，割算の商と余りに関しても，約数・倍数との関連で考えるようにするとよい。数量に関する問題では，まず単純な連立方程式型の問題を確実に解けるようにし，そのうえで速さ，濃度，割合と比，仕事算といった問題について，それぞれの要点を理解しよう。

◎資料解釈

題材として与えられた資料を正しく読み取り，それに基づいてさまざまな結論を正しく導き出す能力を見ようとするものであり，結論を導く過程では，多くの場合，なんらかの計算処理が要求される。数量データの代表的なものは実数，指数，構成比，増減率である。これらについて，その意味を正しく理解し，固有の計算方法に慣れておくことが，資料解釈攻略のための第一歩である。

2年度　地方初級出題内訳表

No.	科目	出題内容
1	政治	自由権（信教の自由，職業選択の自由，財産権等）
2		国会の権能（内閣不信任決議，法律案，予算等）
3		日本の政党政治（連立政権，党議拘束等）
4	経済	金利（信用度と利子率等）
5		所得税（国税，税率，家族構成等）
6	社会	日本の人口・世帯（高齢人口，単身世帯等）
7		世界の一次エネルギー消費量（種類，順位等）
8		特定外来生物（カミツキガメ，セアカゴケグモ等）
9	地理	日本の地形（活火山，日本海溝，河川等）
10		日本の森林・林業（森林面積，国産材等）
11		ロシア地誌（都市，人口，農業，資源等）
12	日本史	各時代の政治の特徴（平安，鎌倉，室町，江戸等）
13		高度経済成長期（公害，道路整備，三種の神器等）
14	世界史	イギリス産業革命（綿工業，長時間労働等）
15		第二次世界大戦（独ソ戦，日本の支配範囲等）
16	国語	漢字（ゾウケイ，ユウシュウ，イリュウ等）
17		ことわざ・成句（瓢箪から駒，魚心あれば水心等）
18		副詞（いたずらに，いみじくも，あわよくば等）
19	数学	1次関数（三角形を二等分する直線とy軸の交点）
20	物理	電磁石（磁界の強さ，電流の向き等）
21	化学	メタンとエタノールの燃焼熱（化学反応式）
22		化合物（炭酸水素ナトリウム，硫酸バリウム等）
23	生物	ヒトの目の構造（角膜・網膜，水晶体，視神経等）
24		植物における物質利用（細胞内小器官，植物種等）
25	地学	化石（マンモス，示準・示相化石，生きた化石等）
26	文章理解	英文（要旨把握，成功と失敗）
27		英文（要旨把握，野球選手）
28		英文（要旨把握，間食）
29		現代文（要旨把握，教育）
30		現代文（要旨把握，英文の訳し方）
31		現代文（要旨把握，公共政策のプロセス）
32		現代文（内容把握）
33		現代文（空欄補充）
34	判断推理	発言推理（A～Cの3人の学年のうそつき問題）
35		位置関係（A～Eの5人の帽子の色と並び方）
36		試合の勝敗（A～Fの6人のトーナメント戦）
37		対応関係（A～Eの5人の1週間の出勤シフト）
38		操作手順（数字の書かれた板から延びる線の本数）
39		軌跡（正方形の辺上を転がる円の周上の点Pの軌跡）
40		平面の着色（正四面体の1面固定時の4色の塗り分け）
41		立体構成（2つの図形からできる立体の見取り図）
42		投影図（2方向から見た立体の側面図）
43	数的推理	覆面算（3ケタの2数の筆算の空欄A～Dの和）
44		約数・倍数（6～8のいずれで割っても1余る数）
45		不定方程式（3種類の果物の値段と購入合計数）
46		濃度（食塩水と水の入れ替え操作）
47		比・割合（日本人・外国人従業員の増減と人数比）
48		通過算（トンネルの通過時間と新幹線の分速）
49	資料解釈	3つの記述の正誤の組合せ（数表）
50		2つの療法の比較（棒グラフ）

※この表は受験者からの情報をもとに分類・整理したものである。したがって，No.や出題内容が実際とは異なっている場合がある。

2年度　市役所出題内訳表

No.	科目	出題内容	
1	時事	ICT（VR・AR，携帯電話アプリ，サブスクリプション等）	
2		国際情勢（イギリスのEU離脱，ロヒンギャ難民等）	
3		社会保障（年金制度，介護保険等）	
4		環境問題（条約，プラスチックゴミ等）	
5		（不明）	
6	政治	日本国憲法における人権	
7		国会と内閣（内閣総理大臣，天皇の国事行為への助言と承認等）	
8	経済	需要曲線と供給曲線（空欄補充）	
9		租税（ふるさと納税，地方税の割合，自主財源等）	
10	地理	日本の名産品（燕の食器，浜松の楽器，今治のタオル等）	
11	日本史	縄文時代・弥生時代（弥生時代の記述を選択）	☆
12		明治時代（内政と外交等）	
13	世界史	17～18世紀のイギリスとフランス	
14		中国史（建国年，辛亥革命等）	
15	数学	$a>0$，$b>0$のとき成り立つ符号を含む数式	☆
16	物理	速度・加速度・時間（グラフ）	☆
17	化学	金属の性質（Au，Al，Cu，ステンレス等）	☆
18	生物	酵素（消化酵素）	☆
19		動物の分類（体温調整等）	☆
20	地学	惑星（地球型と木星型）	☆
21	文章理解	英文（ジェスチャー）	
22		英文（アリと食虫植物）	
23		英文（日本の幸福度指数）	
24		現代文（動物と人間のかかわりの歴史）	
25		現代文（アメリカの政治の仕組み）	
26		現代文	
27	判断推理	命題（結論を導くために必要なものを2つ選択）	
28		対応関係（3～5歳の3人の子のタオルケットの色と並び順）	
29		対応関係（A～Eの5人の飲み物の注文と実際）	
30		操作手順（リングのつなげ方を変える最低開閉回数）	
31		平面構成（多角形の折り紙を1回折ってできない図形）	
32		動点（大正方形中を回転する小正方形の2頂点の軌跡の比）	
33		投影図（積み重ねた円盤の平面図と側面図からわかる枚数）	
34		立体の切断（正五角柱を平面で切断したときの断面図）	
35	数的推理	覆面算（$A×A=B$，$C+D=A$，$A×E=D×F$のときの$E+F$）	
36		約数・倍数（ある数の倍数である数の倍数でない100以下の2数の個数差）	
37		価格と利益（商品の仕入れ値と定価からの割引販売）	
38		比・割合（男女別の増減率と全体数の変化から求める男女の人数差）	
39	資料解釈	中学～高校の学習時間（数表）	
40		自動車の輸出入（棒グラフ，折れ線グラフ）	

①	判断推理	面積
②	数的推理	（不明）
③		旅人算（速さの異なる2人が時差出発してから出会うまでの時間）
④		確率（サイコロを3回投げて少なくとも1回偶数の目が出る確率）
⑤	資料解釈	人口の推移
⑥	亡章理解	英文
⑦		現代文（空欄補充）

※この表は受験者からの情報をもとに分類・整理したものである。したがって，No.や出題内容が実際とは異なっている場合がある。
※Standard-ⅡはNo.1～40の40題，Logical-ⅡはStandard-Ⅱから☆印の7題を除き①～⑦の7題を加えた40題。

地方初級＜教養＞過去問350

2年度　東京都Ⅲ類出題内訳表

No.	科　目	出　題　内　容
1	文章理解	現代文(内容把握, 菅谷明子『未来をつくる図書館』)
2		現代文(内容把握, 柳宗悦『茶と美』)
3		現代文(文章整序, 中島義道『不在の哲学』)
4		現代文(空欄補充, デュルケム/宮島喬訳『社会学的方法の規準』)
5	英文理解	長文読解(内容把握)
6		長文読解(内容把握)
7		長文読解(内容把握)
8		長文読解(内容把握)
9	判断推理	集合(生徒100人の3問のテストの結果)
10	数的推理	場合の数(4種の通貨で2,100円を支払う組合せ)
11	判断推理	対応関係(A～Dの4人の土産, 交通手段, 到着順序)
12		確率(4個のサイコロを投げて2個以上同じ目が出る確率)
13		場合の数(6×6個の点上の2点と残り1点で作る二等辺三角形)
14		比・割合(駅出発時の3本の列車の乗客数の合計)
15	数的推理	比・割合(3種類のバスのうち中型バスの保有台数)
16		平面図形(相似:長方形を分割してできる図形の面積比)
17		平面図形(多角形の∠A～∠Iの9つの角度の和)
18		規則性(法則に従い数字の並ぶマス目の指定位置の数字)
19	資料解釈	4島の空港からZ空港に降りた客数の構成比の推移(数表)
20		4県におけるうなぎ収穫量の推移(棒グラフ)
21		LNガスの国別輸入額の対前年増加率の推移(折れ線グラフ)
22		3輸送機関における旅客輸送人数の構成比の推移(棒グラフ)
23		農畜産物の輸入量指数と国内生産量指数の推移(矢線グラフ)
24	空間把握	平面構成(2枚の方眼紙を重ねて着色マス目の重なる最多数)
25		平面構成(3本の対角線を引いた五角形中の三角形の数)
26		立体構成(直方体中の灰色の小立方体の個数)
27		動点(1辺4aの正三角形の半径3の円周上移動時の回転数)
28		軌跡(半径4aの半円が直線上を1回転するとき中心Oが描く軌跡)
29	生活常識	栄養素(カロテン, 炭水化物, 鉄, ビタミン等)
30		マイナンバー施策(活用法, ケタ数, 交付申請等)
31		情報通信技術(アナログ・デジタル, OS, 音楽配信等)
32	日本史	安土桃山時代(太閤検地, 水上交通, 文化等)
33		明治維新(開拓使・屯田兵, 版籍奉還, 西南戦争等)
34	世界史	イスラーム世界(アッバース朝, ウマイヤ朝等)
35		ニューディール政策(NIRA, TVA等)〈空欄補充〉
36	地理	日本の気候(モンスーン, オホーツク海気団等)〈空欄補充〉
37		世界の気候帯と植生(ステップ, タイガ, ツンドラ等)
38	政治	国会(条約締結, 緊急集会, 法案の再可決等)
39		裁判制度(民事裁判, 上訴, 裁判員制度等)
40	経済	国際収支(金融収支, 経常収支, 貿易収支等)
41		財政の役割(公共財, 所得再分配, 財政投融資計画等)
42	物理	自由落下(小石が4秒間に落下する距離)
43	化学	気体の捕集法(アンモニア, 塩化水素, 酸素)
44	生物	光合成・呼吸(ATP, 葉緑体, グルコース等)
45	地学	地球のエネルギー収支(温室効果ガス, 太陽放射等)

2年度　特別区Ⅲ類出題内訳表

No.	科　目	出　題　内　容
1	文章理解	現代文(要旨把握, 松下幸之助『道をひらく』)
2		現代文(要旨把握, 鎌田實『人間の値打ち』)
3		現代文(文章整序, 稲盛和夫『考え方』)
4		現代文(文章整序, 枡野俊明『上手な心の守り方』)
5		現代文(空欄補充, 森田真生『数学する身体』)
6		現代文(空欄補充, 篠田桃紅『百歳の力』)
7		英文(内容把握)
8		英文(空欄補充)
9		英文(空欄補充)
10	判断推理	試合の勝敗(A～Eの5チームによるリーグ戦)
11		暗号(ヒマワリ=5355, 7632, 7695, 5363)
12		対応関係(A～Eの5班が見学する施設)
13		対応関係(A～Iの9人の親族関係)
14		位置関係(ある都市における5つの施設の位置)
15		数量相互の関係(A～Fの6人の所持金)
16	数的推理	平面図形(正三角形と正三角形の1辺を直径とする半円の作る図形の面積)
17		約数・倍数(除数と剰余のわかる最大2ケタ数と最小3ケタ数の和)
18		速さ(1周5kmのコースをAが1周する時間)
19		ニュートン算(ある製菓工場で菓子を作る所要日数)
20		濃度(水を加える前の濃度15%の砂糖水の量)
21	資料解釈	5種類の野菜の収穫量の推移(数表)
22		世界の新造船竣工量の推移(数表)
23		主要国の製材・合板用材生産量の推移(棒グラフ)
24		地域別訪日外客数の構成比の推移(円グラフ)
25	空間把握	平面図形(一端を折りたたみ2片を切り落とした折り紙の展開)
26		平面構成(2枚の正方形を重ねて穴の重なる最多数)
27		回転体(半円と三角形からなる図形の回転体の体積)
28		軌跡(直線上を1回転する台形上の点Pが描く軌跡)
29	政治	大日本帝国憲法(権利, 統帥権, 輔弼と協賛等)
30		憲法前文(自由, 戦争の惨禍, 信託等)〈空欄補充〉
31		核兵器と軍縮(オタワ条約, PTBT, INF等)
32	社会	日本の社会保障(社会保険, 公的扶助, 4つの柱等)
33		資源・エネルギー(レアメタル, スマートグリッド, シェールガス等)
34	日本史	源平争乱と鎌倉幕府の成立(源頼朝, 源義仲, 源義経等)
35		自由民権運動(民撰議院設立の建白書, 結社, 政党等)
36	世界史	メソポタミア文明(シュメール人, 象形文字等)
37		清(康熙帝, ヌルハチ, 乾隆帝, 光緒帝等)
38	地理	日本の地図と火山(有珠山, 御嶽山等)〈空欄補充〉
39	倫理	社会契約説(ホッブズ, ロック, ルソー)
40	物理	摩擦力による等加速度運動(物体が静止するまでに滑る距離)
41		電流(電流・自由電子の向き, 電気量の単位等)〈空欄補充〉
42	化学	アンモニア(におい・重さ, 電離度, 極性等)
43		物質の構成と化学結合(ハロゲン, イオン化エネルギー等)
44	生物	細胞の種類と発現する遺伝子(アクチン, アミラーゼ等)
45		窒素循環(窒素固定, ATP, 硝酸イオン, 脱窒等)
46	地学	地震(初期微動継続時間, 震度階級, 震源等)
47	国語	四字熟語の読み(三位一体, 会者定離, 前代未聞等)
48		ことわざ・慣用句(「顎」の字を用いるもの)
49		古文(下線部の解釈, 紫式部『源氏物語』)
50	芸術	西洋音楽(シューベルト:「冬の旅」, ラヴェル:「ボレロ」等)

※No.1～28必須解答, No.29～50のうち17題選択解答

元年度　地方初級出題内訳表

No.	科目	出題内容
1	政治	憲法条文と基本的人権(自由権, 社会権, 平等権, 参政権, 請求権)
2		権力相互の関係(三権分立, 違憲立法審査権等)
3		政治と選挙(選挙制度等)
4	経済	GDPと経済成長率(説明文中の下線部のうち正しい記述の組合せ)
5		日本銀行(日本銀行券等)
6	社会	わが国の労働状況(雇用者, 有効求人倍率等)
7		わが国のごみ問題とリサイクルの取組み(都市鉱山等)
8	地理	世界6地域の地誌的特徴(人口, 人口密度, 高齢化率等)(組合せ)
9		気候・土壌(熱帯気候, ステップ気候等)
10		東京都, 愛知県, 岡山県の製造品出荷額順位(組合せ)
11		オーストラリア地誌(小麦, 鉱物等)
12	日本史	織豊政権(太閤検地, 楽市・楽座, キリスト教禁教等)
13		明治初期の政策(廃藩置県, 地租改正, 徴兵令, 学制, 殖産興業)
14	世界史	中国王朝(秦, 漢, 唐, 明, 清)〈組合せ〉
15		第二次世界大戦後のアメリカの対外関係(NATO, 9.11同時多発テロ等)
16	国語	四字熟語の読み(頭寒足熱, 上意下達, 二律背反, 有為転変等)
17		類義語・対義語
18		敬語の用法(尊敬語, 謙譲語, 丁寧語)
19	数学	一次関数(グラフをy=3に関して対称移動したときのx座標)
20	物理	鉛直投げ上げ(時間-速度, 高さ-速度の正しいグラフの組合せ)
21	化学	中和滴定(塩酸, 水酸化ナトリウム, 水, pH等)
22		気体の特徴と捕集法(水素, 塩素, アンモニア, 窒素)
23	生物	血糖値の調節(インスリン, グルカゴン)
24		酵素(パイナップルを用いてゼリー, 寒天を作る生活実験)
25	地学	地震(震度・マグニチュード, P波・S波, 初期微動継続時間等)
26	文章理解	英文(要旨把握, 水泳選手の言葉)
27		英文(要旨把握, アメリカの新人研修)
28		英文(要旨把握, セキュリティ・パスワードの危険)
29		現代文(要旨把握, 脳死)
30		現代文(要旨把握, フランス語)
31		現代文(要旨把握, 死の概念)
32		現代文(要旨把握, メンター探しの不条理さ)
33		現代文(空欄補充)
34	判断推理	発言推理(A～E5人のくじ引きによる代表者決め予想)
35		順序関係(身長順の整列)
36		位置関係(東西方向に並んだ3階×4棟のアパート中のA～E5人の住まい)
37		対応関係(A～E5人の月曜日～金曜日の勤務シフト)
38		規則性(分割配列した1～100の数字テープの右端と左端の合計数の差)
39		図形の回転(大歯車が回転したときのかみ合う小歯車上の模様の見え方)
40		平面分割(4×6個の小長方形からなる大長方形の6分割)
41		投影図(重なった円柱の最低個数)
42		立体構成(辺に矢印の書かれた立方体の見取図)
43	数的推理	確率(A～C3人のじゃんけんでAを含む2人が勝つ確率)
44		魔方陣(1辺に4つの数字が入る正三角形)
45		倍数・約数(16の$x_n=x$, $y^2=x$のときの整数nの十の位と一の位の和)
46		仕事算(定時に給水のある18L水槽を空にするくみ出し水量rの範囲)
47		比・割合(電車の運賃の往復割引)
48		速さ・時間・距離(旅人算:周回路でBがAに追い越されるまでの距離)
49	資料解釈	5市の世帯数, 人口, 人口密度(数表)
50		ある国の木材供給量と国内自給率(棒グラフ, 折れ線グラフ)

※この表は受験者からの情報をもとに分類・整理したものである。したがって, No.や出題内容が実際とは異なっている場合がある。

元年度　市役所出題内訳表

No.	科目	出題内容
1	時事	IT用語(IoT, フィンテック, クラウドファンディング)
2		労働情勢(働き方改革, 完全失業率等)
3		民法改正(成人年齢引き下げ, 契約, 飲酒, 施行時期, 婚姻年齢)
4		わが国の世界遺産(富士山, 明治日本の産業革命, 潜伏キリシタン関連等)
5		わが国の財政(一般会計予算, 税収の割合, 国債等)
6	政治	選挙制度(年齢, 外国人, 被選挙権等)
7		国会・内閣(権能, 役割, 三権分立, 弾劾裁判等)
8		地方自治(条例, 首長・議員の任期, 直接請求権等)
9	経済	為替相場(租税, 円高・ドル安, 輸入等)
10	地理	わが国の河川(勾配, 長さ, 流域面積, 洪水ハザードマップ)
11		中国(気候, 名目GDP, 経済特区, 一人っ子政策, 経済格差)
12	日本史	江戸時代(改革, 外交, 寺子屋等)　☆
13		1980年代～1990年代の出来事(55年体制崩壊等)
14	世界史	戦間期(1919～1939年)の出来事(世界恐慌, ファシズム台頭等)
15	物理	摩擦力(斜面上の物体のつりあい)　☆
16	化学	塩化銅(Ⅱ)の電気分解　☆
17		気体の特徴(NH_3, NO, CO, Ar, He)　☆
18	生物	神経系(脳, 延髄, 交感神経・副交感神経等)　☆
19		生存曲線(死亡率, 産卵・産子数, 代表的動物)　☆
20	地学	風(偏西風, 貿易風, 季節風, 気圧等)　☆
21	文章理解	英文(改めて人に尋ねる)
22		英文(パーティでのコミュニケーションアドバイス)
23		英文(イスラムと教育)
24		現代文(方言)
25		現代文(ギリシャ人のアイデンティティ)
26		現代文(文章整序)
27	判断推理	命題(果物の買い方)
28		位置関係(A～F6人のカップルと円卓8席への座り方)
29		対応関係(A～E5人の4か国中2か国への旅行)
30		対応関係(父母姉弟の4人による4種類の家事の2週間の分担)
31		相似(長方形を4分割してできる台形の面積)
32		軌跡(正六角形中を回転する正三角形の一辺の中点の軌跡)
33		投影図(小立方体を積み上げて作った立体)
34		回転体(直角三角形2つを組み合わせた図形の回転体の断面図)
35	数的推理	場合の数(0, 3, 4, 5の4数を用いた4ケタの偶数の数)
36		魔方陣(3×3の魔方陣の空欄に入る数)
37		比・割合(商品A～Cの価格比, 合計額とA, Cの金額差)
38		平均(1教科の平均点との差と2教科の合計点から3教科の平均点を求める)
39	資料解釈	中心地と郊外のスーパー(数表)
40		人口と世帯数(グラフ)
①	判断推理	操作手順(40枚のカードの上10枚と下15枚を入れ替える操作)
②	数的推理	整数問題
③		剰余算($p \colon q=7$　1, $p \colon 2q=3$　4のときの$p \colon q$の値)
④		不定方程式(合計で1,000個製品を作ったときのAとBの作成日数の差)
⑤	資料解釈	国際収支
⑥	文章理解	英文(なぜ横長のはうがよいか)
⑦		現代文(空欄補充)

※この表は受験者からの情報をもとに分類・整理したものである。したがって, No.や出題内容が実際とは異なっている場合がある。
※Standard-ⅡはNo.1～40の40題, Logical-ⅡはStandard-Ⅱから☆印の7題を除き①～⑦の7題を加えた40題。

地方初級＜教養＞過去問350　㉓

元年度　東京都Ⅲ類出題内訳表

No.	科　目	出　題　内　容
1	文章理解	現代文(内容把握，西田幾多郎『善の研究』)
2		現代文(内容把握, 長谷川眞理子『科学の目　科学のこころ』)
3		現代文(文章整序, 長谷川宏『ことばへの道　言語意識の存在論』)
4		現代文(空欄補充, 杉田敦『政治的思考』)
5	英文理解	長文読解(内容把握)
6		長文読解(内容把握)
7		長文読解(内容把握)
8		長文読解(内容把握)
9	判断推理	要素の個数(学校の生徒150人の3種類の機器の所有状況)
10		経路(縦3×横5マスの一部通行できない2地点間を結ぶ最短経路数)
11		位置関係(A～Fの6人が円形のテーブルに等間隔で座っている席順)
12	数的推理	確率(サイコロの出た目で正八角形の頂点を移動する点Pが頂点Bにある確率)
13		重量比(つるした横棒2本が水平になる1kg～5kgのおもりの配置)
14		体積・表面積(辺の和が17cm, 表面積の和が942cm²となる2立方体の体積の和)
15		年齢算(本年の元日における家族4人の年齢の合計)
16		面積(長方形の土地に道路と公園があるときの斜線部分の面積)
17		平行線と角(平行な2直線lとmの間にある∠Aの角度)
18		規則性(黒白の碁石を交互に追加し正方形の形にするときの一辺の碁石の数)
19	資料解釈	4県におけるみかん出荷量の構成比の推移(数表)
20		わが国における対世界主要輸入5品目の輸入額の推移(棒グラフ)
21		わが国における畜産4品目の産出額の対前年増加率の推移(折れ線グラフ)
22		わが国におけるきのこ類4品目の生産量の構成比の推移(棒グラフ)
23		業種別リース取扱高とその構成比(数表・円グラフ)
24	空間把握	平面構成(連動して回転する滑車または輪軸A～Fの回転方向)
25		平面構成(等間隔に配置された9個の点のうち円周が4個を通る円の数)
26		立体構成(二方向の投影図から立体を最少で構成する立方体の個数を求める)
27		軌跡(円が長方形の周りを移動したときの円周上にある点Pの軌跡)
28		軌跡(正三角形を直線上で2回転させたときの頂点Pの描く軌跡の長さ)
29	生活常識	四字熟語(異口同音, 試行錯誤, 挙動不審, 大同小異, 付和雷同)
30		環境(循環型社会, 3R, グリーン・コンシューマー, ISO, 環境家計簿)
31		日本銀行券(福沢諭吉, 野口英世, 燕子花図等)〈空欄補充〉
32	日本史	室町時代(応仁の乱, 室町幕府, 農村, 住居, 代表的な画家)
33		大正時代(吉野作造, 護憲運動, 原敬, ワシントン海軍軍縮条約等)
34	世界史	古代の地中海世界(ペルシア戦争, 都市国家, ローマ帝国, 円形闘技場等)
35		20世紀初頭の世界情勢(レーニン, 三国同盟・三国協商, 講和会議等)
36	地理	わが国の地形等(三陸海岸, 中央アルプス, 中央構造線, 海溝, 海流)
37		アメリカ合衆国の産業(サンベルト, シリコンバレー)〈空欄補充〉
38	政治	国際法(国際慣習法と条約, グロティウス, 国際司法機関等)
39		地方自治(拒否権, 団体自治, 特別法, 不信任決議, 解職請求)
40	経済	景気変動(景気循環, キチン・コンドラチェフ・ジュグラーの波等)
41		国民所得と経済成長(経済成長率, 三面等価の原則, 国内総生産等)
42	物理	電気抵抗(3つの抵抗を直列と並列に接続したときの合成抵抗)
43	化学	物質を分離する操作(分留, 抽出, 蒸留, 昇華, 還元)
44	地学	地震(プレート, 震度, 震央・震源, P波・S波, 初期微動継続時間)
45	生物	タンパク質の合成(DNA, mRNA, 1本鎖, 翻訳)〈空欄補充〉

元年度　特別区Ⅲ類出題内訳表

No.	科　目	出　題　内　容
1	文章理解	現代文(要旨把握, 二葉亭四迷『平凡　他六篇』)
2		現代文(要旨把握, 山崎武也『本物の生き方』)
3		現代文(文章整序, 岩崎武雄『正しく考えるために』)
4		現代文(文章整序, 永田和宏『知の体力』)
5		現代文(空欄補充, 玄侑宗久『流れにまかせて生きる』)
6		現代文(空欄補充, 外山滋比古『知的創造のヒント』)
7		英文(内容把握)
8		英文(空欄補充)
9		英文(日本語のことわざ・慣用句と類似する英語のことわざ)
10	判断推理	試合の勝敗(A～Eの5チームがリーグ戦を2回行った結果)
11		暗号(いぬ=23, 12, 20, ねこ=24, 26, 7, ?=21, 12, 3)
12		命題(虫取りで採れた4種類の昆虫の採取状況)
13		操作手順(油分け:500mlを350mlと150ml容器を使って半分ずつに配分)
14		操作手順(ハノイの塔:Aの棒にある3枚の円盤をすべてCの棒に移動)
15		位置関係(3階建て各階6部屋のホテルでA～Gの7人が宿泊する部屋)
16	数的推理	平面図形(二等辺三角形4個からなる△ABCの∠Aの大きさ)
17		規則性(1から100までの自然数のうち偶数の総和)
18		速さ(通過算:すれ違い・鉄橋通過時間から求められる列車の1車両の長さ)
19		確率(3人でじゃんけんをしたときに2回目で勝者が決まる確率)
20		2次不等式($3x^2-21x-63<0$を満たす整数xの個数)
21	資料解釈	水産加工品のうち食用加工品の生産量の推移〈全国〉(数表)
22		輸送機関別国内貨物輸送量の対前年度増加率の推移(数表)
23		発注者別公共機関からの受注工事請負契約額の推移(折れ線グラフ)
24		世帯構造別世帯数の構成比の推移(円グラフ2つ)
25	空間把握	相似・三平方の定理(合同正方形2つを含む台形ABCDの面積)
26		平面分割(正六角形を対角線で分割した図形の最大個数と対角線の本数の積)
27		円の半径比(円錐が4回転すると元の位置に戻るときの円錐の母線の長さ)
28		軌跡(直線上を1回転した長方形の頂点Aの軌跡と直線でできる図形の面積)
29	政治	憲法改正の手続き(総議員, 過半数, 天皇, 硬性憲法)〈空欄補充〉
30		国際法(国際司法裁判所, 分類, 国際刑事裁判所, 国際法の父等)
31		米英の政治体制(条約同意権, 影の内閣, 違憲法令審査権, 二院制等)
32	経済	わが国の租税(国税・地方税, 消費税, 戦後の税制, 公平性の基準等)
33	社会	地球環境問題(京都議定書, バーゼル条約, ラムサール条約等)
34	日本史	平安時代(安倍氏, 源義家, 清原氏, 藤原清衡)〈空欄補充〉
35		GHQ(農地改革, ドッジ・ライン, 五大改革, 財閥解体, 労働組合法)
36	世界史	第一次世界大戦(ドイツ, イギリス, イタリア, オーストリア, ロシア)
37		アジア諸国の独立(ホー＝チ＝ミン, スカルノ, ネルー)〈空欄補充〉
38	地理	海岸の地形(沈水海岸, 離水海岸, 英虞湾, 室戸岬)〈空欄補充〉
39	倫理	幕末の思想家(佐久間象山, 杉田玄白, 渡辺崋山, 吉田松陰等)
40	物理	エネルギー変換(力学的, 熱, 電気, 光, 化学)〈空欄補充〉
41		電気回路(導体の抵抗値と電圧を加えたときに流れる電流)
42	化学	メタン(天然ガスと都市ガス, 化学式, におい, 重さ等)
43		蒸留装置(リービッヒ冷却器, 枝つきフラスコと沸騰石等)
44	生物	体内環境の維持(自律神経系, 神経系, 視床下部, 脳下垂体, ホルモン)
45		生態系(作用, 分解者・消費者, 食物網, 個体数等)
46	地学	地質構造(正断層, 逆断層, 横ずれ断層, 褶曲, 向斜等)〈空欄補充〉
47	国語	漢字の用法(配布, 改訂, 対照, 較差, 適正)
48		ことわざ・慣用句(双方の空所に入る漢字,「手」・「細」)
49		古文(下線部の解釈, 松尾芭蕉『おくのほそ道』)
50	芸術	江戸時代の美術作品と作者(尾形光琳, 歌川広重, 菱川師宣)

※No.1～28必須解答，No.29～50のうち17題選択解答

令和2年度試験
出題例

地方初級 令和2年度 東京都 政治 国会

日本国憲法における国会に関する記述について，妥当なのはどれか。

1 参議院の緊急集会は，衆議院が任期満了の際に，国に緊急の必要があるとき，内閣総理大臣の求めにより，召集される。

2 臨時国会は，衆議院解散後の衆議院総選挙の日から30日以内に召集される臨時会のことであり，内閣総理大臣の指名を行う。

3 衆議院で可決し，参議院でこれと異なった議決をした法律案は，衆議院で出席議員の過半数の多数で再び可決したときは，法律となる。

4 国会が国民に憲法改正案を提案するためには，各議院の出席議員の三分の二以上の賛成をもって憲法改正案を可決しなければならない。

5 条約締結の国会承認について，参議院が衆議院と異なる議決をし，両院協議会を開いても意見が一致しない場合は，衆議院の議決が国会の議決となる。

解説

1．参議院の緊急集会は，衆議院が解散され国会の閉会中に，国に緊急の必要があるときに開かれる。また，緊急集会を求めるのは，内閣である（憲法54条2項）。なお，国会の「召集」は天皇の国事行為の一つであるが，緊急集会は国会の会期には含まれないため，天皇が召集する形はとられず，参議院議長の通知を受けた各参議院議員が指定の期日に参議院に集会する（国会法99条2項）。

2．臨時国会は，正式には臨時会といい，臨時の必要があるときに，内閣の決定を受けて召集される（憲法53条）。衆議院解散後の衆議院総選挙の日から30日以内に召集されるのは，特別会である（同54条1項）。特別会では内閣総理大臣の指名が行われる。

3．衆議院で可決し，参議院でこれと異なった議決をした法律案は，衆議院で出席議員の3分の2以上の多数で再び可決したときは，法律となる（憲法59条2項）。これを衆議院の再可決という。

4．国会が国民に憲法改正案を提案するためには，各議院の総議員の3分の2以上の賛成をもって憲法改正案を可決しなければならない（憲法96条1項）。

5．妥当である。条約締結の国会承認については，衆議院の優越が認められている（憲法61条）。

正答 **5**

26 地方初級＜教養＞過去問350

地方初級

令和2年度 特別区

政治　核兵器と軍縮

核兵器と軍縮に関する記述として，妥当なのはどれか。

1 1963年に，アメリカ，ソ連，フランス，中国の間で，大気圏内外と地下での核実験を禁止する部分的核実験禁止条約（PTBT）が締結された。

2 1985年にソ連でフルシチョフ政権が成立すると，アメリカ・ソ連間で戦略兵器制限交渉が開始され，1987年には中距離核戦力全廃条約が成立した。

3 非人道的な兵器とされる化学兵器や生物兵器に関して，化学兵器禁止条約は1997年に発効したが，生物兵器禁止条約は現在も未発効のままである。

4 NGOである地雷禁止国際キャンペーンが運動を展開し，1997年には対人地雷全面禁止条約（オタワ条約）が採択された。

5 2013年に国連で採択された武器貿易条約は，通常兵器の国際取引，核兵器の開発，実験等を禁止している。

解説

1. 1963年に締結された部分的核実験禁止条約は，大気圏内，宇宙空間および水中における核実験を禁止しているが，地下での核実験は禁止していない。また，これに調印した当時の核保有国はアメリカ，イギリス，ソ連の3か国のみであり，フランスや中国は3国の核独占に反対し調印しなかった。

2. 1985年にソ連の最高指導者となり，中距離核戦力（INF）全廃条約の締結を進めたのは，ゴルバチョフである。フルシチョフは，1953年から64年にかけてソ連の最高指導者であった。また，ゴルバチョフ政権下で行われた核軍縮交渉は，第1次戦略兵器削減交渉（1982～91年）である。戦略兵器制限交渉は，ゴルバチョフ政権の登場以前に2度にわたって行われており，第1次戦略兵器制限条約（1972年）および第2次戦略兵器制限条約（1979年）の成立を導いた。

3. 化学兵器禁止条約は1997年に発効したが，生物兵器禁止条約はそれよりも早く，1975年に発効している。両条約は，それぞれ化学兵器と生物兵器の開発，生産，使用および貯蔵の禁止ならびに廃棄等について定めている。

4. 妥当である。対人地雷全面禁止条約（オタワ条約）は，地雷禁止国際キャンペーンというNGO（非政府組織：国境を越えて活動する民間団体）と中小の有志国の連携を通じて採択に至ったものである。地雷禁止国際キャンペーンとその報道官であるJ.ウィリアムズは，そうした業績が評価され，1997年にノーベル平和賞を受賞した。

5. 2013年に国連で採択された武器貿易条約は，通常兵器（戦車や戦闘用航空機，軍艦など）の国際取引を規制するための措置について定めたものである。通常兵器の国際取引を禁止したわけではなく，また，核兵器の開発，実験等については規制の対象とされていない。

正答　4

地方初級

令和 **2** 年度 東京都

経済 | **国際収支**

国際収支に関する記述として，妥当なのはどれか。

1 国際収支は一国の一定期間における対外経済取引の収支を示したものであり，統計上の誤差を示す誤差脱漏は含まれていない。

2 経常収支は，貿易収支，サービス収支，政府援助や労働者送金などの第一次所得収支，国際間の雇用者報酬や投資収益などの第二次所得収支からなる。

3 金融収支は，海外子会社等の設立に関する直接投資，株式や債券等の購入に関する証券投資，通貨当局が保有する外国通貨や金等の外貨準備に分類される。

4 海外から日本への直接投資があれば，日本の資産が増加するので金融収支の黒字要因となる。

5 日本の国際収支を見ると，1980年代以降，貿易収支及びサービス収支ともに長年黒字で推移し，これらを合計した貿易・サービス収支も黒字で推移している。

解説

1．前半部分は妥当である。国際収支は，経常収支，資本移転等収支，金融収支，誤差脱漏で構成されており，統計上の誤差を示す誤差脱漏は国際収支に含まれている。なお，国際収支は，経常収支＋資本移転等収支－金融収支＋誤差脱漏＝0という関係式になっている。

2．経常収支は貿易・サービス収支，第一次所得収支，第二次所得収支で構成されており，貿易・サービス収支は貿易収支とサービス収支に分けられる。また，第一次所得収支と第二次所得収支の説明が逆になっている。第一次所得収支は雇用者報酬や投資収益などが該当し，第二次所得収支は官民の無償資金援助や寄付などが該当する。

3．妥当である。

4．海外から日本への直接投資は対内投資，つまり負債に位置づけられ，直接投資がなされれば資金の流入が生じる。資金の流入は負債の増加を意味することから，金融収支の赤字要因となる。

5．財務省「国際収支の推移」により，現行の基準で公表されている1996年以降の貿易収支とサービス収支の推移を見てみると，貿易収支は，増減の変化が大きいものの2010年までは黒字で推移していたが，2011年から2015年までは赤字で推移している。2016年に黒字に転じたが，2017年以降は黒字が減少している。サービス収支は2018年まで赤字が続いていたが，2019年に黒字に転じている。貿易収支とサービス収支を合計した貿易・サービス収支は，2011年から2015年まで赤字を記録している。

正答 **3**

地方初級

令和2年度 東京都

経済 **財政の役割**

財政の役割に関する記述として，妥当なのはどれか。

1 財政とは政府の経済活動をいい，資源配分の調整機能と景気調整機能の二つの機能を果たしているが，所得再分配の機能は果たしていない。

2 景気調整機能の一つである裁量的財政政策には，不況期には緊縮財政を行い，景気過熱期には積極財政を行うビルト＝イン＝スタビライザーがある。

3 財政の自動安定化装置であるフィスカル＝ポリシーは，金融政策と組み合わせることで，一時的に経済安定化の機能を果たすことがある。

4 政府や地方公共団体が提供し，不特定多数の人々が利用する財やサービスが公共財であり，資源配分の調整機能が発揮される代表例である。

5 第二の予算と呼ばれる財政投融資計画は，現在では，郵便貯金や年金積立金から義務預託された資金を原資として，地方公共団体に長期貸付を行っている。

解説

1. 財政には3つの機能があり，資源配分の調整機能，景気調整機能，所得再分配の機能である。

2. 裁量的財政政策では，不況期には減税や政府支出の増加により総需要の拡大につながる積極財政を行い，好況期には増税や政府支出の減少により総需要の抑制につながる緊縮財政を行う。一方，ビルト＝イン＝スタビライザーとは，政府の裁量で行われる政策ではなく，自動的に景気を調整する機能を備えた仕組み（財政制度）のことで，累進課税の特徴を有した所得税が代表例に挙げられる。

3. フィスカル＝ポリシーとは裁量的財政政策のことである。また，財政の自動安定化装置とはビルト＝イン＝スタビライザーのことである（**2**の解説参照）。

4. 妥当である。

5. 郵便貯金や年金積立金から義務預託された資金を原資とした資金調達は，2001年度から廃止されている。現在，財政投融資は，租税負担に依存せず，独立採算とされており，財投債（国債）の発行などを通じて市場から財源を調達することになっている。財政投融資は，民間では困難な事業に用いられ，財投機関として地方公共団体や政策金融機関などがある。

正答 **4**

地方初級

令和 **2** 年度 東京都

社会 **マイナンバー施策**

政府のマイナンバー（社会保障・税番号制度）施策に関する記述として，最も妥当なのはどれか。

1 マイナンバーとは，日本に住所を有する全住民と，海外に住所を有する全ての日本人に付与される15桁の番号である。

2 マイナンバーは，社会保障，税及び災害対策の3分野で，複数の機関に存在する個人の情報が同一人の情報であることを確認するために活用されるものである。

3 マイナンバーカードの交付申請は，郵便，パソコン及びスマートフォンのみで行うことができる。

4 マイナポイント事業は，消費の活性化や官民キャッシュレス決済基盤の構築等を目的とする事業であり，2019年10月の消費税増税にあわせ開始された。

5 2020年4月1日より，マイナンバーカードは健康保険証として使用できるようになったが，運転免許証としての使用は予定されていない。

解 説

1. マイナンバーは，日本に住所を有する（＝住民票を有する）全住民に付与されており，そのなかには外国人も含まれる。しかし，海外に住所を有する日本人は，日本に住所がないため，マイナンバーは付与されない。また，マイナンバーは12桁の番号とされている。

2. 妥当である。マイナンバーは，社会保障，税および災害対策の3分野で活用され，①国民の利便性の向上，②行政の効率化，③公平・公正な社会の実現に寄与することが期待されている。

3. マイナンバーカードの交付申請については，郵便，パソコンおよびスマートフォンで行うことができるほか，まちなかの証明用写真機からの申請，住所地市町村での申請時来庁方式など，多様な申請方式が認められている。なお，マイナンバーカードとは，個人番号を証明する書類や本人確認の際の公的な本人確認書類として利用でき，また，さまざまな行政サービスを受けることができるようになるICカードのことである。

4. 2019年10月の消費税増税にあわせて開始されたのは，キャッシュレス・ポイント還元事業（キャッシュレス消費者還元事業）である。同事業は，増税に伴う景気落込みを緩和するための需要平準化対策として，キャッシュレス対応による生産性向上や消費者の利便性向上の観点も含め，消費税率引上げ後の9か月間に限り実施された（2020年6月30日終了）。これに対して，消費の活性化や官民キャッシュレス決済基盤の構築等を目的として2020年9月1日から開始されたのは，マイナポイント事業である。同事業では，マイナンバーカードを使って予約・申込みを行い，選んだキャッシュレス決済サービスでチャージや買い物をすると，そのサービスで，利用金額の25％ぶんのポイント（1人当たり5,000円が上限）がもらえるとされている。

5. マイナンバーカードが健康保険証として使用できるようになるのは，2021年3月以降のことである。また，2026年からマイナンバーカードを運転免許証として使用する方針も明らかにされている。

正答　**2**

地方初級＜教養＞過去問350　**31**

地方初級 令和2年度 特別区

日本史 源平の争乱と鎌倉幕府の成立

源平の争乱と鎌倉幕府の成立に関する次の出来事ア～オを年代の古い順に並べたものとして，妥当なのはどれか。

　ア　源頼朝らが，以仁王の令旨を受けて挙兵した。

　イ　源義仲が，源範頼と義経に討たれた。

　ウ　源頼朝が，奥州藤原氏を滅ぼした。

　エ　源頼朝が，征夷大将軍に任じられた。

　オ　源義経らが，壇の浦で平氏を滅ぼした。

1　アーイーエーオーウ

2　アーイーオーウーエ

3　アーイーオーエーウ

4　アーウーイーエーオ

5　アーウーイーオーエ

解説

ア．1180年8月。後白河法皇の皇子以仁王は，後白河法皇の幽閉と平清盛が安徳天皇を即位させたことに反対し，源頼朝など反平氏勢力へ向けて平氏追討の令旨（皇族の命令伝達文書）を発した。令旨を受けた頼朝は8月に挙兵，石橋山合戦で大敗するが安房に逃れて再起し，10月には鎌倉に本拠を定めた。

イ．1184年1月。源（木曾）義仲は，1180年9月に挙兵し，1183年の倶利伽羅峠の戦いで平氏の軍勢に大勝し，その勢いに乗じて京に攻め上り平氏を都落ちさせた。入京した義仲は，次第に後白河法皇と対立を深め，法皇の御所を焼き討ちするなどしたため，鎌倉の頼朝は弟の範頼・義経に義仲追討を命じた。宇治川の合戦で大敗した義仲は北陸に逃れようとする途中，近江の粟津で討ち死にした。

ウ．1189年9月。東国の支配権を確立した頼朝は，義経をかくまっていた奥州藤原氏に対してその引き渡しを要求。藤原泰衡はその要求に屈して義経を自害に追い込みその首で頼朝との和平を図るが，頼朝は奥州の独自勢力を許さず大軍で藤原氏を滅ぼし，全国の軍事支配権を確立した。

エ．1192年7月。侍所・公文所・問注所などの鎌倉の組織を整備し，さらに諸国に守護・地頭を置くことを朝廷に認めさせた頼朝は，奥州藤原氏を滅ぼして全国の軍事支配を確立する。後白河法皇は生前こうした頼朝の動きを警戒していたが，1192年4月に崩御した。それにより頼朝の征夷大将軍任官の道が開かれ，7月，後鳥羽天皇により全武家の棟梁の地位である征夷大将軍に任じられた。

オ．1185年3月。義仲により都を追われた平氏は，その後西国で勢力を盛り返し都を奪還する勢いを見せたが，一の谷合戦で敗北し一時四国に逃れる。それを追撃する義経の軍は讃岐の屋島で再び勝利し，平氏一門は瀬戸内海の制海権を失い長門へ退き再起を図った。範頼の軍勢はその間九州を制圧し，平氏は西進する義経軍とに挟撃される状況に陥り，最終決戦としての壇の浦の戦いが起こった。この戦いで平氏一門は事実上滅亡した。

以上から，年代の古い順に並べるとア―イ―オ―ウ―エとなり，**2**が正答である。

正答　**2**

地方初級 令和2年度 東京都 世界史 イスラーム世界

イスラーム世界に関する記述として，妥当なのはどれか。

1 ムハンマドの死後スレイマン1世がひらいたウマイヤ朝では，アラブ人でなくてもムスリムであれば平等に扱う体制を確立した。

2 アッバース朝では，海路や陸路の交通網が整備され，バグダードは商業・文化の中心都市として栄え，第5代カリフのハールーン=アッラシードの時代に全盛期を迎えた。

3 アッバース朝が衰え始めると各地で諸民族の自立が相次ぎ，イベリア半島ではファーティマ朝が，北アフリカでは後ウマイヤ朝が成立した。

4 13世紀，ムスリムとなったトルコ系遊牧民はアッバース朝をほろぼし，イランを中心とした地域にセルジューク朝を建国した。

5 十字軍から聖地イェルサレムを奪回したサラディンが北アフリカに建国した王朝は，トルコ系やスラヴ系の奴隷軍人（マムルーク）を重用したため，マムルーク朝と呼ばれる。

解説

1. 預言者ムハンマドの死後，4代の正統カリフ時代を経て，ウマイヤ朝を開いたのはシリア総督ムアーウィヤである。ウマイヤ朝は東はインダス川流域，西は北アフリカを経てイベリア半島まで支配地域を広げ広大な帝国を築いたが，征服者アラブ人が特権的地位に置かれ，被征服諸民族はムスリムであっても地租（ハラージュ）・人頭税（ジズヤ）が課せられるなど差別的待遇を受けた。

2. 妥当である。

3. 後ウマイヤ朝は，アッバース朝成立（750年）直後の756年にウマイヤ家一族によりイベリア半島に成立した。シーア派のファーティマ朝は，10世紀初め現在のチュニジアで成立し，その後，北アフリカ全体を支配し新都カイロを建設した。後ウマイヤ朝とファーティマ朝の支配者はそれぞれ自ら「カリフ」を称し，ムスリムへの指導権を巡ってバグダードのアッバース朝カリフと正面から対立した。

4. セルジューク朝の中心地は現在のトルコ（小アジア半島）である。中央アジアのトルコ人は10世紀頃から南下を開始し，その一派であるセルジューク・トルコ人は11世紀にはイスラム教スンニ派へ改宗し，1055年にバグダードへ入城，アッバース朝のカリフからスルタン（支配者）の称号を与えられる。その後ビザンツ帝国領であった小アジア半島に進出し，小アジアのイスラム化・トルコ化を推し進めた。

5. サラディン（サラーフ=アッディーン）が12世紀後半に樹立した王朝はアイユーブ朝である。アイユーブ朝はファーティマ朝を打倒してスンニ派を復興し，十字軍勢力からイェルサレムを奪還したが，13世紀半ばには強大化したマムルーク軍団により権力を奪われ，マムルーク朝が成立した。

正答 **2**

地方初級＜教養＞過去問350

地方初級

令和2年度

地方初級

地理　日本の森林・林業

日本の林業に関するア～エの記述のうち，妥当なものを2つ選んだ組合せはどれか。

ア．森林面積は，国土の約3分の1である。なお，近年は植林により徐々に増加している。

イ．森林面積は，天然林より人工林のほうが多い。また，人工林では針葉樹が，天然林では広葉樹が多い。

ウ．森林面積では，国有林が圧倒的に多く，民有林や公有林は少ない。

エ．近年の木材供給量は，国産材より外材のほうが多く，木材自給率は約37％程度である。

1　ア，イ
2　ア，ウ
3　ア，エ
4　イ，ウ
5　イ，エ

解説 ━━━━━━━━━━━━━━━━━━━━━━━━━━━━━━━━━━━━━

ア．日本の国土（378千 km^2）のうち，森林は250.5千 km^2（国土の約66.3％）を占めている（2017年）。

イ．妥当である。森林の割合は，人工林が約63.1％，天然林は約36.9％である（2017年）。人工林ではスギ，ヒノキなどの針葉樹が97.9％を占める。天然林はケヤキ，ブナなどの広葉樹のほうが多い。

ウ．国有林が30.6％，民有林（公有を含む）が69.4％である（2017年）。

エ．妥当である。外材が63.4％，国産材が36.6％である（2018年）。近年，国産材の生産量が少しずつ増えてきている。また，海外で日本産木材の人気が高まっており，国産材の輸出が伸びている。

よって，妥当なものはイ，エであり，正答は**5**である。

データ出所：『日本国勢図会2020/21』

正答　5

地方初級＜教養＞過去問350

地方初級

令和2年度 特別区

文学・芸術 西洋音楽の作曲家とその作品

次のA～Eのうち，西洋音楽の作曲家とその作品の組合せとして，妥当なのはどれか。

A　J．S．バッハ　　　──「リナルド」

B　ヘンデル　　　　　──「椿姫」

C　F．シューベルト　──「冬の旅」

D　ヴェルディ　　　　──「ブランデンブルク協奏曲」

E　ラヴェル　　　　　──「ボレロ」

1　A　C
2　A　D
3　B　D
4　B　E
5　C　E

解説

A．「リナルド」はドイツ出身でイギリスに帰化した作曲家ヘンデル（1685～1759年）が作曲したオペラで，1711年にロンドンで初演された。

B．「椿姫」はイタリアの作曲家ヴェルディ（1813～1901年）が1853年に作曲したオペラである。

C．妥当である。「冬の旅」は「歌曲の王」ともいわれるオーストリアの作曲家シューベルト（1797～1828年）が1827年に作曲した歌曲集である。

D．「ブランデンブルク協奏曲」は「音楽の父」ともいわれるドイツの作曲家バッハ（1685～1750年）の合奏協奏曲集である。

E．妥当である。「ボレロ」はフランスの作曲家ラヴェル（1875～1937年）が1928年に作曲したバレエ曲である。

よって，妥当なものはC，Eであり，正当は**5**である。

正答　5

36　地方初級＜教養＞過去問350

地方初級

令和2年度

地方初級

国語 **ことわざ・成句**

ことわざ・慣用句とその意味の組合せとして，最も妥当なのはどれか。
1 瓢箪から駒：少しの労力で大きな利益を得ることのたとえ。
2 魚心あれば水心：相手が好意を示せば，こちらも好意をもって対応するということ。
3 藪をつついて蛇を出す：相手のためにあえて厳しくすること。
4 尻馬に乗る：道理に合わないことを無理に押し通すこと。
5 二匹目の泥鰌を狙う：当事者同士が争っているうちに，第三者が苦労もせずに利益をさらっていくことのたとえ。

解説

1. 「瓢箪から駒」は「意外なところから思いもよらないものが飛び出すことのたとえ」。「少しの労力で大きな利益を得ることのたとえ」は「海老で鯛を釣る」。
2. 妥当である。
3. 「藪をつついて蛇を出す」は「余計なことをして，かえって悪い結果を招くことのたとえ」。「相手のためにあえて厳しくすること」は「心を鬼にする」。
4. 「尻馬に乗る」は「他人の言動に同調して，軽はずみなことをすること」。「道理に合わないことを無理に押し通すこと」は「横車を押す」。
5. 「二匹目の泥鰌を狙う」は他人の成功した行為や作品をまねること。「当事者同士が争っているうちに，第三者が苦労もせずに利益をさらっていくことのたとえ」は「漁夫の利」。

正答 2

地方初級＜教養＞過去問350　37

令和2年度 地方初級 数学 1次関数

A(0, 8),B(6, 0),C(4, 6)を頂点とする△ABCがある。頂点Cを通り,△ABCの面積を二等分する直線がy軸と交わる点のy座標はいくらか。

1　-2
2　-1
3　0
4　1
5　2

解説

頂点Cを通る直線lが辺ABの中点Mを通れば△ABCの面積を二等分することになる。

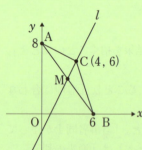

A(0, 8),B(6, 0)よりABの中点Mの座標は,(3, 4)である。
C(4, 6)とM(3, 4)の2点を通る直線の傾きをmとすると,
$$m=\frac{6-4}{4-3}=2$$

点(x_1, y_1)を通り,傾きがmの直線の方程式は,$y-y_1=m(x-x_1)$であるから,点C(4, 6)を通り,傾きが2の直線lの方程式は,
$$y-6=2(x-4) \text{ より, } y=2x-2$$

よって,y軸との交点のy座標は-2となり,正答は**1**である。

正答　1

地方初級

令和2年度 特別区

物理 　　電　流

次の文は，電流に関する記述であるが，文中の空所ア～ウに該当する語の組合せとして，妥当なのはどれか。

電流の向きは，［　ア　］の電荷が移動する向きと定められ，自由電子の移動する向きと［　イ　］になる。電流の大きさは，ある断面を単位時間に通過する電気量で定められ，電流の単位はアンペア，電気量の単位は［　ウ　］を用いる。

	ア	イ	ウ
1	正	逆	クーロン
2	正	同じ	クーロン
3	正	逆	ボルト
4	負	同じ	ボルト
5	負	逆	クーロン

解　説

電流の向きは，<u>正</u>の電荷が移動する向きと定められ，自由電子の移動する向きと<u>逆</u>になる。これは，まだ電子が発見されていないときに正電荷の流れる方向を電流の方向と定めたからである。電気量の単位は<u>クーロン</u>（C）で，毎秒1クーロンの電荷を流すような電流が1アンペア（A）と定義されている。

ボルト（V）は電圧の単位である。1Vは，導体の2点間を1クーロンの電荷を運ぶのに1ジュール（J）の仕事が必要となるときの，その2点間の電圧，または，1アンペアの電流が流れる導体の2点間において消費される電力が1ワット（W）であるときの，その2点間の電圧と定義されている。

したがって，アは「正」，イは「逆」，ウは「クーロン」が該当するので，正答は**1**である。

正答　1

地方初級＜教養＞過去問350　**39**

地方初級

令和**2**年度 地方初級

化学　メタンとエタノールの燃焼熱

メタン（CH_4）の燃焼熱を900kJ/mol，エタノール（C_2H_6O）の燃焼熱を1400kJ/mol とする。いま，それぞれの完全燃焼から生成する二酸化炭素の量を同じにした場合，メタンから発生する熱量は，エタノールから発生する熱量のおよそ何倍になるか。

1　0.6倍

2　0.8倍

3　1.3倍

4　1.6倍

5　3.1倍

解説

メタンおよびエタノールが完全燃焼するときの熱化学方程式は次のとおりである。

$CH_4 + 2O_2 = CO_2 + 2H_2O + 900kJ$

$C_2H_6O + 3O_2 = 2CO_2 + 3H_2O + 1400kJ$

発生する二酸化炭素の量を同じにするためには，メタンから生成する二酸化炭素を2mol にして比較すればよい。

$2CH_4 + 4O_2 = 2CO_2 + 4H_2O + (900 \times 2)kJ$

$C_2H_6O + 3O_2 = 2CO_2 + 3H_2O + 1400kJ$

これより，

$$\frac{900 \times 2}{1400} \fallingdotseq 1.29$$

したがって，正答は**3**である。

正答　**3**

40　地方初級＜教養＞過去問350

地方初級 令和2年度 東京都 生物 光合成・呼吸

光合成又は呼吸に関する記述として，妥当なのはどれか。

1 植物が光エネルギーを利用して，酸素と水から有機物を合成し，二酸化炭素を発生させる反応を光合成という。

2 植物は，光合成によって，光エネルギーを利用してATPを合成し，ATPの化学エネルギーを使って有機物を合成する。

3 葉緑体やミトコンドリアは，それぞれ光合成と呼吸におけるエネルギー変換を行う場として重要なはたらきをもっており，原核生物は，葉緑体やミトコンドリアをもっているが，真核生物は，これらの細胞小器官をもたない。

4 呼吸とは，細胞内において酸素を用いて有機物を合成し，有機物中に蓄えられている化学エネルギーを取り出すことで，生命活動のエネルギー源となるADPを分解する反応をいう。

5 呼吸の材料となる無機物は，おもにグルコースであり，グルコースは，細胞に取り込まれるとさまざまな酵素のはたらきによって有機物に合成される。

解説

1. 光合成は，光エネルギーを利用し，二酸化炭素と水から有機物を合成する反応である。その結果，酸素が放出される。

2. 妥当である。葉緑体中のクロロフィルによって光エネルギーが吸収され，そのエネルギーによってATPが合成される。

3. 原核生物と真核生物の説明が逆である。真核生物は核も含めて，葉緑体（植物細胞のみ）やミトコンドリアなどの細胞小器官を持ち，原核生物はそれらを持たない。原核細胞に存在するのは細胞膜だけであり，核は存在しないが核の内容物である染色体は存在する。葉緑体やミトコンドリアが，光合成や呼吸反応におけるエネルギー変換の重要な場であることは正しい。

4. 呼吸は，酸素を用いて有機物を分解しATPを合成する反応である。呼吸では，細胞小器官のミトコンドリアが重要な役割を担っており，呼吸に関するさまざまな酵素を含んでいる。有機物中の化学エネルギーを酵素を用いて徐々に取り出し，ADPとリン酸の結合エネルギーに変換し，ATPを合成している。

5. 呼吸の材料であるグルコースは有機物である。有機物の定義は難しいが，簡単にいえば「ある程度の大きさの炭素化合物」となる。そのため，単体の炭素（炭やダイヤモンド），一酸化炭素，二酸化炭素などは除かれる。生物体を構成する有機物は，主に炭水化物，タンパク質，脂質，ビタミンなどであり，カルシウムイオンやナトリウムイオンなどは無機物である。

正答 **2**

地方初級＜教養＞過去問350 **41**

地方初級

令和 **2** 年度

東京都

地学　地球のエネルギー収支

地球のエネルギー収支（熱収支）に関する記述として，最も妥当なのはどれか。

1 太陽から宇宙に放出されている電磁波を太陽放射といい，太陽放射の放射エネルギーは赤外線の部分にピークがある。

2 単位時間に地球全体が受ける太陽放射エネルギーの量は，太陽定数に地球の表面積をかけた量である。

3 地球が吸収する太陽放射エネルギーの量は，地球が宇宙空間に放射するエネルギーの量よりも多い。

4 地球表面から放射されるエネルギーは，水蒸気や二酸化炭素には吸収されるが，メタンには吸収されない。

5 現在の地球表面の平均温度は約15℃であるが，大気に温室効果ガスがなければ，地球表面の平均温度は氷点下まで下がると考えられている。

解説

1. 太陽放射の放射エネルギーは，可視光線にピークがある。

2. 太陽定数は地球の大気の上端で太陽光線に垂直な面（1m²）が1秒間に受けるエネルギーである。この値から地球が1秒間に受けるエネルギー量を求めるには，地球が太陽放射をさえぎる面積（m²）ぶんを考えればよく，つまり地球の断面積（m²）を太陽定数に乗じればよい。

3. 両者の熱量は等しくなっている。

4. 地球放射は主に赤外線であるが，これは水蒸気や二酸化炭素，メタン，フロン，一酸化炭素などが吸収する。

5. 妥当である。

正答 **5**

地方初級 令和2年度 特別区 文章理解 現代文（要旨把握）

次の文の主旨として，最も妥当なのはどれか。

ものごとを，ていねいに，念入りに，点検しつくしたうえにもさらに点検して，万全のスキなく仕上げるということは，これはいかなる場合にも大事である。小事をおろそかにして，大事はなしとげられない。どんな小事にでも，いつも綿密にして念入りな心くばりが求められるのである。

しかし，ものごとを念入りにやったがために，それだけよけいに時間がかかったというのでは，これはほんとうに事を成したとはいえないであろう。むかしの名人芸では，時は二の次，それよりも万全のスキなき仕上げを誇ったのである。

徳川時代の悠長な時代ならば，それも心のこもったものとして，人から喜ばれもしようが，今日は，時は金なりの時代である。一刻一秒が尊いのである。だから念入りな心くばりがあって，しかもそれが今までよりもさらに早くできるというのでなければ，ほんとうに事を成したとはいえないし，またほんとうに人に喜ばれもしないのである。

早いけれども雑だというのもいけないし，ていねいだがおそいというのもいけない。念入りに，しかも早くというのが，今日の名人芸なのである。

（松下幸之助「道をひらく」による）

1 ものごとを，丁寧に，念入りに点検して，万全のスキなく仕上げることは，いかなる場合にも大事である。

2 小事をおろそかにして大事は成し遂げられず，どんな小事でも，いつも綿密にして念入りな心配りが求められる。

3 昔の名人芸では，時は二の次であり，それよりも万全でスキのない仕上げを誇った。

4 悠長な時代ならば，余計に時間が掛かったとしても心のこもったものとして人から喜ばれるが，今日は一刻一秒が尊い。

5 念入りな心配りがあって，しかも今までよりも更に早くできるというのでなければ，本当に事を成したとは言えない。

解説

出典は，松下幸之助「道をひらく」（PHP研究所）。

今日のように時間を無駄にできない時代では，ものごとを念入りに仕上げるだけでなく，同時に早く仕上げなければならない，と述べた文章。

1. 第1段落に書かれている内容だが，主旨としてはものごとを「念入りに」仕上げるだけでなく，「早く」仕上げることも含める必要がある。

2. **1**と同じ理由で主旨としては不十分である。

3. 第2段落の内容だが，**1**，**2**と同様に「念入り」な仕上げだけに重点が置かれているため，主旨としては不十分。また，「昔」の話は「今日」との比較として挙げられているにすぎない。

4. 第3段落の内容だが，今日がどのような時代なのか述べているだけで，本文の主旨であるものごとをどのように仕上げるかという観点が欠如しているため，不適切。

5. 妥当である。

正答 **5**

地方初級＜教養＞過去問350　43

地方初級 令和2年度 特別区 文章理解　英文（内容把握）

次の英文中に述べられていることと一致するものとして，最も妥当なのはどれか。

There once lived in England a brave and noble man whose name was Walter Raleigh.　He was not only brave and noble, but he was also handsome and polite; and for that reason the queen made him a knight*, and called him Sir Walter Raleigh.

I will tell you about it.

When Raleigh was a young man, he was one day walking along a street in London.　At that time the streets were not paved, and there were no sidewalks.　Raleigh was dressed in very fine style, and he wore a beautiful scarlet* cloak* thrown over his shoulders.

As he passed along, he found it hard work to keep from stepping in the mud, and soiling* his handsome new shoes.　Soon he came to a puddle* of muddy* water which reached from one side of the street to the other.　He could not step across.　Perhaps he could jump over it.

(James Baldwin：小川芳男「名作物語（1）」による)

*	knight ……… ナイト爵位の人	*	scarlet ……… 深紅色の
*	cloak ……… マント	*	soil ……… 汚す
*	puddle ……… 水たまり	*	muddy ……… 泥だらけの

1 ローリーは，勇敢で人格が高潔というだけでなく，容貌も美しく優雅であった。

2 ローリーは，非常に立派な服装をして，ロンドンの街の舗装された歩道を歩いていた。

3 ローリーは，歩いて行く中，ぬかるみに足を踏み入れないよう，また美しい新しい靴を汚さないようにするのは簡単であった。

4 ローリーは，道の片側だけに広がっている泥だらけの水たまりの場所に着いた。

5 ローリーは，泥だらけの水たまりを歩いて越すことも跳び越えることもできた。

地方初級＜教養＞過去問350

解 説

全訳〈昔イングランドに，ウォルター・ローリーという名の，勇敢で高潔な人格の男性がいた。彼は勇敢で人格が高潔というだけでなく，見栄えがよく礼儀正しくもあった。そのため，時の女王は彼にナイトの爵位を与え，彼をウォルター・ローリー卿と呼んだ。

私はそのことについて話そうと思う。

ローリーが青年だった頃，ある日ロンドンの通りを歩いていた。当時の街路は舗装されておらず，歩道もなかった。ローリーはとても優美な服装をして，美しい深紅色のマントを羽織っていた。

通りを歩きながら，彼は，ぬかるみに足を踏み入れたり，立派な新しい靴を汚すことなく歩くのは一仕事だと思った。ほどなく彼は，通りの片側から反対側まで広がる，泥だらけの水たまりがあるところへやってきた。水たまりに足を踏み入れて通過することはできなかった。もしかすると，跳び越えることはできただろう〉

1. 妥当である。

2. 当時のロンドンの街路は舗装されておらず，歩道もなかったと述べられている。

3. ぬかるみに足を踏み入れないよう，また靴を汚さないようにするのは困難だと思ったと述べられている。

4. 泥だらけの水たまりは，通りの片側から反対側まで広がっていたと述べられている。

5. 跳び越えることについては，もしかするとできただろうと述べられているが（ここでのcould は「〜しようと思えばできた」の意味），水たまりの中を歩いて越すことについては「できなかった」と述べられている。

正答 **1**

地方初級＜教養＞過去問350 **45**

地方初級 令和2年度 東京都 判断推理 対応関係

A～Dの4人が，お土産を1個ずつ持ち，ある場所で待ち合わせをしたとき，4人の持ってきたお土産，交通手段及び到着した順序について，次のことが分かった。

ア　Aは，徒歩で到着した人の直前に，クッキーを持って到着した。

イ　Cは，Aと同じ交通手段で，Dの直後に到着した。

ウ　ケーキを持ってきた人は，最後に到着した。

エ　ゼリーを持ってきた人は，自転車で到着した。

オ　バスで到着した人は，クッキーを持って，最初に到着した。

カ　2番目に到着した人は，自転車で到着した。

以上から判断して，確実にいえるのはどれか。ただし，同時に到着した人はいないものとする。

1　Aは自転車で到着した。

2　Bはクッキーを持って到着した。

3　Cは3番目に到着した。

4　自転車で到着した人は，1人だった。

5　4番目に到着した人は，ゼリーを持ってきた。

46　地方初級＜教養＞過去問350

解　説

まず，条件ウ，オ，カについてまとめると，**表Ⅰ**となる。また，条件アについては**表Ⅱ**，条件イについては**表Ⅲ**のようになる。ここで，**表Ⅰ**と**表Ⅱ**の関係を考えると，Aの次に徒歩で到着した者がいるので，Aは1番目でも4番目でもない。Aが2番目だとすると，**表Ⅲ**より，Dが3番目，Cが4番目，そして，Bが1番目となる（**表Ⅳ**）。このとき，Aの交通手段は自転車なので，Cも自転車となる。しかし，Aが持参したのはクッキー，Cが持参したのはケーキとなるので，条件エを満たすことができない（Dの交通手段は徒歩）。

　Aが3番目だと，1番目がD，2番目がC，4番目がBとなる（**表Ⅴ**）。このとき，交通手段が自転車となるのは，CおよびAであり，条件エよりCがゼリーを持参したことになる。この**表Ⅴ**より，**2〜5**は誤りで，正答は**1**である。

表Ⅰ

1	2	3	4
バス	自転車		
クッキー			ケーキ

表Ⅱ

A	
x	徒歩
クッキー	

表Ⅲ

D	C
	x

表Ⅳ

1	2	3	4
B	A	D	C
バス	自転車	徒歩	自転車
クッキー	クッキー		ケーキ

表Ⅴ

1	2	3	4
D	C	A	B
バス	自転車	自転車	徒歩
クッキー	ゼリー	クッキー	ケーキ

正答　1

| 地方初級 令和2年度 市役所 | 判断推理 | 操作手順 |

「1個のリングを開いて閉じる」を1回の操作とするとき，3個のリングについて，図Ⅰの状態から図Ⅱの状態にするには，1回の操作が必要である。同様にして，図Ⅲの状態から図Ⅳの状態にする，図Ⅲの状態から図Ⅴの状態にするのにそれぞれ必要な操作の最少回数の組合せとして，正しいのはどれか。

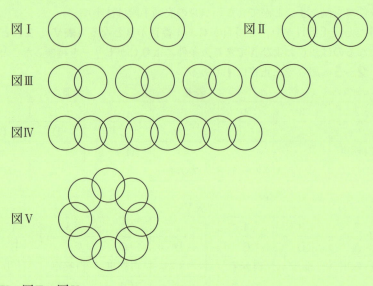

	図Ⅲ→図Ⅳ	図Ⅲ→図Ⅴ
1	2回	3回
2	2回	4回
3	3回	4回
4	3回	5回
5	4回	5回

図Ⅲの状態から図Ⅳの状態にするには，図のように3か所を開ければよいので，3回の操作が必要である。図Ⅲの状態から図Ⅴの状態にするのには，3回の操作で図Ⅳの状態とした後，端の1個を開いて反対側のリングと結べばよいので，4回の操作が必要となる。
　したがって，正答は**3**である。

正答　3

判断推理　平面の着色

地方初級 令和2年度

正三角形を合同4分割し，それぞれの部分を赤，青，黄，緑の4色で塗り分ける。図Ⅰ，図Ⅱのそれぞれ斜線部分を赤色に塗ったとき，他の3か所の塗り分け方の組合せとして正しいのはどれか。ただし，図Ⅰの場合に回転して同じ配色となる場合は1通りとする。

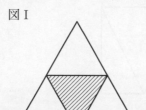

	図Ⅰ	図Ⅱ
1	2通り	2通り
2	2通り	3通り
3	2通り	6通り
4	3通り	3通り
5	3通り	6通り

解説

図Ⅰの場合，a，b，cの部分を青，黄，緑の3色に塗り分けることになる。a，b，cは円状に配置されているので，その塗り分け方は3個の円順列であり，$\frac{3!}{3}=2!=2\times1=2$より，2通りである。

図Ⅱの場合は，a，b，cの部分が1列に並んでいるので，3個を並べる順列であり，$3!=3\times2\times1=6$より，6通りである。

したがって，正答は **3** である。

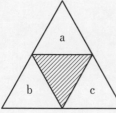
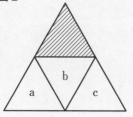

[注] 異なるn個を円状に並べる円順列は，$\frac{n!}{n}=(n-1)!$〔通り〕である。

正答　**3**

地方初級 令和2年度 判断推理 投影図

真上から見た図，および正面から見た図が次のような立体がある。この立体を矢印の方向から見た図（左側面から見た図）として，最も妥当なのはどれか。

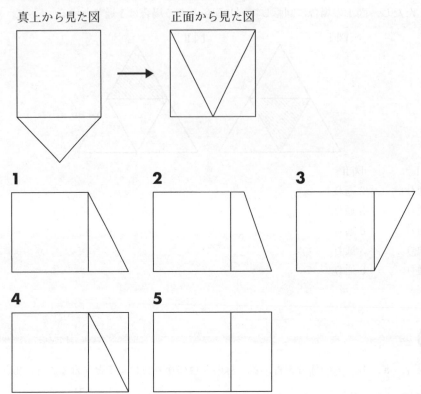

解 説

立体を真上から見た図および正面から見た図より，次図のような立体が考えられる。この立体を左側面から見ると，その図は**1**のようになる。**2**～**5**の場合，少なくとも右側上部が，真上から見た図，正面から見た図のいずれとも整合しない。

したがって，正答は**1**である。

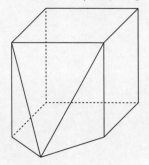

正答 1

地方初級

令和2年度 地方初級 **数的推理** **約数・倍数**

6で割っても，7で割っても，8で割っても1余る最小の自然数を考えたとき，この自然数の各桁の数の和はいくらか。

1 10
2 12
3 14
4 16
5 18

解 説

6で割っても，7で割っても，8で割っても1余る数から1を引けば，6でも，7でも，8でも割り切れる数，つまり，「6，7，8の公倍数」となる。要するに，6で割っても，7で割っても，8で割っても1余る最小の自然数は，「6，7，8の最小公倍数＋1」である。6と8を素因数分解すると，$6＝2×3$，$8＝2×2×2$であり，7は素数だから，6，7，8の最小公倍数は，$2×2×2×3×7＝168$である。

したがって，6で割っても，7で割っても，8で割っても1余る最小の自然数は，$168＋1＝169$となる。

この169の各桁の和は，$1＋6＋9＝16$であり，正答は**4**である。

正答 **4**

地方初級

令和2年度

地方初級

数的推理　　　不定方程式

1個150円のリンゴ，220円のナシ，330円のマンゴーをそれぞれ1個以上買ったところ，合計金額が5,500円になった。ナシはマンゴーの2倍の個数を買ったとすると，買った果物の個数の合計は何個か。

1 20個
2 22個
3 24個
4 26個
5 28個

解 説

買ったリンゴの個数をx，マンゴーの個数をy，とすると，ナシの個数は$2y$である。ここから，$150x+220×2y+330y=5500$，$150x+770y=5500$，$15x+77y=550$となるが，$15x$，550はどちらも5の倍数なので，$77y$も5の倍数でなければならない。77は5の倍数ではないので，yは5の倍数である。

ここで，$y=5×2=10$だと，$77y=770$となって550を超えてしまうので，$y=5$である。そうすると，$15x+77×5=550$，$15x+385=550$，$15x=165$，$x=11$となる。

つまり，リンゴは11個，ナシは10個，マンゴーは5個買ったことになり，個数の合計は，$11+10+5=26$より，26個である。

したがって，正答は**4**である。

正答　4

地方初級＜教養＞過去問350　**53**

地方初級

令和2年度

市役所

数的推理 | **価格と利益**

ある商品を200個仕入れ，5割の利益を見込んで定価をつけたが，1個も売れなかった。そこで，定価の2割引きとしたところ，200個すべてが売れ，利益総額は16,400円となった。この商品1個当たりの仕入れ値はいくらか。

1 410円

2 480円

3 550円

4 620円

5 690円

解説

商品1個の仕入れ値を x とすると，200個仕入れた場合の仕入れ総額は200 x 円である。これに5割の利益を見込んで定価をつけた場合，200個全部が売れた場合の売上総額は，$200x \times (1+0.5)=300x$ となる。これをすべて2割引きで売ったのだから，その売上総額は，$300x \times (1-0.2)=240x$ であり，ここから利益を考えると，$240x-200x=16400$，$40x=16400$，$x=410$ となり，この商品1個当たりの仕入れ値は410円である。

したがって，正答は**1**である。

正答 **1**

54　地方初級＜教養＞過去問350

地方初級

令和2年度 地方初級

数的推理　　　通過算

8 km のトンネルに，先頭が入り始めてから最後部が出口を通過するまで2分かかる新幹線がある。この新幹線が，5.9km のトンネルに先頭が入り始めてから最後部が出口を通過するまで1分30秒かかるとき，この新幹線の速さはいくらか。

1 3.8km/分

2 4.0km/分

3 4.2km/分

4 4.4km/分

5 4.6km/分

解説

新幹線の長さを x とすると，8 km のトンネルに先頭が入り始めてから最後部が出口を通過するまでに進む距離は $(8+x)$，5.9km のトンネルに先頭が入り始めてから最後部が出口を通過するまでに進む距離は $(5.9+x)$ である。この $(8+x)$ と $(5.9+x)$ との差は，$(8+x)-(5.9+x)=2.1$ であるが，この2.1km にかかる時間は，2分と1分30秒との差である30秒となる。30秒で2.1km 進むのだから，1分間では4.2km であり，その速さは4.2km/分である。

　したがって，正答は**3**である。

正答　**3**

地方初級＜教養＞過去問350　**55**

地方初級 令和2年度 特別区

資料解釈 世界の新造船竣工量の推移

次の表から確実にいえるのはどれか。

世界の新造船竣工量の推移

区　　　分	2014年	2015	2016	2017	2018
合計（万総トン）	6,462	6,757	6,642	6,576	5,783
計	100.0	100.0	100.0	100.0	100.0
日　　　本	20.8	19.3	20.0	19.9	25.1
韓　　　国	35.0	34.4	37.7	34.1	24.8
中　　　国	35.1	37.2	33.7	36.2	40.0
欧　　　州	2.0	1.5	2.3	2.5	3.2
そ の 他	7.1	7.6	6.3	7.3	6.9

構成比（％）

(注) 100総トン以上の船舶を対象

1 2016年から2018年までの各年のうち，日本の新造船竣工量と欧州の新造船竣工量との差が最も小さいのは，2018年である。

2 2016年の韓国の新造船竣工量の対前年増加率は，2015年のそれより大きい。

3 2018年において，韓国の新造船竣工量の対前年減少量は，中国の新造船竣工量のそれの10倍より小さい。

4 2014年から2016年までの3年における中国の新造船竣工量の1年当たりの平均は，2,300万総トンを下回っている。

5 2016年の欧州の新造船竣工量を100としたときの2018年のそれの指数は，130を上回っている。

解説

1. 2018年の場合，日本の新造船竣工量と欧州の新造船竦工量との差は，5783×(0.251－0.032)≒1266である。これに対し，2017年の場合は，6576×(0.199－0.025)≒1144であり，2018年より2017年のほうが，日本の新造船竣工量と欧州の新造船竣工量との差は小さい。

2. 正しい。2015年の場合，(6757×0.344)÷(6462×0.350)≒1.028，2016年は，(6642×0.377)÷(6757×0.344)≒1.077であり，2015年の対前年増加率は2.8％，2016年の対前年増加率は7.7％となり，2016年の韓国の新造船竣工量の対前年増加率は，2015年のそれより大きい。

3. 2018年における韓国の新造船竣工量の対前年減少量は，5783×0.248－6576×0.341＝－808，中国の新造船竣工量の対前年減少量は，5783×0.400－6576×0.362＝－67である。67×10＜808より，2018年における韓国の新造船竣工量の対前年減少量は，中国の新造船竣工量のそれの10倍より大きい。

4. (6462×0.351＋6757×0.372＋6642×0.337)÷3≒(2268＋2514＋2238)÷3＝7020÷3＝2340より，その平均は2,300万総トンを上回っている。

5. (5783×0.032)÷(6642×0.023)≒185÷153≒1.209より，その指数は約121であり，130を下回っている。

正答　**2**

56　地方初級＜教養＞過去問350

地方初級
教養試験

過去問 & 解説
No.1〜No.350

地方初級

No. 1 市役所

政治 **二大政党制と多党制** 平成17年度

二大政党制と多党制に関する次のア～カの記述のうち，正しいもののみを挙げているものはどれか。

ア　アメリカやイギリスは多党制である。

イ　日本やイタリアは多党制である。

ウ　多党制では，二大政党制に比べて死票が多くなる。

エ　二大政党制では，野党の存在により連立政権になりやすく，政局が安定しにくい。

オ　二大政党制では，多党制の場合よりも選挙費用がかかることが特徴である。

カ　二大政党制では，多様な国民の意思を反映しにくい。

1　ア，ウ

2　ア，オ

3　イ，エ

4　イ，カ

5　ウ，エ

解　説

ア：アメリカもイギリスも二大政党制である。アメリカは共和党と民主党，イギリスは労働党と保守党の二大政党である。

イ：正しい。

ウ：死票が多いのは小選挙区制の特徴であり，政党制とは直接関係ない。

エ：連立政権になりやすいのは，小党が分立する多党制の下でのことである。

オ：選挙費用がかかるのは，選挙区が広い大選挙区制の特徴であり，政党制とは直接関係ない。

カ：正しい。選択肢が大きく2つに絞られてしまうことから，多様な国民の意見が反映されないという特徴がある。

　以上より，正しいものはイとカなので，正答は**4**である。

正答　**4**

地方初級

No. 2 地方初級 **政治** **比例代表制** 平成22年度

比例代表制に関する記述として，妥当なものの組合せはどれか。

ア 民意を議会に正確に反映させる制度で，死票が出にくい。

イ 小党が乱立し，政局が不安定になりがちである。

ウ わが国の衆議院議員選挙でかつて採用されていたが，現在は採用されていない。

エ ゲリマンダーの危険性が最も高いうえ，不正選挙が発生しやすい。

1 ア，イ
2 ア，ウ
3 イ，ウ
4 イ，エ
5 ウ，エ

解説

比例代表制は，得票数に応じて各党に議席を配分する選挙制度である。死票が出にくく，民意を議会に正確に反映させることができるため，民主的な選挙制度とされる。しかし，弱点としては，小党を分立させ，政局不安定を引き起こす傾向がある。また，手続きがわかりにくく，政党に所属しない無所属の議員が存在できない。以上から，アとイが妥当であり，正答は **1** である。

なお，2021年現在，わが国において比例代表制は，衆議院議員選挙・参議院議員選挙にそれぞれ導入されている。よってウは誤りである。また，ゲリマンダーの危険性が最も高く，不正選挙が発生しやすいのは小選挙区制であるため，エも誤りである。

正答 **1**

地方初級＜教養＞過去問350●3

地方初級

No. 3 地方初級 **政治** **二大政党制** 平成27年度

二大政党制に関する次の記述中のA～Cの各a，bから正しいものを選んだ組合せとして妥当なのはどれか。

　二大政党制とは，二つの大政党が競合し，交代で政権を担うような政党のあり方を意味している。二大政党制が根づいている代表国は，A ｛a：イギリスとアメリカ，b：フランスとドイツ｝ であり，これらの国はいずれもB ｛a：小選挙区制，b：比例代表制｝ を採用している。二大政党制は，多党制に比べて，国民の意見をC ｛a：反映させやすい，b：反映させにくい｝ と言われている。

	A	B	C
1	a	a	a
2	a	a	b
3	a	b	b
4	b	a	a
5	b	b	b

解説

A：a（「イギリスとアメリカ」）が該当する。二大政党制は，イギリスやアメリカなど，少数の国々でのみ根づいている。これに対して，フランスとドイツでは多党制が根づいている。

B：a（「小選挙区制」）が該当する。小選挙区制では，各選挙区の最多得票者のみが当選とされるため，大政党が優位に立ち，二大政党制が生まれやすい。これに対して，比例代表制では大政党以外にも議席が配分されるため，多党制が生まれやすい。

C：b（「反映させにくい」）が該当する。二大政党制では，当選可能性のある政党が二大政党にほぼ限定されるため，国民の多様な意見を反映させにくい。これに対して，多党制では多くの政党に当選可能性があるため，国民の多様な意見を反映させやすい。

　したがって，正答は**2**である。

正答　2

地方初級

No. 4 特別区

政治 | **わが国の圧力団体** | 平成15年度

わが国の圧力団体に関する記述として，妥当なのはどれか。

1 圧力団体は，政党に対しては，選挙の際に組織的な支持や政治資金の提供を行うが，行政機関に対しては，特定の官庁に働きかけることはない。

2 圧力団体は，国民の要求に基づいて行政の活動を調査し，その改善などを議会などに助言，勧告することを通して，行政活動を監視，是正するものである。

3 圧力団体は，政権の獲得をめざす集団であり，その目的を達成する必要から，政党や議員に対し，直接，間接に働きかけ，政治の決定に圧力を加える。

4 圧力団体は，間接民主制の形骸化を防ぐ機能は持っているが，政党の役割を補う機能は持っていない。

5 圧力団体は，特定の政治家とのつながりを深めることにより，議会政治をゆがめるおそれがある。

解説

圧力団体とは，議会や政府などの政策決定過程に影響力を行使して，集団や団体の利益あるいは主張の実現・推進をめざす活動集団であり，利益団体とも呼ばれる。

1．その目的である特殊利益の実現のために，特定の官庁に働きかける場合もある。

2．オンブズマン（行政監察官）の説明である。

3．政党の説明である。政権獲得を目的とするかどうかが，政党と圧力団体の最も大きな相違点である。

4．たとえば，政党が政策の中で十分配慮していない特殊な利益を浮かび上がらせるなど，圧力団体の存在と活動は，政党中心の代議制をさまざまな形で補完する機能を持っている。

5．正しい。

正答 **5**

地方初級

No. **5** 地方初級 〈改題〉

政治 **地方自治制度** _{平成} **24年度**

地方公共団体に関する記述として，妥当なのはどれか。

1 地方自治の本旨として団体自治，住民自治の2つが挙げられる。地方自治体の住民が首長を選出することは，団体自治に該当する。

2 地方公共団体の住民は，正当な選挙によって選ばれた首長，地方議会議員に対しては解職を請求することができない。

3 地方公共団体の首長は，当該自治体の住民によって選出された地方議員による間接選挙で選ばれる。

4 地方議会は首長に対し不信任の議決を行うことができるが，首長は地方議会を解散することができない。

5 地方公共団体の首長は，当該自治体に引き続き3か月以上住所がある満18歳以上の住民の直接投票によって選出される。

解説

1．団体自治とは，国から独立した地方自治体が自らの権限と責任で地域の行政を処理することを意味する。一方，住民自治とは，地方における行政を，その自治体の住民の意思と責任に基づいて行うことである。以上から，首長の選出は住民自治に当たる。

2．地方公共団体の有権者は，その総数の3分の1以上の署名を集めれば，選挙管理委員会に対し，首長や地方議会議員の解職を請求することができる。

3．地方公共団体の首長は，住民による直接選挙で選出される。

4．首長は不信任の議決を受けたとき，10日以内に地方議会を解散することができる。

5．妥当である。選挙権年齢は，「公職選挙法等の一部を改正する法律」の施行に伴い，2016年6月から18歳に引き下げられた。

正答 **5**

地方初級

市役所

No. 6 　政治　　社会契約説　　平成18年度

次のA～Cは，それぞれ，ホッブズ，ロック，ルソーのうちのだれかが主張したものである。A～Cを主張した人名の組合せとして正しいものはどれか。

A　既存のすべての特権を放棄して対等の立場で人々が設立した「共同の力」すなわち新しい政治体を一般意志という最高意志（主権）の指導の下に置くべきである。

B　政治社会を運営するためには良法の制定が必要であるとして，国王・上院・下院からなる議会に最高権力を与え，もしも立法権と，行政権を持つ国王との間に矛盾が生じれば，立法権が優位すると述べ，また，立法部や行政部が契約を結んだ目的を破壊するような行動をとれば，革命を起こしてもよい，という革命権（抵抗権）を是認している。

C　自然状態にあっては人間は生存のために自分の能力を無制限に行使しうる自由（自然権）を持つ。しかし，この状態においては，「万人の万人に対する闘争」の状態になる。そこで利己心の最大の実現のために，人間は理性を働かせて逆に自然権の一部を放棄し，相互に契約を結び，人々を代表する一つの意志に服従する。

	A	B	C
1	ルソー	ロック	ホッブズ
2	ロック	ホッブズ	ルソー
3	ホッブズ	ルソー	ロック
4	ルソー	ホッブズ	ロック
5	ロック	ルソー	ホッブズ

解説

ホッブズ，ロック，ルソーは社会契約説の思想家。社会契約説は封建制を否定し，個人の権利を主張する近代的なブルジョアジーの政治思想として成立発展した考え方で，社会や国家は人民の契約によって成立したとする。

A：ルソーの主張である。キーワードは「一般意志」。全員による一般意志の形成を説き，その一般意志への絶対服従，人民主権，直接民主制を説いた。主著は『社会契約論』。

B：ロックの主張である。キーワードは「革命権（抵抗権）」。イギリスの名誉革命を擁護した。主著は『市民政府二論』。

C：ホッブズの主張である。キーワードは「万人の万人に対する闘争」。唯名論と機械論を基礎として，抽象的本質を否定したことにより，政治論をまったく非神学的根拠から構築した。主著は『リヴァイアサン』。

正答　**1**

地方初級＜教養＞過去問350●7

地方初級 東京都 No.7 政治 国際法 令和元年度

国際法に関する記述として，妥当なのはどれか。

1 ドイツの法学者であるグロティウスは「戦争と平和の法」を著し，実定法の立場から国際法を体系化した。

2 国際法は，大多数の国家の一般慣行である国際慣習法と，国家間の意思を明文化した条約などから成り立っている。

3 条約は，全権委任状を携行する代表により合意内容を確定する署名がなされた時点で発効する。

4 国際司法裁判所は，国家間の紛争を解決するために設置されたが，当事国双方の合意がなくても，国際司法裁判所において裁判を行うことができる。

5 国際刑事裁判所は，国家及び個人の重大な犯罪を裁くために設置されたが，日本は国際刑事裁判所に加盟していない。

解説

1.「戦争と平和の法」を著したグロティウスは，ドイツ人ではなくオランダ人である。また，グロティウスは実定法ではなく，自然法の立場から国際法を体系化した。なお，実定法とは人間の行為によって作り出され，特定の時代や社会において実効性を持つ法のことであり，自然法とは時代や場所を超えて永遠・普遍的に守られるべき法のことである。

2. 妥当である。国際社会には統一的な立法機関がないため，国際法はあくまでも国家間の合意に基づいて成立する。国際法には国際慣習法と条約などの区別があるが，現在では国連海洋法条約など国際慣習法を条約化する試みが進められている。

3. 条約は署名がなされただけでは発効しない。代表の署名に加えて，国会の承認を得るなどの国内手続きを経ることが，条約（正確には二国間条約）の発効には必要とされる。

4. 国際司法裁判所は国家を超越した上位機関ではないため，裁判の開始には当事国双方の合意が必要とされる。ただし，いったん下された判決は法的拘束力を持つため，たとえ判決内容に不満であっても当事国はそれに従わなければならない。

5. 国際刑事裁判所は，個人の重大な犯罪（集団殺害罪，人道に対する犯罪，戦争犯罪，侵略犯罪）を裁くために設置された。国家の犯罪を裁くことは，その目的とはされていない。また，アメリカやロシア，中国などは国際刑事裁判所に加盟していないが，わが国はこれに加盟している。

正答 **2**

地方初級

No. 8 市役所 政治　各国の政治　平成16年度

各国の政治についての次の記述のうち，正しいものはどれか。

1 イギリスでは議院内閣制が採用されているが，内閣の首班指名，下院の解散については，形式的にも実質的にも国王にその権限がある。

2 アメリカでは，行政権は大統領に属しており，大統領は議会に対し法案提出権を有し，下院を解散することができる。

3 フランスでは，大統領と首相が併存し，立法権を有する議会からの信任によって選出される首相の力のほうが強くなっている。

4 ドイツでは，議会は連邦議会と連邦参議院による二院で構成されており，議会の多数派を占める党の党首が首相に選出され，大統領は存在しない。

5 中国では，従来の社会主義を維持しつつも，市場原理をとり入れようとしており，外国の資本や技術の導入を目的に「経済特区」を設置し，さらに「経済特区」に次ぐ対外開放政策として，「経済開発区」を指定した。

解説

1. 内閣の首班には，下院の多数党の党首が指名され，下院の解散権は内閣が持つ。

2. アメリカの大統領制では，厳格な三権分立が貫かれており，議会と内閣はそれぞれに独立している。したがって，大統領は法案提出権も下院の解散権も有しない。

3. フランスでは，国民の選挙によって選出される大統領の権限のほうが強大であり，大統領が首相の任免権を持つ。

4. ドイツもフランスと同様に大統領と首相が併存するが，大統領は国家元首として儀礼的な役目を果たすのみで，議会が選出した首相の権限のほうが強大となっている。

5. 正しい。経済特区は1979年以降，経済開発区は84年以降，指定されている。

正答　**5**

地方初級＜教養＞過去問350●9

地方初級
市役所

No. 9 政治 アメリカの大統領制 平成19年度

アメリカの大統領制に関する次の記述のうち，正しいものはどれか。

1 大統領は，議会に対して責任を負う。

2 大統領は，議会の解散権を持つ。

3 大統領は，法案提出権を持つ。

4 大統領は，議会で成立した法案に対して拒否権を持つ。

5 大統領は，上院か下院の議員の中から選出される。

解説

1．アメリカの大統領制は，イギリスや日本の議院内閣制とは違い，大統領と議会（立法権）とは独立しており，厳格な三権分立制となっている。

2．議会と大統領は対等の関係にあるので，大統領が議会を解散することはできない。

3．アメリカでは議員立法が行われ，大統領に法案提出権はない。

4．正しい。

5．大統領は国民が選んだ選挙人の投票で選出される。議員である必要はない。

［参考］ アメリカ合衆国憲法第1条7項(抄)

　大統領がこの法案を承認する場合は，法案への署名をもってこれが法律となる。

　大統領がこの法案を承認しない場合は，法案には署名せずに，承認できない理由を明記した別書を添えて，日曜を除いた10日以内に議会に差し戻す。

正答 **4**

10●地方初級＜教養＞過去問350

地方初級

No. 10 地方初級 政治 イギリスの政治 平成16年度

イギリスの政治に関する次の記述のうち，正しいものはどれか。

1 イギリスでは上院と下院で構成される二院制を採用しており，両院の議員は直接選挙で選ばれる。

2 行政の長である首相は，通常下院の第一党党首を国王が任命する。

3 内閣は，下院を解散することができない。

4 議会は一般事項について，内閣に対し連帯して責任を負わなければならない。

5 憲法の最高法規性を守るために，議会の制定する法律に対して，裁判所は違憲審査権を持つ。

解説

1. イギリスの議会は貴族院（上院）と庶民院（下院）からなる二院制であり，貴族院（上院）は一代貴族，一部の世襲貴族，司教等から構成され，選挙で選ばれることはない（約800議席）。また，庶民院（下院）の議員は，18歳以上の国民により，単純小選挙区制での直接選挙により選ばれる。

2. 正しい（議院内閣制）。

3. 下院が内閣不信任決議をした場合には，総辞職するか，下院を解散して国民に信を問う「議院内閣制」を採用しており，内閣は下院の解散権を持つ。

4. 内閣は一般事項について，議会に対し連帯して責任を負わなければならない。

5. イギリスの裁判所には違憲審査権はない。よって議会は文字どおり「国権の最高機関」となっている。

正答 **2**

地方初級＜教養＞過去問350●11

地方初級

No. 11 地方初級

政治 **アメリカとイギリスの政治** 平成20年度

アメリカとイギリスの政治に関する次の記述のうち，妥当なものはどれか。

1 アメリカ連邦議会は一院制を採用しているが，イギリス議会は二院制を採っており，上院である貴族院が下院である庶民院に優越する。

2 アメリカが保守党と労働党による二大政党制であるのに対し，イギリスは小党が分立する多党制であり，単独で政権を担当できる政党が少なく連立政権が多い。

3 イギリスの最高裁判所は法律の憲法適合性を審査する違憲立法審査権を持つが，アメリカの連邦最高裁判所は違憲立法審査権を持たない。

4 イギリスでは議院内閣制が採られており，行政権を担う内閣は議会に対して連帯して責任を負うが，アメリカの行政権を担う大統領は議会から独立しており，議会に対して責任を負わない。

5 アメリカの大統領は議会の解散権と法案提出権を持つが，イギリスでは議会の力が強大なため，内閣は議会に法案を提出できず，議会の解散権も持たない。

解説

1．アメリカ連邦議会は上院，下院の二院制を採用している。イギリス議会が二院制であるのは事実であるが，現在は下院優位が原則とされている。

2．アメリカは共和党と民主党による二大政党制である。イギリスは多党制ではなく，保守党と労働党の二大政党制となっている。

3．イギリスの最高裁判所は，2009年9月までは上院の付属機関であったということから，違憲立法審査権を持たない。アメリカの連邦最高裁判所は，違憲立法審査権を持つ。

4．正しい。アメリカの大統領は，議会に対してではなく，自身を選んだ国民に対し直接責任を負う。

5．アメリカの大統領は議会の解散権，法案提出権を持たない。ただし，法案については，教書を送付して立法の勧告をすることができる。イギリスでは内閣が議会に法案を提出することができ，議会（下院）の解散権を持つ。

正答 **4**

120●地方初級＜教養＞過去問350

地方初級 市役所
No. 12 政治　国際連合　平成28年度

国際連合（国連）に関する次のア～オの記述のうち，妥当なものの組合せはどれか。

ア　総会では各国が1票ずつを持ち，多数決制で決定を行う。

イ　安全保障理事会の常任理事国とされているのは，アメリカ，イギリス，フランス，ドイツ，日本である。

ウ　国際司法裁判所において訴訟の当事者となるのは，国家のみである。

エ　国連平和維持活動（PKO）は，侵略国に対して加えられる軍事制裁の一種である。

オ　国連分担金は主要国にのみ課せられており，発展途上国や新興国は支払いを免除されている。

1　ア，ウ
2　ア，オ
3　イ，ウ
4　イ，エ
5　エ，オ

解説

ア．妥当である。総会では主権平等の原則（主権国家は皆，平等であること）が採用されており，1国1票に基づく多数決制が採用されている。ただし，実際の運用に際しては，反対意思の表明がないことをもって議案を採択する「コンセンサス方式」も用いられている。

イ．安全保障理事会（安保理）の常任理事国とされているのは，第二次世界大戦の主要連合国であるアメリカ，イギリス，フランス，ロシア，中国である。ドイツと日本は第二次世界大戦の敗戦国であり，安保理の常任理事国でないばかりか，そもそも国連の原加盟国（最初の加盟国）ですらない。

ウ．妥当である。国際司法裁判所は，国家間の紛争を平和的に解決するために設けられた国際司法機関である。したがって，国際機関や私人といった国家以外の主体は，国際司法裁判所において訴訟の当事者となることはできない。

エ．PKO（Peace Keeping Operation）は，紛争地域において停戦が実現した後で，戦闘が再開しないように支援する活動である。具体的には，紛争勢力の引き離し，インフラの整備，選挙監視などの活動が行われている。したがって，PKOは侵略国に対して加えられる軍事制裁ではない。

オ．国連分担金は国連の全加盟国に課せられている。ただし，各国の分担率は国力に応じて定められており，発展途上国や新興国の分担率は低く抑えられている。

以上より，アとウが妥当であり，**1**が正答となる。

正答　1

地方初級

No. 13 地方初級

政治 **法の下の平等** 平成**28年度**

次のア～エの記述のうち,「法の下の平等」を巡って争われた裁判の例として妥当なものの組合せはどれか。

　ア　非嫡出子の法定相続分を嫡出子の2分の1とした民法上の規定を巡る裁判
　イ　国の定めた生活保護基準が「健康で文化的な最低限度の生活を営む権利」を保障しているかを巡る裁判
　ウ　ある地方公共団体が地鎮祭へ公金を支出した事件を巡る裁判
　エ　議員定数と有権者数の不均衡によって生じた1票の価値の格差を巡る裁判

1　ア，イ
2　ア，エ
3　イ，ウ
4　イ，エ
5　ウ，エ

解説

ア．妥当である。この裁判で争点となっているのは,合理的な理由がないのに,非嫡出子(嫡出子以外の子)が嫡出子(婚姻関係にある夫婦間の子)に比べて不利に扱われているのは不平等ではないかという点である。したがって,この裁判は「法の下の平等」(憲法14条)を巡って争われたものである。

イ．この裁判で争点となっているのは,国の定めた生活保護基準が不十分で,憲法25条にいう「健康で文化的な最低限度の生活を営む権利」,すなわち生存権が保障されていないのではないかという点である。したがって,この裁判は「生存権」を巡って争われたものである。

ウ．この裁判で争点となっているのは,地鎮祭という神道の儀式への公金の支出が「政教分離の原則」に反しており,公権力による特定宗教の保護を通じて,国民の「信教の自由」を侵すことになるのではないかという点である。したがって,この裁判は「政教分離(ないし信教の自由)」(憲法20条)を巡って争われたものである。

エ．妥当である。この裁判で争点となっているのは,議員定数と有権者数の不均衡によって選挙区間で「1票の価値の格差(不平等)」が生じており,選挙に際して有権者が著しく不平等に扱われているのではないかという点である。したがって,この裁判は「法の下の平等」を巡って争われたものである。

以上より,アとエが妥当であり,**2**が正答となる。

正答　**2**

地方初級

No. 14 政治 基本的人権
地方初級　令和元年度

日本国憲法の条文とそれに該当する基本的人権の種類に関する次の記述のうち，妥当なのはどれか。

1 すべて国民は，健康で文化的な最低限度の生活を営む権利を有する。－自由権

2 何人も，いかなる奴隷的拘束も受けない。又，犯罪に因る処罰の場合を除いては，その意に反する苦役に服させられない。－社会権

3 公務員を選定し，及びこれを罷免することは，国民固有の権利である。－平等権

4 すべて国民は，法の下に平等であつて，人種，信条，性別，社会的身分又は門地により，政治的，経済的又は社会的関係において，差別されない。－参政権

5 何人も，裁判所において裁判を受ける権利を奪はれない。－請求権

解説

1. 条文は憲法25条からの引用である。人間らしい生活を保障しているので，「社会権」（具体的には生存権）に該当する。

2. 条文は憲法18条からの引用である。国家からの自由を保障しているので，「自由権」（具体的には奴隷的拘束・苦役からの自由）に該当する。

3. 条文は憲法15条1項からの引用である。政治参加の機会を保障しているので，「参政権」（具体的には公務員の選定罷免権）に該当する。

4. 条文は憲法14条1項からの引用である。人間の平等を保障しているので，「平等権」（具体的には法の下の平等）に該当する。

5. 妥当である。条文は憲法32条からの引用である。国家に対して裁判という活動を請求しているので，「請求権」（具体的には裁判請求権）に該当する。

正答 **5**

地方初級＜教養＞過去問350 **15**

政治　経済　社会　日本史　世界史　地理　倫理　文学・芸術　国語

地方初級

No. 15 東京都

政治　基本的人権（社会権）　平成25年度

次のA～Eのうち，日本国憲法に定める基本的人権の中で，社会権として位置づけられるものの組合せとして，妥当なのはどれか。

    A　教育を受ける権利
    B　勤労者の団結権・団体交渉権・団体行動権
    C　裁判を受ける権利
    D　住居の不可侵
    E　法的手続きの保障

1　A，B
2　A，E
3　B，C
4　C，D
5　D，E

解説

A．社会権である。なお，憲法26条では，教育を受ける権利（1項）とともに，子女に普通教育を受けさせる義務（2項）も規定している。

B．社会権である。これらは，憲法28条に規定されており，労働三権と総称される。また，労働三権と勤労の権利（憲法27条）を合わせて，労働基本権という。なお，A・Bのほかに，生存権（憲法25条1項）も社会権に含まれる。

　C・D・Eは，人身の自由を守るために，刑事手続上保障されるものである。

C．憲法32条で規定されている。

D．裁判所の発行する令状がなければ，その居住者の承諾なく住居へ侵入して捜索することはできないということである。憲法35条で規定されている。

E．人身の自由を保障するための原則で，身体の自由を拘束する場合は，法律で定められた手続によらなければならないということである。憲法31条で規定されている。

　以上より，正答は**1**である。

正答　**1**

地方初級

No. 16 地方初級 政治 | 基本的人権 | 平成19年度

基本的人権の中には，A：人間として自由に生きることのできる権利と，B：人間らしい生活を営む権利があるが，次に挙げたア～オの権利のうち，Aに分類される権利の組合せとして正しいものはどれか。

ア 集会，結社及び言論，出版その他一切の…これを保障する。

イ すべて国民は，健康で文化的な最低限度の生活を営む権利を有する。

ウ すべて国民は，勤労の権利を有し…。

エ 何人も，その住居…について，侵入…を受けることのない権利は，…侵されない。

オ すべて国民は，…ひとしく教育を受ける権利を有する。

1 ア，ウ
2 ア，エ
3 イ，エ
4 イ，オ
5 ウ，オ

解 説

設問中のAは自由権，Bは社会権を意味する。したがって，5つの権利の中から自由権を選べばよい。

ア：集会・結社・表現の自由（日本国憲法21条1項—精神的自由）

イ：生存権（同25条1項）

ウ：勤労権（同27条1項）

エ：住居の不可侵（同35条1項—人身の自由）

オ：教育を受ける権利（同26条1項）

であり，自由権はアとエである。

よって，正答は**2**である。

正答 **2**

政治 / 経済 / 社会 / 日本史 / 世界史 / 地理 / 倫理 / 文学・芸術 / 国語

地方初級

No. 17 　政治　自由権的基本権　平成15年度

地方初級

日本国憲法が次の各条文において定める人権のうち，国家による不当な干渉や侵害を受けないことを基本理念とする「自由権的基本権」に属するものはどれか。

1　すべて国民は，法律の定めるところにより，その能力に応じて，ひとしく教育を受ける権利を有する。

2　検閲は，これをしてはならない。通信の秘密は，これを侵してはならない。

3　勤労者の団結する権利及び団体交渉その他の団体行動をする権利は，これを保障する。

4　すべて国民は，健康で文化的な最低限度の生活を営む権利を有する。

5　公務員を選定し，及びこれを罷免することは，国民固有の権利である。

解説

1. この選択肢は教育を受ける権利について定めた憲法26条1項の条文であり，社会的・経済的弱者が人間に値する生活を営むことができるように国家に対して積極的な配慮を求めることができることを基本理念とする「社会権的基本権」に属する。

2. 正しい。「自由権的基本権」に属する。この選択肢は検閲の禁止を定めた憲法21条2項であり，「自由権的基本権」に属する表現の自由（同条1項）の保障を徹底するために表現活動の事前抑制を禁止した制度である。

3. この選択肢は労働三権の保障を定めた憲法28条で，「社会権的基本権」に属する。

4. この選択肢は生存権について定めた憲法25条1項で，「社会権的基本権」に属する。

5. この選択肢は選挙権について定めた憲法15条1項で，国民が国政に参加することができることを基本理念とする「参政権的基本権」に属する。

正答　**2**

18●地方初級＜教養＞過去問350

地方初級

No.18 地方初級 **政治** **表現の自由の機能** 平成13年度

基本的人権の「表現の自由」に関する記述として正しいものは，次のうちどれか。

1 「表現の自由」は，主に講演，出版物などにおける表現を保障したものであり，経済的自由権に分類される。

2 「表現の自由」は，民主政の根幹を支えるという，その重要な意義に鑑みて，検閲などいかなる制約も許されない。

3 「表現の自由」は，精神的自由権という側面を持つと同時に，経済的自由権という側面を持つ，包括的な権利である。

4 「表現の自由」は，憲法上「集会，結社及び言論，出版の自由」をまとめたものであり，「表現の自由」という語句は憲法上使われていない。

5 「表現の自由」は，精神的自由権の一つであるが，それが法律や条例によって制約されることもある。

解説

1.「表現の自由」は，人間の精神活動の当然の結果が表現であるとして，精神的自由権に分類される。

2.「表現の自由」に対して，「検閲」は絶対的に禁止されている（憲法21条2項）が，人権一般が服する「公共の福祉」による制約は存在する。

3. 1で述べたように「表現の自由」は精神的自由権である。「新しい人権」の根拠となる包括的権利の例としては，憲法13条の幸福追求権が挙げられる。

4. 憲法21条には，「集会，結社及び言論，出版その他一切の表現の自由は，これを保障する」と規定されている。

5. 正しい。表現が外部に向けてなされることから，他者の人権との関係で制約されることがある。例としては，著作権法や美観条例などが挙げられる。

正答 **5**

政治

経済

社会

日本史

世界史

地理

倫理

文学・芸術

国語

地方初級＜教養＞過去問350●**19**

地方初級

No. 19 市役所 **政治** **自由権** 平成16年度

自由権についての次の記述のうち，正しいものはどれか。

1 信教の自由——国民はどの宗教を信仰しても，また，しなくてもよいとするもので，この自由には政教分離の原則を含んでいる。

2 思想・良心の自由——国民はどのような思想も有することができるが，この自由には沈黙の自由は含まれない。

3 表現の自由——国民の表現する側と表現される側の両方の自由を保障しており，日本国憲法では「知る権利」まで明確に保障している。

4 学問の自由——国民の学問研究の自由を保障するもので，この自由には義務教育を無償とすることを含んでいる。

5 身体の自由——何人も，法律の定める手続きによらなければ刑罰を科せられることはなく，また現行犯以外では犯罪を明示する令状なしに逮捕されることはない。

解説

1. 正しい。信教の自由（日本国憲法20条）はこのような内容を持っている。

2. 思想・良心の自由（同19条）は，内面的な精神活動の自由という精神的自由の根幹を占める思想・良心の自由を特に明確に定めたものであり，沈黙の自由も含まれると解される。

3. 表現の自由（同21条）は，表現する側の自由のみを規定しており，表現される側の自由については憲法上は明確にこれを規定してはいない。解釈によって，「知る権利」や「アクセス権」などが認められるようになっているにすぎない。

4. 学問の自由（同23条）の内容は，学問研究の自由，学問研究結果の発表の自由，教授の自由の3つと考えられている。義務教育を無償とすると規定しているのは，憲法26条（教育権）である。

5. 身体の自由は，憲法31条，33条など複数の条文で保障されている。逮捕に関しては，現行犯以外にも緊急逮捕（刑事訴訟法210条）の場合がある。

正答 **1**

地方初級

No. 20 地方初級 **政治** 日本国憲法で新たに定められた人権 平成 **27**年度

大日本帝国憲法には規定がなく，日本国憲法で初めて取り入れられた人権として妥当なのはどれか。

1 財産権

2 生存権

3 信教の自由

4 裁判を受ける権利

5 請願権

解 説

1.「日本臣民ハ其ノ所有権ヲ侵サルヽコトナシ」（大日本帝国憲法27条1項）と規定されていた。

2. 妥当である。生存権は，20世紀的人権とも称される社会権の一つである。1889年に発布された大日本帝国憲法には，これに該当する規定はなく，1946年に公布された日本国憲法において，「すべて国民は，健康で文化的な最低限度の生活を営む権利を有する」（日本国憲法25条1項）とする生存権規定が初めて設けられた。

3.「日本臣民ハ安寧秩序ヲ妨ケス及臣民タルノ義務ニ背カサル限ニ於テ信教ノ自由ヲ有ス」（大日本帝国憲法28条）と一定の留保つきで規定されていた。

4.「日本臣民ハ法律ニ定メタル裁判官ノ裁判ヲ受クルノ権ヲ奪ハルヽコトナシ」（大日本帝国憲法25条）と規定されていた。

5.「日本臣民ハ相当ノ敬礼ヲ守リ別ニ定ムル所ノ規程ニ従ヒ請願ヲ為スコトヲ得」（大日本帝国憲法30条）と規定されていた。

正答 2

政治　経済　社会　日本史　世界史　地理　倫理　文学・芸術　国語

地方初級

No.21 地方初級　政治　新しい人権　平成18年度

次の文章の空欄に入る語句の組合せとして正しいものはどれか。

　　[　A　]は日本国憲法で基本的人権として明記されている。近年，[　A　]を根拠として自己の個人情報を守る[　B　]が主張されている。多くの裁判でも，[　A　]を根拠にした新しい人権が認められるようになってきている。

	A	B
1	法の下の平等	アクセス権
2	生存権	プライバシーの権利
3	幸福追求権	プライバシーの権利
4	法の下の平等	平和的生存権
5	生存権	アクセス権

解説

社会の発展，変遷により，そのときの社会に必要とされる基本的人権も変化する。日本国憲法は各種の人権を規定するが，憲法は昭和21年の制定以来一度も改正されておらず，規定されている個々の権利で（現在必要な）基本的人権がすべてカバーできているわけではない。そこで，裁判などでは，日本国憲法13条の幸福追求権や25条の生存権を根拠に，いわゆる新しい人権を認めている。

　本問では，「自己の個人情報を守る」とあるので，Bは「プライバシーの権利」とわかる。プライバシーの権利とは，伝統的な意味では，「一人で放っておいてもらう権利」，つまり，人がその私生活や私事をみだりに他人の目にさらされない権利をいう。

　このプライバシーの権利は，日本国憲法13条の「幸福追求権」の一環をなすものとして理解されている。よって，Aには「幸福追求権」が当てはまる。

正答　**3**

22●地方初級＜教養＞過去問350

地方初級

No. 22 政治 裁判員制度

地方初級

平成29年度

裁判員制度に関するア〜エの記述それぞれのa，bから妥当なものを選んだ組合せはどれか。

ア　裁判員制度は
- a. 裁判官の負担を軽減するため
- b. 国民の意見を裁判に反映させるため

に導入された。

イ　裁判員裁判は
- a. すべての刑事事件
- b. 凶悪な刑事事件のみ

に導入されている。

ウ　裁判員の任期は
- a. 1年である。
- b. 事件ごとに異なる。

エ　評決を最終的に行うのは
- a. 裁判員のみ
- b. 裁判官と裁判員

である。

	ア	イ	ウ	エ
1	a	a	a	a
2	a	a	b	b
3	b	a	b	a
4	b	b	a	b
5	b	b	b	b

解説

ア．bが当てはまる。刑事裁判に市民感覚を取り入れて，わかりやすいものにするために，裁判員制度が導入された。裁判員裁判には裁判官も参加するのだから，負担が特に減るということはない。

イ．bが当てはまる。裁判員裁判は，殺人罪や強盗致死傷罪などが適用される重大な刑事事件の第一審にのみ，導入されている。

ウ．bが当てはまる。裁判員は事件ごとに選出され，その任期は裁判が終わるまでである。なお，裁判員候補者名簿は1年ごとに作成されている。

エ．bが当てはまる。審理，評議，評決は原則として裁判員6名と裁判官3名の合議体によって行われる。評決は多数決で行われるが，被告人を有罪とするには少なくとも1名の裁判官がそれに同意する必要がある。

したがって，正答は**5**である。

正答　**5**

政治／経済／社会／日本史／世界史／地理／倫理／文学・芸術／国語

地方初級

No. 23 特別区 **政治** 国 会 平成 **26**年度

我が国の国会に関する記述として，妥当なのはどれか。

1 国会は，衆議院と参議院の両議院で構成され，内閣不信任案の議決権は，参議院にだけ認められている。

2 国会の両議院は，国政調査権を有し，これにより，証人の出頭や証言，記録の提出を要求することができる。

3 国会は，罷免の訴追を受けた国務大臣を裁判するため，両議院の議員で組織する弾劾裁判所を設置することができる。

4 国民の代表によって構成される国会は，国権の最高機関として，立法権，行政権及び司法権の全てを行使する。

5 国会議員には，議院で行った演説，討論又は表決について院外で責任を問われないという不逮捕特権が認められている。

解 説

1．内閣不信任案の議決権は衆議院だけに認められており，参議院はこれを持たない。

2．妥当である。「両議院は，各々国政に関する調査を行ひ，これに関して，証人の出頭及び証言並びに記録の提出を要求することができる」（憲法63条）。

3．弾劾裁判所は，罷免の訴追を受けた裁判官を裁判するために設けられる。他方，国務大臣に対する罷免の訴追という制度は設けられていない。

4．わが国では三権分立制がとられており，立法権は国会，行政権は内閣，司法権は裁判所が行使する。

5．国会議員は，議院で行った演説，討論または表決について院外で責任を問われないが，これは免責特権に該当する。不逮捕特権とは，法律の定める場合を除き，国会議員は国会の会期中逮捕されず，会期前に逮捕された議員は，その議院の要求があれば，会期中これを釈放しなければならないとするものである。

正答 **2**

地方初級

No. 24 東京都 政治 わが国の内閣 平成16年度

わが国の内閣に関する記述として，妥当なのはどれか。

1 内閣は，内閣総理大臣及び国務大臣によって構成され，国務大臣は全員が国会議員でなければならない。

2 内閣の意思決定機関である閣議は，公開で行われ，閣議の決定は，出席者の多数決によるものとされる。

3 内閣は，国会に対して連帯して責任を負い，衆議院が内閣不信任決議案を可決したときは，10日以内に衆議院が解散されない限り，総辞職をしなければならない。

4 内閣は，行政の最高機関として，一般行政事務を処理するほか，条約の締結，予算の作成などの権限が与えられているが，政令の制定は国会の権限であるため行うことはできない。

5 内閣は，最高裁判所長官を任命することができるが，任命にあたっては，国会の議決が必要である。

解 説

1. 前半は正しいが，国務大臣の過半数は国会議員の中から選ばれなければならない（日本国憲法68条1項但書）ので，後半は誤り。

2. 閣議の議事方法については，すべて慣習法で決まっているが，そのうち特に重要な点は，その内容についての高度の秘密が要求されること（＝非公開），その議決方法に全会一致制を採用していることである。

3. 正しい（同66条3項，69条）。

4. 憲法および法律の規定を実施するための政令の制定も，内閣が行う（同73条6号）。

5. 最高裁判所長官は，内閣の指名に基づいて天皇が任命する（同6条2項）。国会の議決は不要である。

正答 **3**

地方初級＜教養＞過去問350 ● 25

地方初級

No. 25 特別区

政治 | **内閣の権限** | 平成 **29年度**

次のA～Eのうち，日本国憲法に規定する内閣の権限に該当するものを選んだ組合せとして，妥当なのはどれか。

A　条約の承認
B　予算の作成
C　最高裁判所長官の任命
D　政令の制定
E　憲法改正の発議

1　A　C
2　A　D
3　B　D
4　B　E
5　C　E

解説

A．条約の承認は，国会の権限。内閣の権限は「条約の締結」である（憲法73条）。ちなみに，条約の公布は憲法改正や法律，政令と同様，天皇の国事行為である（同7条）。

B．妥当である。予算の作成と国会への提出は内閣の権限に属する（憲法73条）。

C．最高裁判所長官の任命は，天皇の国事行為。内閣が行うのは，最高裁判所長官の指名である（憲法6条）。ちなみに，長官以外の最高裁判所裁判官は内閣が任命し（同79条），下級裁判所の裁判官は，最高裁判所が作成した名簿に基づいて，内閣が任命する（同80条）。

D．妥当である（憲法73条）。

E．憲法改正の発議は，国会の権限である（憲法96条）。ちなみに，国会が憲法改正を発議するには，衆参各院で総議員の3分の2以上の賛成を要する。

以上より，内閣の権限に該当するのはB，Dであり，**3**が正答となる。

正答　**3**

26●地方初級＜教養＞過去問350

地方初級

No. 26 地方初級 政治 衆議院と参議院 平成20年度

衆議院と参議院に関する次の記述のうち，妥当なものはどれか。

1 衆議院と参議院は互いに独立して意思決定を行うものとされ，法律案の先議権は衆議院に，予算の先議権は参議院に，それぞれ与えられている。

2 衆議院で可決した法案を参議院が否決した場合，衆議院が一定の要件を満たして再可決すれば，それが国会の議決となる。

3 衆議院には解散があるが，参議院には解散が存在しないため，主権者である国民の意思を忠実に反映させるために参議院議員の任期は衆議院議員より短い4年とされている。

4 内閣不信任の決議が衆議院で可決され，参議院で否決された場合，両院協議会を開催しても意見が一致しなければ，衆議院の議決が国会の議決となる。

5 国政調査権は衆議院には認められているが，参議院には認められていない。

解説

1. 法律案は，衆参どちらの議院が先に審議してもかまわない。予算については衆議院に先議権がある。

2. 正しい。出席議員の3分の2以上の多数で再可決すれば法律となる（憲法59条2項）。

3. 衆議院に解散があり，参議院に解散がないのは事実であるが，衆議院議員の任期は4年，参議院議員の任期は6年となっており，参議院議員のほうが長い。

4. 内閣不信任決議権は衆議院だけに認められているため，両院に意見の不一致が生じることはない。

5. 国政調査権は各議院に与えられている。

正答 **2**

政治

経済

社会

日本史

世界史

地理

倫理

文学・芸術

国語

地方初級＜教養＞過去問350●27

地方初級

No. 27 東京都

政治 **日本の国会** 平成**30年度**

日本の国会に関する記述として，妥当なのはどれか。

1 国会は，国の唯一の立法機関であるため，国会議員に限って法律案を国会に提出することができる。

2 国会議員には不逮捕特権があるため，国会の会期中は，院外の現行犯と議員の所属する議院の許諾があった場合を除いては，逮捕されない。

3 国会には，常会，臨時会，特別会があるが，このうち特別会は，衆議院又は参議院の総議員の4分の1以上の要求があった場合に召集される。

4 衆議院が解散されたときは，参議院を閉会とするかどうかを決定するために，内閣は参議院の緊急集会を開かなくてはならない。

5 国会の各議院では委員会制度が採用されているため，議案は，本会議において実質的に議論された後，常任委員会において最終的に議決される。

解説

1．国会は国の唯一の立法機関（憲法41条）であることから，国会議員は法律案を国会に提出することができる。しかし，法律案の提出権は国会議員のみならず，内閣にも認められている（同72条，内閣法5条）。

2．妥当である。国会議員の不逮捕特権は，憲法50条および国会法33条に規定されている。後者では，「各議院の議員は，院外における現行犯罪の場合を除いては，会期中その院の許諾がなければ逮捕されない」と定められている。

3．特別会は，衆議院の解散総選挙から30日以内に召集される（憲法54条1項）。これに対して，衆議院または参議院の総議員の4分の1以上の要求があった場合に召集されるのは臨時会である（同53条）。

4．国会では，両院の同時活動の原則が確立されている。したがって，衆議院が解散されたときは，参議院は同時に閉会となる（憲法54条2項）。ただし，内閣は国に緊急の必要があるときは参議院の緊急集会を求めることができる，と定められている。

5．国会の各議院では，委員会制度が採用されている。そのため，議案は委員会（常任委員会ないし特別委員会）において実質的に議論され，採決が行われた後，本会議において最終的に議決される。

正答 2

地方初級

No. 28 特別区 | **政治** | **日本の地方自治** | 平成**30**年度

我が国の地方自治に関する記述として，妥当なのはどれか。

1 日本国憲法には，大日本帝国憲法の地方自治の規定に基づき，地方公共団体の組織及び運営に関する事項が明記されている。

2 地方公共団体の事務は，地方分権一括法の成立により法定受託事務が廃止され，自治事務と機関委任事務になった。

3 地方公共団体が定めた条例に基づく住民投票は，住民の意思を行政に反映させる有効な手段であるが，投票結果に法的拘束力はない。

4 住民は，直接請求権をもち，議会の解散請求や首長，議員の解職請求は認められているが，条例の制定，改廃に関する請求は認められていない。

5 議会は，首長の不信任決議権をもつが，首長は，議会の決定に対する拒否権を有するため，議会の解散権は認められていない。

解説

1. 地方公共団体の組織および運営に関する事項を定めているのは地方自治法である。日本国憲法では，「地方公共団体の組織及び運営に関する事項は，地方自治の本旨に基いて，法律でこれを定める」（92条）とのみ定められている。また，大日本帝国憲法には，地方自治に関する規定は設けられていなかった。

2. 地方公共団体の事務は，地方分権一括法の成立により機関委任事務が廃止され，自治事務（地方自治法2条8項）と法定受託事務（同9項）になった。なお，機関委任事務とは，地方公共団体の執行機関が法令に基づいて国（ないし都道府県）から委任され，国（ないし都道府県）の機関として処理する事務のことである。

3. 妥当である。条例に基づく投票は，地方自治法等の法律に根拠を持つものではない。したがって，投票結果に法的拘束力はなく，当該団体の長等がこれに反する行為を行ったとしても法的責任は生じない。

4. 住民の直接請求権は，条例の制定，改廃（地方自治法74条1項）についても認められている。なお，住民の直接請求権が，議会の解散（同76条1項）や首長の解職（同81条1項），議員の解職（同80条1項）について認められているという点は正しい。

5. 議会が首長の不信任を決議した場合，首長はその通知を受けた日から10日以内に議会を解散することができる（地方自治法178条1項）。なお，首長が議会の決定に対する拒否権を有するという点は正しい（同176条1項）。

正答 **3**

地方初級＜教養＞過去問350●**29**

地方初級

市役所

No. 29　政治　　地方自治体の長　　平成12年度

わが国の地方自治体の長とアメリカ合衆国の大統領に共通する権限として，正しいものは次の
うちどれか。

1　有権者の直接選挙によって選出される。

2　議会に対する拒否権を持っている。

3　議会に法律案・条例案を提出できる。

4　議会の解散を要求できる。

5　議会に対して予算の提出権を持っている。

解　説

地方自治において行政権を担う地方自治体の長の地位は，地方議会に対して種々の権限を持つ
ことから国会に対する内閣総理大臣と同様の地位を，また住民から選出される点で，国民から
選出される大統領と同様の地位を兼ね備えているといえる。アメリカの大統領制では，大統領
は国民から間接選挙によって選出されて（**1**），行政権を担い，厳格な三権分立が行われる。よ
って，議会に対しても日本の内閣が国会に対して有するような権限は有しない（**3**〜**5**）。両者
に共通するのは，議会の制定した法律・条例に対して拒否権を有することである。

　　よって，**2**が正しい。

正答　**2**

30●地方初級＜教養＞過去問350

経済　需要・供給曲線

次の図は，市場におけるある商品の需要と供給を表すグラフである。次の文中の空欄A，Bに当てはまる語句の組合せとして正しいものはどれか。

「消費者の所得が上昇すると，この商品の均衡価格は（　A　），均衡数量は（　B　）。」

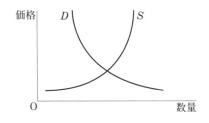

	A	B
1	上昇	増加する
2	上昇	減少する
3	下降	変わらない
4	下降	増加する
5	変わらない	減少する

解説

グラフの D は需要曲線，S は供給曲線である。消費者の所得が上昇すると，消費者（＝需要者）には余裕ができることから，同じ価格でもそれまでの需要量より増加する（$Q_1 \to Q_2$）。全体では，$D \to D'$ となることから，均衡点は $E \to E'$ になる。よって，均衡価格は上昇し，均衡数量は増加する。

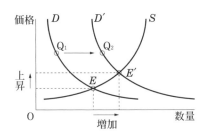

以上より，Aは「上昇」，Bは「増加」となるので，正答は **1** である。

正答　1

地方初級 No.31 市役所 経済 需要曲線・供給曲線 平成23年度

図はアイスクリームにおける市場変化を示している。需要曲線 D と供給曲線 S が図のようにシフトするのはどのような場合か，ア～エから選んだ組合せとして妥当なのはどれか。ただし，図の縦軸は価格 p を，横軸は数量 q を示しており，市場の変化後の需要曲線は D'，供給曲線は S' である。

- ア　消費者の所得が増加したとき
- イ　冷夏により，アイスクリームが売れないとき
- ウ　技術革新により，生産コストが低下したとき
- エ　アイスクリームの原材料の価格が上がったとき

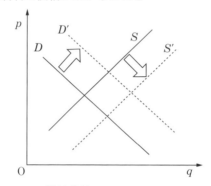

	需要曲線 D から D' へのシフト	供給曲線 S から S' へのシフト
1	ア	ウ
2	ア	エ
3	イ	ウ
4	イ	エ
5	ウ	エ

解説

需要曲線がシフトする要因は消費者の需要の変化から，供給曲線がシフトする要因は生産にかかわる部分の変化から，判断することができる。

ア：消費者の所得が増加すれば，アイスクリームへの支出を増やすことができるため，同じ価格であっても需要量は増加するといえる。よって需要曲線は右上方向にシフトする。

イ：冷夏のときは，気温の高いときに需要の増えるアイスクリームは売れなくなるため，同じ価格であっても需要量は減少することになる。よって需要曲線は左下方向にシフトする。

ウ：技術革新は，効率的により多くのアイスクリームを生産できるようになることを意味する。つまり，同じ数量のアイスクリームを，従来よりも低いコストで生産することができる。このとき供給曲線は右下方向にシフトする。

エ：アイスクリームの原材料の価格の上昇は，そのままアイスクリームの生産コストの上昇につながる。よって供給曲線は左上方向にシフトする。

以上のことから，ア～エのうち，問題中で描かれている需要曲線と供給曲線の変化を示しているのは，アとウである。よって，正答は **1** である。

正答　**1**

地方初級

No. 32 特別区 経済 経済用語 平成26年度

経済用語の内容を説明した記述として，妥当なのはどれか。

1 ストックとは，ある一定期間における経済活動の量を示す指標のことをいい，代表的な指標が国富である。

2 外部不経済とは，ある経済主体の活動が市場を通さずに他の経済主体に不利益を与えることをいい，公害は外部不経済の例である。

3 インフレーションとは，供給に対し需要が不足することから生じる現象で，物価が持続的に下落することをいう。

4 フローとは，ある時点での資本や資産などの経済的な蓄積の量を示す指標のことをいい，代表的な指標が国内総生産である。

5 通貨供給量とは，中央銀行の発行する紙幣と政府の発行する硬貨のことをいい，当座預金や普通預金などの預金通貨は通貨供給量に含まれない。

解説

1. フローの説明である。ストックとは，ある一時点で存在している経済量（資産や通貨供給量など）を示すものである。ただし，国富はストックの代表的な指標である。

2. 妥当である。

3. デフレーションの説明である。インフレーションとは，物価が持続的に上昇する現象であり，供給に対し需要が過剰なときに生じる。

4. ストックの説明である。ただし，国内総生産はフローの代表的な指標である。

5. 通貨供給量には，紙幣や硬貨といった現金通貨のほか，当座預金や普通預金なども含まれ，さらに定期預金，外貨預金，譲渡性預金が含まれる。

正答 **2**

地方初級＜教養＞過去問350●33

地方初級

No. 33 経済 景気循環 平成14年度

地方初級

景気は不況→回復→好況→後退……のように循環（変動）するが，次の記述のうち正しいものはどれか。

1 物価は，景気回復時には下降し，好況期に最低となる。

2 雇用者数は，景気後退期には減少し，不況期に最小となる。

3 利子率は，景気後退期には上昇し，不況期に最大となる。

4 国内需要は，景気後退期には上昇し，不況時に最大となる。

5 企業の設備投資は，景気後退期に活発になり，不況時に最大となる。

解説

1．景気回復期には国民所得が上昇するのを背景に，物価は上昇傾向となり，好況期に最高となる。

2．正しい。景気後退期には企業の活動も縮小傾向にあり，雇用者数は減少する。

3．利子率は，景気回復期に上昇し，好況時に最大となる。

4．国内需要は，景気後退期には減少傾向にあり，不況時に最小となる。

5．企業の設備投資は，景気後退時には減少傾向にあり，不況時に最小となる。

正答 **2**

地方初級

No. 34 地方初級 **経済** 経済学者とその主張の組合せ 平成20年度

次のア～ウの説明に当てはまる人物の組合せとして正しいものはどれか。

ア　有効需要の原理に基づいて，国家の経済への介入を主張した。

イ　資本主義経済の問題点・矛盾点を指摘し，生産手段を社会的に所有するという計画経済に基づいた社会主義体制を提唱した。

ウ　自由放任主義を主張し，「見えざる手」による経済の調和的発展を説いた。

	ア	イ	ウ
1	ケインズ	マルクス	アダム・スミス
2	ケインズ	アダム・スミス	マルクス
3	アダム・スミス	ケインズ	マルクス
4	アダム・スミス	マルクス	ケインズ
5	マルクス	ケインズ	アダム・スミス

解説

ア：ケインズは，主著『雇用・利子および貨幣の一般理論』において，有効需要の原理に基づき，経済への積極的な政府介入を主張した。

イ：資本主義経済の問題点や矛盾点を指摘し，企業や工場といった生産手段を社会的に所有する，つまり国家が所有し，計画的に経済活動を行うという計画経済に基づいた社会主義体制を提唱したのはマルクスである。

ウ：自由放任主義を主張し，個人の利益追求によって社会的調和が図られることを説いたのはアダム・スミスである。また，「見えざる手」とは，個人的な利益追求が結果として社会全体の利益になるという考えの背景にある力を表した言葉である。

よって，正答は**1**である。

正答　**1**

地方初級

No. 35 特別区

経済 　**経済学者とその主張の組合せ** 　平成25年度

次のA〜Cは，経済学者に関する記述であるが，それぞれに該当する経済学者の組合せとして，妥当なのはどれか。

A　イギリスの経済学者で，比較生産費説を展開し，貿易に対する国家の干渉をやめ自由貿易を行うことが貿易に参加する国の利益になると主張した。

B　イギリスの経済学者で，不況の原因が社会全体の有効需要の不足にあると考え，完全雇用の実現には，政府の積極的な財政政策などによる有効需要の創出が必要であると主張した。

C　ドイツの経済学者で，各国の経済はそれぞれ違った発展段階にあり，遅れて工業化をはかる国は，関税や輸入制限などによって将来育成したいと考える産業を保護する必要があるとして，保護貿易主義を主張した。

	A	B	C
1	ケインズ	リスト	リカード
2	リカード	ケインズ	リスト
3	リカード	リスト	ケインズ
4	リスト	ケインズ	リカード
5	リスト	リカード	ケインズ

解説

A．国際分業による貿易の意義を説いたリカードの比較生産費説の説明である。優位性を有する財に生産を特化して貿易を行うことで，より多くの生産が実現する。

B．ケインズの有効需要に関する説明である。不況時に公共支出の増額や減税といった政府による積極的な財政政策を展開することによって，有効需要の創出を図るものである。

C．歴史学派のリストの主張であり，当時後進国であったドイツで保護貿易を行うことによって，ドイツ国内の産業育成を図るというものである。

以上より，正答は**2**である。

正答　**2**

地方初級

No. 36 東京都 経済 外国為替 平成26年度

外国為替に関する記述として，妥当なのはどれか。

1 為替相場の決め方には，固定為替相場制と変動為替相場制があり，我が国においては，1980年代半ばのプラザ合意以降，変動為替相場制を採用している。

2 変動為替相場制では，為替レートは，貿易収支だけでなく，資本収支，物価水準や金利などによっても影響を受ける。

3 為替レートが円安・ドル高になると，日本製品の円建て価格が一定ならば，外国で購入する日本製品のドル建て価格は高くなる。

4 我が国の対米貿易黒字が続いていると，円をドルに交換しようとする動きが強まることから，為替レートは円安・ドル高になる傾向がある。

5 我が国においては，外国為替の決済は，政府が認可した外国為替銀行が独占的に行っている。

解説

1. 固定相場制から変動相場制に移行したのは1973年である。1971年に金とドルの兌換を停止し（ニクソン・ショック），同年，スミソニアン合意を締結して一時的に国際通貨は安定したが，その後もドルの価値の下落が続いた。1973年に主要国は変動相場制に移行，1976年にジャマイカ合意で変動相場制を追認することとなった。ちなみに，プラザ合意は1985年に為替レートの安定化のために発表され，その後，円高ドル安が急速に進んだ。

2. 妥当である。

3. たとえば，1ドル100円であったものが，円安・ドル高になり1ドル200円になったとする。これによりこれまで100円で購入できていたものが200円ということになる。このとき，日本製品の円建て価格が一定なので，100円は0.5ドルとなる。つまり，これまで1ドルで購入できた製品が0.5ドルで購入できるようになったことから，ドル建て価格は低くなったことになる。

4. 貿易黒字が続くと円高・ドル安になる傾向がある。これは，日本の貿易黒字が続くことでドルが日本に入ることになるが，ドルを円に換える必要があり，円に対する需要が高まり，円の価値が高まるためである。

5. 外国為替の決済は銀行間で行われており，独占的ではない。

正答 **2**

地方初級

No. 37 特別区 経済 **景気循環** 平成 **21**年度

景気循環に関するA～Dの記述のうち，妥当なものを選んだ組合せはどれか。

A　コンドラチェフの波は，技術革新などによって生じるとされる50年から60年周期の長期波動である。

B　ジュグラーの波は，住宅建築の動きなどによって生じるとされる15年から25年の周期を持つ波動である。

C　クズネッツの波は，設備投資の盛衰が主な原因となって生じるとされる約10年周期の中期波動である。

D　キチンの波は，在庫投資の変動が主な原因となって生じるとされる約40か月周期の短期波動である。

1　A　B
2　A　C
3　A　D
4　B　C
5　B　D

解説

景気循環の型には，キチンの波，ジュグラーの波，クズネッツの波，コンドラチェフの波がある。

キチンの波（D）は在庫投資を起因とし，約40か月の周期を持つ景気循環である。その特徴から在庫投資循環，小循環，短期波動とも呼ばれる。

ジュグラーの波（B）は設備投資を起因とし，約10年の周期を持つ景気循環である。

クズネッツの波（C）は住宅，建築物などの建設需要を起因とし，15年から25年の周期を持つ景気循環であり，建築循環とも呼ばれる。

コンドラチェフの波（A）は技術革新を起因とし，50年から60年の周期を持つ景気循環であり，長期波動とも呼ばれる。

以上より，AとDが妥当であり，正答は**3**である。

正答　**3**

地方初級

No. 38 東京都 経済 市場経済 平成27年度

市場経済に関する次の文の空欄A～Cに当てはまる語句の組合せとして，妥当なのはどれか。

完全競争市場の下では，ある財の需要が供給を A と，価格は需要と供給が一致するまで上昇する。その逆に，ある財の供給が需要を A と，価格は需要と供給が一致するまで下落する。需要と供給が一致したときの価格を B という。また，このように価格の変化により需要と供給が調整されていくことを， C という。

	A	B	C
1	上回る	均衡価格	価格の自動調節機能
2	上回る	独占価格	価格の自動調節機能
3	上回る	独占価格	景気の自動安定化装置
4	下回る	均衡価格	価格の自動調節機能
5	下回る	独占価格	景気の自動安定化装置

解説

需要と供給が一致するまで価格が上昇するのは超過需要にあるときであり，超過需要は需要が供給を上回るときをさす。よってAは「上回る」が入り，**4**，**5**は誤りである。

需要と供給が一致したときの価格は「均衡価格」である。よって**2**，**3**，**5**は誤りである。独占価格は，ある財の市場が1社しか存在しない独占の状況の下での価格である。

価格の変化によって需要と供給が調整されることを「価格の自動調節機能」という。よって**3**，**5**は誤りである。景気の自動安定化装置はビルトイン・スタビライザーとも呼ばれ，所得税の累進課税や社会保障などを通じて，自動的に景気を安定化させる機能である。

したがって，正答は**1**である。

正答 **1**

地方初級＜教養＞過去問350●39

地方初級 市役所

No. 39 経済 GNPとGDP 平成22年度

GNP（国民総生産）とGDP（国内総生産）に関する次の文中の空欄に当てはまる語句の組合せとして妥当なのはどれか。

GNPとGDPは，両方とも　ア　の概念に当てはまる。GNPは一定期間内に産出された国民の所得から　イ　ものである。GNPはその国の経済規模を示す指標として用いられており，現在GNPの代わりに国民総所得（GNI）が用いられている。

一方，GDPは，海外所得を　ウ　ものである。

	ア	イ	ウ
1	フロー	中間物価額を引いた	GNPから引いた
2	フロー	生産に要した費用を引いた	GNPに加えた
3	フロー	中間物価額を引いた	GNPに加えた
4	ストック	中間物価額を引いた	GNPに加えた
5	ストック	生産に要した費用を引いた	GNPから引いた

解説

GNPとGDPは，いずれも_アフローを表す概念であり，一定期間（通常，1年）内に新たに生産された最終生産物の価値の合計である。フローに対して，ある一時点で見た経済の貯蔵量を表しているのがストックである。ストックは国富を示す指標である。

現在，GNPは国民総所得（GNI）とも呼ばれ，市場価格で表示された国民所得に固定資本減耗を加えて示されている。GNPは，ある一定期間に生み出された総所得から_イ中間物価額を差し引いて求めることができる。この中間物価額は中間生産物と同値であり，GNPが付加価値の総額を示していることから，生産段階で用いられる中間生産物の価値分を差し引く必要がある。また，「生産に要した費用」には中間生産物の持つ付加価値が含まれないため，GNPを計上する際に付加価値が二重計算されてしまい，過大評価されることになる。

一方でGDPは海外所得を_ウGNPから引いたものとして求めることができる。この海外所得については，海外からの所得の受取りから海外への所得の支払いを差し引いた，海外からの純所得を示している。

以上より，正答は**1**である。

正答　**1**

40●地方初級＜教養＞過去問350

地方初級

No. 40 地方初級 経済 GDPの定義 平成25年度

国民経済計算で用いられる経済指標の GDP に関する記述として妥当なのはどれか。

1 GDP は，ある一時点における経済価値の蓄積であるストック指標で表すことができる。

2 日本の GDP には，日本人が海外で得た所得も含まれている。

3 名目 GDP から物価変動を除いたものが実質 GDP である。

4 国内所得は GDP から中間生産物を差し引いて求めることができる。

5 国内総生産である GDP は，国内総所得から国内総支出を差し引くことでも求めることができる。

解説

1. GDP は，ある一定期間に生み出された経済活動から得られる価値（フロー）で表される。

2. GDP は一定期間内に国内で生み出された付加価値の総額であり，たとえば日本人が海外で得た所得は日本の GDP には含まれない。一方，外国人が日本で得た所得は日本の GDP に含まれる。

3. 妥当である。

4. GDP（国内総生産）から固定資本減耗を差し引くと国内純生産が得られ，ここから間接税を差し引き，補助金を足し合わせる（あるいは「間接税－補助金」を差し引く）ことで，国内所得が求められる。

5. 国内総生産（GDP），国内総所得（GDI），国内総支出（GDE）はそれぞれ事後的に等しくなる関係にあり（GDP＝GDI＝GDE），これを三面等価の原則という。

正答 **3**

地方初級
No. 41 市役所 経済 需要と供給 平成29年度

次の記述中の空欄A～Cに当てはまる語句の組合せとして妥当なのはどれか。

好況期は企業の生産は（　A　）するが，やがて（　B　）が増えすぎて在庫を抱えてしまう。そこで賃金を下げると需要が（　C　）してしまい，物が売れず不況になる。

	A	B	C
1	拡大	需要	拡大
2	拡大	供給	拡大
3	拡大	供給	縮小
4	縮小	需要	縮小
5	縮小	供給	拡大

解説

好況期は景気がよく，消費活動が活発になる。そこで企業は生産を A拡大させ，供給を増加させる。しかし，企業が生産を続けていけば B供給が増えすぎてしまい，需要を上回って生産するようになると売れ残りが発生し，企業は在庫を抱えることになる。在庫はすでに費用をかけて生産された物であり，在庫が売れないと企業には収入が入らず，赤字が発生してしまう。そこで，賃金を下げて費用を削減しようとした場合，物を購入する消費者の所得水準の低下を招くことになる。このような状態が広がれば消費活動は低迷し，需要が C縮小してしまうことになる。

したがって，正答は**3**である。

正答　**3**

42●地方初級＜教養＞過去問350

地方初級

No. 42 東京都 — 経済 — **わが国の国債** — 平成24年度

わが国の国債に関する記述として，妥当なのはどれか。

1 赤字国債とは，既に発行した国債を満期に償還できず，再度借り換えるために発行する，財政法で認められている国債である。

2 建設国債とは，公共事業費，出資金及び貸付金の財源に充てるために発行される，財政法上に規定のある国債である。

3 赤字国債は，第二次世界大戦後，毎年度発行されており，国債発行額は年々増加し，減少したことはない。

4 建設国債は，1970年代の石油危機による不況期に発行されたが，1980年代以降は発行されたことはない。

5 国債の引受けは，財政法上，すべて日本銀行が行うことと規定されており，市中金融機関に国債を引き受けさせることはできない。

解説

1. 赤字国債とは一般会計歳入の赤字分を補てんするために発行されるものであり，財政法では禁止されていることから，特例法を定めて発行している。

2. 妥当である。

3. 赤字国債は平成2年度から5年度までは発行されていない。また，赤字国債は増加傾向にあるものの，減少している年もたびたびある。たとえば平成16年度から19年度まで連続で減少している。

4. 建設国債は石油危機による不況期以前から発行されており，毎年度発行され続け，平成24年度も発行されている。

5. 日本銀行による国債の引受けは財政法5条で原則禁止されている（国債の市中消化の原則）。ただし，特別の事由がある場合，国会の議決を経た金額の範囲内であれば認められている。また，国債は個人向け国債などとして金融機関を通じて販売されている。

正答 **2**

政治／経済／社会／日本史／世界史／地理／倫理／文学・芸術／国語

地方初級＜教養＞過去問350●**43**

地方初級

No. 43 地方初級 経済 日本銀行の役割 平成16年度

日本銀行の役割として誤っているものは次のうちどれか。

1 日本銀行は，国内の景気対策である金融政策を実施する主体である。

2 日本銀行は，市中銀行に対してその資金の受入れ，貸出しを行う。

3 日本銀行は，支払準備率操作を行い，国内の景気の調整を行う。

4 日本銀行は，発行された国債を引き受ける。

5 日本銀行は，日本銀行券を独占的に発行する。

解説

日本の中央銀行である日本銀行の役割は，①唯一の発券（＝日本銀行券の発行）銀行（**5**），②政府の銀行，③銀行の銀行（**2**）である。ここで，銀行の銀行とは，われわれが市中銀行に金の預入れや資金の借入れをするように，市中銀行の資金の預入れ，借入れを扱うことである。また，日本銀行は景気対策としての金融政策を行う（**1**）。金融政策には，公定歩合操作（金利政策），公開市場操作，支払準備率操作の3つがある。このうち支払準備率操作とは，銀行その他の金融機関は，顧客からの預金の引出しに備えて一定の支払準備を保有しなければならないが，預金などの一定割合（支払準備率）の資金を無利子で強制的に中央銀行に預け入れさせ，この準備率を随時上下に変更することによって，銀行の信用拡大のベースになる現金準備額を直接増減して，その与信活動を調節し，もって景気を調整しようとする政策手段である（**3**）。国が発行する国債については，日本銀行の引受けを認めると，場合によってはそのために日銀券（紙幣）の発行がなされることがあり，その結果，社会の貨幣流通量が増加してインフレを引き起こすことがあるので，日銀引受けを禁止し，国債は市中銀行で引き受けなければならないとされている（市中消化の原則，財政法5条）。

　よって，正答は**4**である。

正答 **4**

44●地方初級＜教養＞過去問350

地方初級

No. 44 東京都

経済 　　　　**金　融**　　　　平成**28**年度

金融に関する記述として，妥当なのはどれか。

1 　金融には，企業が株式や社債を発行して，証券会社が間に立って資金を調達する外部金融と，銀行などの金融機関を通じて資金を調達する内部金融とがある。

2 　通貨には，日本銀行券と政府が発行する硬貨とに分類される現金通貨と，決済手段として使用できる普通預金と当座預金とに分類される預金通貨とがあり，日本では現金通貨の方が多い。

3 　通貨の発行制度には，金本位制度と管理通貨制度とがあり，金本位制度は，中央銀行の金保有量に通貨の発行量が制約されるため，通貨価値を安定させられるメリットがあるが，現在の日本では採用していない。

4 　日本の中央銀行である日本銀行の機能には，発券銀行，銀行の銀行，政府の銀行の３つがあり，外国為替市場に介入するのは，銀行の銀行としての機能である。

5 　日本銀行が行う金融政策には，公開市場操作，預金準備率操作，公定歩合操作などの手段があるが，最も頻繁に行われるのは，預金準備率操作と公定歩合操作であり，公開市場操作は現在ではほとんど用いられていない。

解説

1．企業の資金調達に際して，証券会社が間に立って株式や社債を発行したり，銀行などの金融機関を通じて資金を調達したりすることを外部金融という。一方，内部金融は企業が保有する資金（たとえば内部留保）を利用した資金調達のことである。

2．前半部分は妥当である。しかし，後半の記述は誤りであり，日本では預金通貨のほうが多い。

3．妥当である。

4．外国為替市場への介入は，為替市場の安定化を図ることを目的に，財務大臣の権限の下で行われることになっており，法律に基づいて財務大臣の代理人として行う。よって，政府の銀行としての機能の一つである。

5．現在，最も頻繁に行われている金融政策は公開市場操作であり，長期国債の買入れなどが行われている。

正答　**3**

政治／経済／社会／日本史／世界史／地理／倫理／文学・芸術／国語

地方初級＜教養＞過去問350●**45**

地方初級

No. 45 地方初級　経済　　　　**金　融**　　　平成**23年度**

金融に関する記述として，妥当なのはどれか。

1 マネーサプライとは，市場に流通している通貨の総量であり，現金通貨などが含まれるが，普通預金は含まれない。

2 日本銀行が貨幣を発行しており，金と兌換することができる。

3 信用創造とは，預金・貸付の繰り返しによって，銀行機構全体として預金の何倍かの貸付けを行うことである。

4 直接金融とは企業が資金調達を外部の金融機関からの借入れによって行うことで，間接金融とは企業が株式や債券などの発行によって個人その他から直接に資金を調達することである。

5 不況期になると，中央銀行は市中銀行に対して売りオペを行い，また預金準備率を引き上げる。

解説

1. マネーサプライとは，市場に流通している貨幣供給量をさしている。マネーサプライは，一般的に現金通貨，預金通貨（普通・当座預金など），定期性預金，譲渡性預金で構成される。

2. 日本の中央銀行である日本銀行は銀行券を発行することができる唯一の発券銀行である。この銀行券は日本銀行による強制通用力を持つ不換紙幣であり，兌換紙幣ではない。

3. 妥当である。

4. 直接金融と間接金融の説明が逆である。直接金融は自ら株式や債券を発行して，市場から直接資金を調達することであり，間接金融は金融機関から間接的に資金を調達することである。

5. 不況期にとられる金融政策は，公定歩合（政策金利）の引下げ，預金準備率の引下げ，買いオペである。これらの政策はいずれも市場に出回る貨幣量を増加させるものであり，これによって不況となっている市場を刺激する。

正答 **3**

46●地方初級＜教養＞過去問350

地方初級

No. 46 地方初級 経済 1980年代以降の日本経済 平成16年度

1980年代以降におけるわが国を中心とした経済の動向に関する次の文中のA〜Eに入る語句の組合せとして正しいのはどれか。

　　1980年代前半，日本経済は　　A　　の下で輸出が伸びたことなどから貿易黒字が増大し，各国との間で貿易摩擦が生じた。こうした中で，主要先進国（G5）は，1985年の　　B　　で外国為替市場に協調して介入することを決定し，これを契機に急速に　　C　　となった。わが国はこの時期以降，内需主導型経済への構造転換を図ることとし，　　D　　をとった。このため，設備投資が伸び，消費も活発になったが，地方で　　E　　の高騰が引き起こされた。

	A	B	C	D	E
1	ドル安・円高	プラザ合意	ドル高・円安	金融引き締め政策	消費者物価
2	ドル安・円高	ウルグアイ・ラウンド	ドル高・円安	金融緩和政策	土地などの資産価格
3	ドル高・円安	プラザ合意	ドル安・円高	金融引き締め政策	消費者物価
4	ドル高・円安	プラザ合意	ドル安・円高	金融緩和政策	土地などの資産価格
5	ドル高・円安	ウルグアイ・ラウンド	ドル安・円高	金融引き締め政策	土地などの資産価格

解説

A．「ドル高・円安」が入る。1980年代前半のアメリカではレーガン政権の下で金利の高い状態になっており，ドル高になっていた。

B．「プラザ合意」が入る。アメリカが膨大な「双子の赤字（財政赤字と経常収支赤字）」を抱える中でのドル高，高金利は国際経済の大きな不安定要因であったため，1985年9月，先進5カ国蔵相会議（G5）が開かれ，ドル高是正に向けた合意（プラザ合意）がなされた。

C．「ドル安・円高」が入る。プラザ合意をきっかけとして，急速にドル高の修正が進んだ（円は1年で70円も高くなった）。日本では，円高により輸出不振に陥った。

D．「金融緩和政策」が入る。円高不況に対応するため，公定歩合は6回にわたって引き下げられ，1987年2月には2.5％まで下がった。

E．「土地などの資産価格」が入る。金融緩和政策の影響による株価，地価の上昇が発生し，いわゆるバブルが発生した。

　以上から，正答は**4**である。

正答　**4**

地方初級＜教養＞過去問350●47

地方初級

No. 47 特別区 **経済** **日本の租税制度** 令和 元年度

我が国の租税に関する記述として，妥当なのはどれか。

1 租税には，国に納める国税と地方公共団体に納める地方税とがあり，国税には所得税や相続税，地方税には自動車税や市区町村民税がある。

2 消費税は，所得にかかわらず消費額に一律に課税されるため，高所得者ほど所得に占める税負担の割合が重くなるという逆進性の問題がある。

3 租税には，納税者と税負担者が同一である直接税と両者が異なる間接税とがあり，直接税には法人税，間接税には贈与税がある。

4 戦後の日本は，シャウプ勧告に基づき，消費税やたばこ税等の間接税を中心とした税制である。

5 租税には，公平性の基準として，所得の多い人ほど多くを負担する水平的公平と，同じ所得額の人は等しい負担をする垂直的公平の考え方がある。

解説

1． 妥当である。

2． 高所得者ではなく，低所得者ほど税負担の割合が重くなる。食料品などは所得水準にかかわらず消費活動が行われるため，消費額に一律に課税されることで，低所得者ほど消費税の負担が重くなる。なお，日本では2019年10月の消費税増税の際，軽減税率制度が導入され，食料品など特定の商品の消費税率は8％に据え置かれた。

3． 贈与税は直接税である。間接税としては消費税や酒税，たばこ税などが挙げられる。

4． 戦後の日本は，シャウプ勧告に基づき，所得税を代表とする直接税を中心とした税制をとってきた。

5． 所得の多い人は租税負担が多く，所得の少ない人は租税負担が少ないことを垂直的公平という。また，同じ所得額の人には等しく租税負担を課すことを水平的公平という。

正答 **1**

地方初級

No. 48 東京都 経済 日本の財政 平成30年度

日本の財政に関する記述として，妥当なのはどれか。

1 国（政府）の行う経済活動のことを財政というが，地方公共団体の行う経済活動は財政には含まれない。

2 財政には，資源の配分，所得再分配の機能，景気の安定化機能の三つの機能があるが，フィスカル＝ポリシーはこのうち，資源の配分に関する機能である。

3 国の歳入，歳出の計画を予算というが，予算は一般会計予算と特別会計予算からなり，一般会計予算の歳出の内訳では地方交付税交付金の割合が半分を占める。

4 「第二の予算」ともいわれる財政投融資計画は，現在，郵便貯金と年金積立金を国に義務預託させて原資とし，貸付を行っている。

5 財政民主主義とは，政府が編成した予算は国会に提出され，国会の議決を経て，議決を受けた予算に従って，国の各省庁が支出するしくみを指す。

解説

1. 地方公共団体の行う経済活動も財政に含まれる。特に地方公共団体の経済活動は地方財政と呼ばれる。

2. フィスカル＝ポリシーは景気の安定化機能に関するものである。フィスカル＝ポリシーは財政政策を通じて景気の安定を図るもので，不況のときは政府支出を増やして公共事業を増やし，減税を行って消費や投資を促進するといったことを行う。逆に好況のときは政府支出を減らして公共事業を減らし，増税を行って消費や投資を抑制するといったことを行う。

3. 一般会計予算の歳出の内訳は，社会保障関係費が最も多くの割合を占めており，平成30年度予算では33.7％となっている。一方，地方交付税交付金等は歳出の15.9％を占めており，社会保障関係費および国債費（23.8％）に次いで3番目に多くなっている。

4. 財政投融資は民間では難しい事業において，税金に依存せず，財投債を発行するなどして資金を調達することであり，財政投融資計画は財政投融資の運用計画である。財政投融資改革が行われる以前は，郵便貯金と年金積立金に預託義務があったが，現在は廃止されている。郵便貯金と年金積立金は市場で自主運営されており，郵便貯金はゆうちょ銀行，年金積立金は年金積立金管理運用独立行政法人がそれぞれの事業を行っている。

5. 妥当である。

データ出所：財務省「平成30年度予算政府案」

正答 **5**

地方初級

No. 49 地方初級 **社会** **家族の機能** 平成13年度

家族の機能に関する次の記述の空欄ア～オにA～Eの語を補充するとき，ウに入る語として正しいものはどれか。

　家族は社会に対して，また個人に対して，さまざまな働きをしている。そうした働きのことを「機能」という。世界的視野からみると，家族という集団・家族という制度には，大きく分けて5つの機能があるといわれてきた。それは，A：性的機能，B：社会化機能，C：経済機能，D：情緒安定機能，そして，E：福祉機能［保健医療機能］である。これらは伝統的な家族には大なり小なり観察される機能である。ところが，このような家族機能を現代家族にそのまま当てはめるとなると，大きな問題につきあたる。（　ア　）についてみると，もはや社会化のエージェントは学校や塾・スポーツクラブそしてマス・メディアへと主軸が移動しつつあるし，また，（　イ　）についてみれば，少産化傾向やディンクスに示されるように子供を産むことが家族の必要条件ではなくなってきている。そして（　ウ　）も，第一次産業中心の時代とは異なって，生活維持の責任を家族が負うという形で，いまはかろうじて消費の単位であるにすぎない。このように，（　エ　）や（　オ　）のように家族にとって必ずしも本質的でない機能は外部に排出され，家族でなければ果たせない専門的な機能の重要性は増すという考え方がでてきている。

1　A
2　B
3　C
4　D
5　E

解説

家族の機能と現代社会でのその変容についての出題である。文中の5つの家族の機能とは，A：性的機能——結婚という制度は，その範囲内において性を許容するとともに，婚外の性を禁止する機能を果たす。これによって性的な秩序が維持されるとともに，子供を産むことによって，社会の新しい成員を補充する，B：社会化機能——家族は子供を育てて，社会に適応できる人間に教育する機能を持つ。子供は家族の中で人間性を形成し，文化を内面化して社会に適応する能力をつけていく，C：経済機能——共同生活の単位としての家族は生産と消費の単位として機能する，D：情緒安定機能——家族がともに住む空間は，外部世界から一線を引いたプライベートな場として定義され，安らぎの場・憩いの場として機能する，そしてE：福祉機能［保健医療機能］——家族は家族成員のうちで働くことのできない病人や老人を扶養し援助する働きをする，である。現代社会においては，環境の変化から，それまでの伝統的な考え方が当てはまらないように変化しつつあり，その機能は絞られてきているといえる。

　正解は，順に，B，A，C，B，C（エとオは順不同）となる。

　よって，**3**が正しい。

正答　3

50●地方初級＜教養＞過去問350

地方初級

No. 50 市役所 社会 環境問題 平成15年度

環境問題に関する次の記述のうち，正しいものの組合せはどれか。

ア　環境問題は，各国の利害が一致しないためにその解決は難しい。

イ　環境を破壊し環境問題を引き起こすのは，特定の個人や企業のみである。

ウ　環境を破壊する物質は，すべて自然界になかったものであり，そのため自然には分解されることがないために，いつまでも残り環境に影響を与えることになる。

エ　環境問題については，将来起こる可能性のあるものもあり，その被害の範囲や程度は未知数である。

オ　環境問題の特徴として，変化が急速に起きること，そして影響が局地的であることが挙げられる。

1 ア，ウ
2 ア，エ
3 イ，オ
4 イ，エ
5 ウ，オ

解説

ア．正しい。たとえば，環境問題の要因となる産業がその国にとってどれだけの比重を占めるかや，その国の産業などにも大きくかかわる問題であり，必ずしも全体が同じ意見になることは期待できない。

イ．誤り。環境破壊は，特定の企業や人に限られない。たとえば，環境問題の原因の一つとされる石油などの化石燃料の消費は，一般人も行っている。

ウ．誤り。近年の環境問題の大きな課題となっている地球温暖化の要因となる物質は，二酸化炭素である。

エ．正しい。たとえば，新しい事業を行うことで，それが環境にどのような影響を与えるかは事前に知ることはできないのである。

オ．誤り。環境問題の特徴として，変化がゆっくりであること，そして影響が非局地的であることが挙げられる。

　　よって，**2**が正しい。

正答　**2**

政治　経済　社会　日本史　世界史　地理　倫理　文学・芸術　国語

地方初級＜教養＞過去問350●51

地方初級

No. 51 特別区 **社会** **環境問題** 平成 **20年度**

環境問題に関するA～Dの記述のうち，妥当なものを選んだ組合せはどれか。

A 酸性雨とは，主として工場からの煙に含まれて排出される一酸化炭素や塩素等によって引き起こされる強い酸性の雨であり，東南アジアにおける森林消失の最大の原因となっている。

B フロンは，オゾン層を破壊し，生物に有害な紫外線の量を増加させ，人の健康などに悪影響を及ぼす原因となるものであり，モントリオール議定書により，その規制措置が定められた。

C ダイオキシンは，放射性廃棄物により発生し，汚染された農作物や魚介類の摂取により人体に取り込まれることでホルモンの正常な作用を阻害し，その成長を妨げるものである。

D 温室効果ガスとは，地球温暖化の原因となる二酸化炭素などをいい，京都議定書では，温室効果ガスの削減のため，その排出量の数値目標が決められた。

1 A B
2 A C
3 A D
4 B C
5 B D

解説

A：酸性雨の原因物質は工業活動に伴って排出される硫黄酸化物（SO_x）や窒素酸化物（NO_x）である。現段階で被害が深刻なのはヨーロッパや北米であり，特にヨーロッパでは，湖沼の汚染や森林破壊が引き起こされている。アジアでは中国で酸性雨が原因と見られる森林破壊の例がある。東南アジアでは，原因物質の排出量が増加していることから，今後の被害が懸念される。

B：正しい。オゾン層破壊物質にはフロン以外にハロン，臭化メチルなどがある。オゾン層破壊物質は多くが温室効果ガスでもあり，地球温暖化とも関連性が深い。

C：ダイオキシンは，放射性廃棄物から発生するのではない。ごみの焼却過程，金属精錬過程，塩素漂白過程など，主に工業活動の過程で発生する。体内に取り込まれるとホルモンに似た働きをし，免疫，生殖機能，甲状腺機能の低下につながると指摘されている。

D：正しい。

　　よって，正答は**5**である。

正答 **5**

地方初級

No. 52 市役所

社会　日本の公的年金制度 平成28年度

わが国の公的年金制度に関する記述として，妥当なのはどれか。

1　国民年金は20歳以上の国民を対象とする年金制度であり，国民はこれに加入するか加入しないかを自ら選択することができる。

2　厚生年金はサラリーマンや公務員を対象とする年金制度であり，その加入者は所得の多寡とは無関係に定額の保険料を負担する。

3　現役世代の納めた保険料が現在の年金受給者への支払いに当てられているため，少子高齢化の進展とともに年金財政が悪化しつつある。

4　不正アクセスによる情報流出事件を受けて日本年金機構が廃止され，現在では厚生労働省が公的年金の運営事務を行っている。

5　高齢者の生活保障を手厚くするため，厚生年金の完全支給開始年齢が65歳から60歳へと段階的に引き下げられている。

解説

1．20歳以上の全国民は国民年金への加入が義務づけられている。

2．厚生年金の保険料は報酬比例とされており，報酬（年収）の一定割合が保険料として徴収される。これに対して，保険料が定額とされているのは，国民年金の場合である。

3．妥当である。わが国の公的年金制度は世代間扶養の仕組みをとっており，現役世代の納めた保険料が現在の年金受給者への支払いに当てられている。この仕組みの下で少子高齢化が進むと，高齢者の増加によって年金の支給総額が増える一方，保険料や税金を負担すべき現役世代が減少するため，年金財政は悪化へと向かう。

4．日本年金機構は社会保険庁の廃止に伴い2010年に設立された。不正アクセスによる情報流出事件はあったが，これによって同機構が廃止されたという事実はない。公的年金の運営事務は，現在も日本年金機構が行っている。

5．高齢化の進展で年金財政が悪化していることなどを受けて，厚生年金の支給開始年齢は60歳から65歳へと段階的に引き上げられつつある。

正答　**3**

政治　経済　社会　日本史　世界史　地理　倫理　文学・芸術　国語

地方初級＜教養＞過去問350●**53**

地方初級

No. 53 特別区 社会 労働問題 平成21年度

労使関係又は労働市場に関する記述として，妥当なのはどれか。

1 日本では，日清戦争後になると，労働者の組織化が企てられたが，労働組合は厳しい取締りの対象となり，工場法によって労働者は弾圧された。

2 第二次世界大戦後に国際連合の専門機関として設立された国際労働機関（ILO）は，国際的な労働基準を設定し，条約・勧告によって加盟各国の労働条件の改善のために活動している。

3 第二次世界大戦後，日本国憲法と労働組合法の制定によって，労働組合は労働者の基本的権利として認められることになり，職業別組合が次々と生まれ，企業別組合は消滅した。

4 日本国憲法において，団結権，団体交渉権，争議権の労働三権が，労働者の基本的な権利として認められるとともに，これらを具体化するために，労働三法と呼ばれる労働基準法，労働組合法，最低賃金法が制定された。

5 労働者一人あたりの労働時間を短縮して雇用人数を増やし，多くの人に労働と収入の機会を与えようとする考え方をワークシェアリングという。

解説

1. 工場法は工場労働者の保護を目的とする法律である。日本の工場法は1911（明治44）年に制定された。16歳未満児童と女子の労働時間の制限，12歳未満児童の雇用禁止などが規定されたが，国際的な水準から見ると，その保護内容は低レベルであった。

2. 国際労働機関（ILO）は，第一次世界大戦後，ヴェルサイユ条約に基づいて1919年に設立された。国際連盟発足後は同連盟の専門機関となり，国際連盟解消後も単独で存続し，1946年から国際連合の専門機関となり現在に至る。ILOの活動について説明した後半部分は正しい。

3. 第二次世界大戦後，日本の労働組合の圧倒的多数を占めるのは，企業別組合である。これは，同一の企業や事業所に所属する労働者が団結して組織する労働組合である。

4. 前半の労働三権についての説明は正しいが，後半が誤っている。「労働三法」とは労働基準法，労働組合法と労働関係調整法をさす。労働三権については，主に労働組合法に規定されている。なお，労働基準法は労働条件の最低基準について定めたもの，労働関係調整法は，労働者と使用者の間で発生する労働争議の予防や解決を目的とする法である。

5. 正しい。

正答 **5**

54●地方初級＜教養＞過去問350

地方初級

No. 54 市役所　社会　**持続可能な開発**　平成16年度

「持続可能な開発」の解釈について，正しいものはどれか。

1 「持続可能な開発」とは，近年枯渇が懸念されている原油などの化石燃料についての問題である。

2 「持続可能な開発」とは，地球規模で貧困を撲滅しようとする考え方であり，現在の先進国と発展途上国間の経済格差をなくすことを理想としている。

3 「持続可能な開発」のためには，環境と開発とが共存しうるものであるとの前提に立ち，環境保全を考慮した節度ある開発をする必要がある。

4 「持続可能な開発」のためには，深刻化しているごみ問題などの環境問題を解決したうえで，住みやすい快適な生活のための開発が必要である。

5 「持続可能な開発」のためには，脱工業化を図り，第1次産業を重視した経済に立ち返る必要がある。

解説

「持続可能な開発」とは，「環境と開発に関する世界委員会」が1987年に公表した報告書「Our Common Future」の中心的な考え方として取り上げられた概念で，「将来の世代の欲求を満たしつつ，現在の世代の欲求も満足させるような開発」のことをいう。この概念は，環境と開発を互いに反するものではなく共存しうるものとしてとらえ，環境保全を考慮した節度ある開発が重要であるという考えに立つものである。1990年代になってオゾン層の破壊，地球温暖化，熱帯林の破壊や生物の多様性の喪失など地球環境問題が極めて深刻化し，世界的規模での早急な対策の必要性が指摘され，1992年には「国連環境開発会議」（地球サミット）が開催され，環境分野での国際的な取組みに関する行動計画である「アジェンダ21」を採択した。その地球サミット開催から10年後の2002年8〜9月に，アジェンダ21の見直しや新たに生じた課題などについて議論を行うため，「持続可能な開発に関する世界首脳会議」（ヨハネスブルク・サミット）が開催され，「持続可能な開発に関するヨハネスブルク宣言」が採択されたのである。

　よって，**3**が正しい。

正答　**3**

政治　経済　社会　日本史　世界史　地理　倫理　文学・芸術　国語

地方初級＜教養＞過去問350●55

地方初級

No. 55 市役所

社会 | **日本の人口と世帯数** | 平成**29年度**

わが国の人口や世帯数に関する記述として妥当なのはどれか。

1 2015年度の日本の総人口は1億2千万人台で，近年減少傾向にある。

2 三大都市圏の人口が地方に流出し，北海道や他の県の人口は増加している。

3 世帯数は減少傾向にあるが，1世帯当たりの人数は増加傾向にある。

4 合計特殊出生率の改善を受け，2015年に15歳未満人口は増加に転じた。

5 総人口に占める65歳以上人口の比率は，2015年に初めて10％を超えた。

解説

1. 妥当である。国勢調査によると，2012年の日本の総人口は約1億2,806万人だったが，2017年には約1億2,710万人となっている。

2. 三大都市圏（東京圏，中京圏，近畿圏）のうち，東京圏は人口の大幅な流入が続いている。三大都市圏に属する都県を除き，2010年から2015年にかけて人口が増加したのは，福岡県と沖縄県だけである。

3. 人口は減少局面に入っているが，世帯数はまだ増加傾向が続いており，近年は5,000万世帯を超えている。単身世帯の増加によるものであり，よって平均世帯員数は減少傾向にある。1950年代には5人を超えていたが，近年は2.2人ほどにまで減少している。

4. 15歳未満の子どもの人口は，1982年から2019年に至るまで38年連続で減少が続き，2019年には1,533万人にまで減少している。また，人口に占める比率も1975年から43年連続で低下が続き，2019年には12.1％にまで低下している。

5. 総人口に占める65歳以上人口の比率のことを高齢化率というが，日本の高齢化率は2015年に26.7％に達しており，超高齢社会と呼ばれる水準である21％をすでに超えている。高齢化率が10％を超えたのは1980年代のことである。

正答 **1**

地方初級

No. 56 地方初級

社会 わが国の近年の雇用事情 平成25年度

わが国における近年の雇用事情に関する記述として妥当なのはどれか。

1 結婚・出産など，女性のライフイベントが就業に及ぼす影響は大きく，女性の雇用総数は全体の1割に満たない。

2 就職後3年以内の離職率を見ると，中卒者よりも大卒者のほうが高くなっている。

3 平成20年に障害者雇用促進法が制定されたことを受けて，法定雇用率を達成している民間企業は全体の6割を超えている。

4 非正規雇用者は労働者全体の約2分の1を占め，年齢層別に見ると壮年層が最も多くなっている。

5 少子高齢化を背景として，定年年齢の引上げなど高齢者雇用の拡大が進んでいる。

解説

1. 平成24年版『働く女性の実情』によると，平成24年時点での女性の雇用者数は約2,357万人で，雇用者総数に占める女性の割合は，42.8％となっている。なお，平成30年時点では，女性雇用者数は2,671万人で，その割合は45.0％となっている。

2. 平成25年版『子ども・若者白書』によると，就職後3年以内の離職率は，中卒者，高卒者，大卒者の順に高い。

3. 厚生労働省が発表した，平成25年「障害者雇用状況」集計結果によると，法定雇用率を達成した企業の割合は，42.7％である。なお，令和2年時点では，法定雇用率達成企業の割合は48.6％となっている。

4. 非正規雇用者は，労働者全体の3分の1を超えているが，2分の1には満たない。また，年齢層としては，若年者が最も多い。

5. 妥当である。厚生労働省が2013年6月に発表した平成25年「高年齢者の雇用状況」集計結果によると，希望者全員が65歳まで働ける企業は対前年比で66.5％増加するなど，高齢者雇用の拡大が進んでいる。なお，高齢者雇用対策として，「高年齢者等の雇用の安定等に関する法律」では，企業に「定年の廃止」や「定年の引上げ」，「継続雇用制度の導入」のいずれかの措置を講じるよう義務づけている。

正答 **5**

地方初級

No. 57 特別区 社会 労働基本権 平成15年度

労働基本権に関する記述として，妥当なのはどれか。

1 労働委員会は，労使の間の紛争が対立し自主的に解決できない場合，労働関係調整法に基づいて，あっせん，調停および仲裁の方法により労使間の調整を図る。

2 労働関係調整法は，労働者が労働条件改善のために使用者と団体で交渉し，合意した内容を労働協約とすることを認めている。

3 労働基準法の改正により，募集，採用，配置，昇進について，事業主の女性に対する差別が禁止された。

4 国民が安定した人間らしい生活をするためには，労働者の労働条件を改善していく必要があり，日本国憲法は，労働三権として勤労権，団結権，団体交渉権を保障した。

5 すべての公務員について，公共性という職務の性格上，団体交渉権が一切禁止されており，その代償措置として，人事院または人事委員会による給与勧告の制度がある。

解説

1. 正しい。労働委員会とは，中立・公平な立場で，労働組合，使用者間の問題の解決を援助し，労使関係の安定を図るため，労働組合法に基づいて設置されている行政機関であり，その調整方法としてはこのような方法をとる。

2. 労働関係調整法は，「労働組合法と相俟って，労働関係の公正な調整を図り，労働争議を予防し，又は解決して，産業の平和を維持し，もつて経済の興隆に寄与することを目的とする」（労働関係調整法1条）。労働協約は労働組合法に規定されている。

3. この内容は，男女雇用機会均等法（雇用の分野における男女の均等な機会及び待遇の確保等に関する法律）5条・6条に関するものである。

4. 労働者の権利として，憲法28条は，労働三権として，団結権，団体交渉権，団体行動権（争議権）を保障している。勤労権は同27条で保障。

5. 確かに公務員は，その職務に公共性が見られるが，すべての公務員に対して禁止されているのは団体行動権（争議権）だけである。ちなみに現行法下では，①一般職国家公務員（非現業）：団結権・協約締結権含まぬ交渉権あり（注・警察職員・監獄職員等を除く），争議権なし，②一般職国家公務員（現業）：団結権および団体交渉権あり，争議権なし，③旧三公社職員：団結権および団体交渉権あり，争議権なし，となっている。

正答 1

58●地方初級＜教養＞過去問350

地方初級

No. 58 特別区

社会　わが国の公害と環境保全　平成24年度

我が国の公害問題と環境保全に関する記述として，妥当なのはどれか。

1 第二次世界大戦後の高度成長期には，石油コンビナートの工場群から排出された硫黄・窒素酸化物等を原因とするイタイイタイ病が三重県で発生し，大きな社会問題となった。

2 我が国では，公害の防止費用や公害による損失は発生企業が負担する汚染者負担の原則が導入されているが，発生企業が無過失の場合は，被害者への賠償責任を負うことはない。

3 環境アセスメントは，大規模開発を行う前に，開発による環境への影響を調査，予測，評価することで，その事業に係る環境の保全について適正な配慮がなされることを目的とする。

4 アスベストとは，内分泌かく乱物質（環境ホルモン）であり，動物の生体内にとり込まれて，生殖機能などに影響を与えると指摘されている。

5 多発する産業公害に対応するため，国は，従来の環境基本法を発展的に解消し，新たに公害対策基本法を制定した。

解　説

1. イタイイタイ病は主に富山県の神通川下流で発生した公害病であり，原因は亜鉛・鉛鉱山の廃水に含まれるカドミウムであった。三重県で発生した公害病として知られているのは四日市ぜんそくである。

2. 日本では汚染者負担の原則が導入され，発生企業は無過失であっても被害者への賠償責任を負う（無過失責任制度）とされている。

3. 妥当である。

4. アスベストは内分泌かく乱物質（環境ホルモン）ではない。呼吸により体内に取り込まれると，塵肺，肺がん，悪性中皮腫などの原因となる。

5. 公害対策のための公害対策基本法と環境対策のための自然環境保全法を廃止，改正し，日本の環境政策を定める法として1993年に成立したのが環境基本法である。

正答　**3**

政治

経済

社会

日本史

世界史

地理

倫理

文学・芸術

国語

地方初級＜教養＞過去問350●**59**

地方初級

No. 59 市役所 **社会** **IT 用語とその意味** 令和 **元年度**

次のA〜Cの説明に該当するIT用語の組合せとして妥当なのはどれか。

A　インターネットを介して不特定多数の人々から資金調達すること。

B　自動車，家電，ロボット，施設などあらゆるものをインターネットにつなげ，情報のやり取りをすること。

C　情報通信技術を活用した革新的な金融サービスのこと。

	A	B	C
1	クラウドファンディング	IoT	フィンテック
2	クラウドファンディング	フィンテック	IoT
3	IoT	クラウドファンディング	フィンテック
4	IoT	フィンテック	クラウドファンディング
5	フィンテック	IoT	クラウドファンディング

解説

A.「クラウドファンディング」の説明である。クラウドファンディングとは，群衆を意味する「crowd」と資金調達を意味する「funding」を組み合わせて造られた言葉である。一般企業は金融機関から資金を調達することが多いが，ベンチャー企業などではクラウドファンディングの手法を用いて資金を調達するケースが増えている。

B.「IoT」の説明である。「Internet of Things」の略語で，「モノのインターネット」とも呼ばれる。自動車の走行情報をインターネット経由で集め，これをもとにカーナビで渋滞情報や迂回路の情報を提供するなどの例が，これに該当する。

C.「フィンテック」の説明である。フィンテックとは，金融を意味する「finance」と技術を意味する「technology」を組み合わせて造られた言葉である。インターネットを利用して資金の貸し手と借り手を直接つなぐなどの例が，これに該当する。

以上より，正答は**1**である。

正答　**1**

地方初級

No. 60 地方初級 **日本史 江戸時代の日本** 平成29年度

江戸時代の日本に関する記述として妥当なのはどれか。

1 武士や百姓などの身分制度はあったものの，誰もが苗字を公式に名乗ることができ，居住地の移動も自由であった。

2 江戸時代には特定の宗教が禁止されることはなく，神道やキリスト教も仏教に準じて容認されていた。

3 鎖国後に日本に来航する外国船はオランダ船とスペイン船だけになり，貿易港は長崎だけとなった。

4 江戸時代には，農具や肥料の改良がほとんどなく，新田開発も進まなかったので，江戸時代を通じて米の生産量は増加しなかった。

5 幕府は街道や海上輸送路を整備するとともに，金貨・銀貨を鋳造して商品流通の発展を促進した。

解 説

1． 江戸時代は「士農工商」と呼ばれる身分制の社会であり，苗字（名字）を持つことは武士の特権であった。ただ，「農工商」の庶民も一般に苗字を持っていたが，ごく一部の者を除いて公式に名乗ることは許されなかった。また，居住地の移動は年貢負担者を確保するために禁止，あるいは厳しく制限されていた。しかし，一時的な出稼奉公という名目で，都市・町場・他村への移動は盛んに行われていた。

2． 江戸時代，キリスト教の信仰は禁止されていた。そのため，武士も神職も含めて誰もが檀那寺を持ち，宗門改めにおいて檀那寺が檀家であることを証明することにより，幕府の禁止する宗教（キリスト教のほかに，日蓮宗不受不施派も禁止された）の信徒でないことを保証する寺請制度によって厳しい取締りを受けた。しかし，それ以外の仏教諸宗派や神道・修験道・陰陽道などの信仰が容認されていたことは事実である。

3． スペイン船ではなく中国船である。スペイン船はすでに1624年に来航が禁止された。1639年にポルトガル船の来港が禁止され，1641年にオランダ商館が平戸から長崎出島に移されて鎖国状態になって以後，日本に来航する貿易船はオランダ船と中国船だけになり，来航地も長崎一港に限られた。中国船は，明・清交代の動乱が収まった17世紀後半になると次第に増加したため，1688年に清船の来航を年70隻に制限し，翌年には唐人屋敷を設けて，これまで長崎の町内に雑居していた清国人の居住地を制限した。

4． 江戸時代には，農具では千歯扱や備中鍬など鉄製農具が普及し，肥料では干鰯や油粕など金銭で購入する金肥なども商品作物の生産などで使われるようになり，農業技術は飛躍的に高まった。また，幕府や大名は治水・灌漑や新田開発を積極的に行った。その結果，田畑面積が江戸時代初めの164万町歩から18世紀初めには297万町歩へと増加し，生産量も増加した。

5． 妥当である。陸上交通では江戸を起点とする五街道などの整備，海上交通では西廻り海運・東廻り海運の開発などが行われた。また，幕府は1600年頃から金座・銀座を設けて金貨・銀貨の鋳造を開始し，1636年には銭座を設けて寛永通宝の鋳造を始めるなど，17世紀半ば頃までには金・銀・銭の三貨が全国に普及した。

正答 5

地方初級

No. 61 地方初級 **日本史　古代日本の政治・社会** 平成11年度

次のア～ウは，古代日本の各時代における政治・社会に関する記述である。ア～ウそれぞれの時代の文化に関する記述をA～Cから正しく選んであるものはどれか。

ア　唐のような中央集権国家を建設しようという動きが高まり，朝廷は全国に律令制度による統一的な政治体制を打ち立てようとした。

イ　仏教の鎮護国家の思想により政治を安定させようとして，国ごとに国分寺，国分尼寺を建立した。

ウ　都では藤原氏を中心とする摂関政治が行われ，地方では平将門や藤原純友が反乱を起こすなど武士が台頭してきた。

A　清新さと明朗性が特色で，代表的な美術作品に薬師寺の東塔，高松塚古墳の壁画などがあり，また，漢詩文などの影響の下に長歌や短歌の形式が整えられた。

B　かなが発達して漢文学のほかに国文の文芸が盛んになり，建築では寝殿造りという様式が出来上がって貴族の住宅にとり入れられた。

C　東大寺戒壇院の四天王像など，唐の様式を受け継いだ仏教美術がある一方で，『万葉集』の編集のように日本の伝統文化の発展もあった。

	ア	イ	ウ
1	A	B	C
2	A	C	B
3	B	C	A
4	C	A	B
5	C	B	A

解説

ア．天武・持統朝の，律令国家形成期の政治体制を述べた文章である。この時代の文化は白鳳文化と呼ばれ，薬師寺東塔・興福寺仏頭などの人間的な若々しさにあふれている。1972（昭和47）年に発見された高松塚古墳の壁画もこの時代のものである。Aが当てはまる。

イ．鎮護国家の思想の下，全国に国分寺・国分尼寺が建立されたのは奈良時代であり，この時代の文化を天平文化と呼ぶ。全国総国分寺として東大寺が建立され，仏教は国家の保護を受けて発達した。また『古事記』『日本書紀』が編さんされたり，『万葉集』が作られたりした。Cが当てはまる。

ウ．摂関政治が行われた頃は，遣唐使の廃止以来大陸との交渉が希薄になり，文化の国風化が進んだ。仮名文字が発達して女流文学が盛んになったり，貴族の住宅も日本の風土に合わせた寝殿造りが盛んになったりした。Bが当てはまる。

よって，**2**が正しい。

正答　2

62●地方初級＜教養＞過去問350

地方初級

No. 62 市役所

日本史　公地公民に関する史料　平成20年度

次の史料を古い順に並べた組合せとして，正しいものはどれか。

　ア　聞くならく，墾田は養老七年の格によりて，限満つる後，例によりて収授す。是によりて農夫怠倦して，開ける地復荒る，と。今より以後，任に私財となし，三世一身を論ずることなく，みな悉くに永年取る莫れ。

　イ　この頃百姓ようやく多くして，田地窄狭なり。望み請ふらくは，天下に勧めおおせて，田疇を開闢かしめん。其の新たに溝池を造り，開墾を営む者有らば，多少を限らず，給ひて三世に伝へしめん。若し旧き溝池を遂はば，其の一身に給せん。

　ウ　其の三に曰く，「初めて戸籍・計帳・班田収授の法を造れ。」

1　ア － イ － ウ
2　ア － ウ － イ
3　イ － ア － ウ
4　イ － ウ － ア
5　ウ － イ － ア

解　説

ア：743（天平15）年の「墾田永年私財法」である。これにより，開墾した田地の私有を永年にわたって認めた。ただし，墾田の面積は位階によって制限され，国司に申請して開墾の許可を得て一定期間内に開墾しなければならなかったが，これにより貴族や寺院，あるいは地方豪族による私有地拡大に道を開くこととなった。

イ：723（養老7）年の「三世一身法」である。政府は人口の増加による口分田の不足と増収を図るため，前年の722年に百万町歩開墾計画を立て，次いでこの法を施行した。この法は，新たに灌漑施設を設けて開墾した場合は三代，既設の灌漑施設を利用した場合には本人一代の保有を認めるというもの。なお，この法は，墾田永年私財法に「養老七年の格」とあるように，律令の規定を改正する格として出されたものである。

ウ：646年の「改新の詔」の第3条である。改新の詔は，前年645年，中大兄皇子らが蘇我蝦夷・入鹿を滅ぼして（乙巳の変），新政権を立て，都を飛鳥から難波長柄豊碕宮に移して，646年正月元日に出されたものである。公地公民制をめざしたとされるが，『日本書紀』が伝える詔の文章には，後の令の文章によって修飾された部分もあり，この第3条の戸籍や班田収授法がこの時に施行されたかどうか疑問がある。

　よって，正答は**5**である。

正答　5

政治／経済／社会／日本史／世界史／地理／倫理／文学・芸術／国語

地方初級＜教養＞過去問350●63

地方初級

No. 63 市役所 **日本史** **室町時代** 平成19年度

次のうち，室町時代に関する記述を挙げているものはどれか。

A 守護の権限が大幅に拡大され，一国全体に及ぶ支配権を確立して守護大名となる者が現れた。

B 後鳥羽上皇は朝廷の勢力を挽回しようとして北条義時追討の兵を挙げたが，幕府の勝利に終わった。

C 惣村の農民は一揆を結んで不法を働く荘官の罷免や年貢の減免を求め，強訴や逃散などの実力行使を行った。

1 A
2 B
3 A，B
4 A，C
5 B，C

解説

A：室町時代の記述である。南北朝の動乱を通じて，地方武士を各国ごとに統括する守護の権限が大幅に拡大した。なかでも，軍費調達のために守護に一国内の荘園や公領の年貢の半分を徴発する権限を認めた半済令の効果は大きかった。このほかに，刈田狼籍を取り締まる権限や，幕府の裁定を強制執行する権限（使節遵行）などが与えられ，また荘園や公領の領主が年貢徴収を守護に請け負わせる守護請などによって，守護は一国全体に及ぶ支配権を確立して守護大名となった。

B：鎌倉時代の承久の乱に関する記述である。後鳥羽上皇は，幕府と対決して朝廷の勢力を挽回しようと考え，新たに西面の武士を置くなどして軍事力の強化を図り，1221年，北条義時追討の兵を挙げた。乱は幕府側の圧勝に終わり，後鳥羽，土御門，順徳の３上皇は配流された。乱後，幕府は京都に六波羅探題を置いて朝廷を監視するとともに西国の統轄に当たらせた。また上皇側についた貴族や武士の所領3,000余か所を没収して，戦功のあった御家人らをその地の地頭に任命した。

C：室町時代の記述である。南北朝の動乱の中で，次第に荘園や公領の内部に自然発生的に生まれてきた自立的・自治的な村を惣，あるいは惣村という。惣村を構成する惣百姓は，寄合を通じて惣掟を決め，警察権を行使したり，山や野原など入会地の確保や灌漑用水の管理を行ったりした。また，荘官の罷免や年貢減免等を求めて一揆を結び，強訴や逃散など実力行使をしばしば行った。

よって，正答は**4**である。

正答 4

地方初級

No. 64 地方初級 日本史 平安～鎌倉時代 平成14年度

平安～鎌倉時代の出来事に関する次の記述のうち，正しいものはどれか。

1 平安時代になると，武士団が組織され，治安維持を担当した検非違使には武士が任命された。

2 前九年の役・後三年の役で領土を拡大した平清盛は征夷大将軍に命じられ，平氏政権を樹立した。

3 保元の乱，平治の乱後に力を増した源氏は関東を拠点に勢力を拡大させ，壇ノ浦で平家を破り，鎌倉に幕府を築いた。

4 承久の乱後，幕府は支配を強化するため，国ごとに置かれた国司を廃止した。

5 鎌倉時代に将軍と御家人は御恩と奉公の主従関係にあったが，元寇後，十分な恩賞が与えられず，御家人の不満が増大していった。

解説

1. 平安時代になると，嵯峨天皇によって，9世紀初頭，京の治安維持に当たる令外官として検非違使が設置されたが，当時はまだ武士団が組織されていなかった。武士団は9世紀末以降に地方の豪族や有力農民が武装し，成長していって形成された。

2. 前九年の役（1051～62年）・後三年の役（1083～87年）は東北地方の土豪の反乱・内紛を源氏が平定したもので，平清盛は加わっていない。また，平清盛は征夷大将軍に命じられてはいない。

3. 保元の乱（1156年）では，後白河天皇側についた平清盛と源義朝が勝利しているが，平治の乱（1159年）は平清盛と源義朝が争い，平清盛が勝利したので，平治の乱後，源氏が力を増したとはいえない。

4. 北条義時が後鳥羽上皇を破った承久の乱（1221年）後，鎌倉幕府は支配を強化するため，京都に六波羅探題を設置し，朝廷を監視すると，畿内や荘園・公領で幕府優位の状態となり，守護が国司を圧迫するようになるが，国司を廃止する政策は出していない。

5. 正しい。1274年の文永の役，1281年の弘安の役からなる元寇後，御家人には十分な恩賞が与えられず，御家人の不満が増大したため，1297年に永仁の徳政令が出され，御家人の救済を図ったが，大きな効果は見られなかった。

正答 **5**

地方初級
東京都
No. **65** 日本史 **室町時代の文化** 平成**15**年度

室町時代の文化に関する次の文の空欄 A〜E に当てはまる語句の組合せとして，妥当なのはどれか。

　京都に幕府をおいた武家は，伝統的な公家文化と新しく伝わってきた禅宗文化を融合させ，武家独自の文化を完成させていった。14世紀末に 3 代将軍 ┌ A ┐ が建てた金閣の華やかさから，15世紀末に 8 代将軍 ┌ B ┐ が建てた銀閣の簡素で落ちついた趣きへの動きがそれを示している。

　金閣に代表される ┌ C ┐ の華麗さの源流には，鎌倉末期から南北朝の動乱期にかけて流行した「ばさら」という華美で奇矯な風俗があり，新時代を模索する武家の姿が示されている。

　銀閣に代表される ┌ D ┐ は，武家の生活に根ざした文化として開花した。幕府の上級武士たちは書院造の建物の一室に花をかざり，水墨画をかかげ，静かに茶をたてることを好んだ。水墨画は ┌ E ┐ によって日本山水画の極致を極めた。

	A	B	C	D	E
1	足利尊氏	足利義満	東山文化	北山文化	狩野正信
2	足利義満	足利尊氏	東山文化	北山文化	雪舟
3	足利義満	足利義政	北山文化	東山文化	雪舟
4	足利義政	足利尊氏	北山文化	東山文化	狩野正信
5	足利義政	足利義満	北山文化	東山文化	雪舟

解説

A．足利義満である。義満の京都北山の山荘に建てられたのが金閣であり，伝統的な寝殿造と禅宗寺院の様式を折衷したものである。

B．足利義政である。義政は応仁の乱後，義満にならって東山に山荘を造り，書院造と禅宗様を折衷した銀閣を建てた。

C．北山文化である。室町時代前期の文化を，3 代将軍義満の山荘のあった北山にちなんで北山文化という。この文化は，金閣の建築様式に見られるように，伝統的な公家文化と武家社会に広まった禅宗文化を融合したところに特徴がある。なお「ばさら（婆娑羅）」とは，南北朝期から室町期にかけて流行した思潮・風俗を表す言葉で，身分にとらわれない，贅沢で派手やかな服装，行動を意味した。

D．東山文化である。室町時代後期の文化は 8 代将軍義政の東山山荘に象徴されるところから東山文化という。

E．雪舟である。水墨画はすでに北山文化の頃，明兆・如拙・周文ら五山の僧によって基礎が築かれたが，東山文化の頃雪舟が出て，日本的な水墨画の様式を完成させた。なお，狩野正信は水墨画に大和絵の手法を取り入れ，狩野派を起こした大和絵師である。

　よって，**3** が正しい。

正答 **3**

66●地方初級＜教養＞過去問350

地方初級

No. 66 日本史 豊臣秀吉の政策 平成16年度

豊臣秀吉の政策として正しいのは，次のうちどれか。

1 秀吉は，統一した基準で全国的に検地を行い，土地の生産力を米の量で表す石高制を確立した。

2 秀吉は，織田信長の出した楽市・楽座を撤廃して，商工業者の営業活動を制限した。

3 秀吉は，武家諸法度を制定して大名を厳しく統制した。

4 秀吉は，服属した大名に参勤交代を義務づけた。

5 秀吉は，大坂城周辺5里以内の土地を直轄地に編入する上知令を出した。

解説

1. 正しい。秀吉が新しい統治体制をつくり出すためにとった政策が検地（太閤検地）である。太閤検地は，新しい基準で村ごとに田畑・屋敷地の面積・等級を調べて石高（村高）を定め，その結果，全国の生産力が米の量で表される石高制が確立した。

2. 楽市・楽座は特権的な販売座席である市座を廃止して，商品取引きの拡大や円滑化を図った政策で，1577年，信長が安土の城下町に楽市令を出したことによって始まった。町は楽座（無座）となり，住民は一切の税を免除され，たとえ徳政令が出されても城下町の商人には適用されないことなどが保障された。秀吉も信長に引き続きこれを推進し，旧来の市の復興や新城下町の繁栄を図っている。

3. 武家諸法度の制定は，江戸時代である。1615年，大坂の役で豊臣氏を滅ぼした直後に，2代将軍の徳川秀忠が出したのが最初で（元和令），実際は，家康が金地院崇伝に起草させたものを秀忠の名前で出したのである。以後，将軍の代替わりごとに少しずつ修正されて出された。

4. 参勤交代は江戸時代の制度である。3代将軍家光が出した武家諸法度（寛永令）で義務づけられた。大名が国元と江戸を原則として1年交替で往復する制度である。

5. 上知令は，1843年，天保の改革で出されたものである。老中水野忠邦は，江戸，大坂周辺で合わせて50万石の地を直轄地に編入しようとしたが，大名や旗本に反対されて撤回した。

正答 **1**

地方初級

No. 67

地方初級

日本史　江戸時代の三大改革　平成27年度

次のA〜Cは，江戸時代に行われたいわゆる三大改革（享保・寛政・天保）に関する記述であるが，それぞれに該当する改革の組合せとして妥当なのはどれか。

A　物価引下げのため，商品流通を独占している株仲間の解散を命じた。

B　飢饉に備え，各地に義倉や社倉を設けて米穀を貯蔵させる囲米を命じた。

C　大名に石高1万石につき100石を幕府に上納させる上米を命じた。

	A	B	C
1	享保	寛政	天保
2	寛政	享保	天保
3	享保	天保	寛政
4	天保	享保	寛政
5	天保	寛政	享保

解説

A：天保の改革である。天保の改革（1841〜43年）は，12代将軍徳川家慶の下で老中首座の水野忠邦によって行われた。幕府は，江戸における物価騰貴を，十組問屋などの株仲間が上方からの商品流通を独占しているためとして解散を命じた（1841年）。仲間外の商人や在郷商人らの自由取引によって物価の低下を期待したのであるが，逆に，解散によって江戸への商品流入が減少するなど市場が混乱したため，10年後に株仲間は再興された。

B：寛政の改革である。寛政の改革（1787〜93年）は，11代将軍家斉の下で老中首座となった松平定信によって行われた。囲米は江戸初期から行われていたが，寛政の改革では，諸大名に1万石につき50石を5年間にわたって備蓄させた。義倉は富裕者の義捐などで拠出された米穀を備蓄した穀物倉で，社倉は住民が石高などに応じて拠出した米穀を備蓄した穀物倉である。

C：享保の改革である。享保の改革（1716〜45年）は，三家の紀伊徳川家から8代将軍となった徳川吉宗が自ら中心となって行った改革である。上米は，幕府財政の再建のため，1722〜30年の9年間行われ，その間，大名の参勤交代による江戸在府期間が半減された。

したがって，正答は**5**である。

正答　5

地方初級
特別区
No. **68** **日本史** **幕末の出来事** 平成 **28**年度

政治　経済　社会　日本史　世界史　地理　倫理　文学・芸術　国語

幕末の出来事に関する記述として，妥当なのはどれか。

1　安政の大獄は，大老の井伊直弼が，勅許を得ないまま日米和親条約に調印したことを非難する動きを抑えるため，反対派の公家や大名を処罰した事件である。

2　坂下門外の変は，老中の堀田正睦が，公武合体策を進め，孝明天皇の妹和宮を将軍徳川家茂の妻に迎えたため，尊攘派浪士に襲撃され，失脚した事件である。

3　寺田屋事件は，京都守護職松平容保の指導下にあった近藤勇ら新選組が，京都の旅館で会合していた長州藩や土佐藩の尊攘派を殺傷した事件である。

4　生麦事件は，江戸から薩摩に帰る途中の島津斉彬の行列を横切ったイギリス人が殺傷され，薩英戦争をまねく原因となった事件である。

5　八月十八日の政変は，薩摩藩と会津藩が，天皇や公武合体派の公家と協力して，長州藩や三条実美などの尊攘派公家を京都から追放した事件である。

解説

1．日米和親条約を日米修好通商条約とすれば安政の大獄（1858〜59年）の記述として妥当である。1858年に大老に就任した彦根藩主井伊直弼は，天皇の勅許を得ないまま日米修好通商条約に調印するとともに，13代将軍徳川家定の継嗣（跡継ぎ）に紀伊藩主の徳川慶福を決定した（14代将軍徳川家茂）。このような井伊の一連の動きに対して激しく反発したのが，将軍継嗣問題で対立していた一橋派の大名や尊王攘夷を主張する志士らで，井伊は彼らを厳しく処罰した。これが安政の大獄である。そのため井伊は，1860年に桜田門外で水戸脱藩の浪士らによって暗殺された（桜田門外の変）。

2．堀田正睦を安藤信正とすれば坂下門外の変（1862年）の記述として妥当である。桜田門外の変後，幕政の中心となった老中安藤信正が，朝廷（公）と幕府（武）の提携によって政治の安定を図ろうとしてとったのが和宮降嫁と呼ばれる公武合体策である。しかし，これを非難する水戸脱藩の浪士らにより，安藤は坂下門外で襲われ負傷し，老中を罷免された。

3．寺田屋事件ではなく池田屋事件の記述である。寺田屋事件（1862年）は，薩摩藩主島津忠義の父で，薩摩藩の実権を握っていた島津久光が，久光の入京を機に攘夷倒幕を図ろうとして結集した藩内尊攘派の有馬新七らを伏見寺田屋で惨殺した事件である。池田屋事件（1864年）は，八月十八日の政変で京都を追われて潜伏した尊攘派志士が池田屋で会合しているところを，新選（撰）組が急襲し，捕縛・殺傷した事件である。

4．島津斉彬を島津久光とすれば生麦事件（1862年）の説明として妥当である。島津久光は，幕府による公武合体策が坂下門外の変で失敗した後，独自に公武の周旋に乗り出し，勅使大原重富を擁して江戸に下り，勅命による幕政改革を要求した。生麦事件は，久光が幕政改革（文久の改革）の実施を見届けて江戸から帰る途上で，神奈川宿近くの生麦（現横浜市）で久光の行列を乱したイギリス人を薩摩藩士が殺傷した事件である。

5．妥当である。八月十八日の政変は1863年。

正答　**5**

地方初級＜教養＞過去問350●**69**

地方初級

No. 69 地方初級 日本史 江戸初期の幕府の政策 平成13年度

江戸時代初期の幕府の政策に関する記述として正しいものは，次のうちどれか。

1 幕府は親藩・譜代・外様の3つに大名を区分し，外様大名を幕府の監視の目から逃れられないように，江戸の近くに配置した。

2 幕府はキリスト教を厳しく弾圧し，宗門改めを行って，すべての民衆を寺院の檀家とする寺請制度を行ったため，寺院は幕府の末端機構と化した。

3 幕府はキリスト教の弾圧後，鎖国制度を完成させたが，その後も長崎の出島で，清国とポルトガルに限り貿易を続行した。

4 幕府は朝廷に対して厳しい統制を加え，禁中並公家諸法度を発布したほか，京都に六波羅探題を設置し，朝廷の動きを監視させた。

5 幕府は農民と同じように町人も貢租源として重要視し，多くの法令を発して厳しい税制を加えた。

解説

1．外様大名は幕府から警戒されたため，東北・北陸・九州など江戸や大坂から離れた所に配置された。

2．正しい。江戸時代の寺院は幕府の保護を受ける一方，その統制下に置かれた。

3．ポルトガルは1639年に来航禁止を受け，長崎出島で日本と貿易を続行したのは，ヨーロッパではオランダだけである。

4．六波羅探題は鎌倉幕府が承久の乱後に京都に設置したもの。江戸幕府が設置したのは京都所司代である。

5．農民は田畑永代売買の禁令など多くの法令で厳しい統制を受けていたが，町人は幕府から軽視されていたため，統制はゆるやかであった。

正答　**2**

70●地方初級＜教養＞過去問350

地方初級

No. 70 特別区

日本史 大政奉還・戊辰戦争 平成30年度

大政奉還又は戊辰戦争に関する記述として，妥当なのはどれか。

1 大政奉還は，徳川慶喜が，木戸孝允や高杉晋作らの長州藩の進言を受け入れて朝廷に政権の返上を申し出たものである。

2 大政奉還は，土佐藩が坂本龍馬と後藤象二郎の提案を受けて進め，前藩主である山内豊信が朝廷に建白書を提出したものである。

3 戊辰戦争において，薩長軍は京都に進軍し，鳥羽・伏見の戦いで旧幕府軍として戦った。

4 戊辰戦争において，会津藩などの東北と北越の諸藩は，奥羽越列藩同盟を結成し，新政府に対抗したが，仙台藩は加盟しなかった。

5 戊辰戦争において，新政府軍は，箱館の五稜郭に立てこもった旧幕府軍の榎本武揚らを降伏させた。

解説

1. 大政奉還は，徳川慶喜が長州藩ではなく前土佐藩主の山内豊信（容堂）の進言を受け入れて，1867年10月14日に政権の返上を朝廷に申し出たものである。長州藩は，1866年に薩摩藩と軍事同盟の密約（薩長同盟）を結び，翌67年に武力倒幕を決意した両藩は，大政奉還の同日に「討幕の密勅」を手に入れるという経緯にあり，長州藩が慶喜に大政奉還を進言するということはありえない。また，高杉晋作は67年4月に病没している。

2. 大政奉還は，前土佐藩主の山内豊信が朝廷に建白書を提出したのではない。公武合体の立場をとる土佐藩の後藤象二郎・坂本龍馬が前藩主山内豊信を通して徳川慶喜に，倒幕派の機先を制して政権の返上を勧める建白書を提出し，慶喜がこれを受け入れて朝廷に奉還の上表文を提出し，天皇が勅許したのである。

3. 戊辰戦争の始まりとなる鳥羽・伏見の戦い（1868年1月）で，大坂から京都に進軍したのは旧幕府軍であり，これに対して薩長軍は新政府軍として戦い，朝敵となった旧幕府軍を鳥羽・伏見で撃破したのである。

4. 奥羽越列藩同盟は仙台藩・米沢藩の主導の下に，奥羽25藩が盟約し，越後6藩が参加した反新政府同盟で，仙台で結成された。王政復古以降，新政府のやり方に疑念を抱いていた仙台・米沢の2藩主は，慶喜が降伏して江戸城を無血開城しても，なお新政府に抵抗する姿勢を示す会津藩に対して同情的であり，奥羽越列藩同盟を結成して会津藩を支援したのである（1868年5月）。

5. 妥当である。

正答 **5**

地方初級＜教養＞過去問350●**71**

政治 経済 社会 日本史 世界史 地理 倫理 文学・芸術 国語

地方初級

No. 71 東京都 **日本史** **明治時代の政治** 平成21年度

明治時代の政治情勢に関する記述として，妥当なのはどれか。

1 大久保利通は，征韓論（せいかんろん）を唱えたが受け入れられず，下野して九州で西南戦争を起こしたが，西郷隆盛が率いる政府軍に鎮圧された。

2 岩倉具視は，開拓使官有物払下げ事件により政府批判が激しくなる中，国会開設の勅諭を決定したとして伊藤博文を政府から追放した。

3 大隈重信は，イギリス流の議会政治を主張する立憲改進党を結成し，主として地方農村を支持基盤とし，農民の負債の減免を求める秩父事件を主導した。

4 伊藤博文は，貴族院での審議を重ねて大日本帝国憲法を発布し，憲法施行と同時に太政官制を廃して内閣制度を創設した。

5 黒田清隆は，大日本帝国憲法の発布直後に，政府の政策は政党の意向に左右されないという超然主義の立場を声明した。

解説

1. 大久保利通と西郷隆盛の記述が逆である。征韓論を唱えたのは西郷隆盛ら留守政府で，大久保利通は，岩倉使節団の副使として木戸孝允・伊藤博文らと外遊中であった。帰国後，大久保らは内治優先を唱えて征韓論に強く反対し，いったん決定した西郷の朝鮮派遣を覆した。この結果，西郷ら征韓派参議は下野し（明治六年の政変），その後，西郷は1877（明治10）年に西南戦争に立ち上がったが，大久保が派遣した政府軍に鎮圧された。

2. いわゆる「明治十四年の政変」であるが，政府から追放されたのは大隈重信で，岩倉具視・伊藤博文は大隈を追放した側である。明治十四年の政変は，国会の早期開設を主張する大隈重信と，漸進的国会開設を主張する伊藤博文らとの対立が，開拓使官有物払下げ事件をきっかけに起こった政変である。政府は，この政変で大隈を明治政府から追放するとともに，欽定憲法制定の方針を固め，「国会開設の勅諭」で10年後の国会開設を約束したのである。

3. 大隈重信は，明治十四年の政変で下野すると，翌1882（明治15）年に立憲改進党を結成したが，その支持基盤は都市部の実業家や弁護士，ジャーナリストなどであり，秩父事件とは関係がない。むしろ地方の農村を支持基盤としたのは板垣退助の自由党である。

4. 憲法草案の審議が行われたのは貴族院ではなく枢密院である。また，内閣制度の創設は1885（明治18）年で，憲法制定前である。憲法制定に向けて一連の制度改革を進めたのは伊藤博文であり，枢密院も1888（明治21）年，憲法審議のために新たに設置され，伊藤博文自ら議長として憲法草案の審議を行った。

5. 正しい。

正答 **5**

72●地方初級＜教養＞過去問350

地方初級 No.72 東京都 日本史 大正時代の出来事 令和元年度

日本の大正時代に関する記述として，妥当なのはどれか。

1 立憲国民党の尾崎行雄，憲政会の犬養 毅 らによる第一次護憲運動が起き，西園寺公望内閣は総辞職に追い込まれた。

2 海軍出身の山本権兵衛は立憲同志会を与党に内閣を結成し，軍部大臣現役武官制の導入などを実施したが，ジーメンス事件に直面して退陣した。

3 政治学者の吉野作造は，特権的勢力による政治を批判し，議会中心の政治を確立することで民衆の利益と幸福をめざす民本主義を唱えた。

4 立憲政友会の総裁である原敬は政党内閣を組織し，男性の普通選挙の実現を果たした。

5 ワシントン会議では，ワシントン海軍軍縮条約が結ばれて，太平洋の安全保障を取り決めた四カ国条約は破棄された。

解説

1．第一次護憲運動は，1912年12月に陸軍の2個師団増設問題を巡って陸軍と対立し，辞任した陸軍大臣の後継を得られず総辞職を余儀なくされた第2次西園寺公望内閣の後に，第3次桂太郎内閣が発足したことがきっかけである。この動きを，陸軍の長老で長州閥の山県有朋の閥族政治の現れととらえた勢力によって，「閥族打破・憲政擁護」をスローガンとする大衆運動が巻き起こった。議会における運動の中心は，立憲政友会の尾崎行雄と立憲国民党の犬養毅である。議会内外の運動の盛り上がりによって，第3次桂太郎内閣は総辞職に追い込まれた。

2．薩摩出身の海軍軍人山本権兵衛は，第一次護憲運動で倒された桂太郎内閣の後継として，1913年2月に内閣総理大臣となり，立憲政友会を与党として第1次山本権兵衛内閣を結成した。彼は，陸海軍大臣の資格を現役の武官に限定していた軍部大臣現役武官制を事実上廃止するなど，護憲派に融和的な政策をとり政局の安定に寄与したが，1914年1月に発覚したドイツのジーメンス（シーメンス）社による日本海軍高官に対する贈賄事件，いわゆるジーメンス（シーメンス）事件の影響で総辞職に追い込まれた。

3．妥当である。

4．立憲政友会の原敬は，米騒動の影響で総辞職した寺内正毅の後継として1918年に内閣総理大臣に就任，陸軍，海軍，外務大臣を除く閣僚を立憲政友会から選出し，初の本格的な政党内閣を発足させた。彼は，爵位を持たない衆議院議員としての首相であったことから，「平民宰相」と呼ばれ国民から親しまれたが，選挙制度改革では男子普通選挙制の導入に反対し，直接国税3円以上を選挙人資格とする衆議院議員選挙法の改正を行った。

5．1921年11月から1922年2月にアメリカのワシントンで開かれたワシントン会議は，アジアや太平洋に権益を持つ9か国（アメリカ・イギリス・フランス・イタリア・中国・オランダ・ベルギー・ポルトガル・日本）が参加した。この会議では，戦艦などの主力艦の保有比率を，米英5，日本3，仏伊1.67に制限する海軍軍縮条約が締結された。その他，アメリカ，イギリス，フランス，日本により，太平洋地域における各国権益の相互尊重と太平洋諸島の非軍事要塞化を取り決めた四カ国条約が結ばれ，さらに中国の領土保全・門戸開放等をうたった九カ国条約も締結された。この会議の結果，それまでの日英同盟は破棄された。

正答 **3**

地方初級

No. 73 東京都

日本史 昭和初期～太平洋戦争の出来事 平成 **26年度**

昭和初期から太平洋戦争までの歴史に関する記述として，妥当なのはどれか。

1 金融恐慌では，取付け騒ぎが起き，大銀行から中小銀行に預金が流出し，大銀行の倒産が相次いだ。

2 浜口雄幸内閣は，ニューヨーク海軍軍縮会議において軍縮条約への調印を拒否したため，軍部や右翼などから攻撃された。

3 五・一五事件で，青年将校らが首相官邸を襲撃して犬養 毅 首相を殺害した後，挙国一致内閣が誕生し，政党政治は終わりを告げた。

4 貴族院は，京都帝国大学教授の滝川幸辰の天皇機関説を国体に反するものとして非難したが，滝川教授は非難に屈せず貴族院議員を辞職しなかった。

5 二・二六事件では，クーデタが失敗に終わって軍部の政治的発言力が弱まり，軍部大臣現役武官制が撤廃された。

解説

1. 1927（昭和 2 ）年に起こった金融恐慌では，中小銀行から大銀行へ預金が流出し，主に中小銀行の倒産が相次いだ。金融恐慌は，1927年 3 月，関東大震災で発生した震災手形の損失処理を巡って，時の大蔵大臣片岡直温の議会における失言をきっかけに起こった取付け騒ぎが発端である。当初は経営不振に陥っていた中小銀行が中心であったが，4 月になって，当時，三井・三菱に並ぶ総合商社であった鈴木商店が破産，その大量の不良債権を抱えた台湾銀行の救済に若槻礼次郎内閣が失敗すると恐慌は全国化し，十五銀行などの大銀行も休業に追い込まれた。その結果，預金は中小銀行から，三井・三菱・住友・安田・第一の五大銀行に集中したのである。

2. 1930（昭和 5 ）年に起こった統帥権干犯問題であるが，浜口雄幸内閣が参加したのはロンドン海軍軍縮会議であり，ロンドン海軍軍縮条約に調印した。これに対して，立憲政友会や軍部・右翼などは，海軍軍令部長の反対を押し切って条約に調印したのは統帥権の干犯であるとして政府を攻撃し，そのため首相の浜口は11月に東京駅で右翼の青年に狙撃されて重傷を負い，その後死亡した。

3. 妥当である。1932（昭和 7 ）年の五・一五事件で殺害された犬養毅は立憲政友会総裁であり，事件後，総理大臣に推薦されたのは穏健派の海軍大将斎藤 実 で，彼は軍部・貴族院・官僚勢力・政党から閣僚を選び挙国一致内閣を組織した。以後，政党の党首が内閣を組織することは太平洋戦争後まで復活しなかった。

4. 1935（昭和10）年に起こった天皇機関説問題であるが，天皇機関説は滝川幸辰ではなく美濃部達吉が唱えた憲法学説で，「統治権は法人としての国家に属し，天皇は国家の最高機関として憲法に従って統治権を行使する」という説であり，明治憲法体制を支える正統学説であった。しかし，これを反国体的として排撃する運動が全国的に展開すると，時の岡田啓介内閣は二度にわたって国体明徴声明を出して天皇機関説を否認し，美濃部は貴族院議員を辞職した。京都帝国大学教授の滝川幸辰は自由主義的刑法学説を唱えた刑法学者で，1933（昭和 8 ）年に，著書の『刑法読本』は発禁とされ，休職処分を受けて大学を追われた（滝川事件）。

5. 1936（昭和11）年に起きた二・二六事件後，軍部の政治的発言力は強まり，事件後に成立した広田弘毅内閣は，軍の要求に従って軍部大臣現役武官制を復活させた。二・二六事件は，陸軍内部の皇道派と統制派の派閥対立を背景に，北一輝の思想的影響を受けていた皇道派の一部青年将校が起こしたクーデタである。クーデタは失敗したが，事件後，統制派が皇道派を排除して陸軍の実権を握り，政治的発言力を一層強めた。軍部大臣現役武官制は，1900（明治33）年，第二次山県有朋内閣が，政党の影響力が軍部に及ぶのを防ぐために，陸・海軍大臣には現役の大将・中将以外はなれないように官制を定めたが，1913（大正 2 ）年の大正政変後に成立した山本権兵衛内閣によって改められ，現役だけでなく，予備・後備役の大将・中将にまで資格が広げられていた。

正答 **3**

地方初級

No. 74 市役所 **日本史** | **戦後改革** | 平成18年度

第二次世界大戦後のわが国における諸改革に関する記述として正しいものはどれか。

1 アメリカ教育使節団の勧告により教育基本法が制定され，義務教育は6年とされた。

2 労働組合法が制定され，労働者の団結権・団体交渉権は保障されたが争議権は認められなかった。

3 農地改革が実施された結果，小作地は全農地の1割に減少したが，逆に大農場が多数見られるようになった。

4 財閥解体が行われたが，アメリカの対日占領政策の転換で解体は不徹底に終わり，財閥系の企業は企業集団を形成して支配的地位に復帰した。

5 衆議院議員選挙法が改正されて，女性参政権が初めて認められたが，戦後初の総選挙では女性議員は当選しなかった。

解説

1. 教育基本法の制定により義務教育は6年から9年になった。このほか，教育の機会均等や男女共学の原則がうたわれた。なお，同時に制定された学校教育法で六・三・三・四制の新学制が実施された。

2. 労働組合法では，団結権・団体交渉権・争議権の労働三権が保障された。労働組合の結成奨励は戦後改革の重要な柱としてGHQの強い支援を受けて行われた。しかし，その後占領政策の転換で，1948年，政令201号で公務員の争議権が奪われた。

3. 農地改革の結果，これまで全農地の半分近くを占めていた小作地は1割程度までに減少したが，農家の大半は1町歩未満の零細な自作農となり，農業における大規模経営は実現しなかった。

4. 正しい。

5. 衆議院議員選挙法は1945年12月に改正され，選挙資格は20歳以上の男女となり，有権者は一挙に3倍近くに拡大した。翌年4月に，戦後初の総選挙が行われたが，その結果39名の女性議員が当選した。

正答 **4**

地方初級
地方初級

No. 75 地方初級 **日本史** **高度経済成長** 平成**17**年度

高度経済成長に関する次の記述のうち，正しいものはどれか。

1 高度成長は，資材と資金を石炭・鉄鋼などの重要産業部門に集中する傾斜生産方式によって達成された。

2 1960年，岸信介内閣は，10年後の1970年までにGNPおよび1人当たりの国民所得を2倍にする「所得倍増」計画を立てた。

3 1955（昭和30）年からは，総同盟を指導部として各産業の労働組合が一斉に賃上げ要求の闘争を行う春闘が始まった。

4 この時期，日本の産業構造は高度化し，石油から原子力へとエネルギーの転換が急速に進んだ。

5 この時期，農業では，農業人口が急速に減り，農業以外からの収入に頼る兼業農家が急速に増えた。

解説

1. 傾斜生産方式は，有沢広巳の発案による戦後経済復興のための方策で，高度経済成長とは関係ない。これは，乏しい資金と資材を石炭・鉄鋼などの重要産業部門に重点的に集中させる方式で，1947年，第1次吉田内閣で閣議決定され，続く片山哲内閣でも継承された。

2. 岸信介内閣ではなく池田勇人内閣である。池田内閣は，岸内閣が安保条約の改定を終えて退陣した後の1960年7月に成立し，「寛容と忍耐」をキャッチフレーズにして，革新勢力との政治的対立を避けながら，「所得倍増」をスローガンに，すでに始まっていた高度経済成長を促進する政策を打ち出した。なお，目標とした「所得倍増」は，1976年に達成された。

3. 総同盟（日本労働組合総同盟）ではなく総評（日本労働組合総評議会）である。春闘方式は，1955年に始まったが，翌年には公労協が，1959年には中立労連が参加するようになり，高度経済成長期の賃上げ方法として定着した。

4. 石油から原子力ではなく石炭から石油である。高度経済成長の要因の一つに安い石油があり，石炭から石油へのエネルギー転換が急速に進んだ。そのため石炭産業は急速に斜陽化し，閉山，合理化が相次ぎ，三池争議など激しい争議が頻発した。

5. 正しい。

正答 **5**

地方初級

No. 76 特別区 日本史 わが国の土地政策・土地制度 平成15年度

わが国の土地政策または土地制度に関する記述として，妥当なのはどれか。

1 班田収授法は，奈良時代になり，農民の逃亡などにより口分田が荒廃し財政にも影響が出てきたため，政府が墾田の永久私有を認めたものである。

2 寄進地系荘園は，11世紀になり，開発領主が，開発した土地を国司に寄進し，税を納めなくてもよい不輸の権と役人の立入りを拒否できる不入の権を得て，実質的に土地を支配したものである。

3 太閤検地は，豊臣政権が各地で統一的な基準のもとに行ったもので，これにより，村ごとの石高が確定するとともに，一地一作人の原則が定まった。

4 地租改正は，明治政府が財政の基礎を固めるため行ったもので，公定の収穫量を課税標準として，地券を交付された土地所有者に地租を金納させた。

5 農地改革は，第二次世界大戦後，政府がGHQ（連合国軍最高司令官総司令部）の勧告により実施したもので，不在地主の貸付地のうち半分を強制的に買い上げ，小作人に優先的に安く売り渡した。

解説

1. 班田収授法ではなく墾田永年私財法である。班田収授法は，6年ごとに作られる戸籍に基づいて口分田の班給と収授を行う，律令の基本田制である。墾田永年私財法は，743年，開墾した土地の一定限度の面積に限って永久私有を認めたもので，これにより，有力貴族や寺院，地方豪族による私有地拡大の動きを刺激することになった。

2. 国司ではなく中央の権力者に寄進したのである。寄進地系荘園は，開発領主が国司の圧力に対して，国司よりも上位の権門勢家と呼ばれる中央の権力者に寄進することによって成立したものである。これにより，現地の荘官となった開発領主は，不輸の範囲を拡大しただけでなく，荘園領主の権威を利用して検田使など国司の使者の立入りを認めない不入の権を得て，所領の私的支配を強化していった。

3. 正しい。

4. 地租は収穫量ではなく地価に対して課税された。地租改正は，①課税の基準を不安定な収穫量から一定した地価に変え，②税率を地価の3％とし，③地券を交付された土地所有者を納税者として，④物納を金納とした制度である。

5. 不在地主の貸付地の半分ではなく，全部である。第2次農地改革は，第1次改革の不徹底さに対し，GHQの勧告を受けて，自作農創設特別措置法に基づいて実施された。それによって，不在地主の全貸付地，在村地主の貸付地のうち一定面積を超える分については国家が強制的に買い上げ，小作人に優先的に安く売り渡した。

正答 **3**

地方初級
No.
77

市役所

日本史　　　**日本仏教史**　　平成**24**年度

仏教に関するA〜Eの記述を年代順に並べたものとして，妥当なのはどれか。

A　この時代，天台宗・真言宗が広まり，密教が盛んになった。

B　この時代，空也が京の市で浄土教の教えを説いて市聖とよばれた。

C　この時代，臨済宗が幕府の保護の下で栄え，五山十刹の制が完成した。

D　この時代，親鸞が悪人正機説を説いて浄土真宗を開いた。

E　この時代，浄土教の影響を受けて各地の豪族が阿弥陀堂などを建立した。

1　　A→B→C→D→E

2　　A→B→E→D→C

3　　A→C→B→E→D

4　　B→A→E→D→C

5　　C→D→B→E→A

解説

A．9世紀である。いわゆる平安新仏教であり，804年の遣唐使でともに入唐した最澄・空海によってもたらされ，最澄は比叡山延暦寺を建てて天台宗を開き，空海は高野山金剛峯寺を建てて真言宗を開き，嵯峨天皇から東寺（教王護国寺）を賜った。いずれも密教であり，真言宗の密教は東密，天台宗の密教は，最澄の弟子の円仁・円珍によって本格的にもたらされ台密と呼ばれた。

B．10世紀の半ばである。浄土教は，仏の住む極楽浄土へ往生することを願う教えである。10世紀半ばに「市聖」といわれた空也（903〜972年）が，京の市で，念仏を唱えて阿弥陀仏に帰依し，西方極楽浄土に往生することを説いて信仰を広めた。

C．14世紀後半である。鎌倉幕府に続いて室町幕府も臨済宗を篤く保護し，3代将軍足利義満は，1386年，最終的に五山・十刹の制を完成した。それは南禅寺を別格とし，天竜寺・相国寺・建仁寺・東福寺・万寿寺を京都五山，建長寺・円覚寺・寿福寺・浄智寺・浄妙寺を鎌倉五山とする制度である。

D．13世紀前半，鎌倉時代である。親鸞（1173〜1262年）は浄土宗の開祖法然の弟子で，南無阿弥陀仏と念仏を唱えれば誰でも極楽浄土に往生できるという師の説を進めて，煩悩の多い人間（悪人＝凡夫）こそ阿弥陀仏の救済の対象であるとする悪人正機説を唱え，1224年，浄土真宗を開いた。

E．12世紀の院政期である。この頃，聖や上人と呼ばれた民間の布教者によって浄土教の教えが広められ，地方の豪族が相次いで阿弥陀堂を建立した。代表的なものとして，1124年に藤原清衡によって建立された中尊寺金色堂，1160年に岩城氏によって建立された白水阿弥陀堂，12世紀半ばの建立といわれる豊後の富貴寺大堂などがある。

したがって，A→B→E→D→Cの順であり，正答は**2**である。

正答　**2**

地方初級

No. 78 市役所 **世界史** **ポリス** 平成16年度

古代ギリシアのポリスについての記述として正しいのは，次のうちどれか。

1 古代ギリシアのポリスでは，次第に富裕な市民の重装歩兵部隊が騎馬を利用する貴族に代わって軍隊の主力となった。

2 前6世紀，アテネではペイシストラトスが出て，財産額によって市民の参政権を定める改革を行った。

3 スパルタでは，ペリオイコイの反乱を防ぐために，市民は厳しい軍国主義的規律に従って生活した。

4 アテネでは，ソロンが僭主の出現を防止するため陶片追放の制度を設けた。

5 ペルシア戦争の勝利によって勢力を拡大したアテネは，スパルタをペロポネソス戦争によって破ってギリシアの主導権を握った。

解説

1. 正しい。ポリスの市民は，武具を自分で用意するのが原則であった。余剰農産物を売って富裕になった市民は，武具を自ら用意して参戦するようになり，当時戦術の中心であった密集隊形（ファランクス）を構成する重装歩兵として従軍するようになった。

2. ペイシストラトスではなくソロンである。いわゆるソロンの財産政治である。ソロンは，平民と貴族の調停者として改革を行い，財産額によって市民の参政権を定めたり，市民の奴隷化を防止するため，土地を抵当とした借財を帳消しにしたりした。ペイシストラトスは，アテネの僭主である。

3. ペリオイコイではなくヘイロータイ（ヘロット）である。スパルタでは，スパルタ市民とペリオイコイ，ヘイロータイ（ヘロット）の3身分がはっきり分かれていた。ペリオイコイ（周辺民）は，軍役義務を負ったが参政権を持たない市民で，商工業に従事した。ヘイロータイは，スパルタ人に征服された先住民で，奴隷身分の農民として農業に従事した。少数のスパルタ市民が恐れたのは，多数のヘイロータイの反乱であり，これを防止するために，リュクルゴス制と呼ばれる厳しい軍国主義的規律に従って生活し，鎖国政策をとったのである。

4. ソロンではなくクレイステネスである。クレイステネスは部族制の大改革を行い，また，僭主の出現を防止するために，僭主になるおそれのある者の名前を陶片（オストラコン）に書いて投票させる陶片追放の制度をつくった。

5. ペロポネソス戦争で勝ったのはスパルタである。アテネはペルシア戦争後，ペリクレス時代にデロス同盟の盟主として最盛期を迎えたが，ペリクレスの死後，指導者に人材がなく，デマゴーゴス（デマゴーグ）と呼ばれる扇動者に支配される衆愚政治に陥っていた。

正答 1

地方初級＜教養＞過去問350●**79**

政治 経済 社会 日本史 世界史 地理 倫理 文学・芸術 国語

地方初級

No. 79 地方初級 **世界史** **キリスト教の歴史** 平成17年度

キリスト教の成立と発展に関する次の記述のうち，正しいものはどれか。

1 パレスティナに生まれたイエスは，ローマに対する反逆者として訴えられ，十字架にかけられ処刑されたが，その死後，弟子達の間でイエスが復活したとの信仰が生まれた。

2 キリスト教はペテロ，パウロたち使徒によって伝道が行われ，3世紀頃までに帝国全土に広がり，この間に『新約聖書』がヘブライ語からラテン語に翻訳された。

3 キリスト教がローマ帝国全体に拡大したため，テオドシウス帝は，313年，ミラノ勅令でキリスト教を公認した。

4 第4回十字軍ではジェノヴァ商人の要求によって，聖地回復の目的を捨て，コンスタンティノープルを占領してラテン帝国を建てた。

5 マルティン＝ルターは，「人は信仰のみによって救われる」として，ローマ教会の免罪符販売を批判してローマ教皇から破門されたが，神聖ローマ皇帝カール5世の保護を受けて『新約聖書』のドイツ語訳を完成させた。

解 説

1. 正しい。

2. 『新約聖書』は，キリストの言行を記した福音書，使徒の活動を述べた使徒行伝や書簡などが2世紀頃にまとめられたもので，ラテン語ではなくコイネーと呼ばれるギリシア語で記された。コイネーはヘレニズム世界の共通語で，アッティカ方言をもとにしたギリシア語である。なお『旧約聖書』の原典はヘブライ語で記されているが，紀元前3世紀にエジプトのアレクサンドリアでギリシア語に翻訳された。

3. テオドシウス帝ではなくコンスタンティヌス帝である。キリスト教徒は，ネロ帝の迫害からディオクレティアヌス帝の迫害まで多くの迫害を受けながらも，これ以上禁止すれば帝国の統一が維持できないまでにローマ帝国全土に拡大した。そこでコンスタンティヌス帝はキリスト教の信仰の自由を認めた。なお，テオドシウス帝は，392年，キリスト教を国教とした皇帝である。

4. ジェノヴァではなくヴェネツィアの商人である。ヴェネツィア商人は十字軍の輸送を請け負っていたが，第4回十字軍では，彼らの要求に迫られて，通商上のライバルであったコンスタンティノープルを攻略した。

5. 神聖ローマ皇帝カール5世ではなくザクセン選帝侯である。カール5世は，むしろルターを弾圧する側であり，ヴォルムスの帝国議会に呼び出し自説の撤回を迫った。

正答 **1**

地方初級 東京都

No. 80 世界史 古代ギリシアとローマ 平成29年度

古代のギリシア及びローマに関する記述として，妥当なのはどれか。

1 紀元前6世紀になると，ギリシア各地に，ポリスと呼ばれる都市国家が成立し，ポリスでは，奴隷と傭兵がポリスの防衛の主力となった。

2 紀元前5世紀前半のペルシア戦争の後，ギリシアのポリスの1つであるアテネでは，成年男性の市民全体が民会に参加する直接民主政が行われた。

3 紀元前4世紀ごろ，イタリア半島では，ラテン人による都市国家であるローマ帝国が建設され，ローマ帝国は，強力な軍事力で地中海沿岸地域を統一した。

4 紀元前1世紀にローマ帝国で皇帝として頭角を現したカエサルが暗殺された後，後継者のオクタウィアヌスは帝国を東西に分割し，自らは東側の正帝に即位した。

5 東西のローマ帝国にゲルマン人の侵入が相次ぐ中，4世紀末には西ローマ帝国が滅亡し，5世紀後半には東ローマ帝国も滅亡した。

解説

1. ギリシアの各地にポリスが成立したのは紀元前8世紀である。ポリスの住民は市民と奴隷とからなり，市民は貴族と平民とに分かれていた。ポリスの防衛は市民の義務であり，当初は貴族による騎兵が主力であったが，経済力を強めた平民が武具を買って参戦できるようになると，彼らの重装歩兵部隊が軍隊の主力となった。なお，ギリシアで傭兵が使われるようになるのは，前5世紀のペロポネソス戦争（前431～前404年）以降，相次ぐポリス間の戦争によって市民が没落し，市民軍が維持できなくなってからである。

2. 妥当である。

3. ローマは，紀元前8世紀半ば頃，ラテン人の一派がティベル川河畔に建設した都市国家（ポリス）である。その政治形態は，初めはエトルリア人の王による王政が行われていたが，6世紀末に王を追放して共和政となった。ローマが帝国となるのは，カエサルの養子のオクタウィアヌス（前63～14年）が，前31年に全地中海を平定して「内乱の1世紀」と呼ばれた混乱を終息させ，前27年に，元老院からアウグストゥスの称号を与えられ，元首政（プリンキパトゥス）という，自らを市民の中の第一人者（プリンケプス）と称し，共和政の制度を尊重するが，事実上すべての官職を独占する元首（＝皇帝）となって独裁政治を始めてからである。

4. カエサル（前100～前44年）は，前46年に任期10年の独裁官（ディクタトル），次いで前44年に終身の独裁官になったことから，共和派のブルートゥスらによって暗殺され，皇帝にはなっていない。また，「帝国を東西に分割し，自らは東側の正帝に即位した」のはディオクレティアヌス帝である（286年）。ディオクレティアヌス帝は，293年に東西をさらに二分割して2人の副帝を置いて統治させた結果，ローマ帝国は4地域に分割された（四帝分治制）。

5. 西ローマ帝国はゲルマン人の移動の影響を受けて混乱し，5世紀後半の476年，ゲルマン人の傭兵隊長であるオドアケルによって皇帝が廃位されて滅亡した。東ローマ帝国（ビザンツ帝国）は，ゲルマン人の移動の影響をあまり受けることなく，西ローマ帝国の滅亡後も存続し，15世紀半ばの1453年，オスマン帝国によって滅ぼされた。

正答 2

地方初級＜教養＞過去問350●81

地方初級

No. 81 地方初級 **世界史 ヨーロッパの遠隔地貿易** 平成**27年度**

次のA〜Cは，ヨーロッパの遠隔地貿易に関する記述であるが，これらを古いものから年代順に並べたものとして，妥当なのはどれか。

A　オランダはバルト海での中継貿易で富を蓄え，東インド会社を設立して東南アジアにまで進出した。

B　ポルトガルはインド航路の開拓に成功し，香辛料の直接取引を行い莫大な利益を王室にもたらした。

C　イギリスは毛織物の原料である羊毛をフランドルに輸出して，ロンドンは北海貿易の中心として繁栄した。

1 A→B→C

2 A→C→B

3 B→A→C

4 C→A→B

5 C→B→A

解説

A：16〜17世紀。スペインのフェリペ2世が，支配下にあったネーデルラントに対してカトリックを強制したのに対して，1568年からカルヴァン派の新教徒を中心とした独立運動が始まり，1581年に北部7州がネーデルラント連邦共和国（オランダ）として独立を宣言した。この間，オランダは高い造船技術によってバルト海の中継貿易で圧倒的な優位に立ち，さらに1602年には連合東インド会社を設立して香辛料産地の東南アジアにまで進出して国力を強め，1609年，スペインと休戦条約を締結して事実上独立した（オランダ独立戦争）。なお，オランダの独立は，1648年のウェストファリア条約によって国際的に承認された。

B：15〜16世紀。ポルトガルのヴァスコ＝ダ＝ガマ（1469頃〜1524年）が，香辛料を求めてアフリカ西海岸を南下し，喜望峰を迂回してインド西岸のカリカットに到達したのは1498年である。以後，インド航路は東方貿易（レヴァント貿易）に代わって中心的な貿易ルートとなった。また，ポルトガルのインド航路の開拓は王室の事業として行われ，香辛料の直接取引は王室に莫大な利益をもたらした。

C：11〜12世紀。十字軍の影響などで，11〜12世紀にはヨーロッパで「商業の復活（商業ルネサンス）」と呼ばれた遠隔地貿易が発達した。まず，東方貿易（レヴァント貿易）によって香辛料や絹織物などを地中海東海岸地方（レヴァント）からヨーロッパにもたらす地中海商業圏が発達した。次いで北海・バルト海を中心とした北ヨーロッパ商業圏が成立し，イギリスのロンドンは，フランドル地方への羊毛輸出の中心として繁栄した。

したがって，古い順からC→B→Aとなり，正答は**5**である。

正答　**5**

地方初級

No. 82 特別区 世界史 スイスの宗教改革 平成15年度

次の文は，スイスの宗教改革に関する記述であるが，文中の空所 A～D に該当する語の組合せとして，妥当なのはどれか。

バーゼルで「キリスト教綱要」を公刊したフランス人の □ A □ は，ジュネーヴで独自の宗教改革を行った。彼は，牧師と信徒代表からなる □ B □ を導入して，一種の神政政治を実施した。

また，彼は「予定説」を説き，神によって与えられた職業に専念し，生活のすべてを神の栄光のために捧げることを強調し，営利活動やその結果としての蓄財をも認めた。このため，□ A □ 派は当時西ヨーロッパ各地に広まり，イングランドでは □ C □，フランスでは □ D □ と呼ばれるなど，その後の歴史に大きな役割を果たすこととなった。

	A	B	C	D
1	カルヴァン	司教制	プレスビテリアン	ゴイセン
2	カルヴァン	長老制	ピューリタン	ユグノー
3	ツヴィングリ	司教制	ゴイセン	ユグノー
4	ツヴィングリ	長老制	ピューリタン	ゴイセン
5	ツヴィングリ	司教制	ユグノー	プレスビテリアン

解 説

A はカルヴァンである。ツヴィングリはスイスの宗教改革者で，1523年，チューリヒで宗教改革を始めたが，カトリック派 5 州との戦いで戦死した。カルヴァンの先駆者で，予定説などで影響を与えている。

B は長老制である。カルヴァンとルターの違いの一つは，教会組織のうえで，ルターが司教制度を維持したのに対し，カルヴァンはこれを廃止し，教会員の中から信仰の篤いものを長老として選び，牧師を補佐させる長老制度をとったことである。

C はピューリタン，D はユグノーである。カルヴァン派は，16世紀後半にはフランス・ネーデルラント・スコットランド・イングランドに広まり，フランスではユグノー，ネーデルラントではゴイセン，スコットランドではプレスビテリアン，イングランドではピューリタンと呼ばれた。

よって，**2** が正しい。

正答 **2**

政治 経済 社会 日本史 世界史 地理 倫理 文学・芸術 国語

地方初級

No. 83　地方初級　世界史　ヨーロッパの出来事　平成15年度

ヨーロッパの出来事に関するA～Eの記述を古い順に並べた組合せとして，正しいのはどれか。

A　宗教改革は，ドイツの修道士ルターが，「九十五カ条の論題」を発表してローマ教会を批判したことから始まった。

B　フランス革命は，ルイ16世が特権身分に対する課税を行おうとして三部会を召集したことから始まった。

C　ウィーン体制は，ナポレオン没落後のヨーロッパを再組織するために，オーストリア外相のメッテルニヒが主導して結成された。

D　三十年戦争は，ボヘミアの新教徒の反乱をきっかけに起こった宗教戦争であり，各国が新教徒保護の名目で干渉したため，国際戦争となった。

E　ルネッサンスは，ビザンツやイスラム圏に継承されていたギリシア・ローマの古典が，地中海交易でイタリアに伝えられて引き起こされた。

1　A－C－E－D－B

2　E－A－D－B－C

3　A－E－B－C－D

4　A－D－E－B－C

5　E－A－B－C－D

解説

A．1517年である。当時，ヴィッテンベルク大学の神学教授だったルターが，「人は信仰によってのみ救われる」として，ローマ教会が行っていた免罪符（贖宥状）の販売を批判した文書を教会で発表したのが宗教改革の始まりである。

B．1789年である。財政難に悩むルイ16世は，テュルゴーやネッケルを起用して財政改革を図った。貴族はこれに抵抗して，1615年以来開かれていなかった三部会の召集を国王に認めさせたのがフランス革命の始まりである。

C．1815年である。ウィーン体制は，フランス革命前の王朝を正統とする正統主義に立脚して再建されたヨーロッパの国際秩序である。オーストリア外相（後に宰相）のメッテルニヒが指導的地位を占めた。

D．1618～1648年である。三十年戦争は，神聖ローマ帝国内のボヘミア（ベーメン）のプロテスタント貴族による抵抗から始まった。これにデンマーク，スウェーデン，フランス，オランダがプロテスタント側を支援して参戦したため全面戦争となった。

E．14世紀である。ルネッサンスは，地中海交易によってイスラム圏からもたらされたギリシア・ローマの古典を原典から学び直すことから始まった。1453年のビザンツ帝国（東ローマ帝国）の滅亡により多くの学者たちがイタリアに移住してきたことも影響している。

よって，**2**が正しい。

正答　**2**

地方初級

No. 84 市役所 **世界史 イギリス産業革命** 平成24年度

イギリスの産業革命に関する記述中の空欄ア〜オに入る語句の組合せとして，妥当なのはどれか。

イギリスの産業革命は，　ア　工業における技術革新から始まった。次いで，　イ　が動力として利用されるようになると生産は飛躍的に拡大し，交通・運輸機関として　ウ　が急速に普及した。産業革命によって資本家と労働者の貧富の差は　エ　し，資本家は貿易政策として　オ　を主張した。

	ア	イ	ウ	エ	オ
1	毛織物	石油と電気	蒸気機関車	拡大	保護貿易
2	木綿	石炭と蒸気	電気機関車	縮小	保護貿易
3	木綿	石油と電気	電気機関車	拡大	自由貿易
4	毛織物	石炭と蒸気	蒸気機関車	縮小	自由貿易
5	木綿	石炭と蒸気	蒸気機関車	拡大	自由貿易

政治　経済　社会　日本史　世界史　地理　倫理　文学・芸術　国語

解説

ア．木綿工業である。イギリスの産業革命は木綿工業における織布機械と紡績機械の交互の発明から始まった。毛織物工業は産業革命以前のイギリスの主要工業である。

イ．石炭と蒸気である。1769年にワットが改良した蒸気機関が水力に代わる動力として使われるようになると生産性が飛躍的に向上した。軽工業を中心とし，石炭と蒸気を動力とする技術革新を第一次産業革命というのに対して，19世紀後半の，重工業を中心として，石油と電気を新しい動力とする技術革新を第二次産業革命ともいう。

ウ．蒸気機関車である。1825年にスティーヴンソンが蒸気機関車を実用化したことから，鉄道がこれまでの運河による水運に代わって主要な輸送手段となった。

エ．拡大である。産業革命によって産業資本家が地主や商人に代わって経済力や政治力を強めた一方，没落した手工業者や土地を失った農民は工場労働者として過酷な労働を強いられ，貧富の差は拡大していった。

オ．自由貿易である。産業資本家たちは，自由に経済的利益を追求することが社会全体にとっても利益になるという考え方を持ち，重商主義政策を批判して自由貿易を主張した。しかし，遅れて産業革命が始まったドイツなどの後発国は，自国の産業を守るための保護貿易を主張した。

以上より，正答は**5**である。

正答　**5**

地方初級＜教養＞過去問350●85

地方初級

No. 85 市役所 **世界史** **ルネサンス・宗教改革** 平成**23**年度

ルネサンス・宗教改革に関する記述として，妥当なのはどれか。

1 ルネサンスは，イベリア半島からイスラーム勢力を追放することに成功したスペインで始まり，イタリアへと波及した。

2 ルネサンスは，古代ギリシャ・ローマの古典文化の研究を通じて，神や教会を中心とした生活をあらためて復興しようとする文化運動である。

3 ルネサンスでは，中国で発明された羅針盤，火薬，活版印刷術などの技術が改良され，ヨーロッパ社会に大きな影響を与えた。

4 ルターは，免罪符の販売を批判したことからカトリック教会から破門されたが，神聖ローマ皇帝によって保護され，聖書のドイツ語訳を完成した。

5 イエズス会は，ヨーロッパだけでなく海外でもカトリックの布教活動を行ったが，中国では宣教師の来航は一切禁じられた。

解説

1. ルネサンスは，地中海交易で栄え，十字軍以来，ビザンツ文化やイスラーム文化と接する機会の多かったイタリアで最初に始まった。イベリア半島からイスラーム勢力を駆逐する運動はレコンキスタ（国土再征服運動）と呼ばれ，キリスト教を海外へ布教しようとするエネルギーは「大航海時代」と呼ばれるヨーロッパ世界の拡大へと発展した。

2. ルネサンスは，神や教会を中心とする中世的な生き方ではなく，人間のありのままの生き方を追求しようとする文化運動である。ただ，運動の保護者はメディチ家やローマ教皇，あるいは国王であったため，その性格は貴族的であり，社会そのものを批判する力にはならなかった。

3. 妥当である。いわゆるルネサンスの三大発明（改良）である。羅針盤は遠洋航海を可能にし，火薬は，ヨーロッパで火砲が発明されて戦術を一変させ，騎士が没落する一因となった。グーテンベルクによって改良された活版印刷術は，書物を安価にそして迅速に発行できるようにさせ，新しい思想を普及させる力となった。

4. ルターを保護したのはザクセン選帝侯で，ルターはヴァルトブルク城にかくまわれ，ここで聖書のドイツ語訳を完成させた。神聖ローマ皇帝カール5世（在位1519〜56年）は，ルターを弾圧した側で，1521年，ヴォルムスの国会にルターを召還して，自説の撤回を迫ったが，ルターはこれを拒否した。

5. 明末から清初にかけて多くのイエズス会宣教師が中国に来航した。1601年には，マテオ＝リッチ（1552〜1610年）が中国で初めて布教を認められ，北京に最初の教会を建て，明末には約15万人の信者を獲得したといわれる。清朝では，アダム＝シャール（1591〜1666年），フェルビースト（1623〜88年），ブーヴェ（1656〜1730年），カスティリオーネ（1688〜1730年）などが来航し，暦の改定や地図の作成など，その科学的知識が重用された。しかし1724年，それまで中国文化を尊重し，孔子の崇拝や祖先の祭祀などの伝統的儀礼（典礼）を容認してきたイエズス会の布教方法をローマ教皇が否定したため，雍正帝はキリスト教の布教を禁止した（典礼問題）。

正答 3

地方初級

No. 86 東京都 世界史 18〜19世紀のアメリカ 平成21年度

18世紀から19世紀にかけてのアメリカ合衆国の歴史に関する記述として，妥当なのはどれか。

1 ボストン茶会事件をきっかけに始まった独立戦争で，イギリス，フランス及びスペインに勝利した植民地側は，パリ条約で独立宣言を発表した。

2 憲法制定会議が開かれて制定された合衆国憲法は，各州の自治権を否定して連邦主義がとられ，リンカンが初代大統領に就任した。

3 米英戦争によりルイジアナを獲得したアメリカは，メキシコからはカリフォルニアを購入して領土を拡大した。

4 奴隷制の存続や保護関税政策について南部と北部の主張が対立し，南部諸州が連邦から脱退してアメリカ連合国を結成したことから，南北戦争が始まった。

5 アメリカは，米西戦争に敗れたことから，パナマ運河の建設をスペインに譲り渡した。

解説

1. アメリカ独立戦争では，フランス，スペインは植民地側についてイギリスと戦った。フランスは七年戦争（フレンチ=インディアン戦争）の敗北以来，イギリスに対する報復の機会をねらっていたが，サラトガの戦いで植民地軍が勝利したのをきっかけに，1778年に参戦した。また，スペインもフロリダの回復をねらって，1779年，フランスの同盟国として参戦した。独立宣言の発表は1776年で，パリ条約は1783年。これによりアメリカの独立が承認された。

2. 合衆国憲法では，各州に大幅な自治権を認めながらも，連邦政府が外交・通商・国防・徴税などの権限を持つ連邦主義がとられた。初代大統領はリンカンではなくワシントンである。リンカンは16代大統領。

3. ルイジアナは1803年に，第3代大統領のジェファソンが，戦費の調達で苦しむフランスのナポレオンから1,500万ドルで買収した。カリフォルニアは，メキシコとの戦争（アメリカ=メキシコ戦争，1846〜48年）に勝利して，1848年に獲得した。

4. 妥当である。

5. 米西戦争（アメリカ=スペイン戦争，1898年）に勝利したのはアメリカである。その結果，キューバは独立し，プエルトリコ，グアム，フィリピンをスペインから獲得した。パナマ運河の建設は米西戦争に関係なく，セオドア=ルーズヴェルト大統領（在任1901〜09年）が，1903年にコロンビアからパナマ共和国を強引に独立させて，運河建設の権利をパナマ共和国から獲得し，翌1904年に着工された。

正答 **4**

地方初級

東京都

No. 87 世界史 15～16世紀のアジアとその周辺史 平成30年度

アジア及びその周辺の歴史に関する記述として，妥当なのはどれか。

1 ロシアでは15世紀にモスクワ大公国が力を伸ばし，16世紀に入ると，アッバース１世が帝国の拡大を図った。

2 オスマン帝国はムガル帝国を滅ぼすと，新首都イスファハーンを中心に交易が盛んとなり，イヴァン４世（雷帝）のときに最盛期を迎えた。

3 16世紀初めにティムールの子孫のアクバルが，ビザンツ帝国を建国し，第３代のバーブルは北インドからアフガニスタンまで広大な領域を支配した。

4 ムガル帝国第６代のアウラングゼーブは，イスラーム中心の政策をとったため，これに反発するマラーター王国が抵抗し，シク教徒が反乱をおこした。

5 16世紀にイランで成立したサファヴィー朝は，スレイマン１世のときに最盛期を迎え，首都イスタンブルは賑わっていた。

解説

1. 16世紀のモスクワ大公国の皇帝はアッバース１世ではなくイヴァン４世（雷帝，在位1533～84年）である。モスクワ大公国は，15世紀にイヴァン３世（在位1462～1505年）が出てキプチャク＝ハン国の支配から脱し（1480年），最後のビザンツ皇帝の姪と結婚してローマ帝国の後継者を自称し，ツァーリ（皇帝）の称号を初めて使用した。その孫がイヴァン４世で，1547年，正式に全ロシアの皇帝を称し，領土を南ロシア，シベリアへと拡大した。

2. オスマン帝国が滅ぼしたのはムガル帝国ではなくビザンツ帝国であり（1453年），この時，コンスタンティノープルを新首都とし，以後イスタンブルの呼称が一般化した。最盛期を迎えたのはイヴァン４世ではなくスレイマン１世（在位1520～66年）の時代で，ウィーンを包囲してヨーロッパに脅威を与え（1529年），プレヴェザの海戦（1538年）ではスペイン・ヴェネティアの連合艦隊を破って地中海の制海権を握るなど勢力を拡大した。

3. 16世紀初めに，ティムールの子孫のアクバルではなくバーブルが北インドに進出して建国したのはビザンツ帝国ではなくムガル帝国（1526～1858年）である。初代皇帝のバーブル（在位1526～30年）は建国後４年で亡くなったため，実質的な建設者は第３代のアクバル（在位1556～1605年）で，首都をデリーからアグラに移して広大な領域を支配した。

4. 妥当である。

5. サファヴィー朝は神秘主義教団の長イスマーイールによって建国され（1501年），シーア派を国教とした。その最盛期はスレイマン１世ではなくアッバース１世（在位1587～1629年）の時で，イスタンブルではなくイスファァーンを新首都とし，「イスファファーンは世界の半分」といわれるほど繁栄した。

正答 **4**

地方初級 東京都

No. 88 世界史 16〜17世紀のヨーロッパ 平成22年度

16世紀から17世紀にかけてのヨーロッパに関する記述として，妥当なのはどれか。

1 スペインでは，フェリペ2世が，レパントの海戦でイギリスに勝利して制海権を握り，植民地からの金銀を活用して世界最初の産業革命を起こした。

2 オーストリアでは，マリア=テレジアが，三十年戦争を起こし，長年友好関係にあったフランスと戦いシュレジエンを失った。

3 イギリスでは，クロムウェルが，ピューリタン革命を起こし，ジェームズ2世を追放して権利の章典を発布した。

4 フランスでは，ルイ14世が，財務総監にコルベールを起用して重商主義政策をとり，ヴェルサイユ宮殿を造営した。

5 ロシアでは，エカチェリーナ2世が，ネルチンスク条約により清との国境を定めて通商を開き，農奴の解放を行うなどの改革を進めた。

解説

1. スペインのフェリペ2世（在位1556〜98年）が，レパントの海戦（1571年）で勝利した相手国はイギリスではなく，オスマン帝国である。また，世界最初の産業革命を起こしたのは18世紀後半のイギリスである。

2. オーストリアのマリア=テレジア（在位1740〜80年）の在位は18世紀であり，「16世紀から17世紀にかけてのヨーロッパ」という問題の設定範囲と違っている。また，マリア=テレジアがシュレジエンを失ったのは三十年戦争（1618〜48年）ではなく，オーストリア継承戦争（1740〜48年）である。この戦争で，マリア=テレジアはフランスとも戦ったが，フランスと長年友好関係にあったことはなく，イタリア戦争（1494〜1559）以来，フランスとオーストリアは敵対関係にあった。なお，オーストリア継承戦争の主たる相手はプロイセンのフリードリッヒ2世（大王）である。その後，マリア=テレジアはシュレジエン奪回のために，長年敵対関係にあったフランスと同盟する「外交革命」を展開したが，七年戦争（1756〜63年）で再びフリードリッヒ2世に敗れ，シュレジエンを奪回することはできなかった。

3. イギリスのクロムウェル（1599〜1658年）は，ピューリタン革命（1649年）で，チャールズ1世を処刑して共和政を樹立した。「ジェームズ2世を追放して権利の章典を発布した」のは，オラニエ公ウィレムとその妻メアリーをイングランド王に迎えた名誉革命（1688〜89年）のことである。

4. 妥当である。

5. 第一に，ロシアのエカチェリーナ2世（在位1762〜96年）の在位は18世紀であり，問題の設定範囲と違っている。第二に，ネルチンスク条約（1689年）で清国と国境を定めたのはピョートル1世（大帝）（在位1682〜1725年）である。第三に，ロシアで農奴解放（1861年）を行ったのはアレクサンドル2世（在位1855〜81年）で19世紀のことである。エカチェリーナ2世は啓蒙専制君主といわれ，その治世の初期にはさまざまな改革を試みたが，プガチョフの反乱（1773〜75年）以後は貴族と妥協して，むしろ農奴制を強化した。

正答 **4**

地方初級＜教養＞過去問350●**89**

地方初級

No.89 世界史 第一次世界大戦 平成27年度

第一次世界大戦に関する記述として，妥当なのはどれか。

1 第一次世界大戦は，ドイツを中心とする三国協商と，イギリスを中心とする三国同盟の対立を原因として始まった。

2 大戦中，交戦国は互いに中立国や諸民族に対して，戦後の独立や自治を約束する秘密条約を結んで味方につけようとした。

3 大戦が始まると日本は中国に対して二十一カ条の要求を行ったが，国際的非難を浴びてすべて撤回した。

4 アメリカは大戦が始まると直ちに参戦して，イギリスやフランスに物資や資金を提供した。

5 大戦後，ヴェルサイユ条約によって国際連盟が成立し，民族自決の下でアフリカの国々が相次いで独立した。

解説

1. 第一次世界大戦が帝国主義列強間の対立，特にドイツとイギリスの対立を原因として始まったことは正しいが，ドイツを中心とした同盟関係は三国同盟（ドイツ・イタリア・オーストリア），イギリスを中心とした同盟関係は三国協商（イギリス・フランス・ロシア）という。

2. 妥当である。イギリスはフセイン＝マクマホン協定（1915年）で，アラブ民族に戦後の独立を約束して，オスマン帝国に対する反乱を起こさせたり，インドの自治を約束して，100万人以上のインド兵を義勇軍として動員したりした（1917年）。一方，ドイツもフィンランド人・ポーランド人・ウクライナ人に戦後のロシアからの独立を約束していた。

3. 日本は大戦が始まると，日英同盟を根拠に協商国（連合国）側で参戦し，さらに1915年1月に中国の袁世凱政権に対して二十一カ条の要求を突き付け，最後通牒を発して要求の主要部分を承認させた。

4. アメリカは，当初，「厳正なる中立政策」をとって大戦には介入しなかった。しかし実際には協商国（連合国）側に有利に働く措置がとられ，アメリカは協商国側の兵器工場であり資金供給国であった。アメリカが第一次世界大戦に正式参戦したのは1917年4月で，ドイツが無制限潜水艦作戦をとったことがきっかけである。

5. ヴェルサイユ条約によって国際連盟が設立されたことは正しいが，民族自決の下で独立国が生まれたのはアフリカではなく東ヨーロッパやバルカン地域である。民族自決はアメリカ大統領ウィルソンの十四カ条で表明され，講和会議の基礎となった原則であるが，すでに大戦末期から中・東欧地域では新興国家（フィンランド・エストニア・ラトヴィア・リトアニア・ポーランド・チェコスロヴァキア・ハンガリー・ユーゴスラヴィア）が樹立された。しかし，敗戦国のドイツ領とオスマン帝国内の非トルコ人地域は戦勝国の委任統治領とされ，アジア・アフリカの植民地には民族自決権は適用されなかった。アジア・アフリカで独立国が相次いで生まれたのは第二次世界大戦後である。

正答 **2**

地方初級

No. 90 市役所

世界史 戦間期（1919年~1939年）の出来事 令和元年度

次のア~オの中から1919年~1939年に含まれるものを2つ選んだ組合せとして妥当なのはどれか。

ア　世界恐慌
イ　ワルシャワ条約機構発足
ウ　ファシズムの台頭
エ　中国国民党成立
オ　アフリカ諸国の独立

1 ア，ウ
2 ア，オ
3 イ，ウ
4 イ，オ
5 エ，オ

解説

ア．一般に世界恐慌とは1929年に始まり1930年前半まで続いた世界恐慌をさすので，本問の時代範囲に含まれる。

イ．ワルシャワ条約機構は，アメリカが主導した北大西洋条約機構（NATO）に対抗してソビエト連邦を盟主として東ヨーロッパの社会主義国が1955年に結成した軍事同盟であり，本問の時代範囲には含まれない。

ウ．イタリアではムソリーニが1921年に国家ファシスト党を結党し1922年に政権を掌握しており，ファシズムは，世界恐慌後にイタリアやドイツを中心として台頭した。よって，本問の時代範囲に含まれる。

エ．中国国民党は，1914年孫文が東京で組織した中国革命党を1919年に改組する形で成立しており，本問の時代範囲に含まれる。

オ．アフリカでは第二次世界大戦以前独立を保っていた国は少なく，ほとんどの国の独立は1950年以降である。特に1960年は17か国が独立を達成しアフリカの年と呼ばれた。本問の時代範囲には含まれない。

以上より1919年~1939年に含まれるのはア，ウ，エであり，それらの2つを選んでいる選択肢は**1**である。

正答　**1**

政治
経済
社会
日本史
世界史
地理
倫理
文学・芸術
国語

地方初級＜教養＞過去問350●91

地方初級

No.91 特別区

世界史 中国史上の出来事の年代順 平成26年度

次のA～Eは，中国の歴史上の出来事に関する記述であるが，それぞれを古いものから新しいものへ年代順に並べたものとして，妥当なのはどれか。

A　王莽の政治は実情に合わず，赤眉の乱にはじまる全国的な農民反乱と豪族の反抗のなかで，新は滅んだ。

B　始皇帝の死後，陳勝・呉広の農民反乱をきっかけに各地で反乱が起こり，秦は統一後わずか15年で滅んだ。

C　晋は，呉を滅ぼして中国を統一したが，一族が帝位を争う八王の乱で混乱し，匈奴によって滅ぼされた。

D　外戚や宦官，官僚のあいだで争いがおこっていた後漢は，黄巾の乱が起こると各地で豪族らが割拠し滅亡した。

E　塩の密売人がおこした黄巣の乱は唐の全土に広まり，これに対応できない唐は，節度使の朱全忠によって滅ぼされた。

1　A―C―B―D―E　　**2**　A―C―B―E―D

3　B―A―C―E―D　　**4**　B―A―D―C―E

5　B―C―D―A―E

解説

A：新（8～23年）の滅亡は23年である。王莽は漢（前漢）の外戚として実権を握り，紀元8年に漢を滅ぼして新を建国した。王莽は周の政治を理想として，『周礼』など儒教の経典に基づく復古主義的な改革を実施したが現実に合わず，赤眉の乱（18～27年）をきっかけに各地で反乱が起き，王莽は反乱軍に殺されて新は滅亡した。赤眉の乱とは，反乱を起こした農民が眉を赤く染めて目印としたことから名づけられた。

B：秦（前8世紀～前206年）の滅亡は紀元前206年である。秦王政は，紀元前221年に中国を統一すると，自ら始皇帝（在位：前221～前210年）を名乗り，郡県制による中央集権化を推し進めた。しかし，急激な統一政策に対する反発から，始皇帝の死後，陳勝・呉広の乱（前209年）をきっかけに各地で反乱が起き，その中から頭角を現した項羽と劉邦により秦は滅ぼされた。

C：晋（西晋，265～316年）が匈奴により滅ぼされたのは316年である。魏の将軍司馬炎は，265年に魏の皇帝から禅譲されて晋を建国し，280年に呉を滅ぼして中国を統一した。八王の乱（290～306年）は，司馬炎（武帝）が各地に王として分封した一族による皇位継承を巡る争いである。この争乱に兵力として動員された北方の遊牧民族が勢力を持つようになり，晋は316年に匈奴によって滅ぼされた。

D：後漢（25～220年）の滅亡は220年である。漢は新の滅亡後，漢の一族の劉秀（光武帝）により再興（後漢）されたが，宦官や外戚との対立，宦官による官僚・学者への弾圧（党錮の禁）など党派争いが繰り返され混乱した。滅亡のきっかけとなった黄巾の乱（184年）は，太平道という宗教結社を創始した張角が起こした農民反乱で，黄色の布を目印とした。後漢は，220年，各地に起こった群雄の中から頭角を現した曹操の子曹丕により滅ぼされ，曹丕は魏を建国した。

E：唐（618～907年）の滅亡は907年である。安史の乱（755～763年）をきっかけに唐は衰退に向かっていたが，塩の密売商人黄巣と王仙芝が起こした黄巣の乱（875～884年）をきっかけに，節度使の朱全忠によって滅ぼされた。

したがって，出来事を古い順に並べるとB―A―D―C―Eであり，正答は**4**である。

正答　4

地方初級

No. 92 東京都 世界史 インドの歴史 平成19年度

インドの歴史に関する記述として，妥当なのはどれか。

1 インダス文明は，ガンジス川流域に栄え，モエンジョ＝ダーロなどの都市が，都市計画に基づいて建設された。

2 中央アジアから進出したアーリア人は，太陽や風などを神として崇拝し，神々への讃歌を集めた「リグ＝ヴェーダ」をまとめた。

3 マウリヤ朝の時代には，アショーカ王が仏教を保護し，ヘレニズム文化の影響を受けた仏教美術として，ガンダーラ美術が発達した。

4 クシャーナ朝は，カニシカ王の時代に最盛期を迎え，インド最初の統一国家となったが，ササン朝ペルシアの進入を受けて滅亡した。

5 グプタ朝の時代には，インド独自の宗教としてバラモン教が成立し，「マハーバーラタ」及び「ラーマーヤナ」の二大叙事詩がバラモン教の聖典となった。

解 説

1. インダス文明は，ガンジス川流域ではなくインダス川流域に紀元前2500年頃に成立した文明である。モエンジョ＝ダーロやハラッパーなどの代表的都市は，周囲に城壁を巡らせ，城内にある家屋は焼煉瓦を用い，公衆浴場・市場・倉庫・集会場などが整然とした都市計画によって作られていた。

2. 正しい。

3. ガンダーラ美術が発展したのはマウリヤ朝ではなくクシャーナ朝（1～3世紀）である。クシャーナ朝は大月氏の支配下にあったイラン系のクシャーナ族が紀元1世紀にインダス川流域に立てた王朝。2世紀のカニシカ王の頃が最盛期で，王は仏教を保護し，首都のプルシャプラを中心とするガンダーラ地方では，ヘレニズム文化の影響を受けた仏教美術であるガンダーラ美術が発展した。しかし，3世紀にササン朝ペルシャの攻撃を受けて衰退した。

4. インド最初の統一国家はマウリヤ朝（前317頃～前180頃）である。紀元前3世紀に出たアショーカ王の頃が最盛期で，仏教に帰依し，仏典結集を行い，ダルマ（法）による平和的征服をめざした。

5. グプタ朝の時代に成立したのはバラモン教ではなくヒンドゥー教である。ヒンドゥー教は，古来のバラモン教に，民間の信仰や慣習を吸収して徐々に成立したもので，シヴァ神やヴィシュヌ神など多くの神々を信仰する多神教である。したがって，特定の教義や聖典に基づく宗教ではなく，生活や思考の全体にかかわる宗教である。なお，サンスクリットの二大叙事詩である『マハーバーラタ』や『ラーマーヤナ』はグプタ朝の時代に現在伝えられるような形に完成した。また，バラモン教の根本聖典は各種のヴェーダである。

正答 2

地方初級
No.
93
市役所

世界史　第二次世界大戦後のアジア　平成28年度

第二次世界大戦後のアジアに関する記述として妥当なのはどれか。

1　第二次世界大戦後の沖縄はアメリカ軍の直接軍政下に置かれたが，サンフランシスコ平和条約によって日本に返還された。

2　朝鮮戦争は，南北統一をめざした北朝鮮軍の侵攻で始まったが，アメリカとソ連は戦争に介入しなかった。

3　中国では，土地改革で農民の支持を得た共産党が，アメリカの支援を受けた国民党を大陸から追放して，国共内戦に勝利した。

4　東南アジアでは，戦後直ちにタイが独立を宣言して植民地から脱却し，インドネシアとベトナムは，国民投票によって独立を達成した。

5　インドでは，ヒンドゥー教徒を主体とするパキスタン共和国とイスラーム教徒を主体とするインド連邦に分かれて，イギリスから独立した。

解説

1. 日本の敗戦後，沖縄が本土と切り離されてアメリカ軍の直接軍政下に置かれたことは正しい。サンフランシスコ平和条約（1951年）で日本は独立を回復したものの，沖縄は，小笠原諸島・奄美諸島とともにアメリカの施政権下に置かれた。その後，ベトナム戦争で沖縄の米軍基地が前線基地となったことを背景に祖国復帰運動が本格化し，1971年に沖縄返還協定が調印され，翌72年5月15日に沖縄の施政権が日本に返還されて本土復帰が実現した。

2. 戦後の朝鮮半島は，北緯38度線を境界にして南側はアメリカ，北側はソ連の占領下に置かれ，1948年に南では大韓民国（韓国）が，北では朝鮮民主主義人民共和国（北朝鮮）が成立して南北に分断された。朝鮮戦争（1950～53年）は，50年，北朝鮮軍が南北統一をめざして38度線を突破して始まった。アメリカは国連軍の中心として，韓国軍を支援して戦争に介入したが，ソ連は戦闘機や武器を北朝鮮に供与したものの，直接戦争に介入することはなかった。戦争に介入したのは中国で，人民義勇軍を派遣して北朝鮮軍を支援した。

3. 妥当である。内戦に勝利した共産党を中心に，1949年，毛沢東を主席，周恩来を首相とする中華人民共和国を樹立。内戦に敗れた国民党は台湾に逃れ，中華民国を維持した。

4. タイは東南アジアで唯一，ヨーロッパ列強の植民地とならなかった国である。また，インドネシアとベトナムは国民投票ではなく旧宗主国との戦いに勝利して独立を達成した。インドネシアは，1945年8月，スカルノを指導者にインドネシア共和国の成立を宣言したが，これを認めない旧宗主国オランダとの武力闘争の末，49年に独立を達成した。ベトナムは，45年9月にホー=チ=ミンがベトナム民主共和国の独立を宣言したが，旧宗主国フランスはこれを認めず，インドシナ戦争（1945～54年）となった。フランスは民主共和国と54年にジュネーヴ協定を結んで撤退したが，アメリカは55年にベトナム共和国を樹立し，北緯17度線を境に民主共和国と対立して南北の分断が固定化した。その後，75年に南のベトナム共和国が崩壊して統一が達成され，翌76年にベトナム社会主義共和国が成立した。

5. インドでは，1947年にインド独立法が制定されてインド連邦とパキスタン共和国に分かれて独立したが，ヒンドゥー教徒を中心としたのがインド連邦で，イスラーム教徒を中心としたのがパキスタン共和国である。

正答　**3**

94●地方初級＜教養＞過去問350

地方初級 No.94 特別区 世界史 イスラム史 平成17年度

イスラーム世界に関する記述として，妥当なのはどれか。

1 7世紀半ばに成立したアッバース朝は，王朝の支配者がカリフを世襲し，アラブ人のイスラーム教徒を優遇する政策をとり続けたので，非アラブ人の不満が高まり王朝の衰退を招いた。

2 8世紀半ばにアッバース朝を倒して成立したウマイヤ朝は，イスラーム帝国とも呼ばれ，平等の原則を含むイスラーム法を整備し，第5代カリフのハールーン・アッラシードの時代に全盛期を迎えた。

3 13世紀末に誕生したオスマン帝国は，15世紀にビザンツ帝国を滅ぼし，スレイマン1世の時代には，アナトリアのみならずバルカン半島，北アフリカを含む地中海周辺のアラブ地域まで領土を拡大し，全盛期を迎えた。

4 14世紀後半，モンゴル帝国を構成していた諸ハン国の衰退に乗じて勢力を伸ばしたアクバルは，内陸アジアからイランにかけてトルコ・モンゴル系遊牧民の伝統を受け継ぐムガール帝国を建設した。

5 16世紀初めにイランを統一したマムルーク朝は，首都イスファハーンを中心に内陸アジアの交通の要衝として栄え，シーア派のイスラームを国教とし，スンナ派を奉じるティムール帝国とは対立関係にあった。

解説

1. アッバース朝ではなくウマイヤ朝の記述である。ウマイヤ朝は，661年，メッカの商人貴族でシリア総督だったウマイヤ家のムアーウィアによってダマスカスに開かれた。ウマイヤ朝以降カリフの地位は世襲化された。ウマイヤ朝ではアラブ人が支配者集団で，支配下の他民族とは異なる特権を与えられていた。地租（ハラージュ）と人頭税（ジズヤ）は，征服地の先住民だけに課せられ，彼らがイスラム教に改宗しても免除されなかった。

2. ウマイヤ朝ではなくアッバース朝の記述である。アッバース朝は，750年，ムハンマドの叔父の子孫に当たるアブル＝アッバースが，ウマイヤ朝を倒して建てた王朝である。2代目カリフのマンスールが円形の首都バグダードを造営した。アッバース朝がイスラム帝国と呼ばれるのは，アラブ人の特権は廃止され，イスラム教徒であれば人頭税（ジズヤ）は課せられないなど，イスラム教徒間の平等が実現され，政治はイスラーム法によって行われたからである。

3. 正しい。

4. アクバルを除いては，ムガール帝国ではなくティムール帝国の記述である。ティムール帝国は，チンギス＝ハンの子孫でモンゴル人と称するティムールが1370年にサマルカンドを都として建てた王朝。ティムールはイスラム教によるモンゴル帝国の再建を理想としたが，帝国内ではモンゴル的伝統は衰え，イラン-イスラム文化が栄え，それが中央アジアに伝えられ，トルコ-イスラム文化として発展した。なおムガール帝国は，16世紀初め，ティムールの子孫バーブルが建て，3代目のアクバルによって帝国の実質的土台が築かれた。

5. マムルーク朝ではなくサファヴィー朝の記述であり，ティムール帝国ではなくオスマン帝国である。サファヴィー朝はイラン人が建てた民族国家で，アラビア風のスルタンの称号をやめてシャーと称し，シーア派を国教としてイラン人の団結を強めた。そのためスンナ（スンニ）派のオスマン帝国と激しく対立した。都はタブリズであったが，オスマン帝国に奪われ，その後，アッバース1世の時にイスファハーンに都を移した。なおマムルーク朝は13世紀半ばにエジプト・シリアに建てられた王朝。カイロを首都とした。

正答 3

地方初級＜教養＞過去問350●95

地方初級

No. 95 地方初級 地理 メルカトル図法 平成28年度

メルカトル図法で作成した世界地図の特徴に関する記述のうち，下線部ア～ウの正誤の組合せが妥当なのはどれか。

・面積において，ア低緯度になるほど拡大されている。
・距離において，任意の2点を結んだ直線の距離は，地球儀上の最短距離とイ一致しない。
・角度において，経線と任意の直線との角度は正しいので，ウ海図として用いられる。

	ア	イ	ウ
1	正	正	誤
2	正	誤	正
3	誤	正	正
4	誤	正	誤
5	誤	誤	正

解説

メルカトル図法は，1569年フランス人のメルカトルによって考案された正角図である。

ア．誤り。面積は高緯度ほど拡大されて，緯度60度で赤道上の4倍となる。

イ．正しい。任意の2点を結んだ直線は等角航路になるが，最短距離ではない。なお，地球儀上の任意間の直線は最短距離を表している。また，図の中心から任意の点までの最短距離を表す図法は正距方位図法である。

ウ．正しい。任意の2点間を結ぶ直線は等角航路を示す。羅針盤を利用する航海に適するので，海図に用いられている。

したがって，正答は**3**である。

正答 **3**

地方初級

No. 96 東京都

地理 **海岸の地形** 平成22年度

海岸の地形に関する記述として，妥当なのはどれか。

1 エスチュアリーは，三角江ともいい，大陸を流れる河川の河口でラッパ状に開いた入り江である。

2 海岸段丘は，起伏の多い山地が沈降しておぼれ谷となり生じた，階段状の地形である。

3 フィヨルドは，潟湖(せき)ともいい，海食崖が隆起して生じた狭くて奥深い入り江である。

4 ラグーンは，陸繋島(けい)ともいい，平野が海に接するところや，砂や礫(れき)を大量に運び出す河口付近にできる。

5 リアス式海岸は，もとの海底が陸上にあらわれた離水海岸でみられ，三陸海岸が代表例である。

解説

1. 妥当である（エスチュアリと表記されることが多い）。

2. 海岸段丘は，海岸線に沿った地域で，間歇的な地盤の隆起や波の侵食作用によって形成された階段状の地形である。

3. フィヨルドは，氷食でできたU字谷に，海水が侵入して形成された奥深い入り江で，峡湾ともいう。

4. ラグーンは潟湖ともいい，沿岸州や砂州によって外海と隔絶した湖である。陸繋島は砂州によって陸地とつながった島をいう。

5. リアス式海岸は，海岸付近の山地や丘陵が沈水し，谷に海水が侵入して形成された鋸歯状の海岸地形である。

正答 **1**

地方初級

No. 97 地方初級 **地理** **世界の土壌** 平成**19年度**

ア～ウの地域とA～Cの土壌の組合せとして正しいものは，次のうちどれか。

ア　シベリア，カナダ北部のタイガ地域

イ　ウクライナ，北米プレーリーの半乾燥気候地域

ウ　南米，東南アジア，アフリカの熱帯雨林地域

A　灰白色をしたやせたポドゾルが分布している。

B　腐植を多く含んだ肥沃な黒土（チェルノーゼムなど）が分布している。

C　鉄，アルミなどを含んだやせた赤色土（ラトソルなど）が分布している。

	ア	イ	ウ
1	A	B	C
2	A	C	B
3	B	A	C
4	B	C	A
5	C	A	B

解説

ア：シベリアやカナダ北部のタイガ（針葉樹を主体とする森林）地域の土壌は，ポドゾルである。ポドゾルは，塩基分の溶脱により酸性で，灰白色である。やせており，農業には不向きである。Aと結びつく。

イ：ウクライナや北米プレーリーの半乾燥気候地域の土壌には，肥沃な黒土（チェルノーゼム，プレーリー土など）が分布している。中性からアルカリ性で，腐植を多く含み，肥沃である。Bと結びつく。

ウ：南米，東南アジア，アフリカの熱帯雨林地域の土壌は，鉄，アルミなどの酸性物質を含んだ赤色土（主にラトソル）で，やせている。Cと結びつく。

よって，正答は**1**である。

正答　**1**

政治　経済　社会　日本史　世界史　地理　倫理　文学・芸術　国語

地方初級 No.98 市役所 地理 雨温図 平成15年度

X図は，インド東部からヒマラヤ山脈を経てチベット高原に至る大まかな断面図である。また，雨温図（A～C）は，この断面図中のア～エの都市のものである。雨温図と都市ア～エの正しい組合せはどれか。

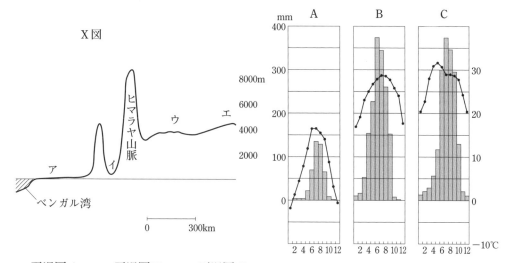

	雨温図 A	雨温図 B	雨温図 C
1	ア	イ	ウ
2	ア	ウ	エ
3	イ	ア	エ
4	イ	ウ	ア
5	ウ	イ	ア

解説

雨温図Aは最寒月の月平均気温が18℃未満，－3℃以上で，冬に降水量が極めて少なくなるので，温暖冬季少雨気候（Cw）である。Bは1月が18℃未満なので，同様に温暖冬季少雨気候（Cw）である。しかし，夏にモンスーンの影響で降水量が多くなっているという特徴を把握しておくこと。Cは最寒月の月平均気温が18℃以上で，冬に降水量が少ないので，サバナ気候（Aw）である。

　断面図のアはサバナ気候（都市はコルカタ），イは温暖冬季少雨気候である。（アッサム丘陵とヒラマヤ山脈の間にあり，夏にモンスーンによる降水量が特に多い。都市はゴウハーティ）。ウは温暖冬季少雨気候（都市はラサ），エはチベット高原の中央部なので，ツンドラ気候である（都市はアムド）。

　よって，Aはウ，Bはイ，Cはアとなり，**5**が正しい。

正答 **5**

地方初級
市役所
No. 99 地理 世界各国の気候・植生 平成26年度

世界の各地域における気候に関するAおよびBの記述がいずれも正しい組合せはどれか。

1 中国南部

A：年間を通じて降水量が少なく，丈の低い草原が広がっている。

B：しい，くすなどの照葉樹林が多く見られる。

2 イタリア南部

A：夏は高温で乾燥する。

B：オリーブ，ぶどうなどの樹木作物の栽培が盛んである。

3 アメリカ合衆国東部

A：常緑広葉樹や落葉広葉樹林と針葉樹林の混交林が見られる。

B：温帯気候の中では，気温の年較差は比較的小さい。

4 イギリス

A：冬は偏西風の影響で，月平均降水量が200mmを越えるほど多い。

B：ぶな，かしなどの落葉広葉樹林が多く見られる。

5 サウジアラビア

A：雨季と乾季の区別が明瞭な気候である。

B：ほぼ全土にわたり，植生の生育が難しい塩性土壌が見られる。

解説

1. 中国南部は温暖冬季少雨気候（Cw）である。A：年間を通じてではなく，冬は少雨である。B：正しい。

2. イタリア南部は地中海性気候（Cs）である。A・Bとも正しい。

3. アメリカ合衆国東部は温暖湿潤気候（Cfa）である。A：正しい。B：気温の年較差は温帯では最も大きい。

4. イギリスは西岸海洋性気候（Cfb）である。A：季節による降水量の変化は小さい。B：正しい。

5. サウジアラビアは砂漠気候（BW）である。A：年中乾燥している。B：正しい。

したがって，正答は**2**である。

正答 **2**

100●地方初級＜教養＞過去問350

地方初級

市役所

No. 100 地理　世界の風　平成18年度

世界の風に関する記述として，正しいものは次のうちどれか。

1 すべての台風は，太平洋上で発生し，場所によっては，ハリケーンやサイクロンなどと名前が変わる。

2 貿易風は，東よりの風で，大陸に向かって吹くが，毎年は発生しない。

3 季節風は，夏と冬で風向が反対になる。冬は大陸から海洋に向かって吹き，乾季をもたらす。

4 偏西風は，北半球では西よりの風で，海洋に向かって吹くが，南半球ではほとんど吹かない。

5 極東風は，赤道に向かって吹く風で，北半球では北東風，南半球では南東風である。

解　説

1. 台風は，太平洋の赤道以北に発生する熱帯性低気圧。ハリケーンはカリブ海方面，サイクロンはインド洋，ベンガル湾，アラビア海などで発生する熱帯性低気圧。

2. 貿易風は，赤道に向かって吹く東風である。年中吹いている。

3. 正しい。

4. 偏西風は，南北両半球で，中緯度高圧帯から亜極低圧帯に向けて吹く西風である。

5. 極東風は，極高圧部から亜極低圧帯に向けて吹く東風である。

正答　**3**

政治

経済

社会

日本史

世界史

地理

倫理

文学・芸術

国語

地方初級＜教養＞過去問350●**101**

地方初級

No. 101 特別区 　**地理**　**世界の海峡**　平成16年度

世界の海峡に関する記述として，妥当なのはどれか。

1 間宮海峡は，ユーラシア大陸の東端部のデジニョフ岬とアラスカ西部のプリンス・オブ・ウェールズ岬との間の北極海と太平洋とを結ぶ海峡で，この海峡には日付変更線が設定されている。

2 マゼラン海峡は，南アメリカ大陸の南端部とフエゴ島との間にあり，太平洋と大西洋とを結ぶ海峡で，大西洋側の入口の部分がアルゼンチン領であるほかは，すべてチリ領である。

3 マラッカ海峡は，アフリカ大陸南東岸とマダガスカル島との間にあり，15世紀頃，ポルトガルの航海者によって開拓され，スエズ運河の開通までは重要な航路であった。

4 ジブラルタル海峡は，ペルシア湾とオマーン湾とを結び，ペルシア湾からインド洋への出口となる海峡であり，湾岸諸国で積み出された石油の多くはこの海峡を通過せざるをえず，石油戦略の要所となっている。

5 ドーバー海峡は，地中海西端に位置し，ヨーロッパ大陸とアフリカ大陸との間にある海峡であり，北岸にイギリスの海軍基地，南岸にスペインの軍港がある。

解説

1. ベーリング海峡の説明である。間宮海峡は，アジア大陸とサハリン（樺太）との間にある海峡である。

2. 正しい。

3. モザンビーク海峡の説明である。マラッカ海峡はマレー半島とスマトラ島の間にある海峡で，タンカーの航行が多い。

4. ホルムズ海峡の説明である。ジブラルタル海峡は，**5**で説明している。

5. ジブラルタル海峡の説明である。ドーバー海峡は，イギリスとフランスの間にある海峡である。

正答　**2**

地方初級

No. 102 市役所 **地理** **アメリカの地形・気候** 平成28年度

アメリカ合衆国の自然環境に関する記述の空欄ア～ウに当てはまる語句の組合せとして妥当なのはどれか。

・（　ア　）山脈は，新期造山帯である。
・西経100度（　イ　）は，乾燥した地域が広がっている。
・カリフォルニアは，（　ウ　）気候である。

	ア	イ	ウ
1	ロッキー	以東	地中海性
2	アパラチア	以西	西岸海洋性
3	ロッキー	以東	西岸海洋性
4	ロッキー	以西	地中海性
5	アパラチア	以東	地中海性

解　説

ア．「ロッキー」山脈が当てはまる。アメリカ合衆国の西側を南北にはしる急峻なロッキー山脈は新期造山帯（環太平洋造山帯の一部）である。東側のアパラチア山脈は比較的なだらかで，古期造山帯に属する。

イ．「以西」が当てはまる。西経100度付近を境として気候が東西で大きく異なり，東側は湿潤地域，西側は乾燥地域が広がる。

ウ．「地中海性」が当てはまる。カリフォルニアは地中海性気候（Cs）である。西岸海洋性気候（Cfb）は，アラスカの太平洋岸やアパラチア山脈に分布している。

したがって，正答は**4**である。

正答　**4**

地方初級＜教養＞過去問350●**103**

地方初級

No. 103 地理　**各国の農牧業**　平成13年度

各国の農牧業に関する記述として正しいものは，次のうちどれか。

1 アメリカ合衆国では，プレーリーの北部に春小麦地帯，中部に綿花地帯，南部にとうもろこし地帯が広がっている。

2 フランスでは，北部で混合農業，中・南部で地中海式農業が中心に行われているが，北部と中南部の地域差が大きい。

3 ニュージーランドでは，降水量の多い南島に牧牛地域，少ない北島に牧羊地域が広がっている。

4 ブラジルでは，大土地所有制が発達し，エスタンシアと呼ばれる農場でコーヒーのプランテーションが行われている。

5 中国では，チンリン山脈とホワイ川を結ぶ年降水量750 mm の線を境に，北部の畑作地帯と南部の稲作地帯に分かれている。

解説

1．プレーリーとはアメリカ合衆国からカナダにかけて分布する長草草原地帯をいうが，北部にはカナダにまたがって春小麦地帯が，中部にはとうもろこし地帯，南部には綿花地帯が広がっている。

2．フランスではなくイタリアの説明である。

3．ニュージーランドでは，降水量の少ない南島東岸に牧羊地域，降水量の多い北島に牧牛地域が広がっている。

4．ブラジルの大農場はファゼンダ。エスタンシアはアルゼンチンでの呼称。なお，メキシコやアンデス諸国ではアシェンダという。

5．正しい。中国では，華北と東北地方が畑作の，華中（四川も含む）と華南地方が稲作の中心となる。

正答　**5**

地方初級 市役所

No. 104 地理 ヨーロッパの地形 平成25年度

次のアからオに該当するものをA・Bから選んだ組合せとして，妥当なのはどれか。

- ア　源流がスイスで，ドイツ，フランス，オランダを流れる河川。（A．ライン川，B．セーヌ川）
- イ　西欧最高峰の「モンブラン山」がある新期造山帯の山脈。（A．ウラル山脈，B．アルプス山脈）
- ウ　ジブラルタル海峡を挟んでアフリカと向かい合っている半島。（A．イベリア半島，B．バルカン半島）
- エ　豊かな漁場と油田がある海。（A．黒海，B．北海）
- オ　火山と地熱，温泉で知られる島。（A．アイスランド島，B．アイルランド島）

	ア	イ	ウ	エ	オ
1	A	A	A	B	B
2	A	B	A	B	A
3	A	B	B	A	B
4	B	A	A	B	B
5	B	A	B	A	A

解説

- ア．源流がスイスで，ドイツ，フランス，オランダを流れる河川は（A．ライン川）である。セーヌ川はフランスを流れる河川である。
- イ．西欧最高峰の「モンブラン」がある新期造山帯の山脈は（B．アルプス山脈）である。ウラル山脈はユーラシア大陸をヨーロッパとアジアに分ける境界線の北側を形成している古期造山帯の山脈である。
- ウ．ジブラルタル海峡を挟んでアフリカと向かい合っている半島は（A．イベリア半島）である。バルカン半島は，南東ヨーロッパにある半島で，東は黒海とエーゲ海，南は地中海，西はアドリア海である。
- エ．豊かな漁場は北西大西洋漁場，油田は北海油田であるので（B．北海）である。黒海は，ヨーロッパとアジアの間にある内海。マルマラ海を経てエーゲ海，地中海につながる。豊富な漁場や油田はない。
- オ．火山と地熱，温泉で有名な島は（A．アイスランド島）である。アイルランド島は古期造山帯の島で，火山や地熱，温泉はない。

　　以上より，正答は**2**である。

正答　**2**

地方初級＜教養＞過去問350●**105**

地方初級

No. 105 特別区 地理 ロシア 平成23年度

次の文は，ロシアに関する記述であるが，文中の空所A～Cに該当する語の組合せとして，妥当なのはどれか。

ロシアは，　　A　　山脈の西側のヨーロッパロシアと，東側のシベリア及び日本に近い極東ロシアに分けられる。ヨーロッパロシアには，　　B　　が広がっている。

ロシアの人口は約1.4億人であり，約80％がロシア人であるが，残りの約20％を100以上の少数民族が占めている。ロシアは連邦国家であり，少数民族が住む地域には，共和国，自治州，自治管区が形成されているが，連邦からの独立を主張する　　C　　共和国などもあり，連邦の中央と地方との関係は安定していない。

	A	B	C
1	ウラル	東ヨーロッパ平原	チェチェン
2	ウラル	カザフ草原	チェチェン
3	カフカス	東ヨーロッパ平原	チェチェン
4	カフカス	カザフ草原	グルジア
5	カフカス	東ヨーロッパ平原	グルジア

解説

A：ウラル山脈である。ウラル山脈は古期造山帯の山脈である。カフカス山脈は黒海と地中海の間をほぼ東西に走る新期造山帯の山脈である。

B：東ヨーロッパ平原である。カザフ草原はカザフスタン共和国の北部にほぼ東西に広がる草原（カザフステップ）である。

C：チェチェンである。グルジアはカフカス山脈南麓にある独立国である。

以上より，正答は**1**である。

正答　**1**

地方初級 特別区

No. 106 地理 国家の領域 平成30年度

次の文は，国家の領域に関する記述であるが，文中の空所A〜Cに該当する語の組合せとして，妥当なのはどれか。

国家の領域は，領土，領海，領空から成り立っている。領域のうち，領土は国家の主権が及ぶ陸地部分であり，領海は国家の主権が及ぶ海域である。多くの国の領海は，国連海洋法条約に基づいて，低潮時の海岸線から　　A　　までの範囲であり，領海の外側で海岸線から200海里までの海域が　　B　　となっている。また，領空とは，領土及び領海の上空で，国家の主権が及ぶ空域であるが，　　C　　は含まれない。

	A	B	C
1	12海里	接続水域	成層圏
2	12海里	排他的経済水域	宇宙空間
3	12海里	接続水域	宇宙空間
4	24海里	排他的経済水域	成層圏
5	24海里	接続水域	宇宙空間

解説

A．「12海里」が該当する。低潮時（＝引き潮で海面が最も低下したとき）の海岸線から12海里以内の海域を「領海」という。なお，1海里とは地球上の緯度1分に相当する距離で，1.852kmに当たるので，12海里は22.224kmに相当する。

B．「排他的経済水域」が該当する。領海の外側で海岸線から200海里までの海域を「排他的経済水域」という。排他的経済水域にある天然資源等については，沿岸国が探査・開発・保全・管理を独占的に行うことができる。

C．「宇宙空間」が該当する。領土および領海の上空を「領空」という。宇宙条約では，宇宙空間に国家の領有権は及ばないとされており，一般に人工衛星の最低軌道が領空の限界とされている。

以上より，正答は**2**である。

正答 2

地理 西アジア地誌

西アジアの地図に示されたA～Eの国名とその国の宗教などに関する記述の組合せとして正しいものは，次のうちどれか。

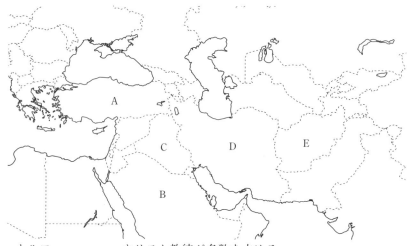

1　A——トルコ——————キリスト教徒が多数を占める。
2　B——サウジアラビア——ユダヤ教徒が多数を占める。
3　C——イラク——————イラク戦争やクルド人問題を抱えている。
4　D——アフガニスタン——タリバン政権崩壊後，政情は不安定といわれている。
5　E——イラン——————イスラム教シーア派が多数を占める。

解説

1．Aはトルコである。トルコでは，国民のほとんどがイスラム教を信仰している。
2．Bはサウジアラビアである。サウジアラビアの国民の多くはイスラム教を信仰している。ユダヤ教を信仰している国はイスラエルである。
3．正しい。
4．Dはイランである。イラン国民の多くはイスラム教（シーア派）を信仰している。
5．Eはアフガニスタンである。国民の多くはイスラム教を信仰しており，タリバン政権崩壊後，政情は悪化しているといわれている。

正答　3

地方初級

No.108 地方初級 **地理** 各国の信仰する宗教 平成30年度

各国の信仰する宗教に関する記述中のア〜ウそれぞれのa, bから妥当なものを選んだ組合せはどれか。

キリスト教を信仰している国として，東南アジアでは，ア ｛a．フィリピン，b．インドネシア｝ が挙げられる。また，アフリカでは，イ ｛a．エジプトやリビア， b．南アフリカ共和国｝ がある。ウ ｛a．イタリア，b．ロシア｝ では，カトリックが多数を占めている。

	ア	イ	ウ
1	a	a	a
2	a	a	b
3	a	b	a
4	b	a	b
5	b	b	a

解説

ア．キリスト教を信仰している東南アジアの国は，aのフィリピンである。国民の90％以上が信仰している。ほとんどがカトリック（全体の約80％）である。インドネシアは，イスラム教（約90％）を信仰している。キリスト教は，約10％である。

イ．アフリカでは，bの南アフリカ共和国がキリスト教（約70％）を信仰している。エジプトやリビアは，大多数がイスラム教を信仰している。

ウ．aのイタリアはカトリック（80％以上）が多数を占める。ロシアはロシア正教（50％強）が多数を占めている。

したがって，正答は**3**である。

データ出所：『データブック オブ ザ ワールド2021』

正答 **3**

地方初級＜教養＞過去問350●**109**

地方初級

No. 109 東京都 **地理** **日本の地形等** 令和 **元年度**

日本の地形等に関する次の記述のうち，妥当なのはどれか。

1 本州の中央部には，3000m 級の飛騨山脈，木曽山脈，越後山脈が連なっており，三つの山脈を総称して中央アルプスと呼んでいる。

2 本州の中央部には，中央構造線が南北にのびており，この西端は新潟県糸魚川市と静岡県熱海市をつないでいる。

3 三陸海岸など山地が海にせまったところでは，谷が海に沈み，入り組んだ海岸線をもつリアス海岸が見られる。

4 日本列島の近海の海底には，海岸線に沿うように深さ約200m の海溝があり，太平洋側の海溝の先には深さ約8000m を超える大陸棚が広がっている。

5 東日本の太平洋沖は，赤道付近から北上する暖流の親潮と千島列島から南下する寒流の黒潮がぶつかる潮目で，豊かな漁場になっている。

解 説

1. 本州の中央部には，3,000m 級の飛騨山脈（北アルプス），木曽山脈（中央アルプス），赤石山脈（南アルプス）が連なっており，三つの山脈を総称して日本アルプスと呼んでいる。越後山脈は新潟県・福島県・群馬県の県境に連なる山脈で，最高峰は平ヶ岳（2,141m）である。

2. 本州の中央部には，フォッサマグナ（大陥没帯）西縁に位置する糸魚川・静岡構造線（断層線）が南北に縦断している。なお，中央構造線は，関東から九州にかけて東西に走る断層線である。

3. 妥当である。

4. 日本列島の近海の海底には，海岸線に沿うように深さ約200m の大陸棚があり，太平洋側の大陸棚の先には，深さ約8,000m を超える海溝（日本海溝，伊豆・小笠原海溝）がある。

5. 東日本の太平洋沖は，赤道から北上する暖流の黒潮（日本海流）と千島列島から南下する寒流の親潮（千島海流）がぶつかる潮目（潮境）で，豊かな漁場になっている。

正答 **3**

110●地方初級＜教養＞過去問350

地方初級

No. 110 東京都 **倫理　古代地中海世界の文化** _{平成}**11年度**

古代地中海世界の文化に関する次の文中の空欄A～Cに当てはまる語句の組合せとして，正しいものはどれか。

ギリシアでは，ポリス市民の自由な活動の中から，合理的な思想や明るい人間的な文化が生み出されたが，特に，プラトン，（　A　）らによって発展した哲学はヨーロッパの人々の教養の基礎となった。

ポリスの衰退期にギリシアを征服したマケドニアのアレクサンドロス大王の東方遠征をきっかけとして，ギリシアの文化とオリエントの文化に融合がみられ，（　B　）と呼ばれた世界文化が栄え，物理学，天文学，医学などで高い水準を示した。

続いて地中海世界を支配したローマ帝国では，文化的には土木や建築の分野で特色が発揮され，優れた技術により，コロッセウム（闘技場），（　C　）などの大規模な建造物が生み出された。

	A	B	C
1	アリストテレス	ヘレニズム文化	水道橋
2	アリストテレス	エーゲ文明	パルテノン神殿
3	ヘロドトス	エーゲ文明	水道橋
4	ヘロドトス	ビザンツ文化	パルテノン神殿
5	ヘロドトス	ヘレニズム文化	水道橋

解　説

A．アリストテレスが入る。ヘロドトスはペルシア戦争史を記述した歴史家である。

B．ギリシア文化とオリエント文化が融合した文化はヘレニズム文化。ビザンツ文化は東ローマ帝国の文化で，建築で独自のビザンツ様式を生み出した。

C．水道橋が入る。パルテノン神殿はアテネのアクロポリスのアテナ女神の神殿で，ドーリア式建築。コロッセウム（闘技場）や水道橋（上が水道，中・下が人馬道のガール水道橋など）などはローマの文化を代表する建築物である。

よって，**1**が正しい。

正答　1

政治

経済

社会

日本史

世界史

地理

倫理

文学・芸術

国語

地方初級＜教養＞過去問350●**111**

地方初級

特別区

No. 111 倫理 **実存主義の思想家** 平成24年度

次のA〜Cは，実存主義の思想家に関する記述であるが，それぞれに該当する思想家の組合せとして，妥当なのはどれか。

A 当時のヨーロッパをニヒリズム（虚無主義）の時代ととらえた。ニヒリズムを克服するためには，「神は死んだ」ということを認め，これまでの道徳や価値観を破壊して，新しい価値を創造しなければならないとし，この新たな価値の創造者を「超人」と呼んだ。

B 人間が自己の本来的なあり方に目覚めていく過程を，実存の三段階として示し，第一段階を自己の欲求を追求し，享楽的に生きていく美的実存，第二段階を良心に従って道徳的に生きていく倫理的実存，第三段階を信仰への飛躍により本来の自己を取り戻す宗教的実存とした。

C 人間は限界状況において自己の無力を知り，有限性を自覚して挫折を経験することがある。そのことを通じて，はじめて自己を超え自己を支えている超越者に出会い，実存に目覚めるとした。また，実存的交わりを通して，おたがいの実存が明らかになるとした。

	A	B	C
1	キルケゴール	ニーチェ	ヤスパース
2	キルケゴール	ヤスパース	ニーチェ
3	ニーチェ	キルケゴール	ヤスパース
4	ニーチェ	ヤスパース	キルケゴール
5	ヤスパース	ニーチェ	キルケゴール

解説

A．ニーチェに関する記述。彼は伝統的な文化や教養が崩壊していく19世紀末のヨーロッパの状況を集約してニヒリズムと名づけ，「力への意志」，「超人」の到来により，「一切の価値の転換」を図ろうとした。

B．キルケゴールに関する記述。神の前に立つ単独者としての立場から，美的・倫理的・宗教的という三段階の実存を論じている。

C．ヤスパースに関する記述。彼は人間が限界状況に直面することでのみ実存を自覚できると主張し，超越者との関係の中から実存の意味が明確になっていくとした。

以上より，正答は**3**である。

正答 **3**

112●地方初級＜教養＞過去問350

地方初級 No.112 東京都 倫理 古代ギリシアの思想家 平成15年度

古代ギリシアの思想家に関する記述として，妥当なのはどれか。

1 タレスは，人々が自己の無知を自覚し，真理を追究することによって，よりよい生き方が得られるとし，「無知の知」の大切さを説いて，自らを愛知者と呼んだ。

2 プロタゴラスは，ものごとの善悪をはかる基準は一人ひとりの人間の考え方にあるとし，「人間は万物の尺度である」と説いて，相対主義の立場をとった。

3 ソクラテスは，「万物の根源は水である」と説いて，世界の成り立ちを合理的に説明しようとし，自然哲学者と呼ばれた。

4 プラトンは，事物の真実の姿をイデアと呼んで独自の哲学体系をつくりあげ，「美のイデア」が最高であると説き，理想国家の実現のためには，軍人が美のイデアを認識して，統治者になるべきだと主張した。

5 アリストテレスは，人間の徳を倫理的徳と知性的徳とに分け，知性的徳を身につける際に大切なことは，過多と過少の両極端を避けて中庸を選ぶことにあると説いて，現実より理想を重視する思想を展開した。

解説

1. タレスは万物の根源が水であると主張した思想家であり，「無知の知」の大切さを説いたのはソクラテスである。

2. 正しい。

3. 記述はタレスに関するものである。タレスの著作は残っていないが，アリストテレスの証言で彼の自然哲学が伝えられている。

4. イデアを中心に据えた思索を展開したのはプラトンであるが，彼は国家の統治者としては哲学者がふさわしいと主張したので，軍人を統治者とするべきというのは誤り。

5. アリストテレスは中庸を尊重する道徳論を展開したが，究極の実在は自然的世界にあるという現実主義の立場でプラトンのイデア論を批判しているので，アリストテレスの思想を「現実より理想を重視する」ものとするのは誤り。

正答 **2**

地方初級

No. 113 市役所 倫理 デカルト 平成20年度

次の文はフランスの哲学者デカルトに関する説明であるが，空欄A，Bに当てはまるものとして妥当な組合せはどれか。

16世紀から17世紀にかけてヨーロッパでは，近代科学が確立されたが，そのような中でフランスの哲学者デカルトは絶対的確実な真理を追求し，（　A　）と述べた。このような考え方を（　B　）という。

	A	B
1	「我思う，ゆえに我あり」	観念論
2	「我思う，ゆえに我あり」	経験論
3	「我思う，ゆえに我あり」	合理論
4	「知は力なり」	経験論
5	「知は力なり」	合理論

解説

A：「我思う，ゆえに我あり」が当てはまる。ラテン語でコギト＝エルゴ＝スムともいい，すべてのものを疑っても疑いえない真理として，自らが存在していることを表すデカルトの真理探究方法（方法的懐疑）をさす言葉である。

B：「合理論」が当てはまる。デカルトは演繹法（一般的原理から理性的推理で特殊な原理を導き出す方法）によって真の知識の源泉を理性的思考に求める合理論の先駆者である。観念論は精神的なものを根源的な実在とする考え方で，18世紀後半のドイツで生まれたカントに始まる思想である。経験論は真の知識は感覚的な経験から生まれるとする考え方で，16世紀後半のイギリスのベーコンに始まる思想。ベーコンは「知は力なり」と述べている。

よって，正答は**3**である。

正答　**3**

地方初級

No. 114 特別区 倫理 古代ギリシアの自然哲学者 平成26年度

次のA～Eのうち，古代ギリシアの自然哲学者と，それぞれの哲学者が万物の根源として考えたものの組合せとして，妥当なのはどれか。

	哲学者		根源
A	エンペドクレス	――	火・空気・水・土
B	タレス	――	水
C	デモクリトス	――	永遠に生きる火
D	ピュタゴラス	――	数
E	ヘラクレイトス	――	原子

1 A　B　D
2 A　C　D
3 A　C　E
4 B　C　E
5 B　D　E

解説

A. 正しい。エンペドクレスは，万物の根源（アルケー）を「火・空気・水・土」の四元素とし，愛によって万物が生まれ，憎しみによって万物が分離すると説いた。

B. 正しい。自然哲学者の祖であるタレスは，万物の根源を「水」とし，生命の源と考えた。

C. デモクリトスは，万物の根源を「原子」とし，原子が運動によって結びつく原子論を説いた。「永遠に生きる火」はEを参照。

D. 正しい。ピュタゴラスは万物の根源を「数」とその比例とした。

E. ヘラクレイトスは万物の根源を「永遠に生きる火」とした。「原子」はCを参照。

よって，正しいものはA・B・Dであり，正答は**1**である。

正答　**1**

地方初級＜教養＞過去問350●115

地方初級
特別区
No.
115 倫理 **諸子百家** 平成**18**年度

中国の思想家に関する記述のうち，妥当なものはどれか。

1 老子は，人間の本性は悪であるという性悪説を唱え，人間の欲望を放置すると必ず争いが起こるため，その欲望を抑える外的な規範としての礼に従うことによって，社会の安全と秩序が維持できるとする礼治主義を説いた。

2 墨子は，人間は，天然自然の道に従い無為自然を理想として生きるべきであると説き，政治についても自然に任せれば良く治まるとして，小国寡民という村落共同体社会を理想とした。

3 荘子は，仁は人間の社会生活の根本原理であるとし，仁徳を備えた人がその徳によって政治を行えば，社会の秩序は安定し理想の政治が実現されるとする徳治主義を唱えた。

4 孟子は，人間の本性は善であるという性善説を唱え，人間は生まれながらにして，惻隠の心，羞悪の心，辞譲の心，是非の心があるとし，また，政治については，為政者が仁義に基づいて民衆の幸福をはかる王道政治を主張した。

5 荀子は，善悪や美醜の別は人為的・相対的なものであり，ありのままの世界では万物はすべて等しいとする万物斉同を唱え，何ものにもとらわれないで，天地自然と一体となった逍遙遊の境地にある真人を人間の理想とした。

解説

1 儒家の荀子に関する記述である。儒家の荀子は人間の本性は悪であるという性悪説を唱え，礼治主義を説いた。

2 道家の祖である老子に関する記述である。老子は人間は天然自然の道に従い，無為自然を理想とし，さらに小国寡民という村落共同体社会を理想社会とした。

3 儒家の祖である孔子に関する記述である。孔子は仁を重んじ，仁徳を備えた人物による徳治主義を説いた。

4 正しい。儒家の孟子に関する記述である。

5 道家の荘子に関する記述である。荘子は万物はすべて等しいとする万物斉同を唱え，逍遙遊の境地にある真人を理想とした。

正答 **4**

地方初級 No.116 特別区 倫理 江戸時代の思想家 平成25年度

次のA～Cは，江戸時代の思想家に関する記述であるが，それぞれに該当する思想家名の組合せとして，妥当なのはどれか。

A 「春鑑抄」を著し，天地自然に上下高低の理があるように，人間社会にも身分の高い者，低い者といった秩序として上下定分の理があるとした。

B 「翁問答」を著し，あらゆる人間関係を成立させる人倫の基本原理である孝を万物の根本原理と考えた。晩年は陽明学に共鳴し，真の良知は実践をはなれては成立せず，孝を中心とする徳を実行すべきであると説いた。

C 「弁道」を著し，古文辞学を唱えて「論語」以前の「六経」を研究し，そこに中国古代の聖人が定めた先王の道を見いだした。それは，先王が国を統治するために人為的に作った，安定した社会秩序を実現するための安天下の道だと考えた。

	A	B	C
1	荻生徂徠	中江藤樹	林羅山
2	中江藤樹	荻生徂徠	林羅山
3	中江藤樹	林羅山	荻生徂徠
4	林羅山	荻生徂徠	中江藤樹
5	林羅山	中江藤樹	荻生徂徠

解説

A．林羅山。江戸時代初期の朱子学者である。彼は，上下定分の理を倫理の中心とし，その実践のためには存心持敬の胎動が必要であると説いて，封建的な武士の身分制度を正当化する基盤を与え，江戸時代の朱子学官学化の基礎を築いた。

B．中江藤樹。「近江商人」と呼ばれ陽明学の知行合一の教えを広めた。

C．荻生徂徠。朱子学を批判し儒学の原点を重視する古文辞学の創始者で，経世済民を強調した。

　以上より，正答は**5**である。

正答 **5**

政治　経済　社会　日本史　世界史　地理　倫理　文学・芸術　国語

地方初級 特別区

No. 117 倫理 わが国の仏教思想家 平成14年度

わが国の仏教思想家に関する記述として，妥当なのはどれか。

1 親鸞は，富や名声にとらわれず，真実の仏の教説を厳しく実行すべきことを主張し，その核心は坐禅にあり，ひたすら坐禅する只管打坐の中において，心身の執着から解き放たれ，悟りはすでに実現していると説いた。

2 栄西は，自力で修行をなしうると思っている善人は，仏の慈悲を頼む心に欠けるが，煩悩にまみれどうすることもできないと思っている悪人は，ただ仏の慈悲にすがろうとするので，かえって救われやすいという悪人正機を説いた。

3 道元は，法華経こそ真にして実なる経典であると主張し，すべての人間は唱題することによって，法華経の教説に出会い，現世利益を得，次の生には仏となることができると説いた。

4 法然は，末法の世の煩悩にまみれたわれわれは，自力の修行によって悟りを得ることは不可能であり，ただひたすらに念仏を唱える専修念仏によって，極楽浄土に往生することができると説いた。

5 日蓮は，素質は劣っていても，戒律を厳しく守って身も心も清浄となり，もっぱら坐禅による自力の修行をするならば，自己の内なる仏の知に目覚め，自己のみならず他者をも安楽にすることができると説いた。

解説

1. ひたすら坐禅する只管打坐を説いたのは曹洞宗の開祖である道元である。親鸞は浄土真宗の開祖である。

2. 煩悩にまみれどうすることもできないと思っている悪人こそ救われやすいとする悪人正機説は，浄土真宗の親鸞の教えである。

3. 法華経を最高の経典とし，南無妙法蓮華経の題目を唱える唱題を説いたのは日蓮宗（法華宗）を開いた日蓮である。

4. 正しい。ただひたすらに念仏を唱える専修念仏の重要性を説いたのは浄土宗の法然である。

5. 戒律を厳しく守って，慈悲の心を保つことを説いたのは臨済宗の開祖である栄西である。

正答 4

地方初級
特別区
No. 118　文学・芸術　ロマン派の作曲家　平成30年度

次の作曲家A〜Eのうち，ロマン派の作曲家を選んだ組合せとして，妥当なのはどれか。

- A　モーツァルト
- B　F.シューベルト
- C　J.S.バッハ
- D　ショパン
- E　ヴァーグナー

1　A　B　D
2　A　C　D
3　A　C　E
4　B　C　E
5　B　D　E

解説

A．モーツァルトはオーストリアの古典派の作曲家である。代表作は「フィガロの結婚」，「ジュピター」である。

B．妥当である。シューベルトはオーストリアのロマン派の作曲家である。代表作は「野ばら」，「魔王」である。

C．J.S.バッハはドイツのバロック音楽の作曲家である。代表作は「G線上のアリア」である。

D．妥当である。ショパンはポーランドのロマン派の作曲家である。代表作は「小犬のワルツ」，「別れの曲」である。

E．妥当である。ヴァーグナーはドイツのロマン派の作曲家である。代表作は「タンホイザー」，「ニーベルングの指環」である。

したがって，正答は**5**である。

正答　**5**

地方初級

No. 119 特別区 文学・芸術 江戸時代の美術作品と作者 令和元年度

次のA～Cは，江戸時代の美術作品であるが，それぞれに該当する作者名の組合せとして，妥当なのはどれか。

A　紅白梅図屏風

B　東海道五十三次

C　見返り美人図

	A	B	C
1	尾形光琳	十返舎一九	喜多川歌麿
2	尾形光琳	歌川広重	菱川師宣
3	俵屋宗達	十返舎一九	葛飾北斎
4	俵屋宗達	歌川広重	喜多川歌麿
5	俵屋宗達	十返舎一九	菱川師宣

解説

A．尾形光琳が妥当である。元禄文化を代表する画家で，琳派（光琳派）の芸術家。紅白梅図屏風は光琳の最晩年の代表作とされる。

B．歌川広重が妥当である。化政文化を代表する浮世絵師で，風景版画を大成させた。

C．菱川師宣が妥当である。浮世絵の祖と称される画家で，元禄美術の中でも美人画を得意とした。

したがって，正答は**2**である。

正答　**2**

120●地方初級＜教養＞過去問350

地方初級

No. 120 地方初級 文学・芸術 **日本の古典文学** 平成29年度

日本の古典文学作品に関する記述として妥当なのはどれか。

1 『古今和歌集』は8世紀後半に成立した和歌集で，総歌数は約4,500首に上る。雑歌，相聞，挽歌の三部を中心に編纂され，歌風は力強くのびのびとした「ますらをぶり」で，防人の歌も含まれている。

2 『土佐日記』は平安時代に成立した最初の歌物語で，紀貫之と思われる主人公の一代記となっている。125段からなり，男女の恋愛感情がつづられ，多くの和歌も含まれている。

3 『源氏物語』は11世紀初めに成立した作り物語と歌物語を総合させた長編物語で，その内容は仏教説話，世俗説話，作者の紫式部が中宮定子に仕えた宮廷での体験談に大別される。

4 『徒然草』は鎌倉時代末期に成立した随筆集で，作者の吉田兼好によって書かれた仏教的な無常観に貫かれた文学作品である。その内容は，自然に関するもの，説話や人生訓など多岐にわたっている。

5 軍記物語は合戦に伴う悲劇や因果応報の世の中が描かれている。鎌倉時代に軍記物語を代表する『大鏡』が書かれると，その後，『保元物語』，『平治物語』，『平家物語』などが次々に記された。

解説

1. 奈良時代に成立した『万葉集』に関する記述である。『古今和歌集』は10世紀初頭に成立した勅撰和歌集で総歌数は約1,100首に上り，歌風は優美で繊細な「たをやめぶり」を特色とし，『万葉集』成立以後の歌を集めている。

2. 平安時代中期に成立した『伊勢物語』に関する記述である。日本最古の歌物語とされる『伊勢物語』の主人公は，紀貫之ではなく，在原業平である。『土佐日記』は平安時代に紀貫之によって記された最初の日記文学である。

3. 前半は正しいが，仏教説話と世俗説話に大別されるのは，12世紀前半に成立した『今昔物語集』（作者未詳）の特色である。また，作者の紫式部は中宮彰子に仕えている。中宮定子に仕えたのは清少納言である。

4. 妥当である。

5. 『大鏡』は平安時代後期に成立した歴史物語を代表する作品であり，軍記物語ではない。鎌倉時代には『保元物語』，『平治物語』，『平家物語』の軍記物語が成立した。

正答 **4**

地方初級

No. 121 北摂都市　**文学・芸術**　　**古典文学の冒頭**　　平成**14**年度

次の冒頭部分に該当する文学作品の組合せとして正しいものは，次のうちどれか。

A　ゆく河の流れは絶えずして，しかも，もとの水にあらず。

B　祇園精舎の鐘の声，諸行無常の響きあり。

C　をとこもすなる日記といふものを，をむなもしてみむとて，するなり。

D　昔，男ありけり。その男，身を要なきものに思ひなして，京にはあらじ，東の方に住む
　　べき国求めにとて行きけり。

	A	B	C	D
1	徒然草	平家物語	更級日記	今昔物語集
2	方丈記	平家物語	土佐日記	今昔物語集
3	方丈記	平家物語	土佐日記	伊勢物語
4	方丈記	源氏物語	土佐日記	伊勢物語
5	徒然草	源氏物語	更級日記	今昔物語集

解説

A．『方丈記』の冒頭部分である。鴨長明によって書かれた鎌倉時代を代表する随筆である。

B．『平家物語』の冒頭部分である。平家一門の盛衰を描いた軍記物語で，鎌倉時代に成立した。

C．『土佐日記』の冒頭部分である。紀貫之によって書かれた平安時代を代表する日記文学であ
　　る。

D．『伊勢物語』の第9段の冒頭部分である。作者不詳で，在原業平を主人公とした平安時代を
　　代表する歌物語である。

　　よって，**3**が正しい。

正答　**3**

122●地方初級＜教養＞過去問350

地方初級

No. 122 地方初級 文学・芸術 無頼派 平成16年度

太宰治や坂口安吾に見られる文学的傾向に関する記述として，正しいものは次のうちどれか。

1 強い倫理感と自我に支えられ，強烈な個性を知的に表現しようとした。

2 労働者と資本家の対立を意識し，社会主義的な文学の路線をとり，当局の弾圧を受けた。

3 戦後の混乱の中で退廃的な生活のままに自尊と自嘲が交錯する作風を示した。

4 ヨーロッパの前衛的な芸術の影響を受け，文学技巧の革新をめざし，感覚的に現実をとらえた。

5 詩情とユーモアを交えて人生を退廃的で享楽的に描き，反マルクス主義の立場で作品を書いた。

解説

1. 武者小路実篤や志賀直哉など白樺派に関する記述で，理想主義的な人道主義を特徴としていた。

2. 葉山嘉樹や小林多喜二などプロレタリア文学に関する記述で，階級的なイデオロギーが表面に出る作品が多かった。

3. 正しい。太宰治と坂口安吾は新戯作派あるいは無頼派と呼ばれたグループに分類され，既成のモラルや文学観に反逆する態度をとっていた。

4. 横光利一や初期の川端康成などの新感覚派に関する記述で，プロレタリア文学と対立する立場をとっていた。

5. 梶井基次郎や井伏鱒二など新興芸術派に関する記述で，繊細だが強烈な感受性を示す作品が発表された。

正答 **3**

地方初級＜教養＞過去問350●**123**

地方初級

No. 123 文学・芸術 　文学作品の組合せ　平成13年度

次の冒頭文と作者の組合せとして正しいものはどれか。

A　ゆく河の流れは絶えずして，しかも，もとの水にあらず。〜

B　男もすなる日記といふものを，女もしてみむとてするなり。〜

C　つれづれなるままに，日暮らし，硯にむかひて，心にうつりゆくよしなしごとを〜。

D　月日は百代の過客にして，行きかふ年もまた旅人なり。〜

	A	B	C	D
1	鴨長明	吉田兼好	松尾芭蕉	紀貫之
2	吉田兼好	鴨長明	紀貫之	松尾芭蕉
3	鴨長明	紀貫之	吉田兼好	松尾芭蕉
4	紀貫之	松尾芭蕉	吉田兼好	鴨長明
5	松尾芭蕉	紀貫之	鴨長明	吉田兼好

解説

A．鴨長明の『方丈記』

B．紀貫之の『土佐日記』

C．吉田兼好の『徒然草』

D．松尾芭蕉の『奥の細道』の冒頭文である。

　よって，**3**が正しい。

正答　**3**

124●地方初級＜教養＞過去問350

地方初級
No.124 市役所 文学・芸術 わが国の建築様式 平成12年度

わが国の住宅の建築様式に関するA～Dの記述に当てはまる様式名の組合せとして正しいものは，次のうちどれか。

A　平安時代に造られた貴族の住宅で，築地塀で囲まれていた。南側は池，中島を含む庭となっていた。

B　安土桃山時代から江戸時代初期にかけて，茶の湯の流行から造られた茶室風の建築様式で，邸宅として用いられた。

C　鎌倉時代の武士が住んでいた家の造りで，物見やぐら，塀を備え，母屋や馬場などが設けられていた。

D　室町時代に成立した建築様式で，玄関，床，棚，付書院を持つ点を特徴とし，障子などで仕切られ，棚が備えつけられていた。

	A	B	C	D
1	書院造	武家造	寝殿造	数寄屋造
2	書院造	数寄屋造	寝殿造	武家造
3	寝殿造	武家造	書院造	数寄屋造
4	寝殿造	数寄屋造	書院造	武家造
5	寝殿造	数寄屋造	武家造	書院造

解説

A．寝殿造の説明。母屋を「寝殿」と呼ぶことから寝殿造といわれるようになった。
B．数寄屋造の説明。茶室風の様式がとり入れられた。装飾を取り除いた簡潔な様式である。
C．武家造の説明。寝殿造を簡単化したもので，鎌倉時代の地頭の館がこの形式でつくられた。
D．書院造の説明。禅院の書斎の影響を受けて発達した。

　　よって，**5**が正しい。

正答　**5**

地方初級＜教養＞過去問350●125

地方初級

No. 125 地方初級 文学・芸術 日本の伝統芸能 平成18年度

日本の伝統芸能に関する次の記述のうち，妥当なものはどれか。

1 能は江戸時代に観阿弥・世阿弥父子によって大成された伝統芸能である。

2 浄瑠璃は出雲の阿国が始めた踊りから生じ，江戸時代に発展した伝統芸能である。

3 狂言は猿楽から生じた喜劇的な芸能で，現在は大蔵流，和泉流の二流がある。

4 文楽は人形浄瑠璃の一つで，現在は観世流，宝生流，金剛流，金春流，喜多流の五流がある。

5 歌舞伎は室町時代に大成された伝統芸能であり，江戸では市川団十郎の和事，上方では坂田藤十郎の荒事で知られている。

解 説

1. 能は江戸時代ではなく，室町時代（北山文化）に観阿弥・世阿弥父子によって大成された伝統芸能である。

2. 浄瑠璃は三味線の伴奏で語る義太夫節に代表される語り物音楽であり，人形と結びついて人形浄瑠璃（操り人形の芝居）として近世に発展した。出雲の阿国が始めた踊りから生じた伝統芸能は歌舞伎である。

3. 正しい。

4. 文楽は人形浄瑠璃の一つであるが，観世流，宝生流，金剛流，金春流，喜多流の五流によって受け継がれているのは能である。

5. 歌舞伎は室町時代ではなく，江戸時代に大成された伝統芸能である。また江戸では荒事（荒々しい武人や鬼神などを主役にした芝居）の市川団十郎，上方では和事（恋愛を演じる芝居）の坂田藤十郎が有名であった。

正答 **3**

地方初級

No. 126 市役所 文学・芸術 **西洋音楽** 平成21年度

次のA〜Cの記述と作曲家の組合せとして，最も妥当なのはどれか。

A　ドイツの作曲家で音楽の父と呼ばれる。「ブランデンブルク協奏曲」や「管弦楽組曲」を作曲した。

B　オーストリアの作曲家で幼い頃から音楽でその才能を発揮した。「フィガロの結婚」や「魔笛」を作曲した。

C　ポーランド出身の作曲家でピアノの詩人と呼ばれる。パリで活躍し，「小犬のワルツ」を作曲した。

	A	B	C
1	バッハ	ベートーヴェン	ショパン
2	バッハ	モーツァルト	ショパン
3	バッハ	ベートーヴェン	シューベルト
4	ヘンデル	モーツァルト	シューベルト
5	ヘンデル	ベートーヴェン	シューベルト

解説

A．「バッハ」が当てはまる。ヘンデルはドイツ出身のイギリスの作曲家で，代表作は「水上の音楽」などである。

B．「モーツァルト」が当てはまる。モーツァルトは「神童」と呼ばれた。ベートーヴェンはドイツの作曲家で「楽聖」と呼ばれている。代表作は交響曲第五番（運命）などである。

C．「ショパン」が当てはまる。シューベルトはオーストリアの作曲家で，「歌曲の王」と呼ばれている。代表作は歌曲「魔王」などである。

以上より，正答は**2**である。

正答　**2**

地方初級＜教養＞過去問350●**127**

地方初級

No.
127

地方初級

文学・芸術

音楽家

平成**17年度**

次のア〜ウは音楽家に関する記述である。ア〜ウに該当する音楽家の組合せとして妥当なものはどれか。

ア 「歌曲の王」と呼ばれ，「魔王」や「野ばら」を作曲した。

イ ロマン派の音楽家で，「タンホイザー」「ニーベルングの指輪」を作曲した。

ウ ポーランド出身の作曲家で，ピアノをはじめ多くの曲を作曲した。

	ア	イ	ウ
1	シューベルト	ワーグナー	ショパン
2	シューベルト	R.シュトラウス	J.S.バッハ
3	J.S.バッハ	ワーグナー	シューベルト
4	J.S.バッハ	R.シュトラウス	ショパン
5	ショパン	ワーグナー	J.S.バッハ

解 説

ア：シューベルトである。シューベルトはオーストリアのロマン派の音楽家で「歌曲の王」と呼ばれた。歌曲「魔王」「野ばら」など600曲以上を作曲した。

イ：ワーグナーである。ワーグナーはドイツのロマン派の音楽家で，演劇と音楽を結びつけた楽劇を創始した。歌劇「タンホイザー」「ローエングリン」，楽劇「トリスタンとイゾルデ」「ニーベルングの指輪」を作曲した。

ウ：ショパンである。ショパンはポーランド出身のロマン派の音楽家で，「ピアノの詩人」と呼ばれている。

なお，J.S.バッハはドイツのバロック音楽の代表者，R.シュトラウスはドイツの作曲家で，後期ロマン派に属する。

よって，正答は**1**である。

正答 **1**

128●地方初級＜教養＞過去問350

地方初級

No. 128 地方初級 文学・芸術　**19〜20世紀の世界の芸術家**　平成27年度

19世紀から20世紀の世界の芸術家に関するA〜Cの記述に該当する芸術家名の組合せとして妥当なのはどれか。

- A　ルネサンス以来の西洋絵画の伝統的な技術であった遠近法や明暗法を排除して，物の形を幾何学的に三次元から二次元で再構築するキュビスムを創始した。
- B　第一次世界大戦後に起こった，論理や秩序を廃し，無意識による想像力や夢，幻覚などを重視して表現するシュルレアリスムの画家として知られている。
- C　第二次世界大戦後に起こったポップ=アートと呼ばれる前衛的な美術を代表する画家で，肖像写真をシルクスクリーンで複製化するなど，「アート」の枠を超えた活動を行った。

	A	B	C
1	ウォーホル	ピカソ	ダリ
2	ウォーホル	ダリ	ピカソ
3	ピカソ	ウォーホル	ダリ
4	ピカソ	ダリ	ウォーホル
5	ダリ	ウォーホル	ピカソ

解説

A：ピカソが当てはまる。ピカソ（1881〜1973年）はスペイン出身の画家・彫刻家・版画家で，フランスで活躍した。キュビスム（立体派）の画家として，「アヴィニョンの娘たち」を描いた。また，スペイン内乱に際し，「ゲルニカ」を描いた。

B：ダリが当てはまる。ダリ（1904〜89年）はスペイン出身の画家で，シュルレアリスム（超現実主義）を代表する画家である。「記憶の固執」などを描いた。

C：ウォーホルが当てはまる。ウォーホル（1928〜87年）はアメリカのポップ=アートを代表する画家で，映画製作にも携わった。缶詰のラベルや映画スターの写真をシルクスクリーンで複製したことで有名である。

したがって，正答は**4**である。

正答　4

地方初級 No.129 国語 漢字の読み 平成23年度

左右の文中の下線部の読み方が同じものの組合せとして，妥当なのはどれか。

1 漢文を訓読する──文章に句読点を打つ
2 定規で線を引く──定石を踏んだ経営方針を立てる
3 望外の幸せである──お茶を所望する
4 大言壮語なことを言う──膨大な資料を整理する
5 万物は流転する──流行に敏感な若者が多い

解説

1. 「訓読」（くんどく），「句読点」（くとうてん）と読み，同じ読み方ではない。
2. 妥当である。定規（じょうぎ），「定石」（じょうせき）で同じ読み方である。
3. 「望外」（ぼうがい），「所望」（しょもう）と読み，同じ読み方ではない。
4. 「大言」（たいげん），「膨大」（ぼうだい）と読み，同じ読み方ではない。
5. 「流転」（るてん），「流行」（りゅうこう）と読み，同じ読み方ではない。

正答 **2**

地方初級

No. 130 地方初級 **国語** **四字熟語の読み** 令和 **元年度**

次の四字熟語のうち，（　）内の読み方が正しいのはどれか。

1 頭寒足熱（とうかんそくねつ）

2 上位下達（じょういげたつ）

3 二律背反（にりつせはん）

4 泰然自若（たいねんじじゃく）

5 有為転変（ういてんぺん）

解説

1. 前半の「とうかん」が誤り。正しい読み方は「ずかん」。頭を冷やし，足を温かくすること。

2. 後半の「げたつ」が誤り。正しい読み方は「かたつ」。上の者の意向や意思を下の者に伝えること。

3. 後半の「せはん」が誤り。正しい読み方は「はいはん」。二つの命題が矛盾し，対立すること。

4. 前半の「たいねん」が誤り。正しい読み方は「たいぜん」。ゆったりと落ち着いている様子。

5. 妥当である。万物は常に移り変わること。

正答 **5**

政治 経済 社会 日本史 世界史 地理 倫理 文学・芸術 国語

地方初級＜教養＞過去問350●**131**

地方初級

No. 131 国語 **助動詞の用法** 平成26年度

下線部の助動詞の意味が同じものの組合せとして妥当なのはどれか。

1 a 昨日のご飯はまだ食べられるかな。
 b 今日，先生が来られる。

2 a 今日は雨のようだ。
 b 雨が滝のようだ。

3 a 明日は晴れだそうだ。
 b 君は音楽が好きだそうだね。

4 a 明日はきっと晴れよう。
 b 今日の夕方までに片付けよう。

5 a 明日は雪にはなるまい。
 b 不注意な行動は二度としまい。

解 説

1. a は「食べることができるかどうか」を表す「可能」の意味 。 b は先生を敬う「尊敬」の意味。

2. a は「推定」の意味。 b は「たとえ」の「比況」の意味。

3. 妥当である。 a ・ b はいずれも，人から伝え聞いた「伝聞」の意味である。

4. a は「～だろう」の「推量」の意味。 b は自らの気持ちを表す「意思」の意味。

5. a は「否定の推量」の意味。 b は「否定の意思」を表す意味。

正答 **3**

132●地方初級＜教養＞過去問350

地方初級

地方初級

No. 132 国語 助動詞 平成21年度

次の文のうち，自発の「れる」「られる」の用法として妥当なのはどれか。

1 小学校時代が昨日のことのように感じられる。

2 逃亡者がパトカーに追いかけられる。

3 校長先生が講堂でお話しされた。

4 何度か挑戦して，やっと嫌いななにんじんが食べられた。

5 だれでもその問題にはすぐに答えられる。

解説

1. 正しい。「感じられる」の「られる」は自然にそうなる意味の「自発」の用法である。

2. 「追いかけられる」の「られる」は他からの動作を受ける意味で用いられているので「受身」の用法である。

3. 「お話しされた」の「された」は相手を敬う「尊敬」の「れる」の用法である。

4. 「食べられた」の「られた」は「食べることができた」の意味で用いられているので「可能」の用法である。

5. 「答えられる」の「られる」は「答えることができる」の意味で用いられているので「可能」の用法である。

正答 **1**

地方初級＜教養＞過去問350●**133**

地方初級

No. 133 国語 漢字の用法 平成30年度

地方初級

下線部の漢字が正しいものはどれか。

1 転校してきた小学生は新しい環境への<u>準応性</u>が高かったので，すぐに慣れた。

2 環境問題を解決するため，日本はアメリカ合衆国と新しい条約を<u>締決</u>した。

3 二泊三日の京都旅行では，銀閣寺を見学し，さらに哲学の道を<u>散柵</u>した。

4 中学時代の恩師からいただいた手紙に大変<u>感名</u>を受けた。

5 今年の目標は，<u>既成</u>の概念にとらわれずに，新しいことにチャレンジすることだ。

解 説

1.「準応性」は誤り。正しくは「順応性」。意味は環境に適応すること。

2.「締決」は誤り。正しくは「締結」。意味は条約などを結ぶこと。

3.「散柵」は誤り。正しくは「散策」。意味は散歩すること。

4.「感名」は誤り。正しくは「感銘」。意味は忘れられないほど心に感じること。

5. 妥当である。「既成」は，事柄がすでに出来上がっていること。

正答 **5**

134●地方初級＜教養＞過去問350

地方初級

No. 134 地方初級 **国語** **慣用句** 平成29年度

文中の a，b のうち，a のみが正しい表現であるものはどれか。

1 必要に { a．せがまれる。 / b．かられる。 }

2 汚名 { a．返上。 / b．挽回。 }

3 かたずを { a．飲む。 / b．こらす。 }

4 手塩に { a．もむ。 / b．かける。 }

5 手を { a．焼く。 / b．切る。 }

解説

1．a，b ともに誤り。正しい表現は，「必要に迫られる」。

2．a，b とも正しい。「汚名返上」は汚名（不名誉な評判）を新たな成果を挙げて打ち消すこと。「汚名挽回」は汚名をよい状態へ回復させるため，巻き返しを図ること。

3．妥当である。a のみ正しい。a の「かたずを飲む」は息を殺して緊張している状態のこと。

4．b のみ正しい。「手塩にかける」は自ら世話をして育て上げること。

5．a，b とも正しい。「手を焼く」は手こずること。「手を切る」は関係を断つこと。

正答 **3**

地方初級＜教養＞過去問350●135

地方初級

No. 135 地方初級 **国語** **敬語の正誤** 平成**24年度**

敬語の使い方として正しいのはどれか。

1 お客様，あちらのカウンターで伺って下さい。

2 この度は，誠に申し訳ございませんでした。

3 部長が課長に尋ねるように申しておりました。

4 わが社の山田さんは，ただ今外出しております。

5 姉はこの本をお借りになりましたか。

解説

1. 「伺う」は「聞く・問う・尋ねる・訪れる」の謙譲語。相手に対する尊敬を表すなら「お聞き下さい」か「お尋ね下さい」となる。

2. 正しい。「申し訳ない」は相手に済まない気持ちがして詫びるという意味で，「ない」の丁寧語が「ございません」になっている。

3. 「申す」は「言う・語る」の謙譲語。部長に対する尊敬を表すなら「おっしゃいました」と言う。

4. 外来の客に対し，身内である自分の会社の人物のことを話す場合は，たとえ上役であっても「山田」と呼び捨てにするのが敬語の使い方である。

5. 「姉」は身内であるから相手にへりくだった言い方をしなければならず，「お借りにな」るというような丁寧語は使わず，「お借りしましたか」と聞くべきである。

正答 **2**

地方初級

No. 136 地方初級 **国語** **ことわざの用法** 平成15年度

ことわざの使い方が正しいものは，次のうちどれか。

1 口の軽い人に情報を管理させるなんて，猫に鰹節じゃないか。

2 そういうことは紺屋の白袴で，専門の人に説明してもらったほうがよい。

3 あの2人はとても仲がよくて，糠に釘だ。

4 さまざまな意見が出され，まるで火中の栗を拾うようなものだ。

5 悪いことはたびたび起こるものではないが，渡りに舟でどしゃ降りになった。

解 説

1．正しい。「猫に鰹節」は，安心できないこと，まちがいを起こしやすいような状態をさしている。

2．「紺屋の白袴」は，他人のために奔走し，自分のことをする暇がないことをたとえたもので，専門知識がないという意味ではない。

3．「糠に釘」は，なんの手ごたえもないという意味で，親密さを表すには不適当である。

4．「火中の栗を拾う」は，他人の利益のために危険なことをするという意味で，意見が多様だというだけの状況にふさわしいとはいえない。

5．「渡りに舟」は，困ったときに最も都合のよいことが起こることを意味し，どしゃ降りのような不都合な事態にふさわしい表現ではない。

正答 **1**

地方初級＜教養＞過去問350●**137**

地方初級

No. 137 特別区 **国語** **ことわざの意味** 平成14年度

次のことわざの組合せA〜Eのうち，双方の意味が類似するものを選んだ組合せとして，妥当なのはどれか。

  A　先んずれば人を制す——— 急がば回れ
  B　門前市を成す　　——— 門前雀羅を張る
  C　奇貨居くべし　　——— 好機逸すべからず
  D　好物に祟なし　　——— 腹八分目に医者いらず
  E　空き樽は音が高い——— 浅瀬に仇浪

1　A，C
2　A，D
3　B，D
4　B，E
5　C，E

解 説

A．双方の意味が類似していない。「先んずれば人を制す」は他人よりも先に事を行えば有利な立場に立つことができること。「急がば回れ」は急いで危険な目に遭うより，時間がかかっても安全なほうを選んだほうが早く目的を達することができるというたとえ。

B．双方の意味が類似していない。「門前市を成す」はその家の訪問者が非常に多いたとえ。「門前雀羅を張る」は訪問者が少しもなく閑散としているたとえ。

C．正しい。「奇貨居くべし」と「好機逸すべからず」は類似した意味で，得がたい機会だから，逃さずうまくこれを利用すべきであるということ。

D．双方の意味が類似していない。「好物に祟なし」は好きなものは食べ過ぎてもそれほど害にならないこと。「腹八分目に医者いらず」はいつもいっぱい食べずに，八分目ぐらいで控えめにしておけば，健康で医者にかからなくてもよいことのたとえ。

E．正しい。「空き樽は音が高い」と「浅瀬に仇浪」は類似した意味で，考えが浅はかな人ほど口数が多く，大騒ぎするたとえ。
　　よって，C，Eの**5**が正しい。

正答　**5**

地方初級

No. 138 地方初級 国語 体の一部を用いた慣用句 平成25年度

体の一部を用いた慣用句の用法で，双方の空所に入る漢字が同じものは次のうちどれか。

1 あの人は高学歴を□にかけ，人を□で使う。

2 息子は甘いものに□がなく，お土産がお菓子でないと□を膨らませる。

3 みんなが□を抱えていた問題を解決した彼には□が上がらない。

4 □が堅い友人に相談したら，痛くもない□を探られた。

5 □の込んだ作品を受け取ることになり，□を長くして楽しみにしている。

解説

1. 高学歴を人前に見せびらかすという意味で「鼻にかけ」るとなり，自分は何もせず，いばって人を使うというときは「顎で使う」となる。

2. 甘いものが大好きというときは「目がない」であり，機嫌が悪い状態を表すときは「頬を膨らませる」となる。

3. 正しい。「頭を抱え」るは悩んでいるという意味で，「頭が上がらない」は相手の優れていることを認めて敬意を表す様子をいう。

4. 秘密などをしゃべらないという意味は「口が堅い」で，あらぬ疑いをかけられるという意味が「痛くもない腹を探られる」。

5. 細かい細工がしてあるという意味が「手の込んだ」で，待ちこがれる様子を表すのが「首を長く」するである。

正答 **3**

地方初級＜教養＞過去問350●**139**

地方初級

No. 139 地方初級 国語 動物名を用いたことわざ 平成28年度

動物の名前を使用することわざとして，下線部 a が妥当なのはア～オのうちどれか。

ア　ａ鶏口となるも牛後となるなかれ
　　　ｂ虎口となるも牛後となるなかれ

イ　ａ鼠百まで踊り忘れず
　　　ｂ雀百まで踊り忘れず

ウ　蛇に睨まれた ａ獅子
　　　蛇に睨まれた ｂ蛙

エ　天高く ａ鷹肥ゆる秋
　　　天高く ｂ馬肥ゆる秋

オ　木に縁りて ａ鳥を求めず
　　　木に縁りて ｂ魚を求めず

1 ア
2 イ
3 ウ
4 エ
5 オ

解説

1. 妥当である。「鶏口」はニワトリの口のことで，小さな組織のこと。「牛後」は牛の尻で，大きな組織の中の後ろで付き従う者のこと。大きな組織の中よりも小さな組織の長となるほうがよいという意味である。

2. 正しくはｂの「雀」が当てはまる。意味は，子どもの頃の習慣は高齢になっても忘れないこと。

3. 正しくはｂの「蛙」が当てはまる。意味は，蛇は蛙を食べることがあり，そこから，恐ろしさで動けなくなること。

4. 正しくはｂの「馬」が当てはまる。意味は，秋の空は澄み渡っていて，馬は太りたくましくなること。

5. 正しくはｂの「魚」が当てはまる。意味は，木に登って魚を得ようとすることのたとえから，方法を間違えると目的を達成できないこと。

正答　**1**

地方初級

No. 140 特別区 **国語** **慣用句の意味** 平成27年度

慣用句の意味を説明したA～Dの記述のうち，妥当なものを選んだ組合せはどれか。

A 「一日千秋」とは，年老いたのに，まだ目的が達せられそうにないことのたとえをいう。

B 「隗（かい）より始めよ」とは，事を始めるときは，言い出した人からまず始めなさいということをいう。

C 「青天の霹靂（へきれき）」とは，心にやましいところがまったくなく，無実であることが明らかになることをいう。

D 「出藍（しゅつらん）の誉れ」とは，教えを受けた弟子が先生よりもすぐれた人になることのたとえをいう。

1 A B
2 A C
3 A D
4 B C
5 B D

解説

A．「一日千秋」は，一日が千年のように思われるほど長く感じることから，非常に待ち遠しいことのたとえ。「年老いたのに，まだ目的が達せられそうにないことのたとえ」は「十年一日」。

B．妥当である。

C．「青天の霹靂」は，青く晴れた空に突然鳴り響く雷のことから，突然起こる大事件をいう。「心にやましいところがまったくなく，無実であることが明らかになること」は「青天白日」である。

D．妥当である。

したがって，正答は**5**である。

正答 **5**

政治 経済 社会 日本史 世界史 地理 倫理 文学・芸術 国語

No.141 数学　1次関数の2直線がなす面積　平成29年度

2直線 $y=x$, $y=-2x+18$ と x 軸とで囲まれた三角形の面積はいくらか。

1　9
2　18
3　27
4　36
5　45

解説

求める三角形の面積は図の△OABである。

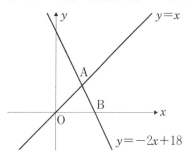

Aの座標は2直線の交点であるから，
　$y=x$　……①
　$y=-2x+18$　……②
①と②の連立方程式を解いて，
　$x=-2x+18$
　$3x=18$
　$x=6$
これを①に代入すると，$y=6$
よって，Aの座標は$(6, 6)$
また，Bの座標は，$-2x+18=0$を解いて，
　$x=9$
よって，Bの座標は$(9, 0)$
したがって，△OABの面積は，底辺が9，高さが6であるから，
　$9×6÷2=27$
となり，正答は**3**である。

正答　3

No.142 数学 連立不等式の領域 平成23年度

次の連立不等式の表す領域を図示したものとして，妥当なのはどれか。

$$\begin{cases} y < x^2 & \cdots\cdots ① \\ y > 3 & \cdots\cdots ② \end{cases}$$

1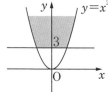
2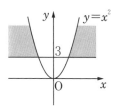
3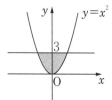
4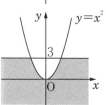
5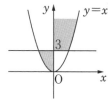

解説

①の表す領域は図㋐における放物線 $y = x^2$ の下側である。また，②の表す領域は図㋑における直線 $y = 3$ の上側である。これらの両方を満たす領域は図㋒の斜線部分で，境界線は含まない。

よって，正答は **2** である。

正答 2

地方初級

No. 143 地方初級

数学 **2次関数のグラフの移動** 平成24年度

関数 $y=x^2+4x+4$ のグラフは，関数 $y=x^2-4$ のグラフを x 軸方向に -2 だけ，y 軸方向にどれだけ平行移動すれば得られるか。

1 -1
2 1
3 2
4 3
5 4

解説

$y=x^2+4x+4=(x+2)^2$ ……①

$y=x^2-4$ ……②

②を①に重ねるには，②の頂点 $(0，-4)$ を①の頂点 $(-2，0)$ に移せばよいから，x 軸方向に -2，y 軸方向に 4 だけ平行移動すればよい。

したがって，正答は**5**である。

正答 **5**

144●地方初級＜教養＞過去問350

地方初級

No. 144　数学　2次関数のグラフ　平成28年度

2次関数 $y=x^2+ax+b$（a, b は定数）のグラフは，x 軸と2つの点（-1, 0）と（5, 0）で交わっている。このとき，a の値はいくらか。

1　-4
2　-2
3　0
4　2
5　4

解説

点（-1, 0）を通ることから，
　$0=(-1)^2+a\times(-1)+b$
　$-a+b+1=0$　……①
点（5, 0）を通ることから，
　$0=5^2+a\times5+b$
　$5a+b+25=0$　……②
①－②より，
　$-6a-24=0$
　$-6a=24$
　$a=-4$
　したがって，正答は**1**である。

正答　**1**

地方初級＜教養＞過去問350●145

No. 145 数学 一次関数のグラフ 令和元年度

$y=\frac{1}{2}x+1$のグラフを直線$y=3$を軸として対称移動してできる直線のグラフとx軸との交点のx座標は次のうちどれか。

1　6
2　8
3　10
4　12
5　14

解説

$y=\frac{1}{2}x+1$のグラフを直線$y=3$を軸として対称移動してできる直線のグラフは次図の直線lである。

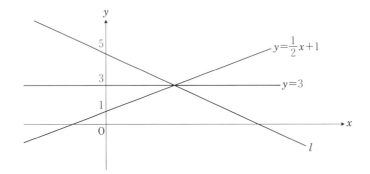

直線lの傾きは$-\frac{1}{2}$で，y軸との交点の座標は5であるから，$y=-\frac{1}{2}x+5$

x軸との交点のx座標は，$y=0$として$-\frac{1}{2}x+5=0$　よって，$x=10$

したがって，正答は**3**である。

正答　3

地方初級 市役所 No.146 数学 利益の最大値 平成16年度

ある工場では製品 A，B を作っており，それぞれを 1kg 作るのに必要な電力量と労力および 1kg 当たりの利益は下表のようになっている。利用できる電力量と労力をそれぞれ90kw時，54人までとするとき，得られる利益の最大値はいくらか。

	電力量(kw時)	労力(人)	利益(万円)
A	5	2	8
B	3	3	6

1　154万円
2　156万円
3　158万円
4　160万円
5　162万円

解説

製品 A を a kg，製品 B を b kg作ったとき，k 万円の利益が得られるとすると，題意より，次の各式が成り立つ。

$a \geq 0,\ b \geq 0$ …………①
$5a + 3b \leq 90$ …………②
$2a + 3b \leq 54$ …………③
$k = 8a + 6b$ …………④

不等式①，②，③を満たす領域を図示すると，下図の斜線部分（境界を含む）になる。

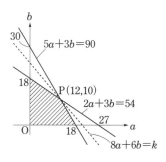

ここで，P (12, 10) は，2つの直線 $2a+3b=54$ と $5a+3b=90$ の交点である。利益 k の値は，直線 $8a+6b=k$ が上図の斜線部分を通る範囲で変化する。したがって，利益 k が最大になるのは④の直線が点 P を通るときで，このときの k の値は

$k = 8 \times 12 + 6 \times 10 = 156$〔万円〕

となる。

したがって，**2** が正しい。

正答　**2**

地方初級

No. 147 地方初級 数学 絶対値を含む方程式 平成30年度

次の絶対値を含む方程式の解の和として妥当なのはどれか。

$$|2x - 1| = x + 7$$

1 3
2 4
3 6
4 8
5 9

解説

絶対値とは，$|x| = x\ (x \geqq 0)$，$-x\ (x < 0)$ のことである。

（ i ）$2x - 1 \geqq 0$，すなわち $x \geqq \dfrac{1}{2}$ のとき

$$2x - 1 = x + 7$$
$$2x - x = 7 + 1$$
$$x = 8$$

（ ii ）$2x - 1 < 0$，すなわち $x < \dfrac{1}{2}$ のとき

$$-(2x - 1) = x + 7$$
$$-2x + 1 = x + 7$$
$$-2x - x = 7 - 1$$
$$-3x = 6$$
$$x = -2$$

したがって，解の和は，$8 + (-2) = 6$ となり，正答は**3**である。

正答 **3**

No.148 数学 平面図形 平成22年度

図のような AB＝AC＝$1+\sqrt{5}$ の二等辺三角形 ABC があり，∠ACB の二等分線と辺 AB の交点を D とするとき，CD の長さを求めよ。

1　　1
2　　$\dfrac{3}{2}$
3　　2
4　　$1+\sqrt{2}$
5　　$1+\sqrt{3}$

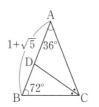

解説

∠ACB＝$180°-(36°+72°)=72°$，∠DCB＝$\dfrac{1}{2}$∠ACB＝$36°$ より，

△ABC∽△CDB

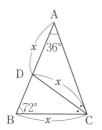

CD＝x とすると，BC＝CD＝AD＝x より，DB＝$1+\sqrt{5}-x$

AB：BC＝CD：DB より，

$(1+\sqrt{5}):x=x:(1+\sqrt{5}-x)$

よって，$x^2=(1+\sqrt{5})(1+\sqrt{5}-x)$

$1+\sqrt{5}=a$ と置くと，$x^2=a(a-x)$

$x^2+ax-a^2=0$

$x=\dfrac{-1\pm\sqrt{5}}{2}a$

$x>0$ より，$x=\dfrac{-1+\sqrt{5}}{2}a$

$a=1+\sqrt{5}$ を代入すると

$x=\dfrac{(\sqrt{5}-1)(\sqrt{5}+1)}{2}=\dfrac{5-1}{2}=2$

よって，正答は**3**である。

正答　3

小球を真上に投げ上げたときの、①時間と速度、②高さと時間の関係を表したグラフの組合せとして妥当なのはどれか。

ア
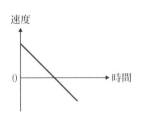

イ
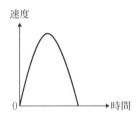

ウ
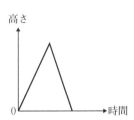

エ
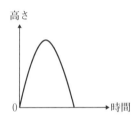

オ
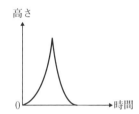

	①	②
1	ア	ウ
2	ア	エ
3	ア	オ
4	イ	ウ
5	イ	オ

解説

鉛直投上げの速度 v は「$v = v_0 - gt$」より、v は初速度が v_0 で傾きが $-g$ の一次関数になるから、時間と速度の関係のグラフ（①）はア。

高さ y は「$y = v_0 t - \frac{1}{2}gt^2$」より、$y$ は t の二次関数になるから、高さと時間の関係のグラフ（②）はエ。

したがって、正答は **2** である。

正答　**2**

物理 等加速度運動 平成24年度

次のア〜ウの｛ ｝内から妥当なものを選んだ組合せはどれか。

ある静止している物体が一定の加速度 2 m/s² で動き出した。動き出してからの物体の速度を表すグラフは次の(a)，(b)のうちア．｛A．(a)，B．(b)｝となる。10秒後の速度はイ．｛A．10，B．20｝m/s となり，10秒間に物体が進む距離はウ．｛A．100，B．200｝m となる。

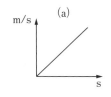
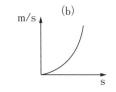

	ア	イ	ウ
1	A	A	A
2	A	A	B
3	A	B	A
4	B	A	B
5	B	B	B

解説

ア．加速度が一定のとき，速度は時間に比例する(a)のグラフになる。よって，Aが正しい。

イ．等加速度運動の t 秒後の速さ v は，初速度を v_0，加速度を a とすると「$v=v_0+at$」で求められる。$v_0=0$，$a=2$，$t=10$ を代入して，$v=0+2\times10=20$ 〔m/s〕となる。よって，Bが正しい。

ウ．等加速度直線運動で t 秒間に進む距離 x は「$x=v_0t+\dfrac{1}{2}\cdot at^2$」で求められる。$x=0\times10+\dfrac{1}{2}\times2\times10^2=100$ 〔m〕となる。よって，Aが正しい。

以上より，正答は**3**である。

正答 **3**

地方初級

東京都

No. 151 物理 等加速度運動 平成21年度

$1\,\mathrm{m/s^2}$ の等加速度で直進している1台の自動車が，ある地点Aを速度$2\,\mathrm{m/s}$で通過し，その後地点Bで速度が$12\mathrm{m/s}$になったとき，地点Aから地点Bまでの距離として，正しいのはどれか。

1 30 m

2 40 m

3 50 m

4 60 m

5 70 m

解 説

等加速度運動の公式「$v^2-v_0^2=2ax$」を使う。$v=12〔\mathrm{m/s}〕$，$v_0=2〔\mathrm{m/s}〕$，$a=1〔\mathrm{m/s^2}〕$を代入して，

$12^2-2^2=2\times1\times x$

$144-4=2x$

$140=2x$

$x=70〔\mathrm{m}〕$ となる。

よって，正答は**5**である。

正答 **5**

152●地方初級＜教養＞過去問350

No. 152 物理　力のつりあい　平成29年度

図のように，長さが120cmの軽くて一様な棒ABがある。今，2本の軽い糸の一端にそれぞれ質量が4.5kgのおもりP，1.5kgのおもりQをつなぎ，糸の他端をそれぞれ棒の端点A，Bに結びつけた。さらに別の糸を棒上の点Oに結びつけ，棒ABとおもりP，Qをつり下げたところ，棒ABは水平を保ったまま静止した。このとき，点Oと端点Aとの距離AOは何cmか。ただし，棒ABおよび3本の糸の質量は無視できるものとする。

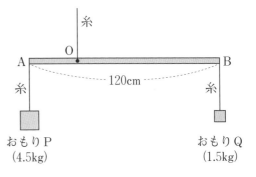

1 20cm　**2** 30cm　**3** 40cm　**4** 50cm　**5** 60cm

解説

棒ABとおもりP，Qの全体が，1点Oで支えられているから，これらの物体は，点Oを支点とするてこ（梃）を形成しているとみなすことができる。よって，「てこの原理」より，支点の左右において，

　（力の大きさ）×（支点からの距離）

が等しいとき，てこがつりあうことに注目すればよい。棒の端点A，Bで糸が棒を引く力の大きさは，それぞれおもりP，Qに働く重力の大きさに等しいから，$OA = a$〔cm〕，$OB = b$〔cm〕と置くと，てこの原理より，

　$4.5 \times a = 1.5 \times b$，ゆえに，$3a = b$　……①

また，棒全体の長さは120cmだから，$a + b = 120$　……②
①を②に代入して，$4a = 120$　ゆえに，$a = 30$〔cm〕

したがって，正答は**2**である。

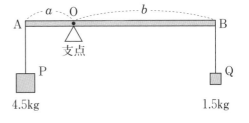

$$\begin{pmatrix} a+b=120〔cm〕 \\ a:b=1:3 \end{pmatrix}$$

［注］てこがつりあうとき，（力の大きさ）×（支点からの距離）が左右で等しいということは，2つの力の大きさが支点からの距離に反比例することを示している。あるいは，支点の位置を力の逆比に内分する点に選べば，てこはつりあうと考えてもよい。本問では$a:b$の比はおもりの重力の逆比，すなわち1.5：4.5＝1：3に等しいから，120cmを1：3に分けて，$a = 30$〔cm〕と求めてもよい。なお，てこの原理は，高等学校では選択の「物理」で扱われる「力のモーメントのつりあい」の一例である。

正答　**2**

No.153 物理 水中でのばねの伸び 平成19年度

次の文の空欄に当てはまる語の組合せとして，正しいものはどれか。

図Aのように，金属球をつるしたばねはかりは50gをさし，水の入った容器を載せた台はかりは300gをさしていた。ばねはかりにつるした金属球を図Bのように台はかりに載せた容器の水中に完全に沈めたところ，ばねはかりは40gをさした。このとき台はかりの示す値は（　ア　）である。また，容器内の水に食塩を入れると台ばかりの値は（　イ　）。

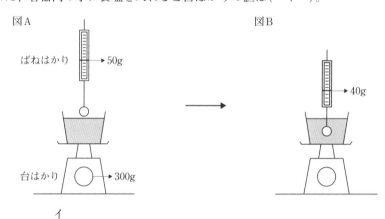

	ア	イ
1	290g	大きくなる
2	290g	小さくなる
3	300g	変化しない
4	310g	大きくなる
5	310g	小さくなる

解説

台はかりが示す値は，水と容器の重力のほかに，作用反作用の法則より，金属球から浮力の反作用も受ける。金属球が受ける浮力は，50－40＝10〔g重〕であるから，台はかりの示す値は，300＋10＝310〔g〕となる（ア）。

また，物体の受ける浮力の大きさは，物体が押しのけた流体の重さに等しい。したがって，塩を入れると密度が大きくなるので，金属球の受ける浮力は大きくなり，台はかりの示す値は大きくなる（イ）。

よって，正答は**4**である。

正答　4

No.154 物理　電流・電圧　平成30年度

1.5Vの電源に電球Aと電球Bが直列接続された次の図のような回路がある。回路に流れる電流が0.6Aで，電球Aの電圧が0.5Vのとき，電球Bに流れる電流Iと電圧Vはそれぞれいくらになるか。

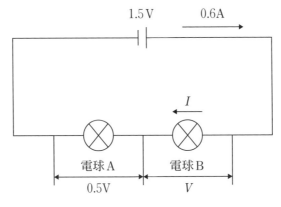

	I	V
1	0.2A	0.5V
2	0.2A	1.0V
3	0.4A	1.0V
4	0.6A	0.5V
5	0.6A	1.0V

解説

直列回路では，流れる電流はどこでも同じになるので，電球Bに流れる電流Iは0.6A。直列回路では，電球Aと電球Bのそれぞれの電圧の和が全体の電圧になるから，

　$V=1.5-0.5=1.0$〔V〕

　したがって，正答は**5**である。

正答　5

地方初級 No.155 特別区 物理 波動 平成27年度

次の図は，x 軸の正の向きに進んでいる正弦波の時刻 $t=0$ における波形である。この正弦波の振動数と速さの組合せとして，妥当なのはどれか。ただし，この波の周期は 0.25s とする。

	振動数	速さ
1	1.0Hz	2.0m/s
2	2.0Hz	4.0m/s
3	2.0Hz	8.0m/s
4	4.0Hz	4.0m/s
5	4.0Hz	8.0m/s

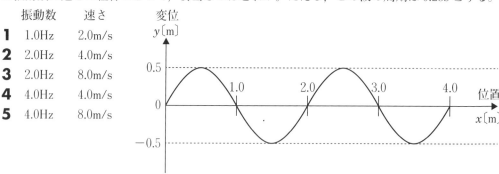

解説

一般に，波源で生じた振動が，次々と媒質の中を伝わっていく現象を波または波動という。媒質の各点は，波が発生していないときの位置を中心に振動しているだけで，媒質そのものが波とともに移動するわけではない。本問の場合，x 軸上に存在する媒質の各点が，$y=0$〔m〕の位置を中心として y 方向（波の進む向きに垂直な方向）に振動を繰り返していて，各点の振動が x 軸の正の向きに少しずつ遅れて伝わってくるので，図のような波形が移動していくように見える。すなわち波形とは，ある瞬間における波の状態を表す図形のことである。波が動いていく様子を動画にたとえるならば，その静止画像に対応するものが波形と考えてよい。特に，波形が正弦曲線で表される波を正弦波という。正弦波が伝わるとき，媒質の各点は単振動と呼ばれる規則的な振動をしている。また，波を特徴づける物理量には，次のものがあり，これらをまとめて波の要素という。

波の要素	記号	単位	定　義
周　期	T	〔s〕	媒質の1点が1回振動するのに要する時間
振動数	f	〔Hz〕	媒質の1点が1秒間に振動する回数
波　長	λ	〔m〕	波源の1回の振動で作られた山と谷の1組の長さ
振　幅	A	〔m〕	1回の振動における媒質の最大変位の大きさ
波の速さ	v	〔m/s〕	波形が移動する速さ

$fT=1$

$v=f\lambda=\dfrac{\lambda}{T}$

本問では，周期が $T=0.25$〔s〕であり，波長は図より，$\lambda=2.0$〔m〕と読み取れる。振動数 f は T の逆数となるから，$f=\dfrac{1}{T}=\dfrac{1}{0.25}=4.0$〔Hz〕

また，媒質が1回振動すると，波は1波長だけ進むから，（速さ）＝（距離）÷（時間）より，波の速さ v は，$v=\dfrac{\lambda}{T}=\dfrac{2.0}{0.25}=8.0$〔m/s〕

あるいは，$v=f\lambda=4.0\times2.0=8.0$〔m/s〕と求めてもよい。

したがって，正答は **5** である。

正答　**5**

No. 156 物理 空間の温度変化 平成15年度

図のような保温庫の中に，銅で囲まれた空間A，木材で囲まれた空間B，断熱材で囲まれた空間Cがあり，保温庫の温度を120℃まで上げる。このとき，それぞれの空間の温度変化について，正しいのはどれか。ただし，空間は銅，木材，断熱材で完全に囲まれ，周りと隔離されている。

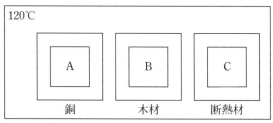

1 Aは120℃になるが，BとCは120℃にはならない。
2 AとBは120℃になるが，Cは120℃にはならない。
3 すべて120℃になるが，温度の上がり方は，AよりB，BよりCが緩やか。
4 Aは120℃以上になるが，BとCは120℃を越えない。
5 AとBは120℃以上になるが，Cは120℃を越えない。

解説

熱量保存の法則より，高温物体と低温物体を接触させたとき，高温物体の失った熱量と低温物体の得た熱量は等しく，両者の温度が等しくなったとき熱の移動がなくなる。これはどのような物質にも当てはまり，熱の移動する速さは比熱が小さいほど速い。したがって，保温庫の温度を120℃に保っておけばA，B，Cの空間はいずれも十分に時間がたてば120℃になり，その速さは，比熱の小さい銅＞木材＞断熱材の順になる。

よって，**3**が正しい。

正答 3

地方初級 No.157 物理 おもりのエネルギー 平成23年度

文中のア，イの〔 〕内から妥当なものを選んだ組合せはどれか。

　図Ⅰのようにひもで吊り下げたおもりをｃの位置から離してふりこを作ったところ，ｃ→ａ→ｂ→ａ→ｃという運動をした。このときｂでのエネルギーは，ア〔ⅰ．位置エネルギーだけ，ⅱ．運動エネルギーだけ，ⅲ．位置エネルギーと運動エネルギー〕となる。

　次に，図Ⅱのようにａの位置にくぎを打って，図Ⅰと同じようにｃの位置からおもりを離した。このときｂの位置は，イ〔ⅰ．ｃと同じ高さ，ⅱ．ｃより低い高さ，ⅲ．くぎと同じ高さ〕になる。

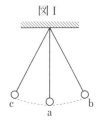
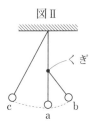

	ア	イ
1	ⅰ	ⅰ
2	ⅰ	ⅱ
3	ⅱ	ⅰ
4	ⅱ	ⅲ
5	ⅲ	ⅱ

解説

ア：妥当なのはⅰである。ｂは最高点であり，速度は０なので運動エネルギーは０となり，位置エネルギーだけということになる。

イ：妥当なのはⅰである。力学的エネルギー保存の法則より，くぎがあっても運動エネルギーが０となるのはすべて位置エネルギーになっているときなので，ｂの高さはｃと同じになる。

以上より，正答は**1**である。

正答　**1**

地方初級

東京都

No. 158 **物理** **仕事とエネルギー** 平成15年度

仕事とエネルギーに関する次の文の空欄 A〜D に当てはまる語句の組合せとして，妥当なのはどれか。

　物体がある位置から基準の位置まで移動する間に ____A____ がする仕事の量を，物体が初めの位置にあるときの ____A____ による ____B____ といい，地面から高さ h〔m〕にある質量 M〔kg〕の ____A____ による ____B____ は，重力加速度を g〔m/s²〕とすると ____C____ 〔J〕と表される。このように，物体が力を受けながら2点間を移動するときに，その力のする仕事が2点の位置だけで決まる場合，この力を ____D____ という。

	A	B	C	D
1	重力	位置エネルギー	Mgh	保存力
2	重力	位置エネルギー	Mgh	慣性力
3	重力	運動エネルギー	$\frac{1}{2}Mgh$	慣性力
4	弾性力	位置エネルギー	Mgh	保存力
5	弾性力	運動エネルギー	$\frac{1}{2}Mgh$	慣性力

解説

物体がある位置から基準の位置まで移動する間に重力がする仕事の量を，物体が初めの位置にあるときの重力による位置エネルギーという。地面から高さ h〔m〕にある質量 M〔kg〕の物体が地面に落下するまでに重力のする仕事は，重力加速度を g〔m/s²〕とすると，物体に働く力は Mg〔N〕であり，この力で h〔m〕移動すると考えると，仕事＝力×距離＝Mgh となる。

　したがって，物体が初めの位置にあるときの重力による位置エネルギーは Mgh。また，物体が力を受けながら2点間を移動するときに，その力のする仕事が2点の位置だけで決まる場合，この力を保存力という。

　よって，**1**が正しい。

正答 **1**

地方初級

No. 159 特別区

物理　　**電気回路**　　平成26年度

9Vの直流電圧をかけると300mAの電流が流れる抵抗の抵抗値 R〔Ω〕と，この抵抗に24Vの直流電圧をかけたときに流れる電流 I〔mA〕との組合せとして，妥当なのはどれか。

	R	I
1	0.03Ω	720mA
2	0.03Ω	800mA
3	3Ω	820mA
4	30Ω	800mA
5	30Ω	820mA

解説

オームの法則「$V=RI$」より，9Vで300mAが流れる抵抗の抵抗値 R は，300mA＝0.3Aだから，

$$R=\frac{V}{I}=\frac{9}{0.3}=30〔Ω〕$$

この抵抗に24Vの直流電圧をかけたときに流れる電流 I は，

$$I=\frac{V}{R}=\frac{24}{30}=0.8〔A〕＝800〔mA〕$$

したがって，正答は**4**である。

正答　**4**

160●地方初級＜教養＞過去問350

地方初級

No. 160 地方初級 **物理** **熱量の保存** 平成28年度

次の文中の空欄ア，イに当てはまる数値と語句の組合せとして妥当なのはどれか。

80℃の水100gに20℃の水50gを入れると全体は（　ア　）℃になる。80℃の水100gに20℃の鉄50gを入れるとT℃になる。鉄の熱容量は水よりも小さいので，Tは（　ア　）℃よりも（　イ　）くなる。

	ア	イ
1	50	高
2	55	高
3	55	低
4	60	高
5	60	低

解説

熱量保存の法則より，「高温物体の失った熱量＝低温物体の得た熱量」として式を立てる。

　熱量 Q〔J〕＝質量 m〔g〕×比熱 c〔J/g・K〕×温度の変化量 t〔K〕

だから，水の比熱をcとし，80℃の水100gに20℃の水50gを入れて t〔℃〕になったとすると，

　$100 \times c \times (80-t) = 50 \times c \times (t-20)$

　$8000 - 100t = 50t - 1000$

　$150t = 9000$

　$t = 60$〔℃〕

　よって，アには「60」が当てはまる。

　熱容量は，その物体全体の温度を1K上げるのに必要な熱量で，熱容量＝質量×比熱である。

　熱容量が小さいほど同じ熱量では温度が変化しやすいから，熱容量の小さい鉄の場合，水のときより温度変化が大きく，低温の鉄は高い温度になりやすいので温度は高くなる。

　よって，イには「高」が当てはまる。

　したがって，正答は**4**である。

正答　**4**

地方初級＜教養＞過去問350●**161**

電気に関する次の文の空欄A～Dに当てはまる語句の組合せとして，妥当なのはどれか。

下図のように，コイルに棒磁石を近づけたり遠ざけたりすると，コイルを貫く　A　が変化することによって，回路に電流が流れる。コイルに棒磁石のN極を近づけたとき，電流は，　A　の変化をさまたげる　B　の方向に流れる。この現象を　C　といい，イギリスの　D　によって見いだされた。

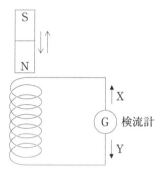

	A	B	C	D
1	磁界	X	電磁誘導	ファラデー
2	磁界	Y	静電誘導	オーム
3	磁界	Y	電磁誘導	オーム
4	電圧	X	静電誘導	ファラデー
5	電圧	Y	電磁誘導	オーム

解説

コイルに棒磁石を近づけたり遠ざけたりすると，棒磁石の磁界が動くのでコイルを貫く磁界が変化する。このとき，コイルには磁界の変化を妨げる向きに磁界が生じる。

したがって，コイルに棒磁石のN極を近づけるときには近づけたほうにN極が生じるような磁界が生じる。このコイルに生じた磁界からコイルを右回りに流れる電流が生じる。

図のコイルでは，右回りに電流が流れると，電流に流れる向きはXの方向になる（コイルの巻く向きに注意）。

このようにコイルが磁界の変化を受けることによってコイルに電流を生じることを電磁誘導といい，ファラデーによって発見された。

よって，**1**が正しい。

正答 1

地方初級

No. 162 物理 電子機器 平成18年度

電子機器の知識として正しいものはどれか。

1 液晶モニターは電圧により色を変えている。

2 電子レンジは物体の水分を電磁波で温めている。

3 発光ダイオードは逆方向電圧をかけたとき空乏層が広がろうとするエネルギーを光に変えている。

4 蛍光灯は管内を完全に真空にした放電管に電圧をかけたとき飛び出した電子が発光している。

5 太陽電池は太陽の熱エネルギーで電子の流れを作り電流として取り出している。

解説

1. 正しい。液晶モニターは，一定の電圧をかけると液晶が一定の方向に向くことを利用している。現在は階調を255段階に変えて，3原色を発光させることで表現させている。

2. 電子レンジは，電磁波で振動する原子があれば水以外でも温めることができる。

3. 発光ダイオードは，順方向電圧をかけPN接合面で正孔と電子が結合したときに，エネルギーギャップに相当するエネルギーの光を放出する。

4. 蛍光灯は，管内の気体の圧力を適度に低くした放電管に電圧をかけたとき，管内の気体が発光するものである。管内が完全な真空ならば放電は行われず発光は起こらない。

5. 太陽電池は，太陽の光エネルギーを電気エネルギーに変換するものである。

正答　**1**

数学
物理
化学
生物
地学
文章理解
判断推理
数的推理
資料解釈

化学 物質の三態

グラフは，一定圧力の下で物質を加熱し，固体から液体を経て気体へと，状態が変化するときの温度変化を表したものである。（ア）～（オ）に入る語句の組合せとして，最も妥当なのはどれか。

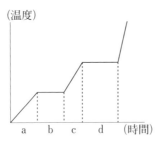

この物質は，aのときは（ア）の状態で，bのときは（イ）の状態で存在する。cでは（ウ）の状態で，dでは（エ）の状態で存在している。一般に，固体から液体へ変化するときに要する熱量は，液体から気体へ変化するときに比べて（オ）。

	ア	イ	ウ	エ	オ
1	固体	液体	液体と気体	気体	少ない
2	固体	固体と液体	液体	液体と気体	多い
3	固体と液体	液体	液体と気体	気体	少ない
4	固体と液体	液体	液体と気体	気体	多い
5	固体	固体と液体	液体	液体と気体	少ない

解説

水（液体）は，1013hPa（1気圧）の下で，0℃以下では氷（固体）になり，100℃以上では水蒸気（気体）になる。水と同様に，物質は，温度・圧力を変化させると，固体・液体・気体のいずれかの状態に変わる。このように，物質の三態の間の変化を状態変化という。

物質の温度が一番低い領域であるaでは，①の温度になるまで固体（ア）の状態で，粒子は規則正しく配列している。固体を加熱すると，振動（熱運動）が激しくなり，温度が上昇する。①の温度に達すると，固体の規則正しい配列が崩れ，粒子が自由に位置を変えられるようになる。この状態を液体という。①の温度を融点という。bは固体と液体（イ）の両方が混在している状態で，加えられた熱は，すべて固体から液体へ変化するためにのみ使われるので，温度は変化しない。この熱を融解熱という。cの状態は液体（ウ）で，温度が上昇すると，さらに粒子の熱運動が激しくなる。②の温度に達すると，粒子間の結合が切れて，粒子がばらばらになって空間を運動するようになる。この状態が気体である。②の温度を沸点という。dは液体と気体（エ）の両方が混在している状態で，加えられた熱は，すべて液体から気体へ変化するためにのみ使われるので，温度は変化しない。この熱を蒸発熱（気化熱）という。一般に，融解熱は，気化熱に比べるとその熱量は少ない（オ）。

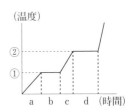

以上より，正答は**5**である。

正答 5

地方初級

No. 164 市役所 化学 マグネシウム原子の構造 平成28年度

マグネシウムに関する次の文中の空欄A〜Cに当てはまる語句の組合せとして，妥当なのはどれか。

　マグネシウム原子が持つ（　A　）は12個であり，マグネシウム原子が電子を2個放出すると，（　B　）の電荷を帯びた（　C　）が生成する。

	A	B	C
1	陽子の数	正	Mg^{2+}
2	陽子の数	正	$2Mg^+$
3	陽子の数	負	$2Mg^-$
4	陽子の数と中性子の数の和	正	Mg^{2+}
5	陽子の数と中性子の数の和	負	Mg^-

解説

A．マグネシウムの原子番号は，「すいへーりーべ…」を覚えていれば，12番目に来るので12であることがわかる。したがって，陽子の数は12である。なお，中性子の数は質量数が与えられないと示すことはできない。

B．電気的に中性の原子から負の電荷を持つ電子が放出されると，正の電荷を帯びた陽イオンが生成する。

C．マグネシウム原子1個は，2個の電子を放出して2価の陽イオンであるMg^{2+}となる。

　　$Mg \longrightarrow Mg^{2+} + 2e^-$

「$2Mg^+$」は，1価のマグネシウムイオンが2個あることを表しているが，このようにはならない。また，金属は絶対に陰イオンにはならず，Mg^-は存在しない。

したがって，正答は**1**である。

正答　**1**

地方初級

No. 165 東京都 **化学** **非金属元素** 平成24年度

非金属元素に関する次の文章の空欄A～Cにあてはまる語句の組合せとして，妥当なのはどれか。

　元素の周期表の17族に属する元素を　A　といい，7個の価電子をもち，1価の陰イオンになりやすい。　A　のうちフッ素，塩素，臭素，ヨウ素の単体は，いずれも二原子分子で，　B　の物質であり，沸点や融点は原子番号が大きいものほど高く，酸化力の強さは原子番号が小さいものほど　C　。

	A	B	C
1	ハロゲン	有色・有毒	弱い
2	ハロゲン	有色・有毒	強い
3	ハロゲン	無色・無毒	弱い
4	希ガス	有色・有毒	強い
5	希ガス	無色・無毒	弱い

解説

元素の周期表において，17族に属する元素はハロゲン（A）と呼ばれ，いずれも価電子7個を持つので，電子1個を得て1価の陰イオンになりやすい。

　単体は，フッ素F_2（淡黄色）・塩素Cl_2（黄緑色）・臭素Br_2（赤褐色）・ヨウ素I_2（黒紫色）など，いずれも有色（B）で，融点や沸点は分子量とともに高くなる。反応性は原子番号が小さいものほど大きく，酸化力も強い（C）。いずれも有毒（B）で，多くの金属，非金属と直接反応し，イオン結合からなる塩を形成する。

　したがって，正答は**2**である。

正答　**2**

166●地方初級＜教養＞過去問350

地方初級

No. 166 東京都 化学 物質を分離する操作 令和元年度

物質を分離する操作に関する記述として，妥当なのはどれか。

1 溶媒に対する溶けやすさの差を利用して，純物質から特定の物質を溶媒に溶かして分離する操作を抽出という。

2 不純物を含む固体を溶媒に溶かし，温度によって溶解度が異なることを利用して，より純粋な物質を析出させ分離する操作を蒸留という。

3 液体の混合物を加熱して，液体から直接気体になる物質を冷却して分離する操作を昇華，又は昇華法という。

4 溶液を加熱して発生した蒸気を冷却することにより，目的の物質を取り出す操作を還元という。

5 それぞれの物質の沸点の差を利用して，液体の混合物から物質を分離する操作を分留という。

解説

1. 溶媒に対する溶けやすさの差を利用して混合物から目的の物質を分離する操作を「抽出」というが，「純物質」は1つの単体または化合物であるから，それから「抽出」により何かを分離することはできない。

2. 固体の溶解度の差を利用して物質を分離する操作は「再結晶」という。

3. 「昇華法」は，固体の混合物を加熱し，昇華しやすい物質を直接気体に変化させて分離する操作である。

4. この操作は「蒸留」であり，「還元」とは，化学反応により，目的の物質中のいずれかの原子の酸化数を減少させることである。

5. 妥当である。「蒸留」は単一の物質を分離することを目的とした場合の用語であるが，沸点の差を利用して複数の物質に分離する場合は「分留」という。

正答 5

地方初級

No. 167 地方初級 **化学** **化学反応式と物質量** 平成**30年度**

1 mol のプロパン（分子式：C_3H_8）を完全燃焼させるのに必要な酸素の物質量は何 mol か。

1　1 mol
2　2 mol
3　3 mol
4　4 mol
5　5 mol

解説

プロパンが完全燃焼するときの化学反応式は次のとおりである。

$C_3H_8 + 5\,O_2 \longrightarrow 3\,CO_2 + 4\,H_2O$

反応式の係数はそれぞれの物質の物質量の比を表しているから，

$C_3H_8 : O_2 = 1 : 5 = 1\,mol : 5\,mol$

が成り立つ。これより，1 mol のプロパンを完全燃焼させるのに必要な酸素の物質量は 5 mol となる。

したがって，正答は**5**である。

なお，反応式の係数は分子数の比を表しているほか，気体では同温・同圧での体積比を表している。

正答　**5**

168●地方初級＜教養＞過去問350

地方初級

No. 168 地方初級

化学 化学反応式と生成物の質量 平成28年度

単体のナトリウム23gを酸化して酸化ナトリウムとした。すべてが次の反応式に基づいて反応したとすると，酸化ナトリウムは何g生成するか。ただし，原子量が必要な場合は次の値を用いよ。O＝16，Na＝23

$4Na + O_2 \longrightarrow 2Na_2O$

1 27g

2 31g

3 39g

4 47g

5 55g

解説

与えられた化学反応式について，それぞれの物質の式量を求めると，Na＝23，Na_2O＝62となる。

生成する酸化ナトリウムをx〔g〕として，与えられた23gと比を取ると，次のようになる。

$4Na + O_2 \longrightarrow 2Na_2O$

4×23 ： 2×62

23g ： x〔g〕

これより，x＝31〔g〕となる。

したがって，正答は**2**である。

（別解）　与えられた化学反応式の係数から，4 mol のナトリウムがすべて反応すると酸化ナトリウムは 2 mol 生成することがわかる。与えられたナトリウムの23gは 1 mol であるから，

$$1 \times \frac{2}{4} \times 62 = 31 〔g〕$$

正答　**2**

数学

物理

化学

生物

地学

文章理解

判断推理

数的推理

資料解釈

地方初級＜教養＞過去問350●**169**

地方初級

No. 169 市役所 **化学** **中和反応** 平成26年度

0.10mol/L の硫酸水溶液 2 L を完全に中和させるには，水酸化ナトリウムが何 mol あればよいか。

1 0.10mol

2 0.20mol

3 0.30mol

4 0.40mol

5 0.50mol

解説

硫酸は 2 価の酸だから次のように電離する。

$$H_2SO_4 \longrightarrow 2H^+ + SO_4^{2-}$$

したがって，0.10mol/L の硫酸水溶液 2 L から生じる H^+ の物質量は，硫酸が 2 価であることを考慮して，

$$2 \times 0.10 \times 2 = 0.40 \text{〔mol〕}$$

である。一方，水酸化ナトリウムは 1 価の塩基だから次のように電離する。

$$NaOH \longrightarrow Na^+ + OH^-$$

したがって，NaOH 1mol から OH^- は1mol 生じる。硫酸から生じた0.40mol の H^+ を過不足なく中和するには OH^- が0.40mol，すなわち水酸化ナトリウムが0.40mol あればよいことがわかる。

したがって，正答は **4** である。

（別解）次の硫酸と水酸化ナトリウムが中和するときの化学反応式から考えてもよい。

$$H_2SO_4 + 2NaOH \longrightarrow Na_2SO_4 + 2H_2O$$

硫酸と水酸化ナトリウムは，化学反応式の係数から，

$$H_2SO_4 : NaOH = 1 : 2$$

の物質量の比で反応する。必要な水酸化ナトリウムの物質量を x〔mol〕とすると，

$$0.10 \times 2 : x = 1 : 2$$

$$\therefore \quad x = 0.40 \text{〔mol〕}$$

正答 **4**

地方初級

No. 170 市役所 化学 酸化・還元 平成20年度

次の化学反応のうち，酸化も還元も起こっていないものはどれか。

1 アンモニア NH_3 が分解して水素 H_2 と窒素 N_2 になる。

2 無色の一酸化窒素 NO が変化して赤褐色の二酸化窒素 NO_2 になる。

3 無色の四酸化二窒素 N_2O_4 が変化して赤褐色の二酸化窒素 NO_2 になる。

4 触媒のもとでアンモニア NH_3 が酸素と反応して硝酸 HNO_3 を生じる。

5 触媒のもとで窒素 N_2 と水素 H_2 が反応してアンモニア NH_3 を生じる。

解 説

化学反応における酸化・還元の有無を調べるには，特定の原子（本問の場合は窒素 N 原子）1個の酸化数の変化を調べればよい。酸化の場合はその酸化数が増加し，還元の場合は減少する。酸化数が変化しなければ，酸化も還元も起こっていないことがわかる。原子の酸化数は，

①単体の場合：すべての原子の酸化数は 0 である。

②化合物の場合：化合物中の各原子の酸化数の総和は 0 である。また，$H=+1$，$O=-2$（例外あり）とわかっている原子もある。

③単原子イオンの酸化数（例：Na^+）＝イオンの価数（$+1$）。

④多原子イオンの場合：各原子の酸化数の総和＝イオンの価数で求められる。

酸化還元反応を簡単に見分ける方法としては，反応前または後に単体がある場合は酸化還元反応であるとほぼいえる。選択枝 **1**，**4**，**5** では，その記述内容から，単体の水素，窒素または酸素が反応に関与しているとわかるので，酸化還元反応と判断できる。窒素 N 原子 1 個の酸化数変化を調べると，

1．N：$-3 \rightarrow 0$ より，酸化とわかる。

2．N：$+2 \rightarrow +4$ より，酸化とわかる。

3．N：$+4 \rightarrow +4$ と変化がないので，酸化還元反応ではない。

4．N：$-3 \rightarrow +5$ より，酸化とわかる。

5．N：$0 \rightarrow -3$ より，還元とわかる。

よって，正答は **3** である。

正答 **3**

地方初級＜教養＞過去問350●171

地方初級
No. 171

東京都

化学　　酸化・還元　　平成27年度

酸化又は還元に関する記述として，妥当なのはどれか。

1 常温の酸化銅（Ⅱ）CuO をガスバーナで熱して水素 H_2 の中に入れると，酸化銅は還元されて銅 Cu となる。

2 常温の銅 Cu をガスバーナで熱して塩素 Cl_2 の中に入れると，銅は酸化され，塩素から電子 e^- を受け取り，酸化銅（Ⅱ）CuO を生じる。

3 常温の銅 Cu を空気中においてガスバーナで熱すると，銅は還元されて白く変色する。

4 硫酸 H_2SO_4 で酸性にした過マンガン酸カリウム $KMnO_4$ の水溶液に，過酸化水素 H_2O_2 水を加えると，過酸化水素は酸化剤として働き，水溶液は赤紫色に発色する。

5 硫酸 H_2SO_4 で酸性にした過酸化水素 H_2O_2 水に，ヨウ化カリウム KI の水溶液を加えると，過酸化水素は還元剤として電子 e^- を受け取り，カリウム K を生じて白濁した溶液になる。

解説

1. 妥当である。水素は高温で還元性を示すので，酸化銅（Ⅱ）を高温で水素と反応させると還元されて単体の銅が生成する。

2. 塩素は酸化力が強く，常温で多くの金属と反応して塩化物を生成する。熱した銅を塩素中に入れると，非常に激しく反応して塩化銅（Ⅱ）が生成する。このとき銅は塩素に電子を奪われて酸化されている。また，酸化されているが酸化銅（Ⅱ）が生成するわけではない。

$$Cu \longrightarrow Cu^{2+}+2e^-$$
$$Cl_2+2e^- \longrightarrow 2Cl^-$$

この2式より，$Cu+Cl_2 \longrightarrow CuCl_2$

塩素と銅しか登場しないのに，酸化銅（Ⅱ）の成分である酸素が現れることはないことからも，誤答であることがわかる。

3. 銅を空気中で加熱すると，空気中の酸素によって酸化されて酸化銅（Ⅱ）を生じ，黒く変化する。より高温で加熱した場合には，酸化銅（Ⅰ）を生じて赤くなることもある。白くはならない。

4. 過マンガン酸カリウムの硫酸酸性水溶液と過酸化水素水を反応させると，過マンガン酸カリウムは酸化剤，過酸化水素は還元剤として働き，MnO_4^- の赤紫色は Mn^{2+} となるのでほとんど無色に変化する。

$$2KMnO_4+5H_2O_2+3H_2SO_4 \longrightarrow K_2SO_4+2MnSO_4+5O_2+8H_2O$$

もとの過マンガン酸カリウム水溶液が赤紫色であるから，誤答であることがわかる。

5. 硫酸酸性の過酸化水素水とヨウ化カリウムを反応させると，過酸化水素は酸化剤として働き，電子をヨウ化物イオン I^- から奪うので単体のヨウ素 I_2 が生成し，溶液は褐色になる。

$$H_2O_2+2KI+H_2SO_4 \longrightarrow 2H_2O+I_2+K_2SO_4$$

カリウム K は水と反応する物質であることから，それが水溶液中で生成するはずはないので，誤答とわかる。

正答　**1**

172●地方初級＜教養＞過去問350

地方初級 No.172 市役所 化学 化学物質 平成16年度

次の記述のうち正しいものはどれか。

1 水酸化ナトリウム NaOH は潮解性があり，空気中の二酸化炭素 CO_2 も吸収しやすいので，密閉容器に保存する。

2 リンの同素体には赤リンと黄リンがある。赤リンは極めて毒性が強く，また自然発火しやすいので，水中に保存する。

3 炭素の酸化物には，一酸化炭素 CO と二酸化炭素 CO_2 がある。不完全燃焼で発生し，毒性の強いのは CO_2 で，温室効果の主な原因物質は CO である。

4 金属のナトリウム Na やアルミニウム Al は，常温で容易に空気中で酸化されたり，水とも激しく反応して水素を発生する。そのため石油中に保存する。

5 密度の小さい気体である水素 H_2 やヘリウム He は，その空気よりも密度が極めて小さい性質を利用して，気球や飛行船に利用されている。しかし非常に燃えやすく，よく爆発事故を起こしている。

解説

1. 正しい。潮解性とは，空気中の水分を吸収し，その吸収した水に溶け込む性質である。NaOH は潮解性が強く，また強塩基であるので，空気中の CO_2 もよく吸収する。

2. 毒性が強く，湿気中で自然発火しやすいのは黄リンである。赤リンの毒性は弱く，マッチの側薬に使われている。

3. 不完全燃焼で発生しやすいのは CO である。また，CO_2 は赤外線をよく吸収するので，温室効果の主な原因物質となっている。

4. Na は常温で容易に酸化され，水とも激しく反応するが，Al は空気中で徐々に酸化され，常温の水とは反応しない。

5. どちらも空気よりはるかに軽い（密度の小さい）気体ではあるが，燃焼しやすく，爆発の危険性が高いのは H_2 である。He は化学的に安定で，反応しない気体である。最近では，気球や飛行船用の気体としては，He が使用されている。

正答 **1**

地方初級

No. 173 東京都 **化学** **酸と塩基** 平成30年度

酸と塩基に関する記述として，妥当なのはどれか。

1 酸とは水に溶けて塩素イオンを生じる物質であり，赤色リトマス紙を青色に変える性質を持つ。

2 物質がイオンに分かれることを電離といい，酢酸のように水溶液中でほぼ完全に電離している塩基を弱塩基という。

3 酸の陽イオンと塩基の陰イオンから生成する塩は，その組成によって，正塩，酸性塩，塩基性塩に分類され，正塩の水溶液は中性を示す。

4 水溶液の酸性や塩基性の強さを示すのに pH という数値が使われ，中性では pH＝5で，酸性が強くなるほど 5 より大きくなる。

5 中和とは酸と塩基が互いの性質を打ち消し合う反応をいい，酸と塩基が中和すると塩ができる。

解説

1. 酸とは，水に溶けたとき水素イオン H^+（H_3O^+）を生じる物質であり，青色リトマス紙を赤色に変える性質を持つ。

2. 物質がイオンに分かれることを電離といい，水中で完全に電離する酸を強酸，完全に電離する塩基を強塩基という。酢酸は水溶液中で一部しか電離しない酸なので弱酸である。

3. 塩は，酸の陰イオンと塩基の陽イオンが結合して生成する。塩の構成原子にもとの酸の H^+ になりうる H 原子を持つ場合は酸性塩，もとの塩基の OH^- を持つ場合は塩基性塩といい，どちらも持たない場合を正塩というが，正塩の水溶液が中性とは限らない。

4. 中性の水溶液の pH は 7 である。酸性が強いほど 7 より小さくなり，塩基性が強いほど 7 より大きくなる。

5. 妥当である。

正答 **5**

地方初級

No. 174 特別区 **化学** **メタン** 令和 **元年度**

メタンに関する記述として，妥当なのはどれか。

1 化学式 C_2H_4 の有機化合物である。

2 大気中にメタンハイドレートとして多量に存在する。

3 天然ガスの主成分で，燃料として都市ガスに使用される。

4 無色で特有のにおいをもつ可燃性の気体である。

5 温室効果ガスの1つで，空気より重い。

解説

1. メタンの化学式（分子式）は CH_4 である。炭素と水素から構成された炭化水素であるから，有機化合物の一つである。なお，C_2H_4 の分子式を持つ物質はエチレンである。

2. メタンハイドレートは，深海の土中に存在することがあり，氷の中にメタンがとじ込められたような物質。将来的には燃料として使用できる可能性が期待されている。大気中には存在しない。

3. 妥当である。天然ガスの主成分はメタンで，液化して船で運び，都市ガスとして燃料のほかさまざまな原料に使用されている。

4. メタンは可燃性の無色・無臭の気体である。

5. メタンの分子量は16であり，空気の大半を占める窒素（分子量28）や酸素（分子量32）より小さいので，空気より軽い気体である。二酸化炭素とともに温室効果ガスとして知られている。

正答 **3**

地方初級＜教養＞過去問350●**175**

地方初級

No. 175 地方初級 **化学** **有害な気体** 平成 **22年度**

有害な気体に関する記述として，妥当なのはどれか。

1 塩素は無色で刺激臭のある気体で，水に溶けて強い酸性を示す。酸化力も強く殺菌・漂白作用がある。粘膜を冒す極めて有毒な気体である。

2 一酸化炭素は黄緑色で無臭の気体で，水に溶けてアルカリ性を示す。極めて有毒な気体で，血液中のヘモグロビンと強く結合し，酸素を運搬する機能が阻止され，酸欠状態となる。

3 オゾンはわずかに青色をした気体で，特有の臭気を持つ。酸化力が強く殺菌・漂白作用がある。オゾンは濃度が大きくなると呼吸器を冒す。微量でも長時間吸入すると有害である。

4 硫化水素は赤褐色で刺激臭のある気体で，その水溶液は強い酸性を示す。目や粘膜を刺激する有毒な気体で，高濃度のものを吸引すると，数呼吸で呼吸麻痺を起こす。

5 二酸化窒素は無色で腐卵臭のある気体で，その水溶液は弱い酸性を示す。主な大気汚染物質である一酸化窒素が，空気中で酸化されることにより生じる。極めて毒性が強く，主に呼吸器系を冒す。

解 説

本問は気体の毒性に関する記述もあるが，その正誤は，各気体の色や臭気，水溶液の性質に関する記述から判断できる。

1. 塩素は黄緑色の気体である。空気中である程度以上の濃度になると，目や呼吸器の粘膜を刺激して咳や嘔吐を催し，重大な場合には呼吸不全で死に至る場合もある。

2. 一酸化炭素は無色・無臭の気体で，水に溶けにくい。空気中に0.1％含まれると，約2時間で死に至るといわれている。

3. 妥当である。

4. 硫化水素は無色で腐卵臭のある気体で，その水溶液は弱い酸性を示す。また，嗅覚を麻痺させる作用もあり，濃度が致死量を超えていても嗅覚で知覚できず，知らずに発生源に近づいた登山者や温泉客が死亡する事故が起こっている。

5. 二酸化窒素は赤褐色で刺激臭のある気体で，水に溶けると硝酸を生じるので，強い酸性を示す。

正答 **3**

地方初級

No. 176 東京都 生物 植物のつくりと働き 平成25年度

植物のしくみに関する記述として，妥当なのはどれか。

1 種子植物には，裸子植物と被子植物があり，裸子植物の花は胚珠が子房に包まれているが，被子植物の花には子房がなく胚珠がむき出しになっている。

2 被子植物には，単子葉類と双子葉類があり，単子葉類は葉が網状脈で根は主根と側根に区別され，双子葉類は葉が平行脈で根はひげ根である。

3 植物には，根から吸収した水分を通す師管と，葉でつくられた養分が運ばれる道管とがあり，維管束を形成している。

4 植物の体内から水が水蒸気となって出ていくことを蒸散といい，蒸散によって空気中に出て行く水蒸気の量は，気孔の開閉によって調節されている。

5 植物が，光を利用して水と酸素からデンプン等の養分をつくり，二酸化炭素を発生する働きを光合成といい，光合成は葉の細胞にある葉緑体で行われる。

解説

1． 種子植物は花をつけ種子を形成する植物のグループであり，シダ植物から進化した。その中の裸子植物は，将来種子になる胚珠が子房に被われず，裸でむき出しになっているグループである。被子植物は，逆に将来種子になる胚珠が子房で被われているグループである。裸子植物から進化して被子植物が出現した。

2． 被子植物には単子葉類と双子葉類がある。子葉とは種子が発芽後最初に出す葉で，子葉が1枚のものが単子葉，2枚のものが双子葉である。単子葉類の形態的特徴は，葉脈が平行脈であることと根がひげ根であることで，イネやユリが代表例である。双子葉類は葉脈が網状脈で根は主根と側根に分かれており，サクラやマメなどが代表例である。

3． 維管束は植物体内での物質の輸送器官である。根から吸収した水分とそれに溶けている無機栄養を葉などに運ぶのが道管である。逆に葉で作られたショ糖などの養分を根や芽，花などへ送るための器官が師管である。

4． 妥当である。蒸散のうち，気孔からの蒸散を気孔蒸散，気孔以外からの蒸散をクチクラ蒸散といい，全蒸散量の90％以上は気孔蒸散が占める。蒸散は根から葉まで水を吸い上げる原動力であり，また，葉の温度上昇を抑える役割も持つ。

5． 光合成は，植物が二酸化炭素と水を材料として光エネルギーを用いてグルコースを合成する生化学反応である。その際，水の分解産物として酸素が生成され放出される。

正答 **4**

地方初級＜教養＞過去問350●**177**

地方初級
市役所
No. 177 生物 **DNA** 平成 12年度

DNA に関する記述として正しいものは，次のうちどれか。

1 ヌクレオチドが結合した鎖で，二重らせん構造をとっている。

2 体細胞分裂において，その量は半減し，娘細胞中に分かれて入っていく。

3 核の中で自己複製し，細胞質中に出て，リボソーム上でタンパク質の合成を行う。

4 構成単位のヌクレオチドは，リン酸—リボース—塩基からなり，塩基には4種類ある。

5 葉緑体中にもDNAはあるが，これは核に含まれるDNAとまったく同じものである。

解 説

1．正しい。DNA（デオキシリボ核酸）は，ヌクレオチドが結合した鎖2本が，はしごがねじれたような形の二重らせん構造をとる。

2．体細胞分裂では，分裂直前の核内で，DNA量は2倍となり，娘細胞に分かれる。そのために，核の中身はもとと同じとなる。DNA量が半減するのは，減数分裂である。

3．DNAは核の外に出ることはない。タンパク質合成に核から出ていくのは，情報を写したRNA（リボ核酸）である。

4．DNAの構成単位であるヌクレオチドは，リン酸—糖(デオキシリボース)—塩基からなる。塩基は，アデニン・チミン・シトシン・グアニンの4種である。リン酸—糖（リボース）—塩基はRNAのヌクレオチドである。

5．DNAは，葉緑体とミトコンドリア中にも存在している。このDNAは，葉緑体やミトコンドリアの分裂に働くと考えられている。

正答 **1**

178●地方初級＜教養＞過去問350

No.178 生物 減数分裂 平成30年度

生殖細胞形成時の減数分裂に関する記述中のア・イそれぞれの｛ ｝内から妥当なものを選んだ組合せはどれか。

減数分裂は，ア｛a．受精卵／b．精子や卵など｝をつくるときに行われ，そのとき生じた娘細胞の染色体の数は減数分裂前と比べて　イ｛a．変化しない／b．2分の1になる／c．4分の1になる｝。

1　アーa　イーa　　2　アーa　イーb　　3　アーa　イーc
4　アーb　イーb　　5　アーb　イーc

解説

ア．bが正しい。減数分裂は，精子や卵，胞子などの生殖細胞が形成される際に起こる細胞分裂であり，受精卵は，精子と卵が受精した結果できる体細胞である。体細胞は精子と卵から染色体をn本ずつ受け取るため，染色体の数は$2n$本になっている。次図は染色体数4本（$2n=4$）の場合を例に減数分裂を模式的に示している。減数分裂を行うもとの細胞は母細胞と呼ばれるが，母細胞には精子と卵からそれぞれ受け取った大きさ・形が同じで対になる染色体があり，それらは相同染色体と呼ばれる。$2n=4$の場合，相同染色体は2対存在することになる。

イ．bが正しい。母細胞は分裂開始直前には相同染色体の中身であるDNAをコピーして同じものを2倍つくっている。減数分裂は細胞分裂が2回連続して起こり，1個の母細胞から4個の娘細胞が形成される。最初の分裂で，それぞれの相同染色体どうしが分離し，2回目の分裂では，コピーしてつくられた染色体どうしを分離する。そのため，娘細胞の染色体数は母細胞の半分になる。

したがって，正答は**4**である。

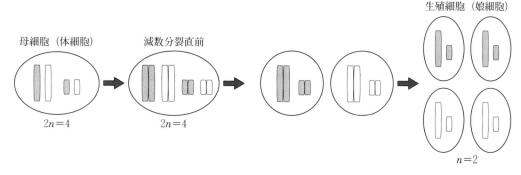

正答　4

地方初級

No. 179 地方初級　生物　**有性生殖の事例**　平成29年度

有性生殖に関する記述として妥当なのはどれか。

1 エンドウの花を自家受粉させて種子を得た。

2 チューリップを球根から育て花を咲かせた。

3 ツツジの木の枝を土にさして新しい株を栽培した。

4 イソギンチャクが縦に分裂して2個体になった。

5 核移植をしてクローンヒツジを誕生させた。

解説

1. 妥当である。有性生殖とは，卵や精子などの配偶子と呼ばれる生殖細胞が合体して新しい個体を生じる生殖である。エンドウの自家受粉では，同一個体の花粉が同一個体のめしべに受粉して種子がつくられるが，この場合でも花粉から伸びた花粉管内の精細胞がめしべ内の卵細胞と受精して種子が形成されるため，有性生殖である。

2. チューリップの球根は，栄養器官である地下茎が変化してできた鱗茎であり，親個体の体の一部である。そのため，球根を植え替えて別個体として育てても，遺伝的には親とまったく同じクローンである。このように配偶子の受精を経ずに，親個体の分裂や親個体の一部から新個体が増える生殖方法を無性生殖という。球根で増える場合は無性生殖の中でも特に栄養生殖と呼ばれる。

3. 人工的に植物を増やす方法の一つで，挿し木と呼ばれる無性生殖である。

4. 親個体のイソギンチャクがほぼ同じ大きさの2個体に分かれる無性生殖であり，分裂と呼ばれる。

5. 未受精卵から核を取り除き体の細胞の核を移植した卵細胞を発生・成長させて誕生させた動物がクローン動物である。カエルではガードンによって1962年にクローンガエルが生み出されていたが，ホ乳類では1996年になって初めてクローンヒツジが生み出された。クローン動物は，移植された核を持つ親個体と遺伝的にまったく同じであり，有性生殖ではない。

正答　**1**

180●地方初級＜教養＞過去問350

生物 ヒトの血液循環系 平成28年度

ヒトの血液循環系を模式的に示した次の図中のa～jの血管に関する記述のうち，妥当なのはどれか。

1. aを通る血液はbを通る血液よりも酸素濃度が高く，二酸化炭素濃度が低い。
2. cの部分の血管の壁の厚さはdの部分の血管の壁の厚さより薄い。
3. eを通る血液はfを通る血液よりアミノ酸やブドウ糖の濃度が高い。
4. gを通る血液はhを通る血液よりも尿素の濃度が高い。
5. iの部分の血管には弁があるがjの部分の血管には弁がない。

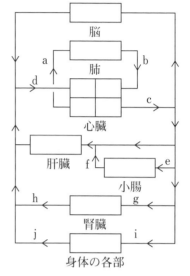

解説

1. aが肺動脈，bは肺静脈である。動脈は心臓から血液を送り出す血管であり，逆に静脈は心臓へ血液を戻す血管である。aの肺動脈を流れる血液は，全身を回って酸素が消費されて少なくなり二酸化炭素を多く含んでいる。この後，肺でガス交換されて二酸化炭素が少なく酸素を多く含む血液となって，bの肺静脈を通って心臓に戻り，心臓から全身に送られる。
2. cが大動脈，dは大静脈である。動脈は心臓から多量に送り出される血液の圧力に耐えられるよう血管の筋肉の層が発達しており血管壁が厚い。それに対し，静脈は各組織で毛細血管を通った後の血液が集まるため，血管にかかる圧力は低く血管壁は薄い。
3. eは小腸へ血液を送る動脈，fは小腸と肝臓をつなぐ肝門脈である。eを通る血液は，小腸の柔毛で吸収された消化産物であるアミノ酸やブドウ糖を加えてfの肝門脈へ流れ込み肝臓へ送られる。よって，fを通る血液のほうがアミノ酸やブドウ糖の濃度が高い。
4. 妥当である。gは腎動脈，hは腎静脈である。腎臓は血液中の老廃物を濃縮して排出し，血液の塩類濃度を一定に保つために尿生成する器官である。尿素は血液中の典型的な老廃物であり，腎臓でろ過，濃縮されて尿の成分として排出される。よって，腎臓へ流れ込むgの血液のほうが，流れ出るhの血液より尿素濃度は高い。
5. iが動脈，jは静脈である。動脈は高い血圧に耐えるため，血管壁の筋肉の層が発達し血管壁が厚くなる。それに対し，静脈は各組織で毛細血管を通った後の血液が集まるため血圧が低くなり，血管壁は薄く血液の逆流を防ぐため弁を持つ。

正答 **4**

地方初級

No. 181 地方初級 生物 植物における水の流れ 平成18年度

植物における，水の流れに関する次の文の空欄A～Eに当てはまる語句の組合せとして正しいものはどれか。

　　植物の根は，外液（土壌中）に比べ，[　A　]が高いため，水を[　B　]することができる。吸い上げられた水は，その後，葉から[　C　]することになる。また，吸い上げられた水は，[　D　]を通り，葉で作られた物質は[　E　]を通って移動する。

	A	B	C	D	E
1	浸透圧	蒸散	吸収	師管	師管
2	浸透圧	吸収	蒸散	師管	道管
3	浸透圧	吸収	蒸散	道管	師管
4	吸水圧	吸収	蒸散	師管	道管
5	吸水圧	蒸散	吸収	道管	師管

解説

植物は，土壌中の水分を根の根毛や表皮細胞から吸収する。これは，根毛や根の表皮細胞浸透圧[A]が外液（土壌中）よりも高いために起こる。

　根から吸収[B]された水は，途切れることなく茎の中を移動していく。茎にある維管束には，道管と師管の2種類の管がある。吸い上げられた水は，道管[D]を通って葉のすみずみまで送られる。この道管は，死細胞が連なったものである。これに対して，葉で作られた同化産物が移動するのに使われるのは師管[E]で，これは生きた細胞からなる。

　葉に送られた水は，気孔より蒸散[C]してゆく。蒸散によって，葉肉細胞内の水が減少すると，細胞の浸透圧が上昇し，吸水力が増すために，道管内の水を引き上げることになる。

　よって，正答は**3**である。

正答　3

182●地方初級＜教養＞過去問350

生物　長日植物と短日植物

長日植物と短日植物に関する文中の空欄A〜Cに当てはまる語の組合せとして，正しいものはどれか。

　多くの植物は，日長の影響を受けて花芽を形成する。このような性質を光周性という。①から③は，植物が，明暗の長さ，明期と暗期の長さの比率のどれに反応して花芽を形成するかを調べた結果を示している。この結果から，短日植物において，花芽形成に影響を与えているのは（　A　）で，これが一定期間より（　B　）と，花芽を形成する。また，図の④は，光中断を行ったものであるが，（　C　）植物が花芽を形成する。

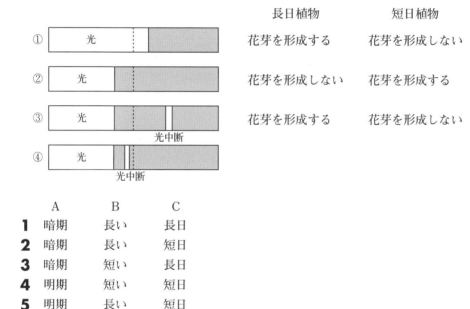

	A	B	C
1	暗期	長い	長日
2	暗期	長い	短日
3	暗期	短い	長日
4	明期	短い	短日
5	明期	長い	短日

解説

図からわかることは，花芽の形成は，明期の長さに対してではなく，明期と暗期の長さの比率でもなく，連続した暗期（A）の長さに対して反応して，行われるということである。①と②より，短日植物では，連続した暗期が一定期間（限界暗期）より長い（B）と花芽を形成する。長日植物では，連続した暗期が短いと花芽を形成することがわかる。暗期途中で，短時間の光照射を行うことを光中断という。③では，暗期の総時間ではなく，連続した暗期の長さが重要であることがわかる。短日植物では，連続した暗期が，限界暗期より短くなると，花芽を形成することができない。そこで，④をみると，光中断が行われているが，残りの暗期が，限界暗期を超えているため，花芽を形成することができるのは短日植物（C）である。

　よって，**2**が正しい。

正答　**2**

地方初級

No. 183 生物 酵 素 令和元年度

パイナップルは「ブロメライン」と呼ばれるタンパク質分解酵素を含んでいる。パイナップルを入れたゼリーや寒天をつくるとき，次の①〜③の条件の場合，ゼリーまたは寒天が固まる（ a ）か，固まらない（ b ）かの結果の組合せとして妥当なのはどれか。

条件　①加熱したパイナップルをゼラチンで固める。
　　　②生のパイナップルをゼラチンで固める。
　　　③生のパイナップルを寒天で固める。

	①	②	③
1	a	a	a
2	a	a	b
3	a	b	a
4	a	b	b
5	b	b	a

解説

ゼラチンは動物性タンパク質であり，ゼラチンをお湯に溶かしたものを冷やして固めたものがゼリーである。料理の煮こごりなどもゼラチンである。それに対し，寒天は海藻の天草（テングサ）の粘液質成分である炭水化物から作られる。お湯に溶かし寒天成分を冷やして固めると寒天になる。ところてんも寒天である。生のパイナップルには「ブロメライン」と呼ばれるタンパク質分解酵素が含まれているため，生のパイナップルをゼラチンに加えると，タンパク質の分解が起こりゼリー状に固まらない（②）。加熱したパイナップルを加えた場合は，タンパク質分解酵素が熱で失活しているため，ゼラチンは固まりゼリー状になる（①）。寒天の凝固には，パイナップルが含むタンパク質分解酵素は影響を与えない（③）。

　したがって，正答は**3**である。

正答　**3**

184●地方初級＜教養＞過去問350

地方初級
No. 184 特別区
生物　　ヒトの消化　　平成15年度

次の文は，ヒトの消化に関する記述であるが，文中の空所 A〜D に該当する語の組合せとして，妥当なのはどれか。

　デンプンは，だ液やすい液に含まれる　　A　　によってマルトースに分解された後，すい液などに含まれる　　B　　によってグルコースに分解される。

　タンパク質は，胃液に含まれる　　C　　，すい液などに含まれるトリプシンやペプチダーゼによってアミノ酸に分解される。

　脂肪は，すい液などに含まれる　　D　　によって脂肪酸とグリセリンに分解される。

	A	B	C	D
1	マルターゼ	アミラーゼ	リパーゼ	ペプシン
2	ペプシン	アミラーゼ	リパーゼ	マルターゼ
3	ペプシン	マルターゼ	アミラーゼ	リパーゼ
4	アミラーゼ	リパーゼ	ペプシン	マルターゼ
5	アミラーゼ	マルターゼ	ペプシン	リパーゼ

解説

ヒトの消化・吸収は，消化管と消化酵素の関係が重要である。デンプンは，だ液やすい液に含まれる消化酵素のアミラーゼ（A）によって，マルトース（麦芽糖）にまで分解される。さらに，すい液や腸液に含まれるマルターゼ（B）によって，グルコース（ブドウ糖）に分解され，小腸の柔突起から吸収される。タンパク質は，胃液に含まれるペプシン（C）によってペプトンに，さらに，すい液に含まれるトリプシンやペプチターゼによって，最終的にはアミノ酸にまで分解される。脂肪は，肝臓から分泌される胆汁によって乳化が進み，すい液に含まれるリパーゼ（D）によって，脂肪酸とグリセリンに分解され，柔突起のリンパ管に吸収される。

　よって，**5**が正しい。

正答　**5**

地方初級

地方初級

No. 185　生物　ヒトの刺激に対しての反応　平成22年度

ヒトの刺激に対しての反応に関する次の記述のうち，条件反射として妥当なのはどれか。

1 熱いヤカンに触ると，さっと手を引っ込める。

2 ひざの関節のすぐ下を軽くたたかれるとひざから下の足がはね上がる。

3 水しぶきを顔にかけられると，思わず目をつぶる。

4 とうがらしを食べると汗が出る。

5 レモンの絵を見るとだ液が出る。

解説

1. 屈筋反射という反射である。反射とは刺激に対して無意識に起こる反応である。反射中枢は脊髄や延髄・中脳などにあるため，大脳とは無関係に素早い反応が起こり，危険から身を守るのに役立つ。熱いヤカンに触ると，指先の受容器が高温で興奮し，その興奮を感覚神経が反射中枢である脊髄に伝える。脊髄ではそれを運動神経に伝え，運動神経が効果器である腕の屈筋を収縮させるために，さっと手を引っ込める反応が起こる。受容器→感覚神経→反射中枢→運動神経→効果器という興奮伝達の経路を反射弓という。

2. 膝蓋筋反射という反射である。膝蓋腱は大腿四頭筋（太ももの表側の筋肉）と下肢の頸骨をひざ関節を挟んでつなぐ腱である。ひざのすぐ下を軽くたたくと膝蓋腱が瞬間的に引っ張られ，その結果，大腿四頭筋も引っ張られることになる。筋肉には強く引っ張られて損傷することを防ぐため自身に引っ張りの力が加わったことを感知する筋紡錘という受容器がある。膝蓋腱をたたくことで筋紡錘が興奮し感覚神経を伝わって反射中枢である脊髄に興奮が伝わる。脊髄では興奮を感覚神経から運動神経に，運動神経は大腿四頭筋に伝達して，筋肉を瞬間的に収縮させる。そのため，ひざから下の足がぴょんと跳ね上がる反応が起きる。

3. 目の前に物が飛んでくると瞬間的に目をつぶる反応も無意識に起きるので反射の一種と考えられる。ただし，この反応は大脳も介して起こる反応である。

4. とうがらしの辛みは痛みとして受容され，興奮は感覚神経を介して反射中枢である間脳へ伝達される。間脳では交感神経が興奮し，興奮を皮膚に分布する汗腺に伝達する。その結果，発汗が起きる。暑いときに汗をかくのも体温上昇を間脳が感知して起こる反射である。

5. 妥当である。条件反射とは，本来の反射を起こす刺激と，その反射とは無関係な刺激（条件刺激）を同時に与え続けて，条件刺激だけで反射が起こるようになったもので，学習行動の一形態である。「パブロフの犬」の実験が有名である。本来の反射弓に大脳からの興奮伝達経路がつながり，条件刺激で反射が起こる。この場合，本来の刺激はレモンの酸味であり，それを舌が感知し感覚神経，反射中枢である延髄，副交感神経を介してだ液腺に興奮が伝達され，だ液の分泌が起きる。ヒトは経験（学習）の中で「レモンは酸っぱい」ということを記憶しているため，レモンの絵を見て大脳で認識すると，その興奮が記憶の回路を介してだ液分泌の反射弓を刺激し，だ液分泌が起きるのである。レモンの絵が条件刺激である。レモンを過去に見たことがないヒトにレモンの絵を見せてもだ液分泌は起きない。

正答　5

地方初級

No. 186 生物 神経とホルモン調節 平成16年度

神経やホルモン調節に関する次の記述のうち，正しいのはどれか。

1 神経やホルモンによる調節の中枢は小脳にあり，小脳にはたくさんの内分泌腺がある。

2 脳下垂体後葉からは，バソプレシンが分泌され，不足するとバセドウ病を引き起こす。

3 交感神経と副交感神経は意志によって調節でき，交感神経は心臓の拍動を抑制するように働く。

4 ホルモンは，肝臓においてたくさんの量が作用し，ホルモン自体は，基質として働いている。

5 インスリンは，糖の消費・貯蔵の促進をするホルモンで，不足すると糖尿病の原因となる。

解説

1. 神経やホルモンによる調節の中枢は，間脳にある。調節に関係する自律神経は，間脳の視床下部に中枢があり，さらに，間脳の視床下部の下に，脳下垂体がある。間脳の神経細胞は，神経分泌物質を脳下垂体中に放出している。

2. 脳下垂体後葉から分泌されるホルモンは，バソプレシンと呼ばれる血圧上昇ホルモンと，オキシトシンと呼ばれる子宮筋収縮ホルモンである。バセドウ病は，チロキシンと呼ばれる甲状腺ホルモンの過剰によって生じる。

3. 交感神経と副交感神経は自律神経と呼ばれ，意識とは無関係に働く。交感神経は，心臓の拍動を促進するように働き，副交感神経は，心臓の拍動を抑制するように働く。

4. ホルモンは，血液などで運ばれて，全身の種々の部位にある特定の標的器官や組織に作用する。少量で作用を示し，過不足によって病的症状を示す。

5. 正しい。正常なヒトでは，血糖量はほぼ0.1％に保たれている。すい臓のランゲルハンス島から分泌されるインスリンは，肝臓や筋肉でのグリコーゲン合成を進め，また組織におけるグルコースの酸化を促進し，血糖値を下げるように働く。インスリンが不足すると，血糖量が増加し，尿中に糖が排出されるようになり，エネルギー不足となり衰弱してしまう。

正答 **5**

地方初級

No. 187　生物　ヒトの大脳　平成13年度

ヒトの大脳に関する記述として正しいものは，次のうちどれか。

1　皮質と髄質からなり，髄質には感覚中枢や随意運動の中枢，記憶・判断・創造などの高等な精神作用の中枢などがある。

2　皮質のうち大脳辺縁系と呼ばれる部分は，古皮質・原皮質とも呼ばれ，本能行動の中枢や情動・欲求の中枢である。

3　交感神経と副交感神経からなる自律神経系の中枢で，体温や水分調節，血圧の調節などを行う中枢である。

4　運動の調節中枢，体の平衡や筋肉の緊張などを正しく保つ中枢である。

5　姿勢を保つ中枢，眼球の反射運動や瞳孔を調節する反射中枢がある。

解　説

1．髄質ではなく，大脳皮質に高等な精神作用の中枢がある。皮質は神経の本体である神経細胞体が集中してあるところで，髄質は主に軸索からなっている。反射は大脳に関係しない反応で，その中枢は主に延髄，脊髄にある。ただし，条件反射では，大脳が関係している。

2．正しい。大脳は高等な精神作用や記憶・創造などが注目されるが，本能行動にも大脳がかかわっている。

3．自律神経系の中枢は間脳である。自律神経には，交感神経と副交感神経があり，内臓などを拮抗的に調節している。交感神経は活動的な方向に，副交感神経は休息的な方向に働く。

4．これは小脳の働きである。歩行の際に，左右の足が交互に出るような意識運動の無意識的な調節や体の平衡などを保つ中枢である。

5．これは中脳の働きで，眼球の運動，ひとみの拡大・縮小，姿勢保持などの中枢である。

正答　2

188●地方初級＜教養＞過去問350

地方初級

No.
188

地方初級

生物 　　　遺伝子　　　 平成15年度

ある動物の毛の色には，白色と黒色がある。今，白色の個体どうしを交雑させたところ，次の代は，白色と黒色の個体が，2：1の割合で生まれた。また，黒色の個体どうしを交雑させたところ，次の代はすべて黒色の個体であった。このとき働く遺伝子の特徴として，次のア～オの中から正しいものをすべて選択した組合せはどれか。

　　ア　黒色になる遺伝子が優性である
　　イ　白色になる遺伝子が優性である
　　ウ　黒色になる遺伝子と白色になる遺伝子を1つずつ持つと，胎児のうちに死ぬ
　　エ　優性遺伝子を2つ持つと死ぬ
　　オ　劣性遺伝子を2つ持つと死ぬ

1　ア，ウ
2　ア，オ
3　ア，ウ，オ
4　イ，エ
5　イ，ウ，エ

解説

白色の遺伝子をA，黒色の遺伝子をaとする。白色どうしの交雑で，白色が多く生まれることから，白色の遺伝子が優性であることが考えられる。白色の個体の遺伝子型は，AAまたは，Aaである。黒色の個体の遺伝子型は，aaである。白色どうしの交雑は，AA×AAでは，すべてAAで白色となり，黒色の個体は生まれない。また，AA×Aaでは，AA：Aaが1：1で生じるが，すべて白色となり，黒色は生まれない。Aa×Aaでは，AA：Aa：aaが生じる。1：2：1の割合になるはずだが，これが2：1となるのは，AAが致死となるためである。黒色どうしの交雑は，aa×aaでaaの黒色の個体しか生じない。

　　　よって，**4**が正しい。

正答　**4**

地方初級＜教養＞過去問350●**189**

ヒトのABO式血液型において，遺伝による親子の血液型の組合せの可能性を示した図として，妥当なのはどれか。ただし，◯は親を，□は子を，それぞれ表す。

1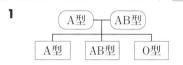

2

3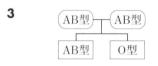

4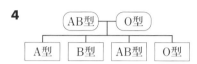

5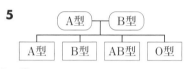

解説

ABO式血液型は複対立遺伝であり，A，B，Oの3つの遺伝子の組合せによって決定する。A遺伝子とB遺伝子は不完全優性の関係にあり，A遺伝子とO遺伝子間ではA遺伝子が優性，B遺伝子とO遺伝子間ではB遺伝子が優性の関係にある。そのため，各血液型の遺伝子型は次のようになる。

血液型	遺伝子型
A	AA，AO
B	BB，BO
O	OO
AB	AB

1．A型の親の遺伝子型はAAかAOの可能性がある。もう一方の親はAB型なのでO遺伝子は持たず，両親からO遺伝子が遺伝して遺伝子型がOOになることはなく，O型は出現しない。
2．1と同様に一方の親がAB型であり，子にO遺伝子が遺伝する可能性はなく，O型は出現しない。
3．両親がAB型で，O遺伝子を持たないので，子にO遺伝子が遺伝することはなく，O型は出現しない。
4．一方の親がO型なので，子には必ずO遺伝子が遺伝する。そのため，A遺伝子とB遺伝子がそろった場合にのみ出現するAB型は出現しない。
5．正しい。A型の親の遺伝子型はAAかAO，B型の親の遺伝子型はBBかBOである。それぞれの組合せの可能性は次のようになり，4種類の血液型が出現する可能性がある。
　AA×BB→AB
　AA×BO→AB，AO
　AO×BB→AB，BO
　AO×BO→AB，AO，BO，OO

正答　5

地方初級
No. 190 東京都 生物 免疫 平成27年度

免疫に関する次の文章の空欄ア〜エに当てはまる語句の組合せとして，妥当なのはどれか。

体内に侵入した病原体を取り除く免疫では，　ア　やリンパ系が重要な役割を果たしている。

　ア　には，異物を　イ　によって細胞内に取り込んで処理する好中球，　ウ　，樹状細胞などの食細胞や，　エ　，Ｂ細胞などのリンパ球がある。

	ア	イ	ウ	エ
1	赤血球	食作用	マクロファージ	Ａ細胞
2	赤血球	同化作用	免疫グロブリン	Ａ細胞
3	赤血球	同化作用	免疫グロブリン	Ｔ細胞
4	白血球	食作用	マクロファージ	Ｔ細胞
5	白血球	同化作用	免疫グロブリン	Ｔ細胞

解説

ア：免疫で働く血球は白血球で，好中球，リンパ球，マクロファージ，樹状細胞などが含まれる。赤血球はヘモグロビンを含み，酸素運搬に働く。

イ：好中球などが異物を細胞内に取り込んで消化分解する働きを食作用という。同化作用は，生物が無機物や低分子の有機物からより複雑な有機物を合成する過程であり，光合成（炭酸同化）などが代表的な例である。

ウ：白血球の中で食作用を行うものは，好中球，樹状細胞，マクロファージなどの細胞で，これらはまとめて食細胞と呼ばれる。免疫グロブリンは，リンパ球Ｂ細胞が産生するタンパク質で抗体として働く。

エ：リンパ球は，Ｂ細胞とＴ細胞に分けられる。Ｂ細胞は異物（抗原）と抗原抗体反応を起こす免疫グロブリンを産生し，体液性免疫に関わる。Ｔ細胞はさらにヘルパーＴ細胞とキラーＴ細胞に分けられる。ヘルパーＴ細胞は免疫の司令塔で，異物を認識してＢ細胞やキラーＴ細胞を活性化させる。キラーＴ細胞は，ウイルスなどが感染した細胞を認識して直接攻撃・破壊する細胞性免疫に関わる。Ａ細胞は，すい臓のランゲルハンス島と呼ばれる組織を構成する細胞で，グルカゴンという血糖値を上げるホルモンを合成分泌する。

したがって，正答は**4**である。

正答 **4**

地方初級

No. 191 地方初級 生物 植生の遷移 平成26年度

植生の遷移に関する次の説明文中の①〜③の各a，bから正しいものを選んだ組合せとして妥当なのはどれか。

火山噴火による溶岩流跡などの裸地から始まる植生の遷移を① ｛a．一次遷移　b．二次遷移｝ という。裸地に最初に侵入してくる植物は先駆植物（パイオニア植物）と呼ばれ，具体的にはコケ植物や地衣類などであるが，場所によってはススキやイタドリなどの草本植物が初めから侵入する場合もある。その後，草原を経て低木林が形成される。低木林を構成する樹木は② ｛a．陽樹　b．陰樹｝で，それらの樹木が成長して森林が形成される。森林内部では次の世代を構成する幼木の間で光を巡る競争が起こり，森林内での成長により有利な③ ｛a．陽樹　b．陰樹｝が生き残り，次の世代を構成することになる。その結果，植生は最終的には極相林と呼ばれる森林へと遷移していく。

	①	②	③
1	a	a	a
2	a	a	b
3	a	b	a
4	b	a	b
5	b	b	a

解説

①：火山噴火による溶岩流跡のような，土壌のほとんどない裸地から始まる遷移を一次遷移（a）という。それに対し，山火事跡や耕作放棄地など，すでに土壌が存在し，種子や植物の根などが存在する裸地から始まる遷移を二次遷移という。一次遷移初期の裸地は，植物にとって光は十分に供給されるが，高温で乾燥しており，栄養も極端に乏しく，生育には大変厳しい場所である。そのため，厳しい環境でも生育できるコケ植物や地衣類が最初に侵入する。場合によってはススキやイタドリのような風で移動しやすい種子をつけ，乾燥や貧栄養に強い草本植物が侵入することもある。二次遷移の場合は，土壌がすでに存在するので保水力があり栄養もある程度蓄えられていること，種子や植物根が土壌中に元から存在することで，一次遷移に比べ遷移がかなり速く進行する。

②，③：一次遷移初期に先駆植物が侵入し，その後遷移が進行して草本植物が草原を形成すると，溶岩石の風化や落葉落枝の蓄積で，栄養を多く含んだ土壌の形成が進む。この段階になると，風や鳥によって種子が運ばれた樹木が草原の中に侵入する。最初に侵入してくる樹木は先駆樹種と呼ばれ，強い光の下での成長が速く，日なたでの生育に適した陽樹であることが多い。逆に陰樹とは，稚樹や幼木のときに弱い光の下でも枯れずに成長できる耐陰性が高く，成木になると強い光の下でよく成長する樹木のことをいう。光が十分に得られる遷移の初期段階の環境では，陽樹（a）が低木林を形成し，やがてそれらが成長して陽樹林と呼ばれる森林をつくる。陽樹林内では光が減少するため，陽樹より陰樹（b）の稚樹・幼木のほうが成長に有利になる。その結果，陽樹林はやがて陽樹と陰樹の混交林となり，その後，陰樹を主とする陰樹林に遷移する。陰樹林内では陰樹の幼木が成長し世代が更新されるため，構成種に大きな変化が見られなくなる。この状態を極相といい，このときの森林を極相林という。

したがって，正答は**2**である。

正答　**2**

192●地方初級＜教養＞過去問350

No.192 生物 生態ピラミッド 平成21年度

食物連鎖の関係をピラミッド型に表したものを生態ピラミッドという。ある地域の生態ピラミッドは，①のようになっている。②のようにBの草食動物が増えた場合，生態ピラミッドはどのように変化するか，③と④に当てはまる図をア，イ，ウから選び，正しく組み合わせたものとして妥当なのはどれか。

　　③　④
1　ア　イ
2　ア　ウ
3　イ　ア
4　イ　ウ
5　ウ　ア

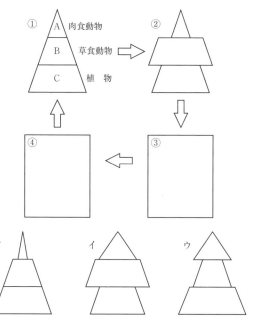

解説

ある一定の区域に存在する生物と，それを取り巻く非生物的環境をまとめて生態系と呼ぶ。

　植物を草食動物が食べ，草食動物を肉食動物が食べるという，補食－被食という相互作用によるつながり，これを食物連鎖という。

　植物が一番多く，次に草食動物が多く，一番少ないのは，肉食動物となり，①のようにピラミッドが維持される。問題の図では，大きな傾向のみ示している。

　たとえば，②のように，ある時期になんらかの要因で草食動物が増えすぎたとする。草食動物が増えたことにより，植物が食い荒らされて植物の数は減り，一方，肉食動物のエサとなる草食動物が増えるので，③では，イのように肉食動物が増える。

　増えた草食動物は，エサとして植物を食べ，植物が減るので，餓死する草食動物も出てくる。さらに，肉食動物が増えたので，食べられる草食動物も増える。そこで，④では，ウのように，増えすぎた草食動物の数は減るようになる。

　一段落すると，今度は，草食動物が減ったので，食べられる分が少なくなった植物が増える。そして，肉食動物は，食べる草食動物が少なくなったので減り，もとに戻る。

　このようにして，また①のように，バランスを保ったピラミッド型が形成される。

　以上より，正答は**4**である。

正答　**4**

地方初級

No. 193 特別区 **生物** **食物連鎖** 平成 **27年度**

食物連鎖に関するA～Dの記述のうち，妥当なものを選んだ組合せはどれか。

A　生産者は，光合成を行う植物などで，水や二酸化炭素などの無機物を取り込んで有機物を合成する。

B　すべての消費者は，動植物の遺体や排出物に含まれる有機物を最終的に無機物にまで分解する。

C　生物量ピラミッドは，栄養段階ごとに生物の個体数を調べて棒グラフに表し，それを横にして栄養段階順に積み重ねたものをいう。

D　生態ピラミッドは，生産者を底辺として，生物の個体数や生物量を栄養段階順に積み重ねたものをいう。

1　A　B
2　A　C
3　A　D
4　B　C
5　B　D

解説

A．妥当である。植物などの光合成生物以外では，硝化細菌や硫黄細菌などの化学合成細菌が生産者である。深海の熱水噴出孔周辺では，噴出する硫化水素やメタンをエネルギー源として利用し炭酸同化を行う化学合成細菌が，シロウリガイなどに共生して生産者としての役割を果たしている。

B．生態系において有機物を無機物にまで分解する過程に関わる生物はすべて分解者と呼ばれる。消費者は，外界から有機物を取り入れ，それをエネルギー源として利用する生物をさす。

C．生物量ピラミッド（生体量ピラミッド）は，栄養段階ごとの生物の生体量（たとえば g/m^2）を横向きの棒グラフ状にし，生産者を底辺として食物連鎖の栄養段階順に積み重ねたものである。個体数をもとに作ったものは，個体数ピラミッドである。

D．妥当である。生態ピラミッドのうち，各栄養段階の生物の個体数をもとに作ったものを個体数ピラミッド，生体量をもとに作ったものを生物量ピラミッド（生体量ピラミッド），各栄養段階の生産力（たとえば $J/m^2 \cdot$ 年）をもとに作ったものを生産力ピラミッド（エネルギーピラミッド）という。

したがって，正答は**3**である。

正答　**3**

194●地方初級＜教養＞過去問350

地方初級

No. 194 地方初級 **地学** **大気圏の構造** 平成14年度

大気圏の構造に関する次の記述のうち，正しいものはどれか。

1 対流圏は上下方向への大気の動きが少なく，穏やかで安定している。

2 成層圏にはオゾン層があり，太陽光の紫外線の多くを吸収している。

3 中間圏は大気圏中最も温度が高い所がある。

4 中間圏の上に高さ約500kmまで熱圏があり，電離層が存在し，主に長波を反射するので通信に利用される。

5 最も外側の外気圏は気体の分子や原子の密度が高く，フレアに伴う強いX線や紫外線の影響を受けてデリンジャー現象が起こることがある。

解説

1. 太陽の熱はまず地表を暖め，下から伝導により大気を暖める。よって高度が低いほど大気の温度が高いため，上下方向に対流を引き起こす。これが気象現象である。

2. 正しい。オゾンは酸素原子が3つ集まったものである。

3. 中間圏は高さ50〜90kmほどのところで，最上部付近で最も温度が低い（約−100℃）。

4. 熱圏の電離層は下からE層，F層，F_2層の3つがある。ここでは主に短波を反射する。

5. デリンジャー現象はフレアのため，電離層が乱され，通信障害を引き起こすことをいう。また，説明文の分子や原子の密度は極めて小さい。なお，大気の構造で，中間圏より上を外（気）圏，電離圏，全体を熱圏と呼ぶこともある。

正答 **2**

地方初級

No. 195 特別区 地学 地球表面のプレート 平成28年度

地球表面のプレートに関するA～Dの記述のうち，妥当なものを選んだ組合せはどれか。

A 日本の位置は，ユーラシアプレートや北アメリカプレートが，太平洋プレートやフィリピン海プレートの下に沈み込むところにあたる。

B リソスフェアの下には，流れやすくやわらかいアセノスフェアが存在する。

C プルームとは，2つのプレートがお互いにすれ違う境界のことであり，サンアンドレアス断層などがある。

D ヒマラヤ山脈やヨーロッパアルプス山脈は，大陸プレートどうしが衝突してできた大山脈である。

1 A B
2 A C
3 A D
4 B C
5 B D

解説

A．日本周辺のプレートは，大陸側にユーラシアプレート（①），東北，北海道からオホーツク海側に北アメリカプレート（②），日本海溝付近から太平洋側に太平洋プレート（③），南海トラフから南にフィリピン海プレート（④）が分布している。②の下に①と③は沈み込んでおり，また，①の下に③と④が沈み込んでいる。

B．妥当である。

C．サンアンドレアス断層は，海嶺から左右に海底が移動する中で，その移動状態，速度などの違いですれ違うように接している境界に生じる断層の一つである。プルームとは，マントル内の対流をさす用語で，温度によりホットプルーム，コールドプルームと呼ばれる。

D．妥当である。

したがって，正答は**5**である。

正答 **5**

地方初級

No. 196 東京都 地学 大気 平成21年度

地球を取り巻く大気に関する記述として，妥当なのはどれか。

1 地表から高度約11kmまでの範囲を成層圏といい，成層圏では高度が100m上昇するごとに平均0.6℃の割合で気温が高くなる。

2 高度約200kmから300kmまでの範囲にはオゾン層があり，オゾン層では太陽光のうちで生物にとって有害な赤外線のほとんどを吸収している。

3 対流圏には電離層があり，電離層では太陽からのX線や紫外線によって，窒素や酸素が電離してイオンと電子になっている。

4 中緯度地域の上空で吹く西風を偏西風といい，圏界面付近での特に強い偏西風をジェット気流という。

5 低緯度地方の対流圏で多く起こる発光現象をオーロラといい，オーロラが発する強いX線や紫外線は，通信障害を引き起こす原因となっている。

解説

1. 地表から高度約11kmの範囲は，成層圏ではなく対流圏である。対流圏では高度が100m上昇するごとに平均0.6℃の割合で気温が低くなる。

2. オゾン層は成層圏にある。成層圏の範囲は高度十数kmから50kmである。またオゾン層は紫外線を吸収する。

3. 電離層は対流圏には存在しない。電離層はいくつかの層に分けられ，中間圏最上部から熱圏最下部（70～90km）にD層があり，E層（100～150km），F1層（170～230km），F2層（230～500km）は熱圏に存在する。

4. 正しい。

5. オーロラは高緯度地方に見られる現象である。

正答 **4**

地方初級

No. 197 特別区 **地学** **高気圧と低気圧** 平成**19**年度

次の文は，高気圧及び低気圧に関する記述であるが，文中の空所A～Eに該当する語の組合せとして妥当なのはどれか。

北半球では，地上付近の風は，　　A　　の中心に向かって　　B　　に吹き込み，　　C　　の中心から　　D　　に吹き出す。

北西太平洋又は南シナ海で発達した　　E　　のうち，最大風速が17.2m/秒以上になったものを，我が国では台風と呼んでいる。

	A	B	C	D	E
1	低気圧	時計回り	高気圧	反時計回り	熱帯低気圧
2	低気圧	時計回り	高気圧	反時計回り	温帯低気圧
3	低気圧	反時計回り	高気圧	時計回り	熱帯低気圧
4	高気圧	時計回り	低気圧	反時計回り	温帯低気圧
5	高気圧	反時計回り	低気圧	時計回り	熱帯低気圧

解 説

北半球では上空から見て低気圧（A）の中心に向かって反時計回り（B）に風が吹き込み，高気圧（C）は中心から時計回り（D）に風が吹き出ている。

また，台風は北西太平洋または南シナ海で発達した熱帯低気圧（E）のうち，最大風速が17.2m/秒以上になったものをいう。

よって，正答は**3**である。

正答　**3**

地方初級

No. 198 東京都 地学 大気・海洋における現象 平成30年度

大気又は海洋における現象に関する記述として，妥当なのはどれか。

1 フェーン現象は，東部太平洋赤道域で，数年に一度，海面水温が広い範囲にわたって平年よりも高い状態が続く現象のことである。

2 ラニーニャ現象は，東部太平洋赤道域で，数年に一度，海面水温が広い範囲にわたって平年よりも低い状態が続く現象のことである。

3 エルニーニョ現象は，湿った空気が，山を越えるときに雨を降らせて水分を失った後，山を吹き降り，乾燥し高温になる現象のことである。

4 貿易風は，中緯度の地域上空を，南北に大きくうねりながら，東から西に向かって吹く風のことである。

5 偏西風は，低緯度地域で亜熱帯から赤道付近へ，西から東に向かって吹く風のことである。

解説

1．エルニーニョ現象が起きるときの説明である。フェーン現象については選択肢**3**を参照。

2．妥当である。

3．フェーン現象の説明である。エルニーニョ現象については選択肢**1**を参照。

4．貿易風は赤道を挟む熱帯収束帯から中緯度高圧帯で吹く恒常風である。北半球では北東貿易風，南半球では南東貿易風となる。

5．偏西風は中緯度高圧帯から高緯度低圧帯にかけて見られる恒常風である。

正答 **2**

地方初級＜教養＞過去問350●**199**

地方初級

No. 199 地方初級 **地学** **気　象** 平成15年度

気象に関する次の文の空欄に当てはまる語の組合せとして，正しいのはどれか。

　大気の大循環では，北極近くでは　ア　が吹いており，その南側では　イ　が吹いている。これらの境界には　ウ　が生じ，低気圧の通り道となっている。低気圧の東側には　エ　ができ，西側には　オ　ができる。

	ア	イ	ウ	エ	オ
1	極偏東風	偏西風	温暖前線	寒冷前線	寒帯前線
2	偏西風	極偏東風	寒帯前線	寒冷前線	温暖前線
3	極偏東風	偏西風	寒帯前線	温暖前線	寒冷前線
4	偏西風	極偏東風	寒冷前線	寒帯前線	温暖前線
5	極偏東風	偏西風	寒冷前線	温暖前線	寒帯前線

解説

大気の大循環は，赤道付近の貿易風，中緯度での偏西風，極付近の極偏東風（極東風）が見られる。偏西風帯と極偏東風帯の境界に発生する寒帯前線は，気圧が低いので，低気圧の通り道となる。北半球では，低気圧の中心の東側に温暖前線が発生，西側には寒冷前線が発生し，全体として左まわりの風が吹き，中心に渦を巻くように吹き込んでいる。

　よって，**3**が正しい。

正答　**3**

地方初級

No. 200 市役所 　**地学**　　　**日本の気象**　　　平成**17**年度

次のA～Eの記述中の ｜ ｜ から正しい言葉を選んだ組合せはどれか。

A　オホーツク海気団は，温度が低く ｜湿って　乾いて｜ いる。

B　揚子江気団は，温度が高く ｜湿って　乾いて｜ いる。

C　シベリア気団は，温度が低く ｜湿って　乾いて｜ いる。

D　小笠原気団は，温度が高く ｜湿って　乾いて｜ いる。

E　やませは冷害をもたらすが，これは ｜太平洋側　日本海側｜ で発生する。

	A	B	C	D	E
1	乾いて	湿って	湿って	乾いて	日本海側
2	乾いて	乾いて	湿って	乾いて	日本海側
3	湿って	乾いて	湿って	湿って	太平洋側
4	湿って	湿って	乾いて	湿って	日本海側
5	湿って	乾いて	乾いて	湿って	太平洋側

解説

A～Dの気団のうち，乾燥型は大陸性のもので，揚子江気団（B）とシベリア気団（C）がこれに当たる。湿潤型は海洋性の気団で，オホーツク気団（A）と小笠原気団（b）がこれに当たる。やませは，初夏に三陸地方に北東から吹く冷涼湿潤な風で，冷害が発生する。

よって，正答は**5**である。

正答　**5**

地方初級＜教養＞過去問350●**201**

No. 201 地学 わが国の天気図 平成14年度

次の天気図の各地の説明のうち，正しいものはどれか。

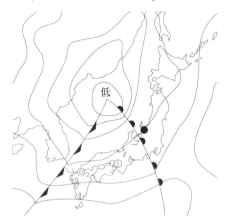

1 大阪の天候は曇りで，風向きは南西，風力は3である。
2 新潟の天候は雨であるが，温暖前線の通過後には天気は回復し，気温は低下する。
3 新潟の天候は曇りで，風向きは北西，風力は2である。
4 福岡の天候は快晴で，風向きは西，風力は6である。
5 福岡では今後寒冷前線が通過し，天候は雨となり，気温は低下する。

解説

1．天候は晴れである。風向き，風力は正しい。
2．温暖前線通過後には天気は回復し，温度は上がる。
3．天候は雨，風向きは南西，風力は正しい。
4．天候は曇りである。風向きは正しい。風力は2である。
5．正しい。

正答 5

地方初級 No.202 市役所 地学 波 平成15年度

波に関する次の記述のうち，正しいものを選べ。

1 2,000m の深海では，水平・垂直方向ともに，水の動きはない。

2 土用波はよく晴れた日に起こり，これは地震によるうねりの波である。

3 海流は，閉じた円の動きをしていて，すべて時計回りに流れている。

4 黒潮は中・北部太平洋から流れてきた海流が日本列島にぶつかり南下していくものである。

5 満月や新月の頃に潮汐は最大となり，大潮となる。

解説

1. 海水は垂直循環もしている。

2. 土用波は8月半ば過ぎに，太平洋の南方にある台風により生じた風波がうねりとなり到達するものである。

3. 南半球では主要な海流は反時計回りである。これは動向力の働く向きが，北半球と逆のためである。

4. 黒潮は，北赤道海流がアジア大陸にぶつかり，沿岸地帯を北上し，日本列島の太平洋側を通過していくものである。東北あたりで千島海流（親潮）とぶつかり，北太平洋海流となる。

5. 正しい。上弦と下弦の頃に小潮となる。

正答 5

地方初級

No. 203 地学 台風 平成29年度

台風に関する記述中のA～Cそれぞれのa，bから妥当なものを選んだ組合せはどれか。

台風は，A ｜a．ユーラシア大陸南部の陸上 b．熱帯の太平洋上｝で発生する。地上付近で，風はB ｜a．中心から外側に b．外側から中心に｝向かって吹き，前線をC ｜a．伴わず，天気図にはほぼ円形の等圧線が描かれる。 b．伴うため，天気図には長い前線が描かれる。｝

	A	B	C
1	a	a	b
2	a	b	a
3	b	a	a
4	b	a	b
5	b	b	a

解説

A．bが妥当である。熱帯の海上で発生する低気圧を熱帯低気圧と呼ぶが，このうち，北西太平洋または南シナ海に存在し，低気圧域内の最大風速が約17m/秒を超えるものを台風と呼ぶ。

B．bが妥当である。地上付近では上から見て反時計回りに風が吹き込んでおり，中心の周りでは強い上昇気流が生じている。

C．aが妥当である。台風は前線を持たない。ただし，台風が温帯域まで進み，冷たい空気が入り込むと，台風は温帯低気圧の性質を持ち始め，やがて寒気と暖気の境である前線を伴う温帯低気圧に変わる。また，天気図には，中心付近の間隔が狭く，ほぼ円形の等圧線が描かれる。

したがって，正答は**5**である。

正答 **5**

地方初級

No. 204 地学 地震 令和元年度

地震に関する次の記述のうち，妥当なのはどれか。

1 観測地点に到達する地震波は，P波，S波とも同時に到着する。

2 地震の単位で，各地の揺れは震度階級，地震の規模・放出エネルギー量はマグニチュードで表す。

3 震源距離が大きいほど，初期微動継続時間は短くなる。

4 震源から遠い観測地点ほど，地震の規模は大きくなる。

5 P波，S波とも液体中を伝わる。

解説

1. 地殻中の伝播速度は，P波はおよそ 6〜8 〔km/s〕，S波は 3〜5 〔km/s〕が目安となる。したがって観測地点に先に到達するのはP波である。このことから，震源距離が大きいほど初期微動継続時間は長くなる。

2. 妥当である。震度は 0〜7 に分かれ，さらに震度 5，6 には強・弱があるので，全部で10段階となる。マグニチュードは，値が 2 異なると放出エネルギー量は1,000倍差となる。したがってマグニチュード 1 差では，約32倍差である。

3. 1 の解説にあるように，震源距離が大きいほど初期微動継続時間は長くなるので誤り。

4. 地震の規模は，その地震の地下での破壊に伴う放出エネルギー量を表すものであるから，震源距離とは無関係である。

5. P波は縦波で，進行方向に対し平行振動し，すべての媒質中を伝わる。S波は横波で進行方向に対し垂直に振動し，固体中のみ伝わる。地球規模で地震波の到達を観測すると，S波は深さ2,900km 以深に伝わらないことがわかった。このため外殻は固体ではなく流体と考えられている。

正答 **2**

地方初級

No. 205 地方初級 **地学** **天体の見え方** 平成20年度

地球の両極点や赤道上での天体の見え方に関する次の記述のうち，妥当なものはどれか。

1 北極点では太陽は，ほぼ地平線上を日周運動する。

2 北極点では夏至の日に太陽は高度23.4°で南中する。

3 赤道上では1年中太陽は天頂を通る。

4 南極点では6月には1日中太陽が沈まない。

5 南極点では北極星は1年の半分しか見えない。

解説

1. 地球の公転軌道面と地球の赤道が常に一致していれば，つまり地球が傾いていなければ両極点で太陽は地平線上を日周運動する。しかし，実際の地球は地軸が傾いており（23.4°）太陽は出没したり，あるいは1日中出ていたり，見えなかったりといった変化が見られる。

2. 正しい。南中高度hと観測地点の緯度ϕと太陽の赤緯δの関係は，$h=90°-\phi+\delta$である。夏至の日の太陽の赤緯は$+23.4°$であるから$h=23.4$となる。また冬至の日の赤緯は$-23.4°$，春分，秋分の日の赤緯は$0°$である。

3. 天頂とは観測者の頭上の位置をさす。赤道上で天頂を通過するのは，南中高度が90°である場合だから，先の式でhが90°となるのは春分と秋分の日である。

4. 6月には最も太陽が北極点側に寄っている。たとえば夏至の日には，北極点では太陽が周極星となり，沈まない（白夜。北緯66.6°以上の，北極圏での現象）。したがって，この日，南極点では太陽は地平線下にあり，見ることができない。

5. 北極側の地軸のほぼ延長上に北極星はあるので，南極点では1年中見ることはできない。

正答 **2**

地方初級

No. 206 地方初級

地学 **恒星の観測** 平成18年度

恒星の観測に関する次の文中の空欄A〜Cに適する語句の組合せとして，妥当なものはどれか。

午後9時頃，南東に見えたスピカが，翌日の早朝には [A] に見えた。その半年後には [B]。その翌日の早朝には [C] に見えた。

	A	B	C
1	東	夜間は地平線下に隠れて見えない	東
2	東	一晩中見ることができる	西
3	西	夜間は地平線下に隠れて見えない	東
4	西	夜間は地平線下に隠れて見えない	西
5	西	一晩中見ることができる	東

解説

地球は太陽のまわりを公転するため，地球から夜間に観測できる夜空は移り変わる。また自転もしているので，恒星は1時間におよそ15°東方から西方に移動して見える（日周運動）。

Aについてだが，南東方向から西に日周運動していくと9時間後に西の地平線に見えることになる。その時の時刻は午前6時，早朝となる。

半年後は地球からスピカのある方向はほぼ昼間となるが，早朝に見えたとすると，太陽の出る寸前の空に，つまり東に見える（C）。よって，夜間は地平線下に隠れて見えない（B）。

以上より，**3**が正しい。

正答 **3**

地方初級＜教養＞過去問350●**207**

地方初級 No.207 東京都 地学 地球の形と大きさの測定 平成27年度

地球の形と大きさに関する次の文章の空欄ア～ウに当てはまる語句の組合せとして，妥当なのはどれか。

アリストテレスは，　　ア　　のときにできる地球の影が円状であることや，南北で見える星の種類や位置が　　イ　　ことに着目して，地球の形が球状であると考えた。エラトステネスは，地球を球形であると考えて，南北に離れた2つの地点の間の距離を測り，また両地点の夏至の日の正午における太陽の高度差から　　ウ　　の差を求め，地球の周囲の長さを計算した。

	ア	イ	ウ
1	月食	変わらない	緯度
2	月食	変わる	緯度
3	月食	変わる	経度
4	日食	変わらない	経度
5	日食	変わる	経度

解説

アリストテレスは，地球が球形であることに注目したときの説明に，月食のときに月の表面に落ちる地球の影が円形であること，星の高度が地球の南北で違う（変わる）ことなどを挙げた。また，エラトステネスは，地球の測定で円の性質を利用し，同一子午線上の2点間で，太陽高度の違いが緯度差に相当することと，その2点間の距離を調べ地球の外周を求めた（それより半径もわかることになる）。

以上より，ア：月食，イ：変わる，ウ：緯度となり，正答は**2**である。

正答　**2**

208●地方初級＜教養＞過去問350

地方初級

No. 208 特別区

地学 地球の運動 平成16年度

地球の運動に関する記述として，妥当なのはどれか。

1 月齢とは，新月の時刻から経過した日数を表したものであり，その満ち欠けの周期は太陰暦のもととなっている。

2 太陰太陽暦とは，太陽の動きを基準にした暦であり，その一種のグレゴリオ暦は，1年を365.2425日とし，端数の部分はうるう年を設けて調整している。

3 夏至とは，太陽が北緯23.4度の北回帰線上にある日のことであり，夏至には太陽は真東から出て真西に沈む。

4 視太陽時とは，太陽の日周運動の周期を1年を通じて平均したものを1日の長さとし，それをもとに時間と時刻を定めたものである。

5 地方標準時とは，協定世界時に，経度を15で割った数を加え又は減じた値であり，日本標準時は協定世界時から9時間を減じた値となる。

解説

1. 正しい。月の満ち欠けの周期は約29.53日で，1月を29日の月と30日の月を交互に配置するようにしたものが多い。

2. グレゴリオ暦は太陽暦で，月の朔望から作られた太陰暦や，それを考慮に入れた太陰太陽暦とは異なる。1太陽年は地球の公転により天球上を太陽が春分点を出発し，再び春分点に位置するまでの所要で，365.2422日である。この0.2422日の端数をうるう年としているが，ユリウス暦は端数を0.25日とするので，端数を0.2422日とするグレゴリオ暦のほうが精度が高く，現在採用されているわけである。うるう日の入れ方は，ユリウス暦は4年に1回，グレゴリオ暦は400年に97回である。

3. 夏至の赤緯は＋23.4°で，北回帰線上となるが，出没は最も北へ寄っている。真東から昇り真西へ没するのは，春分，秋分である。

4. 視太陽時は，実際に観測した太陽の位置から時刻を定めるものであり，その動きは一様でないため，時刻の基準としては使えない。

5. 日本標準時は，協定世界時に9時間を加えたものである。

正答 **1**

地方初級＜教養＞過去問350●**209**

地方初級 No.209 市役所 地学 太陽系の惑星 平成26年度

太陽系の惑星に関する記述として，妥当なのはどれか。

1 太陽と地球の間にある惑星は，水星，金星，火星である。

2 金星は半径が太陽系最小の惑星であり，重力が小さく大気はほとんどない。

3 火星の表面には季節で消長する極冠や，火山や浸食の跡が見られる。

4 土星と木星は密度が小さい木星型惑星で，主な成分は酸素，ケイ素，鉄などである。

5 天王星は自転軸が軌道面に対しほぼ横倒しで，最も外側の軌道を持っている。

解説

1. 太陽系の惑星は，太陽に近いものから水星，金星，地球，火星，木星，土星，天王星，海王星となる。内側の4つが地球型惑星，外側の4つが木星型惑星である。地球型は半径が数千キロで小さく，表面は岩石質であり密度が約 $4\sim5.5\,\text{g/cm}^3$ と大きい。木星型は半径が数万キロで，水素やヘリウムなどのガスを主成分とするため密度は $1\,\text{g/cm}^3$ 前後である。

2. これは水星の説明である。金星は分厚い二酸化炭素の大気を持ち，温室効果で表面温度が約465℃にも達する。

3. 妥当である。火星は二酸化炭素を主とする大気を持つが希薄である。

4. 後半部分は地球型惑星の説明である。

5. 天王星の自転軸に関しては正しいが，最も外側を公転しているのは海王星である。以前は最も外側に冥王星が惑星としてあったが，現在は太陽系外縁天体の中の準惑星に分類されている。

正答 **3**

地方初級
No. 210 文章理解　現代文（内容把握）　平成12年度

次の文の内容と一致するものはどれか。

　西洋の作品を例にとれば，ホメロスやヴェルギリウスの叙事詩は，たしかに読むのを聞いただけでも英雄たちが去来したエーゲ海や地中海の澎湃たる潮のうねりを想わせる美しい詩であるが，それを歴史的事件を物語る叙事詩と見立て，当時の戦いの模様を知るために活用することもできよう。ただその作品を解釈するに際して，作者たるホメロスやヴェルギリウスが実際何をその詩に籠めて歌っていたのかということを考えてみよう。明らかに，ホメロスはギリシア人の理想像と讃えられているアキレウスの武勇，廉直，またオデュッセウスの知謀に長けた性格と冒険精神などを歌うことによって，ギリシア人の内的な誇りを喚起しようとしたし，ヴェルギリウスの場合は，自らもエトルリア人の出であるが，こういうように寄せ集めの民族によってできあがったローマがようやく世界帝国となりかけた時代に，ローマの民が決して成り上がり者なのではなく，由緒正しい神の出であると規定し，民族の自信を植えつけるために叙事詩を虚構したので，言わば偉大な愛国詩人であった。

　今日，われわれがこれら二大詩人の詩を読んで，ギリシア人の理想的戦士を讃美する詩であるとか，ローマ帝国の建設を歌う詩であるとかという風にのみ解するならば，詩は，われわれに対して直接的な意味を持つであろうか。ほとんどそれは歴史の説明としてしか用をなさないと思う。これらの作品が，今もってわれわれの精神を撃つ所以のものは，決して古代のギリシア人やローマ人の域にとどまらず，むしろ人類の古典として，それぞれの歴史的な特殊状況にありながら，その状況を越えて普遍的に妥当する人情の機微に通じた詩の魅力を認めるがゆえである。

1　ホメロスやヴェルギリウスの叙事詩は，その表現の美しさによって現代まで読み継がれてきた。

2　ホメロスばかりでなくヴェルギリウスも，古代国家のために人生を捧げてきた点が人々を感動させる。

3　ホメロスやヴェルギリウスの叙事詩が文学的に意義があるのは，民族に自信を与えるものだったからである。

4　ホメロスやヴェルギリウスの詩が現代人に通じるのは，人類共通の感情を表現しているからである。

5　ホメロスやヴェルギリウスの叙事詩の魅力は，そこに登場する人物そのものにあるといえる。

解説

ホメロスやヴェルギリウスというギリシア・ローマの二大詩人の叙事詩について述べた文章。

1．著者は2人の叙事詩が表現の美しさによって現代まで読み継がれてきたとしているのではなく，「状況を越えて普遍的に妥当する人情の機微」が描かれていることで読み継がれてきたと考えている。

2．ホメロスやヴェルギリウスが古代国家のために人生を捧げてきたとする記述はみられない。

3．2人の叙事詩が文学的に意義があるのは，民族に自信を与えるものというよりも，人間に普遍の感情を表現したからである。

4．正しい。

5．現代人が感動を覚えるのは登場人物そのものではなく，そこに込められた普遍的な人情の機微である。

正答　4

地方初級

No. 211 特別区 文章理解 現代文（要旨把握） 平成25年度

次の文の主旨として，最も妥当なのはどれか。

　近代的な社会革命は，ひとがたまたまどのような社会の場所に生まれ落ちたかという偶然によってそのひとの人生のほとんどが決まってしまうような生き方というものを否定し，家柄とか階層とか性とか民族とかの出自によって差別されない社会を構築することをめざしてきた。言ってみれば，出自をめぐる偶然的条件を度外視して，みなが社会の同じスタートラインにつく，そして学校という場所で，生きるのに最低限必要な基礎的な知識と技能とを学ぶ，そのうえで，その後この社会において個人として何をなしとげるかでそのひとの価値と人生のかたちが決まってくるという，そういう社会をめざした。理念として言えば，出自の偶然な条件に左右されることなく，ひとは何にでもなれる，そういう自由な世界をめざしたのである。そういうなかで，子どもの愛護，婦人の政治参加，もろもろの差別の撤廃などの政策に取り組んできた。

　けれども，何にでもなれるということは，あらかじめ何も決まっていないということ，決定的なものはないということである。裏を返して言えば，何にでもなれるというのは，自分がしたいことが見えないかぎり，何にもなれないということでもある。そのような意味で，自分がここにいることに理由が必要になった時代，自分が存在することの意味を自分で見いださなければならない時代にわたしたちは生きている。ひとびとが自分が「やりたい」ことをみずからに問わざるをえないのも，そうした時代のなかにあるからである。

　　　　　　　　　　　　　（鷲田清一「わかりやすいはわかりにくい？―臨床哲学講座」による）

1　近代的な社会革命は，どのような社会の場所に生まれ落ちたかによってそのひとの人生のほとんどが決まってしまうような生き方を否定してきた。

2　近代的な社会革命がめざしたのは，出自の偶然な条件に左右されることなく，ひとは何にでもなれるという自由な世界である。

3　何にでもなれるということは，あらかじめ何も決まっていないということ，決定的なものはないということである。

4　自分がここにいることに理由が必要になった時代，自分が存在することの意味を自分で見いださなければならない時代にわたしたちは生きている。

5　ひとびとが自分が「やりたい」ことをみずからに問わざるをえないのは，近代的な社会革命がそれをめざしたからである。

解説

　近代的な社会革命によってもたらされた今日の特性を指摘した文章。第1段落で，近代では，出自の偶然な条件に左右されることなく，ひとは何にでもなれるという自由な世界をめざしてきたという事実を述べ，第2段落で，今日のわたしたちが，自分がしたいことをみずからに問わざるをえなくなったのも，そのような社会革命の帰結であると論じている。第2段落から「けれども，〜」と論が展開されている点に注目し，今日の時代状況を正しくとらえたものを選ぶ必要がある。

1．第1段落の内容に合致するが，展開部である第2段落の内容を取り上げておらず，主旨としての要件を欠いている。

2．**1**と同様に誤りである。

3．第2段落第1文の内容に合致するが，第2段落後半で指摘されている今日の時代状況への言及がなく，主旨としての要件を欠いている。

4．妥当である。

5．近代的な社会革命は，「ひとびとが自分が『やりたい』ことをみずからに問わざるをえない」ことをめざしたのではなく，「ひとは何にでもなれる」という自由な世界をめざしたのである。

正答　**4**

地方初級 特別区 No.212 文章理解 現代文（要旨把握） 平成29年度

次の文の主旨として，最も妥当なのはどれか。

「企業のグローバル化はいまや，当たり前すぎるほどの流れである。しかも流れは加速し，なだらかなわけではない。(中略) 日本企業が，持続的な成長を求めるならば，世界の成長市場に進出するのは至極当然のことであり，(中略) グローバル化を進める以外にオプションはない」(石倉洋子「なぜ日本企業は，成長市場で勝てないのか？」DIAMOND ハーバード・ビジネス・レビュー2013年7月31日) という指摘が，世界のビジネス環境に詳しい専門家から指摘されている。

実際，日本企業のなかで，これまで世界相手にビジネスを展開してきたイメージのある企業をみていくと，例えばトヨタやソニーの海外売上げ比率は70％を超えており，さらにコマツの海外売上げ比率は80％を超えている。こうしたグローバル展開をしてきた企業以外でも，多くの企業が本格的に海外へ進出しており，もっぱら国内を相手にしてきた企業でも，海外への進出を始めている。日本企業が海外への進出を加速してきた理由は明快である。日本国内だけを相手にしていては生き残れないからである。

日本は，かつて一国で世界のGDPの15％を占めた時代があった。1990年代はじめのことである。それが現在は3分の1の5％台に減少している。さらに深刻なのは少子高齢化が大変な勢いで進行していることである。こうなると，国内の消費が拡大することは期待できず，企業の生き残りをかけた経営者は海外に展開し，グローバル化の道を歩まざるを得ない。

(薮中三十二「世界に負けない日本」〈PHP研究所〉による)

1 企業のグローバル化はいまや，当たり前すぎるほどの流れであり，しかも流れは加速し，なだらかではない。

2 トヨタやソニーさらにコマツは，日本企業のなかで，世界相手にビジネスを展開してきたイメージのある企業である。

3 多くの日本企業が本格的に海外へ進出しており，もっぱら日本国内を相手にしてきた企業でも，海外への進出を始めている。

4 日本企業が海外への進出を加速してきた理由は，日本国内だけを相手にしていては生き残れないからである。

5 少子高齢化が大変な勢いで進行しており，国内の消費が拡大することは期待できない。

解説

国内消費の拡大が期待できないため，日本企業はグローバル化を進める以外に生き残れる道はないという文章。

第1段落で，加速するグローバル化について問題提起し，第2段落で具体例として，実際にグローバル展開している日本企業の例を挙げ，海外進出の理由として「日本国内だけを相手にしていては生き残れない」と述べている。さらに第3段落では，その理由について，GDPと少子高齢化の視点で説明を加えるという構成をとっている。

本文の主旨としては，問題提起とその理由に触れる必要がある。

1. 第1段落で述べられている内容だが，主旨としては，グローバル化が加速する理由に触れる必要がある。

2. 第2段落で述べられている内容だが，グローバル展開している企業の例にすぎず，主旨としては不適切である。具体例は，筆者の主張を説得するために用いるもので，それを主旨とすることはできない。

3. 現状を述べているのみで理由には触れられていないので，主旨としては不適切である。

4. 妥当である。

5. 第3段落で述べられている内容だが，グローバル化が加速している現状に触れる必要がある。

正答 **4**

地方初級
特別区
No. 213 文章理解 現代文（要旨把握） 令和元年度

次の文の主旨として，最も妥当なのはどれか。

　翻訳はいかようにすべきものか，その標準は人によって 各 異なろうから，もとより一概に
いうことはできぬ。されば，自分は，自分が従来やって来た方法について述べることとする。
一体，欧文はただ読むと何でもないが，よく味おうて見ると，自ら一種の音調があって，声を
出して読むと抑揚が整うている。すなわち音楽的である。だから，人が読むのを聞いていても
なかなかにおもしろい。実際文章の意味は，黙読した方がよくわかるけれど，自分のおぼつか
ない知識で充分にわからぬ所も，声を出して読むとおもしろく感ぜられる。これは確かに欧文
の一特質である。

　ところが，日本の文章にはこの調子がない。一体にだらだらして，黙読するには差しつかえ
ないが，声を出して読むとすこぶる単調だ。ただに抑揚などが明らかでないのみか，元来読
み方ができていないのだから，声を出して読むには不適当である。

　けれども，いやしくも外国文を翻訳しようとするからには，必ずやその文調をも移さねばな
らぬと，これが自分が翻訳するについて，まず形の上の標準とした一つであった。

（二葉亭四迷「平凡　他六篇」による）

1 翻訳をどのようにすべきか，その標準は人によって異なるから，一概にはいえない。

2 欧文はただ読むと何でもないが，よく味わってみると一種の音調があって，音楽的である。

3 欧文はおぼつかない知識でもわかるようになるので，声を出して読むようにしている。

4 日本の文章は，黙読するには差しつかえないが，声を出して読むとすこぶる単調である。

5 外国文を翻訳するにあたっては，その文調を移さなければならないということを，形の上
の標準の一つとしている。

解 説

抑揚があり音楽的である西欧の文章を，抑揚がない日本語の文章に翻訳するには，西欧の文章
のそうした特徴も表現しなければならないと述べた文章。

1．翻訳の標準は人によって異なることを踏まえたうえで，著者が標準とした翻訳の方法を述
べているので，要旨としては著者が標準とした内容について触れなければならず，前提だけ
では不適切である。

2．第一段落の内容だが，要旨としてはそうした特徴のある欧文をいかに日本の文章に翻訳す
るか述べる必要がある。

3．「自分のおぼつかない知識で充分にわからぬ所も」声を出して読むと「おもしろく感ぜら
れる」とあるため，「わかるようになる」というのは誤り。

4．第二段落の内容だが，日本の文章の特徴を述べているだけなので，要旨としては不十分で
ある。

5．妥当である。

正答　**5**

地方初級

特別区

No. 214 文章理解　現代文（要旨把握）　平成26年度

次の文の主旨として，最も妥当なのはどれか。

　個性的な文章にしたいときには，まずは，ひねくれたことを意識的に考えてみるとよい。もっともうまい個性の出し方は人と違った着想を見つけ出すことだ。人と違った着想で書けば，十分に個性をアピールできる。

　たとえば，「空」という題が出されたら，「そら」と読まずに少しひねって，「くう」あるいは「から」と読んでみる。みんながどう考えるかを想定して，そうでない考え方はないかと考えてみる。まっさきに思いつくテーマは，みんなが考えるものだ。だから，そのまま書くとありふれた内容になってしまう。つまり，個性を示せない。

　もし，思いつかなかったら，若者だったらどう考えるか，よその国の人ならどう考えるか，自分の親（子ども，孫，兄弟など）ならどう考えるか。あるいは，学校の先生やテレビに出る知識人はどう考えるかと想像してみる。そうすることで，ひとひねりした着想が得られるだろう。

　この種の文章の場合，道徳的である必要はない。良い人柄だと思われる必要はない。少し反社会的なほうが，文学・芸術の香りがして，個性的に思われるものだ。「みんなが仲良くできるような社会が好ましい」「こんなひどいことをする人を見た。けしからん」と書くのでは，ほとんどの場合，どうしてもありふれてしまう。それよりは，「みんなが仲良くできるような社会は嫌いだ」「こんなひどいことをする人を見た。私もしてみたいと思った」と書くほうが，個性的に映る。

(樋口裕一「ホンモノの文章力」による)

1　個性的な文章にしたいときには，ひねくれたことを意識的に考え，人と違った着想で書くことだ。

2　「空」という題が出されたら，「そら」と読まずに少しひねって，「くう」あるいは「から」と読んでみることだ。

3　ひとひねりした着想を得るためには，若者，よその国の人，自分の親，子ども，孫，兄弟，学校の先生や知識人ならどう考えるかと想像してみることだ。

4　少し反社会的なほうが，文学・芸術の香りがして個性的に思われるため，道徳的であるとか，良い人柄だと思われる必要はない。

5　個性的な文章にするには，「みんなが仲良くできるような社会は嫌いだ」「こんなひどいことをする人を見た。私もしてみたいと思った」と書くべきだ。

解説

個性的な文章を書くための発想法を示した文章。個性的な文章にするには「ひねくれたことを意識的に考えてみるとよい」と述べ，「もっともうまい」方法として「人と違った着想を見つけ出すこと」を挙げている（第1段落）。「たとえば」から始まる第2段落以降では具体例を挙げて説明し，第4段落では非道徳的な視点の効果を指摘している。「主旨」問題では，文章全体の主張を抽象的に述べた部分を見つける必要がある。本問では，第1段落に文章全体の主張がまとめられており，この部分の記述を取り上げた選択肢が正答となる。

1．妥当である（第1段落）。

2．「空」という題については，例示の接続詞「たとえば」から始まる第2段落で述べており，具体例にすぎない。

3．第3段落に記されている内容だが，「若者だったら…」「よその国の人なら…」などと，着想を得るための方法を具体的に示しており，例示にすぎない。

4．「少し反社会的なほうが…個性的に思われる」（第4段落）という内容も，第1段落で述べている「ひねくれたこと」「人と違った着想」の例であり，本文全体の主旨として妥当ではない。

5．**4**の話題をさらに具体化して例文を挙げたものである（第4段落）。

正答　**1**

地方初級＜教養＞過去問350●215

地方初級

No.
215 特別区

文章理解 **現代文（要旨把握）** 平成28年度

次の文の主旨として，最も妥当なのはどれか。

違う意見の持ち主同士が話しあって，その一回きりの話でどちらが正しくどちらが誤りであるかの共通の見解に達しなければならないと力んでしまえば，無理が生じて当り前というものである。

結局のところ，話しあうということは，どちらが引いて相手に勝ちを譲るかを，腕力暴力で決めるものでなく，ことばによって勝つか負けるかを決することだとみなされがちである。

いくらうわべで見解の一致をみても，議論に負けた側にしてみれば，不満が残る。

よく話しあえた，という思いが，どちらの心にも快く残るということは，まずあり得ないということになる。人間同士は結局のところ話しあえないものだといういらだちの本質は，一般的にそこにある。

まず，話しあうということは，勝敗を決するということではない，という理解がいる。勝つか負けるかを決するのではなくて，双方を生かしあうことだという基本理解がいるのである。

双方を生かしあうということは，とりもなおさず，双方がなにを優先順位の第一番とするかについての共通の見解が成立するということである。

優先順位の第一番だと共通に理解できるものは，ほんの爪の先ほどのちっぽけなものでしかないのかもしれない。でもそれさえあれば，互いに人間である以上，相互の理解はやがて必ず広がり深まらずにはいないのだと思う。

（伊藤友宣「話しあえない親子たち」による）

1 違う意見の持ち主同士が，一回きりの話で共通の見解に達しなければならないと力んでしまえば，無理が生じて当り前である。

2 話しあうことは，ことばによって勝つか負けるかを決することだとみなされがちである。

3 人間同士は話しあえないといういらだちの本質は，議論に負けた側に不満が残るからである。

4 話しあうことは，双方を生かしあうという基本理解が必要であり，双方がなにを優先順位の第一番とするかの共通の見解が成立することである。

5 双方が優先順位の第一番だと共通に理解できるものは，ほんの爪の先ほどのちっぽけなものでしかない。

解　説

話しあいについて述べた文章。話しあうということについて，どちらが正しくどちらが誤りであるかを決めることだとみなすのではなく，双方を生かし合うことだという基本理解が必要だと論じている。

本文は，前半（第1〜第4段落）で一般的な現象を取り上げ，後半（第5〜第7段落）で筆者の主張を述べており，主旨としては後半の主張に合致するものが正答となる。後半の①「双方を生かしあうことだという基本理解」が必要であるという点と，その具体的な内容としての②「双方がなにを優先順位の第一番とするかについての共通の見解が成立するということ」の2点を挙げる必要がある。

1．第1段落で述べている内容であり，本文後半の主張をとらえていない。

2．第2段落で述べている内容であり，一般的な現象しかとらえておらず，主旨として不適切。

3．第3〜4段落で述べている内容であり，**1**，**2**と同様に，主旨として不適切。

4．妥当である（上記の①・②を挙げている）。

5．第7段落で述べている内容だが，「ほんの爪の先ほどのちっぽけなものでしかない」というのは譲歩にすぎず，双方が「優先順位の第一番だと共通に理解できる」ことについて積極的な価値を与えていないから，主旨として誤り。

正答 4

地方初級
No. 216 地方初級 文章理解 現代文（空欄補充） 平成11年度

次の文は芸術の目的について比喩的に述べたものである。空欄に当てはまる語句として最も適切なものはどれか。

　芸術の目的は，（　　　　　　　）として，ものを感じさせることだ，という考え。それをシクロフスキーのいう，包装されたものといういい方につらねて，具体的に考えてみよう。ヨーロッパから輸入した古家具が，倉庫に十個おいてある。倉庫に品物がちゃんと届いているかどうか，輸入商社の人間が確かめに来る。かれは伝票の数値にしたがって――つまり代数学によって――，十個の包装されたものがあることを，それと認め知ることができれば，目的を達する。

　ところが芸術家は，数量などは二の次に――もとより数があるかどうか，それと認めることも格別邪魔にはなるまいが――，倉庫に入りこみ包装を解いて，古家具のいちいちをはっきり眼におさめ，さわってみでもするのでなければ，満足しない。自分の眼で明視し，ものを感じることをするまでは，伝票の数値とか，ここに梱包が十個あるじゃないか，というような挨拶では，ものを見たとは感じることができぬと，倉庫番に向けて言いはるはずである。このような人間においてはじめて，輸入された古家具は，伝票の数値でもなく，単なる商品十個というのでもなく，いちいちが個性をもったものとして実在しはじめる。

1　認知つまりそれと認めることとしてではなく，明視すること
2　明視することではなく，認知つまりそれと認め知ること
3　認知つまりそれと認め知ることと同時に，明視すること
4　明視することを通して，認知つまりそれと認め知ること
5　認知つまりそれと認め知ることを通して，明視すること

解 説

商社の人間は，伝票の数値どおりに品物があると認知，認め知ることができれば満足するが，芸術は，認知はともかく，自分の眼で明視し，ものを感じとるまでは，ものを見たとは感じないということを述べた文章。

1．正しい。
2．まったく逆なので誤り。
3．「と同時に」と認知と明視を並立させているが，明視のほうに比重があるので誤り。
4，5は，明視と認知がまったく異なることであるのに，どちらか一方を他の一方の過程としているので誤り。

正答　**1**

地方初級
特別区
No. 217 文章理解　現代文（空欄補充）　平成30年度

次の文の空所A，Bに該当する語の組合せとして，最も妥当なのはどれか。

　いつであったか，私は会社がとても好きだ，と語る人に会ったことがある。ぼく自身は勤めている間中，会社が好きだと思ったことはなかった。おそらく大部分の勤め人は，心のどこかには自分が使われている企業への　　A　　や違和感を抱いているに違いない。それだというのに，あまりに明快に会社が好きだと表明されてこちらは驚いた。この人は愛社精神の塊か企業意識の権化であるかと疑った。そうではなかった。私は人と一緒に働くのが好きなのだ，と相手はつけ加えた。つまり，一人ではなく多数の人々と共に働くことの出来る会社というところが好きなのだ，と彼は言いたかったのだ。

　おそらくは有能な社員であり，恵まれた地位にもいたために彼が一層会社を好きにもなったのだろうが，人と一緒に働くのが好きだという彼の言葉には，ぼくが　　B　　の残業の折にふと感じたような温かな思いを呼び覚すものがあった。

　労働の中には，自己表現を求めてひたすらに突き進もうとする垂直の志向と，その過程で同じ営みに身を浸している者同士が触れ合う共感の拡がりと，二つのものが身をない合わせてひそんでいるのだろう。つまり，自己表現を求め，自己実現をはからんとする営為の切実さが共感の環に火をつけるのであり，共感の環の熱さがその営為を保証し，鼓舞しつつ人と人とを結びつけていくのだと考えられる。

（黒井千次「働くということ」による）

	A	B
1	期待感	共同作業
2	嫌悪感	単独作業
3	嫌悪感	共同作業
4	孤独感	単独作業
5	孤独感	共同作業

解説

働くということは，自己表現を求めてひたすらに突き進もうとする者どうしが触れ合うことで共感が生まれ，その共感が個人を鼓舞する場だという内容。

A．空所Aを見ると「　A　や違和感」とあり，「や」の前後の語は類似した意味の語句が入ることが推測されるので，Aは違和感と同じようなマイナスな表現が入る。よって，「期待感」は不適切となる。残る選択肢は「孤独感」と「嫌悪感」だが，空欄の前後には「孤独」についての記述はなく，また，孤独は人に対して感じるもので，「企業への孤独感」では不自然なつながりとなる。

　　Aの前にある記述から，筆者の「会社が好きだと思ったことはなかった」という思いが「大部分の勤め人」にも通じるに違いないと主張されていると解釈できるので，「嫌悪感」が妥当となる。

B．空所Bの前に「人と一緒に働く」，後に「温かな思い」とあることから，「共同作業」が入る。「単独作業」では，一人で作業するので，「温かな思い」を感じることはできない。

　したがって，正答は**3**である。

正答　**3**

218●地方初級＜教養＞過去問350

地方初級 特別区

No. 218 文章理解　現代文（文章整序）　平成27年度

次の短文A～Eの配列順序として，最も妥当なのはどれか。

A　全体が実物らしく見えるように描くには，「部分」を実物とはちがうように描かなければいけないということになる。

B　油画をかいてみる。

C　思ったことを如実に言い現わすためには，思ったとおりを言わないことが必要だという場合もあるかもしれない。

D　正直に実物のとおりの各部分の色を，それらの各部分に相当する「各部分」に塗ったのでは，できあがった結果の「全体」はさっぱり実物らしくない。

E　印象派の起こったわけが，やっと少しわかって来たような気がする。

（寺田寅彦「柿の種」による）

1　B—A—D—C—E
2　B—D—A—E—C
3　B—E—A—C—D
4　D—A—B—C—E
5　D—A—C—E—B

解説

表現のあり方について論じた文章。

選択肢を見ると，1番目はBかDであるが，Bが「油画をかいてみる。」と，場面を説明しているのに対して，Dは「正直に実物のとおりの各部分の色」を塗るとどうなるかという，前後関係のわからない話題になっており，文章の初めに置くものとしてふさわしくない。Dは絵を描いている場面であるから，これより前にBを置くと，話の流れが整う。また，その他の文をざっと見渡しても，Dを1番目に置くとBの置き所がなくなってしまうため，DよりもBを前に置くのが適当である。

そこで4，5が消去されることになるが，4，5ではどちらもD—Aがつながっており，1～3でもAが2番目か3番目に置かれているから，BからAの話のつながりを確認する。Aは，「全体が実物らしく見えるように描くには～ということになる」という〈帰結〉を述べており，Dの「～では，…『全体』はさっぱり実物らしくない」という〈観察〉から導かれる内容となっているから，D→Aという順序になる。3で2番目に置かれているE「印象派の起こったわけが，やっと少しわかって来たような気がする」という文は，Bの直後に置くと文脈が整わない。よって，1，3は消去され，2が残る。

2を確認すると，B—D—Aで油画に関する考察からわかったことをEで述べ，この絵画表現について得た考えをCで言語表現に関して適用しようとしており，順序よく話が進められている。

したがって，2が最も妥当であり，これが正答となる。

正答　2

地方初級＜教養＞過去問350●219

地方初級

No. 219 文章理解 現代文（文章整序） 平成11年度

次のA～Hの文章を意味が通るように並べたものとして，正しいのはどれか。

A　本を読む人は，自分の自由な読書の時間を持っている。つまらぬ所をとばして読もうが，興味ある所に立ち止り繰返し読んで考え込もうが，彼の自由です。めいめいが彼自身の読書に関する自由を持っているのであって，読者は，聴衆のような集団心理を経験する事はない。

B　書くとは，自ら自由に感じ考えるという極まり難い努力が，理想的読者のうちで，書く都度に完了すると信ずることだ。徹底して考えていくと現代では書くということは，そういう孤独な苦しい仕事になっているように思われます。

C　作家の真面目な努力は，どうしても作品を前にして自由に感じ自由に考える成熟した読書人を意識せざるを得ないでしょう。かような読者を作家はどうして捉えることが出来るか。

D　かようなものが成熟した読書人の楽しみです。作家は自分の為に書きはしない。作品は独り言ではない。必ず読者というものを意識して書きます。

E　つまり，この場合の読者層は，作家の意のままになる受身な未成熟な読書人達であるし，これを目当てにして書く作家の側からしても，書くとは商売の掛け引き上の問題になるでしょう。

F　こういう読み手を，書く人は，ただ尊重し，これを信頼するより他はないでしょう。そういう意味で，作家は自分の裡に理想的読者を持つのです。

G　こういう読者の心理を予見するということは無意味だし，彼はこちらの言葉の綾に乗って夢を見るような受身の人間でもありますまい。

H　だが，例えばある現実の読者層というものを考えて，これに大体共通した心理とか思想とかいうものを予想して小説家が小説を書くというような場合，これはどうも文学の問題としては扱い難いでしょう。

1　A－B－D－F－H－E－G－C
2　A－B－E－C－G－D－F－H
3　A－D－B－F－C－G－E－H
4　A－D－H－E－C－G－F－B
5　A－F－B－E－C－G－D－H

解説

自ら自由に感じ考える読者に対して，作家はそういう読書人を意識して作品を書かねばならぬという，孤独な苦しい仕事をしているということを述べた文章。

1. B→Dで「かようなもの」に該当する内容が見当たらないので誤り。

2，5. B→Eが，「理想的読者」→「未熟な読書人達」にすり変わってしまっている。

3. G→Eとつなぐと，Eの「この場合の読者層」がGの「こちらの綾に乗って夢を見るような人間でもありますまい」と対応し，続く「受身な未成熟な読書人」の内容と矛盾する。E→Hも逆接の「だが」が唐突で不自然。

4. 正しい。

正答　**4**

220●地方初級＜教養＞過去問350

地方初級 特別区
No. 220 文章理解 英文（内容把握） 平成28年度

次の英文中に述べられていることと一致するものとして，最も妥当なのはどれか。

Public transportation has a long history in Japan. The first railways were built in 1872. At first, Japan imported cars from Europe and America, but only very wealthy people could buy them. Later, Japanese automakers* started to make cheaper cars, but the public transportation system had already been well developed, especially in the cities. People began to depend on the trains, and the system became more and more developed.

Because there is not much space in Japan, railway lines usually have only a single set of tracks, and before WWI*, Japanese trains were often very late. During the war, Japan developed complicated systems for allowing many trains to use the same tracks efficiently*.

In addition, train companies now have large numbers of employees to help the system run smoothly, and they have installed expensive equipment and high-tech computer systems to prevent delays.

(David A.Thayne「英語で答えるニッポンの不思議」による)

* automaker……自動車製造会社
* WWI………第一次世界大戦 * efficiently……効率よく

1 当初，日本は，自動車をヨーロッパ及びアメリカに輸出しており，日本の自動車製造会社は，より安い車を生産し始めた。

2 公共交通機関は，都市部においても十分に発達していなかったため，人々は列車に頼るようにはならなかった。

3 日本ではスペースが限られているため，日本の線路は全て単線であり，当時の電車はしばしば遅れて運行していた。

4 戦時中，日本は，多くの電車を，同一軌道上で利用するための単純なシステムを開発した。

5 電車会社は，現在では，高い装置やハイテク技術を使ったコンピューターシステムを導入し，電車の運行が遅れないように努めている。

解説

全訳〈公共交通機関は日本では長い歴史を持っている。最初の鉄道が敷設されたのは1872年のことだ。当初，日本は自動車をヨーロッパやアメリカから輸入したが，それを買うことができるのは裕福な人に限られた。後になって日本の自動車製造会社はより安い車を生産し始めたが，すでに公共交通機関が，特に都市部においては十分に発達していた。人々は次第に列車に頼るようになり，鉄道のシステムはますます発達した。

日本にはあまりスペースがないため，鉄道の線路はたいてい単線で，そのため第一次世界大戦以前は日本の列車はしばしば非常に遅れることがあった。この戦争の間に，日本は多くの列車が同一の軌道を効率よく利用できるような複雑なシステムを開発した。

それに加え，現在では，鉄道会社は大量の従業員を擁してシステムの円滑な運行を支え，また高額な装置やハイテク技術を使ったコンピューターシステムを導入して，電車の遅れを防いでいる〉

1．当初の日本については，自動車をヨーロッパやアメリカから輸入していたと述べられている。

2．公共交通機関は，特に都市部において十分に発達していたために，人々は列車に頼るようになったと述べられている。

3．日本の線路はたいてい単線だったと述べられており，「全て単線」というのは誤り。その他の記述については本文に合っている。

4．「戦時中」については，第一次世界大戦の最中に，日本は多くの列車が同一の軌道を効率よく利用できるような「複雑な」システムを開発したと述べられているので，「単純な」の部分が誤り。なお，鉄道の電化については，日本では1895（明治28）年の京都に始まり，1909（明治42）年にはすでに東京の山手線が一部電化されているので，「電車」という訳語については誤りとはいえない。

5．妥当である。

正答 **5**

地方初級

No. 221 特別区 **文章理解 英文（内容把握）** 平成25年度

次の英文中に述べられていることと一致するものとして，最も妥当なのはどれか。

　It is now much less unusual than it was twenty years ago for a Japanese to have close foreign friends.　Tens of thousands of Japanese have studied abroad, and others have taken advantage of opportunities to make friends with non-Japanese they have met in Japan or elsewhere.　In some cases these friendships are stronger than those formed in Japan during childhood or at school, and it is by no means unheard* of for Japanese to feel that their closest friends are not other Japanese but people who reside* in distant parts of the world.　For such Japanese the friends are not merely *gaijin* (foreigners) but have names, and distinctive virtues and failings*.　They know that despite the difference in nationality, these friends are worthy of affection, generosity*, and respect.

(Donald Keene：塩谷紘「もう一つの母国，日本へ」による)

　＊　unheard………聞こえない　　　＊　reside………住む
　＊　failing………欠点　　　＊　generosity………寛大さ

1　親しい外国人の友人をもっている日本人の数は，二十年前とほとんど変わっていない。

2　留学したことのある日本人は何万人もいるはずだし，国内や国外で出会った外国人と親しくなった人々もたくさんいるはずである。

3　場合によっては，大人になってからの外国人との間の友情は，子どものころや学校時代に形成された外国人との友情よりも強い。

4　日本では，最も親しい友人が日本人ではなく，どこか遠くの国に住んでいる外国人であるという話を聞くことはない。

5　日本人は，外国人の友人を愛称ではなく「ガイジン」さんと友達に紹介するような，日本人特有の謙虚さと欠点をあわせ持っている。

解説

英文の全訳は以下のとおり。

〈日本人が親しい外国人の友人を持つことは，20年前と比べるとそれほど珍しいことではない。何万人という日本人が海外留学を経験しており，また日本や他国で出会った日本人以外の人と親しくなる機会に恵まれた人もいるだろう。場合によっては，こうしてはぐくまれた友情は，日本で幼少期にあるいは学校で形成された友情よりも強いものであり，日本人にとっても，最も親しい友人が他の日本人ではなく，世界の遠く離れた場所に住む人々であるということは決してありえない話ではない。そのような日本人にとって，その友人は単に「ガイジン」（外国人）ということではなく，名前を持ち，特有の長所と欠点をあわせ持った存在である。国は違っても，こうした友情は愛情や寛大さに満ち，また尊敬に値するものであることを彼らは知っている〉

1． 20年前と比べて，much less unusual であると述べている。less unusual＝more usual，つまりはるかに普通のことになっているという意味で，変化していることがわかる。

2． 妥当である。

3．「子どもの頃や学校時代に形成された友情よりも強い」との記述はあるが，その時期の「外国人との友情」に限定した比較はされていない。文脈からは，その時期における同じ日本人との友情と比較した記述であることが読み取れる。

4． そのような話も，決して「聞こえない話ではない」と述べている。

5．「ガイジン」という表現は出てくるが，外国人の友人を愛称ではなく「ガイジン」さんと友達に紹介するとか，それが日本人特有の謙虚さあるいは欠点であるといった内容はまったく述べられていない。

正答　2

地方初級 特別区
No. 222 文章理解　英文（内容把握）　平成30年度

次の英文中に述べられていることと一致するものとして，最も妥当なのはどれか。

　The rabbit-hole went straight on like a tunnel for some way, and then dipped suddenly down, so suddenly that Alice had not a moment to think about stopping herself before she found herself falling down a very deep well.

　Either the well was very deep, or she fell very slowly, for she had plenty of time as she went down to look about her and to wonder what was going to happen next.　First, she tried to look down and make out what she was coming to, but it was too dark to see anything; then she looked at the sides of the well, and noticed that they were filled with cupboards and book-shelves*; here and there she saw maps and pictures hung upon pegs.

　She took down a jar from one of the shelves as she passed; it was labelled "ORANGE MARMALADE*", but to her great disappointment it was empty: she did not like to drop the jar for fear of killing somebody, so managed to put it into one of the cupboards as she fell past it.

　"Well!" thought Alice to herself, "after such a fall as this, I shall think nothing of tumbling down stairs! How brave they'll all think me at home!　Why, I wouldn't say anything about it, even if I fell off the top of the house!"

(Which was very likely true.)

(Alice's Adventures in Wonderland, Lewis Carroll：安井京子「音読して楽しむ名作英文」による)

*　book-shelves ……… 書棚　　*　marmalade ……… マーマレード

1　アリスは，うさぎの穴が急に下向きになり，とても深い井戸となったので，下りていく前に立ち止まって考えた。

2　アリスは，井戸の中をゆっくりと落ちていったが，あたりを見回したり，今度は何が起こるのかと考える時間はなかった。

3　アリスは，落下しながら，井戸の下を見て，これからどこに行くのか見ようとしたが，暗くて何も分からなかった。

4　アリスは，落下しながら，井戸のまわりにある棚のひとつから，オレンジマーマレードが一杯に入っているびんを手に取った。

5　アリスは，こんなに深い井戸に落ちたので，階段をころげ落ちても何でもないと，うちのみんなと考えた。

解説

全訳〈うさぎの穴はトンネルのように真っすぐどこかへ続いていたかと思うと，突然下へと沈み込んだ。それはあまりに突然だったので，アリスは止まろうと思う間もないまま，気がつくととても深い井戸の中を落下していたのだった。

　井戸がとても深かったためか，それとも彼女がとてもゆっくり落ちていたためなのか，彼女は落下している間，辺りを見回したり，今度は何が起こるのかと考える時間がたっぷりあった。まず，彼女は下を見て，これからどうなるのか知ろうとしたが，暗くて何も見えなかった。次に，彼女が井戸の側面を見ると，そこには食器棚や書棚がたくさんあった。あちらこちらに，留めくぎに掛けられた地図や絵が見えたのだった。

　彼女は落下しながら，棚の１つからびんを手に取った。びんには「オレンジマーマレード」というラベルが貼ってあったが，彼女がとてもがっかりしたことに，中身は空だった。びんを落として誰かを死なせることになってはまずいと思い，彼女はなんとかして，食器棚の１つを通過していくときにそれを棚に戻すことができた。

　「まあ！」とアリスは心の中で思った。「こんなにも深く落ちたのだから，もう階段を転げ落ちてもなんでもないわ！　なんて勇敢なの，ってうちのみんなは考えるでしょうね！　そうよ，家の屋根から落ちたって，もう泣き言一つ言わないわ！」

（それももっともなことだった）〉

1.「止まろうと思う間もないまま，気がつくととても深い井戸の中を落下していた」と述べられている。

2.　井戸の中をゆっくり落ちていたため，「辺りを見回したり，今度は何が起こるのかと考える時間がたっぷりあった」と述べられている。

3.　妥当である。

4.「びんには『オレンジマーマレード』というラベルが貼ってあったが…中身は空だった」と述べられている。

5.「うちのみんなと考えた」のではなく，「心の中で思った」こととして述べられている。

正答　**3**

地方初級＜教養＞過去問350●223

地方初級

No. 223 文章理解 英文（内容把握） 平成12年度

次の英文の内容と一致するものはどれか。

One of the things which people of the modern, industrialized nations take for granted is an adequate fresh water.

As 70% of the world's surface is covered with water, it's hard to believe that there could be serious shortages of water, so we need to be reminded that only 2% of the water in the world is fresh and ready to be used for human consumption and agricultural purposes. As most of that 2% is locked up in the ice of the North and South Poles, only 0.014% is readily available in the world's rivers, streams and lakes.

1 先進国では十分な淡水が供給されず，人々は常に水不足におびえている。

2 地球表面の70％は水で覆われているので，われわれは淡水を容易に使用できる環境にあることに感謝すべきである。

3 地球表面の70％は水で覆われているが，われわれが容易に使用できる淡水はわずか１％以下である。

4 地球表面の70％は海水であるが，容易に利用できる淡水はわずか２％を上回る程度である。

5 地球表面の大部分の水は，南極と北極の氷の中に閉ざされている。

解説

英文の全訳は次のとおり。

〈現代の先進国において，人々が当たり前と考えているものの一つに，豊富な淡水がある。

地球表面の70％は水で覆われているので，深刻な水不足が起こりうるとは考えにくい。だからこそ世界にある水のたった２％が淡水であり，人間の消費や農業目的のために使うことのできるのはそれだけであることを忘れないようにする必要がある。２％の淡水の多くは北極や南極の氷の中に閉ざされているので，容易に利用できる水は世界中の大小の川や湖にあるほんの0.014％だけなのである。〉

1．第１段落から先進国では水が豊富にあると思っているのである。take ～ for granted「～を当然のことと思う」。

2．第２段落第１文後半部分 so we need to be reminded ～ agricultural purposes. に注目。70％が水で覆われ水不足が起こるとは考えにくいからこそ，わずか２％の水しか利用できないことを忘れてはならないとある。

3．正しい。第２段落最終文後半に only 0.014% is readily available「0.014％しか容易に利用できない」とある。

4．２％を上回るという表現はない。第２段落から２％のみが淡水で，容易に利用できるのはほんの0.014％であると述べられている。

5．北極や南極の氷の中に閉ざされているのは，地球表面の２％の淡水のうちの大部分である。

正答 3

地方初級

特別区

No. 224 **文章理解** **英文（内容把握）** **平成 26 年度**

次の英文中に述べられていることと一致するものとして，最も妥当なのはどれか。

　Tokyo alone produces about 6,000 tons of food waste a day, an amount sufficient to feed 4.5 million people a day. In total, some 40 percent of all food in Japan ends up in the garbage*. And this occurs when 750,000 people in Japan lack food security and 60 percent of food is imported into the country. Short sell-by dates for prepared foods——often just several hours long at convenience stores——also results in tremendous waste of perfectly good food.

　Indeed, consumers need to be more discerning* throughout their shopping experience and be vocal in words and deeds. The study of shopping habits is extremely advanced and corporations live and die by their data. If consumers make conscious effort to change their habits, retailers will notice.

　It is unrealistic* to expect to eliminate all waste in food. But the idea that one-half of food production is wasted——and that much of it is because of aesthetic* reasons——is intolerable*.

（ジャパンタイムズ「ジャパンタイムズ社説集—2013年上半期」による）

* end up in the garbage …… ゴミとして捨てられる
* discerning …… ものを見る目がある   * unrealistic …… 非現実的な
* aesthetic …… 審美的な   * intolerable …… 堪え難い

1 東京だけでも毎日6,000トンの食品廃棄物を出しており，これは1日当たり450万人を食べさせることができる量だ。

2 販売期間を短くしても，問題なく食べられるはずの食品の大量廃棄にはつながらない。

3 消費者は，購買行動を通じてもっと賢くなり，言葉と行動で意見を主張すべきでない。

4 消費者の買い物習慣に対する研究が進んでおらず，小売業者は，消費者の買い物習慣を意識的に変えるように努めなければならない。

5 食物の生産量の半分が廃棄されるのは堪え難い状況であるが，見た目が悪いというのが主な理由だとあっては仕方がない。

解説

英文の全訳は以下のとおり。

〈東京だけでも，1日に約6,000トンの食品廃棄物が生み出されていて，これは1日当たり450万人を食べさせるのに十分な量である。全体では，日本にあるあらゆる食物の約40％がゴミとして捨てられている。しかも，この実態の一方で，日本に住む75万人が十分な食事ができず，また食物の60％は輸入されているのだ。調理済み食品の販売有効期限が短いこと—コンビニエンスストアでは製造後わずか数時間ということも多い—もまた，まったく食べても問題のない食品を大量に廃棄する結果となっている。

　まさに，消費者は購買行動の際に常に賢い目でものを見極め，言葉や行動に表す必要がある。買い物の際の習慣に関する研究は著しく進んでおり，企業は自社の持つデータによってその命運が左右されている。もし消費者が自己の習慣を変えようと意識的に努力するなら，小売業者も気づくことだろう。

　食物においてあらゆるゴミを取り除くことを期待するのは非現実的である。だが，食物の生産量の半分が廃棄されており，しかもそのほとんどが見た目の美しさという理由で捨てられていると考えると，これは堪え難い状況である〉

1．妥当である。

2．調理済み食品の販売有効期限が短いことが，まだ食べられる食品の大量廃棄につながっていると述べられている。

3．購買行動に際してものを見極める賢い目を身につけ，言葉や行動に表す必要があると述べられている。

4．買い物の際の習慣に関する研究は著しく進んでいると述べられている。また，小売業者に対する提言は述べられていない。

5．食物の生産量の半分が廃棄されており，しかもそのほとんどが見た目の美しさという理由で捨てられていることが堪え難い状況だと述べているのであり，「仕方がない」と受け止められる記述はない。

正答 1

地方初級＜教養＞過去問350●**225**

地方初級 特別区

No. 225 文章理解 英文（内容把握） 平成27年度

次の英文中に述べられていることと一致するものとして，最も妥当なのはどれか。

　Suddenly she woke up and wondered what had happened. Toto put his cold little nose into her face and made a sad noise. Dorothy sat up and noticed that the house was not moving; nor was it dark, for bright sunshine came in at the window. She got up from her bed and, with Toto behind her, ran and opened the door.

　She was really surprised when she looked out. Her eyes grew bigger and bigger at the wonderful things she saw.

　The cyclone* had put the house down very gently —— in the middle of a really beautiful country. It was very green and there were lots of flowers, birds, and big fruit —— trees. Nearby there was a small river rushing along between some green fields. The little girl, who had lived for so long by gray cornfields*, was very happy to see all this beauty.

(Frank Baum：関優子「英語で読むオズの魔法使い」による)

＊ cyclone……竜巻　　＊ cornfields……とうもろこし畑

1 トトは，冷たい小さな鼻をドロシーから押し付けられたので，悲しそうな声を出した。
2 ドロシーはベッドから出て，彼女の後ろにいたトトが駆け出してドアを開けた。
3 竜巻は，とても美しい国のまん中に，家をそっと下ろしていた。
4 家のまわりは，草木が生い茂り，花が咲き乱れていたが，近くに小川は流れていなかった。
5 ドロシーは，灰色のとうもろこし畑の近くに住みたいと願っていた。

解説

英文の全訳は次のとおり。

　〈ふいに目を覚ますと，彼女は何が起こったのだろうと思いを巡らせた。トトはその冷たい小さな鼻を彼女の顔に押し当てると，悲しそうな声を出した。ドロシーが起き上がると，家は動いていないことがわかった。また暗くもなかった。窓から明るい日の光が差し込んでいたからだ。彼女はベッドから立ち上がると，後を追うトトと一緒に，駆け出してドアを開けた。

　彼女は外の景色を見て，とても驚いた。あれこれとすばらしいものを目の当たりにして，彼女の目はどんどん大きく見開いていった。

　竜巻は，とても美しい国のまん中に，家をそっと下ろしていたのだ。そこはとても緑が豊かで，たくさんの花が咲き，鳥が飛んでいて，また大きな果物の木もあった。近くには小川が，緑の平原の間を縫うように流れていた。女の子はそれまで長い間，灰色のとうもろこし畑のそばで暮らしていたので，この美しいばかりの眺めを見て，とてもうれしくなった〉

1. 「冷たい小さな鼻を押し付け」たのは，ドロシーではなくトトのほうである。
2. 駆け出してドアを開けたのはドロシーであり，トトはその後を追ったと述べられている。
3. 妥当である。
4. 近くに小川が流れていたと述べられている。
5. ドロシーは灰色のとうもろこし畑の近くにそれまで住んでいたのであり，住みたいと願っていたとは述べられていない。

正答 **3**

地方初級
特別区
No. 226 文章理解　英語のことわざ　平成21年度

次の日本語のことわざ又は慣用句と英文との組合せA〜Eのうち，双方の意味が類似するものを選んだ組合せとして，妥当なのはどれか。

A　猫に鰹節（かつおぶし）　──── To set the wolf to keep the sheep.
B　腹が減っては戦ができぬ　──── It is no use crying over spilt milk.
C　情けは人のためならず　──── One good turn deserves another.
D　言うは易（やす）く行うは難し　──── Haste makes waste.
E　寄らば大樹の陰　──── Better be the head of a dog than the tail of a lion.

1　A　C
2　A　D
3　B　D
4　B　E
5　C　E

解説

それぞれの英文の直訳は，A.「羊を囲うためにオオカミをあてがうこと」，B.「こぼれたミルクのことを嘆いても無益だ」，C.「1つのよい行いはもう1つに値する」，D.「急ぐことは無駄を生じる」，E.「ライオンの尻尾であるよりは，犬の頭であるほうがよい」。

英語のことわざの中には，日本語のことわざとほぼ同じものや，表現は違うが内容的に相通じるものが少なくない。Bは日本語の「覆水盆に返らず」「後悔先に立たず」に当たり，終わってしまったこと，起こってしまったことをあれこれ悩んでもしょうがないという意味なので，不適切。Dは「急がば回れ」「せいては事をし損じる」に相当し，不適切。ちなみに，「言うは易く行うは難し」は（It's）Easier said than done.と言う。またEは「鶏口牛後（むしろ鶏口となるも牛後となるなかれ）」に当たり，大集団で人に使われるよりも，小さな集団でも人の上に立つほうがよいという意味なので，不適切。

A，Cの英文は有名な言い回しではないが，直訳から考えれば，Aは「好物を近くに置いては，油断できない」，Cはturn「行い，行為」の意味がわからなくても「1つのよいことが別のよいことにつながる」というような意味と推測できるので，日本語のことわざにほぼ対応している。当然のことだが，日本語のことわざの意味をきちんと知っているかもポイントである。

以上より，正答は**1**である。

正答　**1**

地方初級

No. 227 文章理解 特別区 英文（空欄補充） 平成19年度

次の英文の空所Aに該当する英文として，最も妥当なのはどれか。

Back in the 1800s, China used to ship fragile pottery* to Europe packed in tea leaves inside carved wooden crates*. The tea leaves were ideal as packaging* material, and the European shop owners found that their pottery always arrived intact. The shop owners would sell the pottery, sell the crates as end tables or decorator* objects, and grind up the leaves and sell them as tea. _____A_____ .

（Arthur F. Lenehan：足立恵子「英語で「ちょっといい話」」による）

```
 ＊  pottery……陶器類       ＊  crate……枠箱
 ＊  packaging……梱包      ＊  decorator……室内装飾用の
```

1 Everything was wasted

2 Nothing was wasted

3 Something was wasted

4 The crates were wasted

5 The leaves was wasted

解説

全訳は以下のとおり。

〈1800年代，中国は壊れやすい陶器類をヨーロッパに船で輸出する際，彫刻を施した木箱にお茶の葉を詰め，その中に陶器類を入れていた。お茶の葉は梱包資材として理想的であり，ヨーロッパの商人らは，陶器類を常に無傷の状態で受け取ることができた。商人らは陶器類を販売し，木箱はサイドテーブルや室内装飾用のオブジェとして販売し，さらにお茶の葉をひいて紅茶として販売した。 _____A_____ 〉

1は「すべて無駄になった」，**2**は「無駄なものは何もなかった」，**3**は「一部のものが無駄になった」，**4**は「木箱が無駄になった」，**5**は「お茶の葉が無駄になった」。**2**以外は本文の「陶器類を販売し，木箱はサイドテーブルや室内装飾用のオブジェとして販売し，さらにお茶の葉をひいて紅茶として販売した」という記述と矛盾する。

よって，正答は**2**である。

正答 **2**

228●地方初級＜教養＞過去問350

地方初級

No. 228 地方初級 **文章理解　英会話文（空欄補充）** 平成11年度

次の会話は洋服屋のものである。文中の空欄A～Dに当てはまる英文の組合せとして，正しいものはどれか。

Customer : I saw your advertisement in this morning's paper. It looks you've got some good buys on men's suits.

Clerk : （　A　）

Customer : （　B　）

Clerk : After you've been in the business as long as I have, it's not difficult, believe me. Here, try this coat on just for size. We'll try 38 first.

Customer : （　C　）

Clerk : （　D　）

ア　Yes sir. Right this way, please. Let's see, you look like 40 regular. Is that right ?

イ　It's pretty snug*. I guess you are right, I'll try 40.

ウ　Usually I'm 38 regular, but it's true that I've gained a little weight lately. How can you tell a person's size that way ?

エ　That looks as though it were made for you. How does it feel ?

＊ snug　ぴったりとした

	A	B	C	D
1	ア	ウ	イ	エ
2	ア	エ	ウ	イ
3	イ	ウ	エ	ア
4	イ	エ	ア	ウ
5	ウ	エ	ア	イ

解説

英文の全訳は次のとおり。

〈客：朝刊であなたの所の広告を見たんだが。紳士用のスーツでお買い得のものがあるとあったんだが。

店員：(A)はい。さあ，こちらへどうぞ。ええっと，お客様は40のレギュラーのようでございますね。そうではありませんか？

客：(B)いつもは，38レギュラーだが，最近ちょっと太ったのは事実だよ。どうやってそんなふうに人のサイズがわかるんだね？

店員：私と同じくらいお客様もこの仕事をされたら，それは難しくはありません，信じてください。さあ，サイズぴったりのこのコートを試着してください。まず，38を試着してみましょう。

客：(C)かなりぴったりしているね。君が正しいようだ。40を着てみよう。

店員：(D)まるでお客様のために作られたみたいですね。いかがですか？〉

Ａ．客が広告を見てきたと言っているので，店に案内し，サイズを予想しているアが入る。

Ｂ．アで店員がサイズを40ではないかと質問したことに対して，答えているのはウ。

Ｃ．いつもはサイズは38だといって，38を試してみた後に言った客の言葉なので，イ。

Ｄ．40を着てみた後に，店員が言った言葉なのでエが入る。

よって，**1**が正しい。

正答　1

地方初級＜教養＞過去問350●229

地方初級 特別区
No. 229 文章理解　英文（空欄補充）　平成29年度

次の英文の空所ア，イに該当する語の組合せとして，最も妥当なのはどれか。

Bargaining — most people are familiar with this approach.　"I'll agree to this, if you agree to this."　It's the wheeling and dealing approach to solving problems.　As long as each side of the conflict feels they have gained or retained what is important to them, then bargaining can work.　On the other hand, if one party comes out feeling like a loser, the process of give and take is just a 〔　ア　〕 compromise.

Problem solving is by far one of the most effective approaches.　Both parties examine the problem from a number of perspectives, identify alternatives and select the best one.　The key ingredient here is to get both parties to recognize specifically where their opinions or facts differ.　That could be the 〔　イ　〕 of the problem.

(Michael Maginn：松本茂「チームワーク」による)

1 ア—poor　イ—heart		**2** ア—poor　イ—outside		
3 ア—strong　イ—heart		**4** ア—strong　イ—part		
5 ア—wonderful　イ—part				

解説

全訳〈駆け引き——このアプローチはたいていの人になじみのあるものだ。「あなたがこれに同意してくれれば，私はこれに同意しよう」。それは問題の解決に向けてあれこれと策略をめぐらすやり方だ。対立するそれぞれの側が，自分たちにとって大事なものを得た，あるいは保持したと感じるのであれば，駆け引きはうまくいく。一方で，片方の側が負けたように感じられる結果になるなら，この互いに譲歩し合うプロセスは，ただの ア お粗末な妥協にすぎない。

問題解決というのは，種々のアプローチの中でも群を抜いて効果的なアプローチの一つだ。双方の側がさまざまな視点から問題を検討し，とるべきいくつかの選択肢を見定め，最善のものを選択する。ここで鍵となる要素は，互いの意見や事実の違いがどこにあるかを，双方の側が明確に認識できるようにすることだ。このことは，問題のまさに 核心部分であるかもしれない〉

選択肢を見ると，それぞれの空所について候補となっている語は3語であることがわかる。空所アに当てはまる語の候補はいずれも形容詞で，それぞれ意味はpoor「貧しい，貧弱な」，strong「強い，強力な」，wonderful「すばらしい」である。空所直後のcompromise は「妥協」というネガティブな意味を持つ語であることから，空所には poor がふさわしいことが推測できる。compromise の意味を知らなくても，空所の前にある loser「敗者，負け犬」，just「ただの，単なる」から，ネガティブな意味を持つ語であることは推測可能である。文頭の On the other hand「一方」で対比される前文の文末が，can work「うまくいく」というポジティブな表現であることもヒントになる。

空所イに当てはまる語の候補はいずれも名詞で，heart「ハート，中心，本質」，outside「外側」，part「部分」である。第2段落は，Problem solving「問題解決」で始まり，第2文はその具体的説明，第3文は The key ingredient here is ...「ここで鍵となる要素は…」と，前文にさらに具体的情報を追加する文になっている。空所を含む第4文の文頭 That「このこと」は，前文の内容をさしていると考えられるので，空所には heart が最もふさわしいことが推測できる。part (of the problem) も，「問題の（主要な）一部分」という意味になりうることから的外れではないが，上述のように空所アに strong や wonderful はふさわしくないことから，**4**，**5** は正答肢とはならない。同様に **3** も正答肢とはならず，一方で **2** については，空所アは問題ないが，空所イの outside が文脈に合わないためやはり不適である。

したがって，ア—poor，イ—heart となる **1** が正答である。

正答　**1**

230●地方初級＜教養＞過去問350

地方初級 特別区

No. 230 文章理解 英文（文章整序） 平成24年度

次の英文ア～オの配列順序として，最も妥当なのはどれか。

ア Naturally, many different people sat next to me along the way, but I only remember one woman who rode for several hours.

イ Most Americans have probably had a similar experience.

ウ By the time she got off the bus, I knew everything about her.

エ Now, that is a very long trip, especially on a bus.

オ One summer I took a bus trip across the U.S., all the way from Texas* to Vermont*.

(Kay Hetherly「A Taste of Japan」による)

* Texas……テキサス州 * Vermont……バーモント州

1 イ－ア－オ－エ－ウ
2 イ－ウ－オ－エ－ア
3 イ－エ－オ－ア－ウ
4 オ－イ－エ－ウ－ア
5 オ－エ－ア－ウ－イ

解説

与えられた各文の意味は以下のとおり。

ア：当然ながら，その途中多くのいろいろな人が私の隣に座ったのだが，私が唯一覚えているのは，数時間乗っていたある女性だ。

イ：たいていのアメリカ人は，おそらく似たようなことを経験している。

ウ：彼女がバスを降りる頃には，私は彼女についてなんでも知っていた。

エ：今ではそれは，とりわけバスを利用したものとしては非常に長い旅である。

オ：ある夏のこと，私ははるばるテキサス州からバーモント州まで，アメリカを横断するバス旅行をした。

選択肢を見ると，イかオのどちらかで始まっているので，2つの文を読み比べる。イが先頭では，「似たようなこと」が何をさすかわからないので，オが先頭だと推測できる。この時点で選択肢4，5に絞られる。選択肢4のようにオの後にイを続けると，「似たようなこと」が「アメリカを横断する長距離のバス旅行」ということになり，それを「たいていのアメリカ人が経験している」とするのは疑問が残る。また，さらにエ→ウ→アと続けると，文章の流れが不自然になることがわかる。一方，選択肢5のようにオの後にエを続けると，内容がスムーズにつながり，続くア→ウ→イの流れも自然になる。

以上より，正答は**5**である。

正答 **5**

地方初級＜教養＞過去問350●231

地方初級 No.231 特別区 文章理解 英文（空欄補充） 平成21年度

次の英文の空所Aに該当する英文として，最も妥当なのはどれか。

The world faces serious shortages of food.　Markets are failing and people are starving. Despite historical levels of wealth, unequaled access to technology and unparalleled communications, experts now forecast a structural shift in global demand that will keep prices high and people hungry.

The United Nations Food and Agriculture Organization（FAO*）reports that 　　A　　 have risen 45 percent on average since last summer.　This follows an increase of 37 percent over the previous two years.　The World Bank* says the average price of staple foods has risen 80 percent since 2005.

（ジャパンタイムズ「The Japan Times社説集」による）

* FAO …… 国連食糧農業機関　　* World Bank …… 世界銀行

1 average price

2 food prices

3 market price

4 keep prices

5 fair price

解説

英文の全訳は以下のとおり。

〈世界は深刻な食料不足に直面している。市場は機能せず，飢えに苦しんでいる人々がいる。歴史上かつてない水準の富が存在し，これまで以上に科学技術の利用が可能で，これほどまでに通信手段が発達しているにもかかわらず，世界の需要に構造的変化が起こり，それによって物価が上昇し人々が飢える状態が続くだろうと，今，専門家は予測している。

国連食糧農業機関（FAO）の報告によると，食料価格は昨年夏から平均45パーセント上昇している。それ以前の2年間で37パーセントの上昇を記録した後の話である。世界銀行によると，必需食料品の平均価格は2005年以来80パーセント上昇している〉

各選択枝の意味は，**1**.「平均価格」，**2**.「食料価格」，**3**.「市場価格」，**4**.「価格を維持する」，**5**.「公正な価格」。空所の直前の that から文末までが，reports の目的語となる that 節で，空所には節の主語になる名詞相当語句が入る。したがって，動詞句としか解釈できない**4**は不適切。また，空所直後が have となっていることから，単数形の**1**，**3**，**5**も不適切。よって，文法的に適合する選択枝は**2**のみであり，文脈的にも問題はない。

正答 2

232●地方初級＜教養＞過去問350

地方初級 神奈川県
No. 232 文章理解　漢文（要旨把握）　平成13年度

次の漢文から生まれたことわざとして，正しいものはどれか。

虎、求メテ百獣ヲ而食ラフ之ヲ。得タリ狐ヲ。狐
曰ハク、「子無レ敢テ食ラフ我ヲ也。天帝使ムヲ
我ヲシテ長タラシメ百獣ニ。今、子食ラハバ我ヲ、是逆ニ
天帝ノ命ニ也。子以テ我ヲ為サバ不レ信、吾
為ニレ子ノ先ニ行カセン。子随ヒテ我ガ後ニ観ヨ。百獣
之見テレ我ヲ、敢テ不ンレ走ラ乎。」虎以テ為レ然リト。
遂ニ与レ之行ク。獣見テレ之ヲ皆走ル。虎、不レ
知ラニ獣ノ畏レテレ己ヲ而走ルヲ。以為ヘラク、畏ルルレ狐ヲ也ト。

1 窮すれば通ず
2 青天の霹靂
3 蛇足
4 虎穴に入らずんば虎子を得ず
5 虎の威を借る狐

解説

出典は『戦国策』。全訳は次のとおり。

〈虎が獣たちを探して食べているうちに，狐を捕まえた。狐が言った。「あなたは私を食べて
はいけません。天の神様が私を獣たちの長にしました。今あなたが私を食べるのは，天の神様
の言いつけに背くことになります。私がうそを言っていると思うならば，私はあなたの前を歩
いてみましょう。あなたは私の後について来てみなさい。獣たちが私を見て，逃げないものが
ありましょうか」。虎はそれもそうだと思った。そこでとうとう狐と一緒に行った。獣たちはこ
れを見て，みな逃げて行った。虎は，獣たちが自分を恐れて逃げたのに気づかず，狐を恐れて
いるのだと思ったのだった。〉

1．窮すれば通ず —— 行き詰まって困りきったときには，かえって活路が開けるということ。
2．青天の霹靂（へきれき）—— 晴れた空に突然起こる雷の意味から，突然の変事・大事件をいう。
3．蛇足（だそく）—— 余計なもの。あっても役に立たないもの。
4．虎穴（こけつ）に入らずんば虎子（こじ）を得ず —— 危険を冒さなければ，宝は手に入らないこと。
5．正しい。

正答　**5**

地方初級

No. 233 文章理解 古文（内容把握） 平成11年度

次の文の作者の感想として，最も適切なものはどれか。

　小松内府，賀茂祭り見んとて，車四，五輛ばかりにて，一条の大路に出でたまへりけり。物見車，立ち並びて，すき間もなかりけるに，いかなる車かのけられんずらんと，人々目をすましたる所に，ある便宜の所なる車どもを，引き出だしけるを見れば，皆人も乗らぬ車なりけり。かねて見所を取りて，人を煩はさじのために，むな車を五輛立て置かれたりけるなり。そのころの内府のきらにては，いかなる車なりとも，争ひがたくこそありけめども，六条の御息所の古き例を，よしなく覚えたまひけん。さやうの心ばせ情深し。

1 祭りの日はただでさえ車が多いというのに，小松の内大臣が自分の場所取りのために空の車までも立てておいたことに対し，失望している。

2 小松の内大臣が，祭り見物のときに他の車を立ち退かせなくてもよいようにあらかじめ空の車を立てておいたことに対し，小松の内大臣の心遣いをほめている。

3 小松の内大臣が，華やかな祭り見物のときでさえも，人が乗れないくらい古く傷んだ車に乗って現れたことに対し，小松の内大臣の倹約精神をほめている。

4 小松の内大臣ほどの人が，祭り見物の場所取りで，人が乗れないくらい古く傷んだ車の持ち主と争っていることに対し，失望している。

5 祭り見物の場所がなくて困っている小松の内大臣のために，人々が自分たちの場所を立ち退いて内大臣に譲ったことに対し，人々の心遣いをほめている。

解説

出典は『十訓抄』。全訳は次のとおり。

　〈小松の内大臣（平重盛）が，賀茂祭りを見ようと，牛車4，5輛ほどで，一条大路においでになった。物見の車が立ち並んで停めるすき間がなかったので，どの車が立ちのかされるかと人々が注目しているところに，ちょうどよい場所にある車を何台か引き出したのを見ると，だれも乗っていない車であった。前もって見物場所を取って，人々に迷惑をかけまいとして，空っぽの車を5輛置いておかれたのであった。当時の内大臣の権勢であったならば，どんな車であっても争うことはできそうもなかったけれど，六条の御息所の古い例（『源氏物語』）をよくないと思い起こされたのであろう。そのような心遣いは，思いやり深いものである。〉

1．「失望している」が誤り。

2．正しい。

3．「人が乗れない…」以下が誤り。

4．同じく「人が乗れない…」以下が誤り。

5．全文が誤り。

正答　**2**

234●地方初級＜教養＞過去問350

地方初級

No. 234　地方初級　文章理解　古文（内容把握）　平成10年度

次の文から筆者が感心していることとして，正しいものはどれか。

　五日，今日からくして和泉の灘（なだ）より小津の泊（とまり）を追ふ。松原目もはるばるなり。これかれ苦しければよめる歌

　　ゆけどなほゆきやられぬは妹（いも）が績（う）む小津の浦なる岸の松原

　かくいひつつ来るほどに，「船とくこげ。日のよきに」ともよほせば，楫取（かぢと）り，船子（ふなこ）どもにいはく「御船（みふね）より仰せたぶなり。朝北（あさきた）の出で来ぬさきに綱手はや引け」といふ。このことばの歌のやうなるは，楫取りのおのづからのことばなり。楫取りはうつたへにわれ歌のやうなる言（こと）いふとにもあらず。聞く人の「あやしく歌めきてもいひつるかな」とて書き出だせば，げに三十文字あまりなりけり。

1　船頭の発する言葉が，和歌を意識しているから。
2　船頭が，筆者の命令に忠実に従ったから。
3　船頭の発した言葉が，偶然和歌のようであったから。
4　船頭が，筆者の詠んだ歌にうまく合わせてくれたから。
5　船頭が，筆者の詠んだ歌の意味を理解できたから。

解説

出典は紀貫之『土佐日記』。土佐の国司の任期が終わり，在任中娘を亡くした悲しみを抱えての帰京の旅をつづった作品である。全訳は次のとおり。

〈五日，今日やっとのことで和泉の灘から小津の港へ向かう。（この辺りには）松原が見渡す限り続いている。だれもかれも心が痛んでやり切れないので詠んだ歌は，「行っても行っても行き尽くせないものは，彼女がつむぐ麻糸の麻（お）のように，小津の浦の岸に長く続く松原である」。このように言いながら来る間に「船を早くこぎなさい。天気がよいのだから」とせきたてると，船頭が水夫たちに「御船（のお方，貫之のこと）からのご命令だ。朝の北風が出てこないうちに引き綱を早く引け」と言う。この言葉が歌のようになっているのは，船頭の口から自然に出た言葉である。船頭はことさらに歌のような言葉を言うつもりだったのではない。聞くほうの人が「妙に歌らしく言ったものですね」と言って，（船頭の言葉を文字に）書き出すと，なるほど三十一文字であった。〉

1．船頭は和歌を意識していなかったから，誤り。
2．命令に忠実であったことに感心したわけではないから，誤り。
3．正しい。
4．筆者の詠んだ歌に合わせたのではないから，誤り。
5．筆者の歌の意味を理解したのではないから，誤り。

正答　3

地方初級

No. 235 判断推理　地方初級　　　命　題　　　平成15年度

ある日，ケーキ売り場で，客の買ったケーキの種類について調査したところ，次のことがわかった。正しいのはどれか。

・モンブランを買った客はチーズケーキも買った。
・シュークリームを買わなかった客はチョコレートケーキを買った。
・チーズケーキを買った客はチョコレートケーキを買わなかった。

1 モンブランを買った客はシュークリームを買わなかった。
2 チーズケーキを買わなかった客はチョコレートケーキを買った。
3 チョコレートケーキを買った客はモンブランを買わなかった。
4 シュークリームを買った客はチョコレートケーキを買わなかった。
5 シュークリームを買わなかった客はチーズケーキを買った。

解説

「モンブランを買った」を「モン」，「チーズケーキを買った」を「チー」，「シュークリームを買った」を「シュ」，「チョコレートケーキを買った」を「チョ」と表すことにすると，調査結果は次のように表すことができる。なお，上線は「否定」を表す。

$$\text{モン} \rightarrow \text{チー} \quad \cdots\cdots ①$$
$$\overline{\text{シュ}} \rightarrow \text{チョ} \quad \cdots\cdots ②$$
$$\text{チー} \rightarrow \overline{\text{チョ}} \quad \cdots\cdots ③$$

これらについて対偶をとると，

$$\overline{\text{チー}} \rightarrow \overline{\text{モン}} \quad \cdots\cdots ④$$
$$\overline{\text{チョ}} \rightarrow \text{シュ} \quad \cdots\cdots ⑤$$
$$\text{チョ} \rightarrow \overline{\text{チー}} \quad \cdots\cdots ⑥$$

となるので，これらを用いて考える。

1．誤り。①③⑤より，「モン→チー→$\overline{\text{チョ}}$→シュ」となるので，モンブランを買った客はシュークリームを買った。

2．誤り。「チーズケーキを買わなかった客は…」を表す④に続けられるものがないので，チョコレートケーキを買ったか買わなかったはわからない。

3．正しい。⑥④より，「チョ→$\overline{\text{チー}}$→$\overline{\text{モン}}$」となるので，チョコレートケーキを買った客はモンブランを買わなかった。

4．誤り。「シュークリームを買った客は…」を表すものがないので判断できない。

5．誤り。②⑥より，「$\overline{\text{シュ}}$→チョ→$\overline{\text{チー}}$」となるので，シュークリームを買わなかった客はチーズケーキを買っていない。

正答　**3**

地方初級

No. 236 判断推理　時計の時刻のずれ　平成26年度

地方初級

　A氏は毎朝8時発の電車に乗って通勤している。ある日，A氏は自分の時計が3分進んでいるので，発車の4分前に乗車できたと思っていた。ところが，電車はA氏が乗車してから2分後に発車し，その時点で電車は5分遅延していた。

　この日におけるA氏の時計の正確な時刻との誤差として，正しいのはどれか。

1　A氏の時計は，正確な時刻より2分進んでいる。

2　A氏の時計は，正確な時刻より1分進んでいる。

3　A氏の時計は，正確な時刻を示している。

4　A氏の時計は，正確な時刻より2分遅れている。

5　A氏の時計は，正確な時刻より4分遅れている。

解説

　この日の電車は5分遅延しているので，発車したのは8時5分で，A氏が乗車したのはその2分前の8時3分である。このとき，A氏は自分の時計が3分進んでいると思い込んでおり，発車の4分前に乗車できたと思ったことから，A氏は7時56分に乗車したと考えていることになり，また，A氏の時計はそのとき7時59分を示していたことになる。A氏の時計が7時59分を示していたとき，正しい時刻は8時3分だから，A氏の時計は4分遅れている。

　したがって，正答は**5**である。

正答　**5**

地方初級＜教養＞過去問350●**237**

No.237 判断推理 5人の年齢 平成23年度

A～E5人の年齢を比較したところ、次のア～オのことがわかった。
 ア　AとBの年齢差は4歳である。
 イ　BとCの年齢差は3歳である。
 ウ　Bより年齢が上の者は2人いる。
 エ　最も年齢が上の者はEである。
 オ　同じ年齢の者はいない。
このとき、確実にいえるのは次のうちどれか。

1 Aの年齢が最も下のとき、AとCの年齢差は7歳である。
2 BとDの年齢差は5歳である。
3 Cの年齢が最も下のとき、AとCの年齢差は7歳である。
4 DはAより年齢が下である。
5 EはBより4歳以上年齢が上である。

解説

条件ア、イでは、AとB、BとCの年齢について、それぞれどちらの年齢が上であるか明らかでない。そこで、Bを基準として、A、B、C3人についてその年齢の関係を表してみると、図Iのようになる。

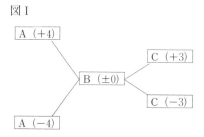

図I

ここから、Eが最年長で、Bより年齢が上の者が2人いるという条件ウ、エを満たす年齢順の組合せを考えると、表Iのように5通りあることになる。

表I

	1	2	3	4	5
①	E	A (+4)	B (±0)	C (−3)	D
②	E	A (+4)	B (±0)	D	C (−3)
③	E	C (+3)	B (±0)	A (−4)	D
④	E	C (+3)	B (±0)	D	A (−4)
⑤	E	D	B (±0)	C (−3)	A (−4)

この表Iから、Aの年齢が最も下のとき、AとCの年齢差が1歳である可能性もあり（⑤）、**1**は誤り。BとDの年齢差は確定できないので**2**も誤りである。また、Dの年齢がAより上である可能性もあるので（④および⑤）**4**も誤り。⑤ではEがBより2歳上となる可能性もあるので、**5**も誤りである。これに対し、Cの年齢が最も下となるのは②の場合しかなく、このときAとCの年齢差は7歳となるので、**3**は確実にいえる。

以上から、正答は**3**である。

正答 **3**

No. 238 判断推理 操作手順 平成30年度

1から5までの数字が1つずつ書かれた5枚のカードが、左から1〜5の順に並べてある。これらのカードに対して、図のように、「左端のカードを左から2枚目へ、右端のカードを中央へ」移動させる。これを1回の操作とすると、カードの配置がもとどおりとなるまでに必要な操作の回数として正しいのはどれか。

1　4回
2　5回
3　6回
4　7回
5　8回

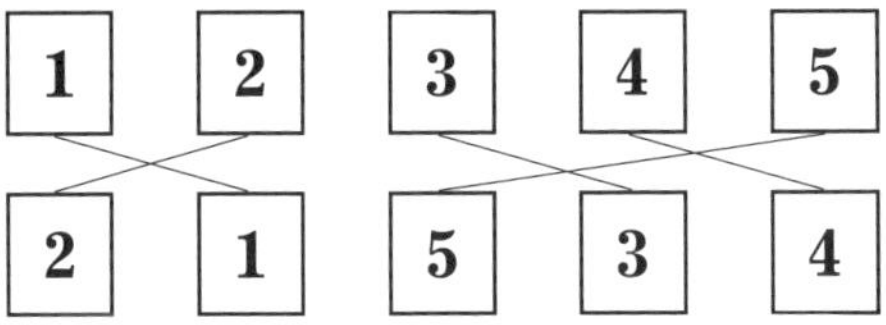

1	2	3	4	5
2	1	5	3	4

解説

この操作では、左側の2枚と右側の3枚が、それぞれ別々に位置を入れ替わっていく。左側の2枚（1と2のカード）は毎回入れ替わるだけなので、2回でもとに戻る。右側の3枚については、(5, 3, 4)→(4, 5, 3)→(3, 4, 5) という3回の操作でもとに戻る。左側2枚は2回ごと、右側3枚は3回ごとにもとの位置に戻るので、5枚のカードの配置がもとどおりとなるには、2と3の最小公倍数が6なので、図のように6回の操作が必要である。

したがって、正答は **3** である。

正答　3

	1	2	3	4	5
①	2	1	5	3	4
②	1	2	4	5	3
③	2	1	3	4	5
④	1	2	5	3	4
⑤	2	1	4	5	3
⑥	1	2	3	4	5

No. 239 判断推理 操作手順 　平成29年度

台の上に3本の柱が立っており、そのうちの1本に大小の白い円盤、もう1本に大小の黒い円盤が、図1のように配置されている。この円盤の配置を、以下の条件に従って図2のように入れ替えたい。

ア．円盤は必ず3本の柱のいずれかに置く。
イ．小さい円盤の上に大きい円盤を重ねることはできない。
ウ．大きい円盤、小さい円盤どうしは2枚重ねてもよい。
エ．大きい円盤の上に小さい円盤を2枚重ねてもよい。
オ．円盤1枚を別の柱に移動させるごとに1回と数える。

このとき、円盤を移動させる最少回数は何回か。

1　8回
2　9回
3　10回
4　11回
5　12回

図1 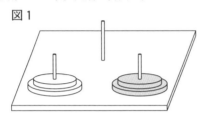　　図2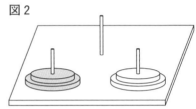

解説

円盤を移動させる手順は図のようになる。図2のように円盤の配置を入れ替える最少回数は9回であり、正答は **2** である。

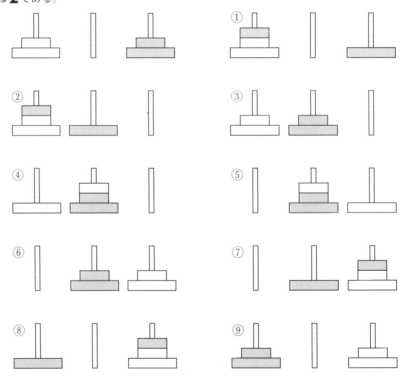

正答　**2**

地方初級

No. 240 特別区 判断推理 暗 号 平成22年度

ある暗号で「オキナワハソラ」が「横関学岩背走空」，「アオモリハフネ」が「哀青黙森白腹金」で表されるとき，同じ暗号の法則で「タノシイナツヤスミ」を表したのはどれか。

1 「淡物湿軽滑月軟末皆」
2 「肩者岸息軟暑山滑店」
3 「淡物進参七暑訳安隅」
4 「炭物新恋並雪悔鈴皆」
5 「淡好新米粉筒悔滑君」

解 説

原文の片仮名文字数と暗号文の漢字文字数が一致しているので，原文の片仮名1文字に暗号文の漢字1文字が対応すると考えてみる。そうすると，漢字の読みの一部が原文の片仮名と必ず一致するのでその点を取り出してみると次のようになる。

横＝**おう**　　音
関＝**せき**　　　訓
学＝**まな**（ぶ）　訓
岩＝**いわ**　　　訓
背＝**はい**　　音
走＝**そう**　　音
空＝**そら**　　　訓

哀＝**あい**　　音
青＝**あお**　　　訓
黙＝**もく**　　音
森＝**もり**　　　訓
白＝**はく**　　音
腹＝**ふく**　　音
金＝**かね**　　　訓

　つまり，漢字の読みは必ず2音で，音読みの場合の1音目，訓読みの場合の2音目が原文の片仮名と対応していることがわかる。

　そこで，「タノシイナツヤスミ」と選択枝との関係を考えると，音読みの1音目，訓読みの2音目という関係ですべて一致するのは，**3**の「淡物進参七暑訳安隅」だけである。

　　タノシイナツヤスミ
1.「淡物湿軽滑月軟末皆」
2.「肩者岸息軟暑山滑店」
3.「淡物進参七暑訳安隅」　　　　　■は誤り。
4.「炭物新恋並雪悔鈴皆」
5.「淡好新米粉筒悔滑君」

　以上から，正答は**3**である。

正答　**3**

地方初級＜教養＞過去問350●**241**

地方初級

No. 241 特別区 判断推理 試合の勝敗 平成16年度

A〜Fの6人が，総当たり戦で柔道の試合を行ったところ，Aが3勝2敗，Bが1勝4敗の成績であった。引き分けがないとき，C〜Fの成績としてあり得るのはどれか。

1 Cは全勝で，残る3人は2勝3敗であった。

2 DとEは，全勝であった。

3 Eは全敗で，残る3人は4勝1敗であった。

4 Fは全敗で，残る3人の勝敗数は同じであった。

5 CとDは同じ勝敗数で，EとFも同じ勝敗数であった。

解説

6人が総当り戦をしたのだから，総試合数は，

$$_6C_2 = \frac{6 \cdot 5}{2 \cdot 1} = 15 \text{〔試合〕}$$

引き分けがないので，全体の勝数，負数はともに15。

1．全体で15勝15敗（A：3−2，B：1−4，C：5−0，D，E，Fが2−3）であり，たとえば下のような勝敗数がつくれるので，このような成績はありうる。

	A	B	C	D	E	F	勝−敗
A		○	×	○	○	×	3−2
B	×		×	○	×	×	1−4
C	○	○		○	○	○	5−0
D	×	×	×		○	○	2−3
E	×	○	×	×		○	2−3
F	○	○	×	×	×		2−3

2．引分けがないので，全勝者が2人いることはありえない。全勝者どうしの対戦（DとEの対戦）でどちらかが負けることになる。

3． A：3−2
　　 B：1−4
　　 C：4−1
　　 D：4−1
　　 E：0−5
　　 F：4−1
　 計　 16−14

全体で16勝14敗となるので不適。

4．A，B，Fの勝敗の合計が4勝11敗なので，残り3人の勝敗の合計は11勝4敗となる。勝ち数または負け数が3の倍数でないので，3人とも同成績になることはない。

5．A，Bの勝敗の合計は4勝6敗。C，Dがa勝b敗，E，Fがc勝d敗とすると，全体の勝敗の合計は，

$$2a + 2c + 4 \text{〔勝〕} - 2b + 2d + 6 \text{〔敗〕}$$

$2a + 2c + 4 = 15$ を満たす整数 a，c は存在しない。

以上より，C〜Fの成績としてありうるのは**1**しかない。

正答　**1**

242●地方初級＜教養＞過去問350

No. 242 判断推理 トーナメント戦 平成15年度

A～Dの4人がトーナメント戦をして，Aが優勝した。順位のつけ方は自分が対戦して負けた相手の次になるとする。この場合，Aは1位，B，Dは2位，Cは3位となる。

では，A～Pの16人が下の表でトーナメント戦を行うと，3位の者は何人になるか。

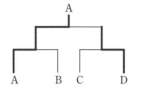
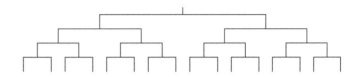

1　6人
2　7人
3　8人
4　9人
5　10人

解説

与えられたトーナメント表は，16人すべて同じ条件だから，左端のAが優勝したことにしてよい。

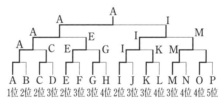

以下同様に各ブロックの勝者を適宜決めていくと，Aに負けたB，C，E，Iが2位で，これらの者に負けたD，F，G，J，K，Mが3位。
3位は全部で6人となる。
よって，**1**が正しい。

正答　**1**

地方初級
No. 243 判断推理 — 6人の身長順
地方初級 平成22年度

A～Fの6人が，身長の高い順に右から横1列に並んでいる。6人の並び順について以下のことがわかっているとき，正しいのはどれか。

ア．Aより身長の高い者は2人おり，そのうち1人はEである。
イ．Bの2人おいて右側にDが並んでいる。
ウ．FはBより身長が高い。

1 AとFの間に1人並んでいる。
2 Bより身長の高い者が3人いる。
3 最も身長が高いのはCである。
4 DはFより身長が低い。
5 Eは右端に並んでいる。

解説

まず，条件アからA，Eについて図Ⅰ－1，図Ⅰ－2の2通りが考えられる。

しかし，図Ⅰ－1の場合は条件イのB，Dについて図Ⅱ－1の配置しかないが，これだと「FはBより身長が高い」という条件ウを満たすことができない。

これに対し図Ⅰ－2ならば，条件イのB，Dについては図Ⅱ－2のようになり，これに条件ウを加えると図Ⅲの配置となって，A～F6人の並び順が確定する。

ここから，正答は「Eは右端に並んでいる」という**5**である。

図Ⅰ－1

			A	E	

図Ⅰ－2

			A		E

図Ⅱ－1

		B	A	E	D

図Ⅱ－2

	B		A	D	E

図Ⅲ

C	B	F	A	D	E

正答 5

244●地方初級＜教養＞過去問350

地方初級
No. 244 市役所 判断推理 4人が引いたカードの数 平成30年度

1から13までの数字が1つずつ書かれた13枚のカードがある。この13枚のカードから4人が1枚ずつ引いたところ，4人が引いたカードについて次のア～エのことがわかった。

ア．4枚の中で，奇数が書かれたカードは1枚だけであった。

イ．4枚のカードに書かれた数の和は23であった。

ウ．カードに書かれた数について，最大と最小との差は10であった。

エ．ある2枚のカードに書かれた数の差は4であった。

このとき，確実にいえるのはどれか。

1　1のカードを引いた者がいた。

2　4のカードを引いた者がいた。

3　6のカードを引いた者がいた。

4　9のカードを引いた者がいた。

5　13のカードを引いた者がいた。

解説

4枚のうち，奇数は1枚だけで，最大と最小との差が10なので，最大の数と最小の数はいずれも偶数でなければならない。最大と最小の数が偶数と奇数（順不同）の組合せだと，その差が10（＝偶数）となることはないからである。そうすると，最大の数は12，最小の数は2である。4枚のカードの数の和は23だから，23－（2＋12）＝9より，最大の数と最小の数を除いた2枚のカードに書かれた数の和は9となる。2は最小の数であることが確定しているので，2枚の和が9となるのは，3と6，4と5の2通りである。しかし，4枚が（2，4，5，12）だと，数の差が4となる2枚の組合せが存在しない。したがって，4枚のカードの組合せは，（2，3，6，12）で，2と6の差が4となる。

　以上から，正答は**3**である。

正答　**3**

地方初級＜教養＞過去問350●245

地方初級

市役所

No. 245 判断推理 順 位 平成 **24**年度

A～Dの4人が，中間点で折り返すコースで長距離走を行った。これについて次のア～ウのことがわかっているとき，正しいのはどれか。

ア　Aは2番目にBとすれ違った。

イ　BとCの順位は連続していなかった。

ウ　Dは1位ではなかった。

1 1位はAである。

2 1位はBである。

3 2位はAである。

4 2位はCである。

5 3位はDである。

解 説

条件アから考えると，Aが1位または2位のとき，Aが2番目にすれ違ったBは3位である。しかし，Aが1位，Bが3位だと，Cは2位または4位となり，BとCの順位が連続することになって条件イと矛盾する。また，Aが2位，Bが3位の場合，Dは1位でない（条件ウ）から，Cが1位，Dが4位である。

Aが3位または4位のとき，Aが2番目にすれ違ったBは2位である。この場合も，Aが4位だとDは1位でないから3位となるが，Cは1位でBとCの順位が連続してしまう。また，Aが3位であっても，Dは1位でないから4位で，Cが1位ということになり，BとCの順位が連続することになる。したがって，4人の順位としては，「1位＝C，2位＝A，3位＝B，4位＝D」だけが成り立つことになり，正答は**3**である。

正答 **3**

246●地方初級＜教養＞過去問350

地方初級

地方初級 No.246 判断推理 4種類の果物の対応関係 平成19年度

A～Dの4人が，モモ，ナシ，リンゴ，ブドウの4種類の果物の中から2種類ずつ選んだところ次のようであった。このとき，Dが選んだ2種類の果物の組合せとして正しいのはどれか。

・選んだ果物の組合せは4人とも異なっていた。
・モモを選んだのは3人，ブドウを選んだのは1人であった。
・AとBはリンゴを選んだ。
・BとCの選んだ果物に同じ種類のものはなかった。

1 モモとナシ　　**2** モモとブドウ　　**3** ナシとリンゴ
4 ナシとブドウ　　**5** リンゴとブドウ

解説

1つ目の条件「選んだ果物の組合せは4人とも異なっていた」と2つ目の条件「モモを選んだのは3人，ブドウを選んだのは1人」を考える。

モモを選んだ3人の選んだ果物の組合せがすべて異なるので，

（モモ─ナシ）
（モモ─リンゴ）
（モモ─ブドウ）

を選んだ3人がいることになる。また「ブドウを選んだ1人」もこの中に含まれているので，残る1人は，

（ナシ─リンゴ）

を選んだことがわかる。

次に，3つ目の条件と4つ目の条件を表にすると，

	モモ	ナシ	リンゴ	ブドウ
A			○	
B			○	
C			×	
D				

となる。AとBは，どちらかが（モモ─リンゴ），もう一方が（ナシ─リンゴ）である。

すると，残る組合せは（モモ─ナシ）と（モモ─ブドウ）で，Cは必ずモモを選んでいる。BとCは同じ果物を選ばないので，Bはモモを選んでおらず（ナシ─リンゴ）であることがわかる。

CはBと同じ果物を選ばないので，Cの組合せは（モモ─ブドウ）で確定し，正答は**1**である。

なお，すべての組合せは下表のようになる。

	モモ	ナシ	リンゴ	ブドウ
A	○		○	
B		○	○	
C	○			○
D	○	○		

正答 **1**

地方初級

No. 247 判断推理 5人が旅行したい都市 平成18年度

地方初級

A〜Eの5人に，旅行してみたい都市を2か所ずつ挙げてもらったところ，次のようであった。このとき，確実にいえるものは次のうちどれか。
- ・Aが旅行してみたい都市は，2か所とも国内である。
- ・Bが旅行してみたい都市は，2か所ともA，C，Dのだれかも旅行してみたい都市である。
- ・Cが旅行してみたい都市は，2か所とも海外である。
- ・Dが旅行してみたい都市は，2か所とも海外である。
- ・Eが旅行してみたい都市は，どちらも他の4人のだれとも一致しない。
- ・1人だけが旅行してみたい都市として挙げたのは3か所である。

1 Bが旅行してみたい都市は，2か所とも国内である。
2 Bが旅行してみたい都市は，2か所とも海外である。
3 Cが旅行してみたい都市と，Dが旅行してみたい都市は，2か所とも一致している。
4 Eが旅行してみたい都市は，国内と海外が1か所ずつである。
5 Bが旅行してみたい都市と，Dが旅行してみたい都市は，すべて異なっている。

解説

まず，A，C，Eが旅行してみたい都市を，表Ⅰのように振り分けてみる。Eが旅行してみたい都市（t，u）はほかの4人のだれとも一致しないので，1人だけが旅行してみたい都市として挙げられた3か所のうちの2か所になり，1人だけが旅行してみたい都市として挙げられたのがもう1か所あることになる。

そこで，Bに関して場合分けをしてみる。Bが旅行してみたい都市が2か所とも国内だとすると（これはAと一致することになる），Dが旅行してみたい都市について，1か所だけCと一致させても，2か所一致させても条件を満たすことができない（表Ⅱ）。

Bが旅行してみたい都市が2か所とも海外だとすると，AとEについての4か所が，いずれも1人だけが旅行してみたい都市となってしまって，これも条件を満たせない。

Bが旅行してみたい都市が国内と海外1か所ずつの場合，国内についてはAと，海外についてはCと一致し，CとDが2か所とも一致することで条件を満たすことが可能である（表Ⅲ）。ただし，Eが旅行してみたい都市は，国内，海外のいずれとも決まらない。以上から正答は**3**である。

表Ⅰ

	p 国内	q 国内	r 海外	s 海外	t	u	v
A	○	○					
B							
C			○	○			
D							
E					○	○	

表Ⅱ

	p 国内	q 国内	r 海外	s 海外	t	u	v 海外
A	○	○					
B	○	○					
C			○	○			
D			○	△			△
E					○	○	

表Ⅲ

	p 国内	q 国内	r 海外	s 海外	t	u	v
A	○						
B		○	○				
C			○	○			
D			○	○			
E					○	○	

正答 **3**

地方初級

No. 248 東京都

判断推理 **6つの公共施設の整備順序** 平成27年度

ある市の施設について調べたところ，サッカー場，体育館及びプールの3つのスポーツ施設と，音楽ホール，図書館及び博物館の3つの文化施設の計6つの施設が整備された順序について，次のア～オのことが分かった。

ア 体育館はサッカー場より早く，図書館は音楽ホールより早く，音楽ホールは博物館より早く整備された。

イ 体育館の次に整備されたのは，スポーツ施設であった。

ウ プールと博物館は，それぞれスポーツ施設の次に整備された。

エ 音楽ホールの次に整備されたのは，スポーツ施設であった。

オ スポーツ施設の中で最も早く整備された施設は，6つの施設の中で2番目に整備された。

以上から判断して，6つの施設のうち，最初から数えて3番目に整備された施設として，正しいのはどれか。ただし，同時に整備された施設はない。

1 音楽ホール **2** サッカー場
3 図書館 **4** 博物館
5 プール

解説

まず，条件オから1番目に整備されたのは文化施設，2番目に整備されたのはスポーツ施設である。次に，条件アから2番目に整備されたのはサッカー場ではなく，条件ウからプールでもないから，2番目に整備されたのは体育館である。そうすると，条件イ，ウ，エより，体育館の次に整備されたのはプール（音楽ホールの次ということはない）でなければならず，この段階で正答は**5**と決まる。

すべてを確認しておくと，条件アより音楽ホールと博物館は1番目ではないので，1番目に整備されたのは図書館である。また，音楽ホールより後にスポーツ施設と博物館が整備されているので，音楽ホールは4番目となる（表Ⅰ）。そうすると，5番目はスポーツ施設，6番目が文化施設で，プールが3番目，サッカー場が5番目，博物館が6番目と確定する（表Ⅱ）。

以上から，正答は**5**である。

表Ⅰ

	1	2	3	4	5	6
	文化	スポーツ	スポーツ			
サッカー場	×	×				
体 育 館	×	○	×	×	×	×
プ ー ル	×	×				
音楽ホール	×	×	×	○	×	×
図 書 館	○	×	×	×	×	×
博 物 館	×	×	×			

表Ⅱ

	1	2	3	4	5	6
	文化	スポーツ	スポーツ	文化	スポーツ	文化
サッカー場	×	×	×	×	○	×
体 育 館	×	○	×	×	×	×
プ ー ル	×	×	○	×	×	×
音楽ホール	×	×	×	○	×	×
図 書 館	○	×	×	×	×	×
博 物 館	×	×	×	×	×	○

正答 **5**

地方初級

No. 249 判断推理　講習会の曜日　平成20年度

ある水泳講習会が行われることになり，当初の予定では8月の第1金曜日から始まり，日曜日を除く毎日で合計10日間実施することとなっていた。ところが，インストラクターの都合で，本来なら講習4日目となる日が初日となったため，日曜日を除く毎日10日間行ったら終了日が8月16日となった。この8月16日の曜日として正しいものは，次のうちどれか。

1　火曜日
2　水曜日
3　木曜日
4　金曜日
5　土曜日

解説

講習会は日曜日を除いて行われるので，当初予定の8月第1金曜日から始まると，4日目は第2週の火曜日となる。実際の講習開始日はこの第2火曜日なので，第2週は火曜日から土曜日までの5日間行われる。第3週の月曜日から残り5日間を行うと，最終日は金曜日となり，これが8月16日ということである。

	日	月	火	水	木	金	土
第1週	7/28	7/29	7/30	7/31	8/1	開始予定日	
第2週	×		①	②	③	④	⑤
第3週	×	⑥	⑦	⑧	⑨	⑩	

よって，正答は**4**である。

正答　**4**

地方初級

No. 250 地方初級 判断推理 **4人のゲームの対戦カード** 平成17年度

A～Dの4人がゲームをした。ゲームは個人戦で、総当たりになるように3ラウンドを行う。各ラウンドは1対1の対戦が2組である。次のことがわかっているとき、正しくいえるのはどれか。

・Aの第1ラウンドの対戦相手は、第3ラウンドではCと対戦した。
・Cの第2ラウンドの対戦相手は、第3ラウンドではDと対戦していない。

1 AとBは第1ラウンドで対戦した。
2 AとDは第3ラウンドで対戦した。
3 DとCは第2ラウンドで対戦した。
4 BとDは第1ラウンドで対戦した。
5 CとDは第3ラウンドで対戦した。

解説

1つ目の条件から、Aの第1ラウンドの対戦相手はCではない（CとCは対戦できない）。さらに、AとCの対戦は、第1ラウンドではなく、第3ラウンドでもない（CはA以外のだれかと対戦する）ので、第2ラウンドと確定する。これを対戦表に表すと次のようになる。なお、数字は対戦したラウンドを示す。

	A	B	C	D
A			2	
B				
C	2			
D				

次に2つ目の条件を考えると、Aは第3ラウンドにはDではなくBと対戦し、AとDの対戦は第1ラウンドに行われたことがわかる。

	A	B	C	D
A		3	2	1
B	3			
C	2			
D	1			

ここで1つ目の条件に戻ると、DとCが第3ラウンドに対戦したことがわかるから、あとは自動的に表が埋まる。

	A	B	C	D
A		3	2	1
B	3		1	2
C	2	1		3
D	1	2	3	

この表から、正答は**5**とわかる。

正答 **5**

地方初級

No. 251 地方初級 判断推理 レンタカーの必要台数 平成21年度

あるレンタカー会社では，3日連続して貸し出した車両は，整備のために1日休ませるという
システムになっている。このレンタカー会社がP，Q2社と契約し，P社には毎日3台，Q社
には毎日4台の車両を貸し出すことになった。このとき，P，Q2社に貸し出すためには最少
で何台の車両が必要か。

1　8台
2　9台
3　10台
4　11台
5　12台

解説

P社に対するように，貸し出す車両が毎日3台である場合，4台の車両を用意すれば，すべて
の車両を3勤1休のペースで使用することが可能である。4台の車両をa，b，c，dとすれば，
(a，b，c)→(d，b，c)→(a，d，c)→(a，b，d)→(a，b，c)→，のようにローテーションを組
めばよいからである。しかし，Q社に対するように，貸し出す車両が毎日4台である場合，用
意する車両が5台では3勤1休のローテーションを組むことは不可能である。5台の車両
をe，f，g，h，iとすれば，(e，f，g，h)→(i，f，g，h)→(e，i，g，h)→，では4日目にど
うしても1台不足することになるからである。したがって，この場合は6台の車両が必要であ
り，全部で10台なければならないことになる(下表参照)。したがって，正答は**3**である。

	1	2	3	4
P	a	d	a	a
	b	b	d	b
	c	c	c	d
Q	e	i	e	e
	f	f	i	f
	g	g	g	i
	h	h	h	j

正答　3

252●地方初級＜教養＞過去問350

No.252 判断推理 4人のジャンケン 平成13年度 地方初級

A～Dの4人が3回ジャンケンをすることになった。Aは必ずグー，チョキ，パー，グー，チョキ，……の順に出す。BはAがグー，チョキ，パーの順に出すことを知っていて，自分に有利に（勝てそうにないときは引き分けるように）出すが，指を痛めていてチョキとパーしか出せない。CはBがチョキとパーしか出せないことを知っていて，やはり自分に有利なように出す。Dは何も知らない。このとき，Dが1回目に勝ち，2回目に負け，3回目に引き分けるような出し方は何通りあるか。ただし，1回目にAが何を出すか，Bにはわからないものとする。

1　3通り
2　4通り
3　5通り
4　6通り
5　7通り

解説

1回目にAが何を出すかで分類して考える。また，4人の出し方を（A，B，C，D）＝（グ，チ，パ，グ）のように表すことにする。
(1) 1回目にAがグーを出した場合
　①（A，B，C，D）＝（グ，チ，チ，グ）
　②（A，B，C，D）＝（チ，チ，チ，パ）
　③（A，B，C，D）＝（パ，チ，チ，グ）
　以上，1×1×1＝1〔通り〕。
(2) 1回目にAがチョキを出した場合
　①（A，B，C，D）＝（チ，チ，チ，グ）
　　　　　　　　　　（チ，パ，チ，チ）
　②（A，B，C，D）＝（パ，チ，チ，パ）
　③（A，B，C，D）＝（グ，パ，チ，グ）
　　　　　　　　　　（グ，パ，チ，チ）
　　　　　　　　　　（グ，パ，チ，パ）
　以上，2×1×3＝6〔通り〕。
(3) 1回目にAがパーを出した場合
　この場合，2回目の各人の出し方は，必ず（A，B，C，D）＝（グ，パ，チ，？）のパターンになり，？の部分に関わらず引分けとなってしまうので，条件に合わない。
　以上より，条件に合う4人の出し方は1＋6＝7〔通り〕である。
　よって，**5**が正しい。

正答　5

No.253 判断推理 4人の順序と方角 平成14年度

A〜Dの4人が東西南北の方角から一つの交差点に集まった。次の発言から，確実にいえるものはどれか。

　A「私が交差点に来たとき，だれも来ていなかった」
　B「私が交差点に着いた直後，真正面から人が来た」
　C「私は西から来て，真正面から来た人の直後に到着した」
　D「私が着いた直後，右から来た人がいた」

1　Aは北から来た。
2　Bは南から来た。
3　Bは2番目に来た。
4　Cは3番目に来た。
5　Dは北から来た。

解説

1番から4番までの枠を用意し，その枠の中に上に名前，下に来た方角を書いたカードを配置する。

Aの発言からAは1番目に来た。Cの発言からCの直前に来た者は東から来た。

B，Dの発言から，この2人は4番目ではない。ということは，Cが4番目に入ることになる。

3番目に来たのはBかD。そのうち「着いた直後に真正面から人が来た」のはBだから，3番目はBになる。残ったDは2番目に入る。

Dの発言からDの直後のBはDから見て右から来たことになるので，Dは南から来たことになる。残ったAは，北から来たことになる。

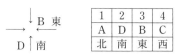

よって，**1**が正しい。

正答　**1**

地方初級 No.254 判断推理 5人の住む部屋の位置関係 令和元年度

3階建てで各棟各階1室ずつのアパートが，東西方向に4棟並んで建っており，A〜Eの5人はこれらのいずれか別々の部屋に住んでいる。次のア〜エのことがわかっているとき，確実にいえるのはどれか。

　ア　AとBの2人だけが同じ棟に住んでいる。
　イ　Aより下の階に住んでいるのは，Eだけである。
　ウ　Cは，Dが住んでいる棟と隣り合った棟に住んでいるが，A，Bが住んでいる棟とは隣り合っていない。
　エ　Dは最も東にある棟に住んでおり，Cとは住んでいる階が異なっている。

1 Aは，西から2番目の棟の2階に住んでいる。
2 Bは，最も西側の棟の2階に住んでいる。
3 Cは，東から2番目の棟の2階に住んでいる。
4 Dは，Cより上の階に住んでいる。
5 Eは，西から2番目の棟の1階に住んでいる。

解説

Dは最も東にある棟に住んでおり，CはDと隣り合った棟に住んでいるから，Cが住んでいるのは東から2番目の棟である。そして，A，Bが住んでいる棟と，Cが住んでいる棟とは隣り合っていないので，A，Bが住んでいる棟は最も西側の棟である。Aより下の階に住んでいるのはEだけだから，Aが住んでいるのは1階ではない。また，Aが3階に住んでいると，Bが2階ということになってしまうので，Aが住んでいるのは最も西側の棟の2階，Bが住んでいるのはその真上の3階である。C，Dが住んでいる階については，条件イより1階ではなく，2人は同じ階ではないので2階と3階であるが，どちらが2階，あるいは3階であるかは確定しない。同じ棟に住んでいるのはA，Bだけなので，Eが住んでいるのは西から2番目の棟であり，Aより下の階なので，1階に住んでいる。

以上から，図Ⅰ，図Ⅱの2通りが考えられ，この図Ⅰ，図Ⅱより，正答は**5**である。

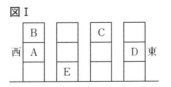
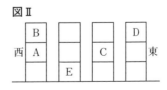

正答　5

地方初級

No. 255 特別区 **判断推理** 一直線上に並ぶ5人の位置関係 平成27年度

A～Eの5人が，A，B，C，D，Eの順で一直線上に並んでいる。今，次のア～オのことが分かっているとき，確実にいえるのはどれか。ただし，A～Eは，真東，真西，真南又は真北のいずれかの方角を向いているものとする。

ア　Bから見て，Bの右側には誰もいない。

イ　Cから見て，Cの左側にBがいる。

ウ　DはAと同じ方角を向いており，Dから見てDの左側にEがいる。

エ　EはBと同じ方角を向いており，Eから見てEの正面及び右側には誰もいない。

オ　Aは真北を向いている。

1 BとDは同じ方角を向いている。

2 Cは真西を向いている。

3 Eは真東を向いている。

4 真南を向いている人はいない。

5 真西を向いているのは2人だけである。

解説

まず，Dは真北を向いているAと同じ向きで，Dの左側にEがいること，そして，Cの左側にBがいることをまとめると図Ⅰのようになる。同じ方角を向いているBとEに関しては，Bの右側には誰もおらず，Eの正面には誰もいないので，B，Eが向いている方角は真西である（図Ⅱ）。この図Ⅱより，正答は**5**である。

図Ⅰ

	南			
A	B	C	D	E
↓		↑	↓	
	北			

東　　　　　　　　　　　　　　　西

図Ⅱ

	南			
A	B	C	D	E
↓	→	↑	↓	→
	北			

東　　　　　　　　　　　　　　　西

正答　5

地方初級

No. 256 地方初級 **判断推理** | **規則性** | 令和 元年度

1～100の整数が等間隔で書かれているテープがある。このテープを，書かれている整数の個数がすべて異なるようにして10枚に切り分け，順に縦に並べる。このとき，テープの右端に書かれた整数の合計と，テープの左端に書かれた整数の合計との差はいくらか。ただし，たとえば2ケタの整数56を，5と6の2個の1ケタの整数となるような切り分け方をしてはならない。

| 1 2 … | … 99 100 |

1 82

2 86

3 90

4 94

5 98

1

:

100

解説

1枚目のテープの左端の整数は1であるが，右端の整数は確定できないので，これを a とすると，2枚目のテープの左端の整数は $(a+1)$ である。同様に，2枚目から9枚目のテープの右端を b～i とすると，3枚目から10枚目のテープの左端の整数は，$(b+1)$～$(i+1)$ となる。10枚目のテープの右端の整数は100だから，テープの右端に書かれた整数の合計は，$(a+b+c+d+e+f+g+h+i+100)$ となる。これに対し，テープの左端に書かれた整数の合計は，$(1+a+1+b+1$

1	…	…	…	a
$a+1$	…	…	…	b
$b+1$	…	…	…	c
$c+1$	…	…	…	d
$d+1$	…	…	…	e
$e+1$	…	…	…	f
$f+1$	…	…	…	g
$g+1$	…	…	…	h
$h+1$	…	…	…	i
$i+1$	…	…	…	100

$+c+1+d+1+e+1+f+1+g+1+h+1+i+1)=(a+b+c+d+e+f+g+h+i+10)$ である。したがって，テープの右端に書かれた整数の合計と，テープの左端に書かれた整数の合計との差は，$(a+b+c+d+e+f+g+h+i+100)-(a+b+c+d+e+f+g+h+i+10)=90$ より，90であり，正答は **3** である。

[注] 問題文中には，「書かれている整数の個数がすべて異なる」という条件があるが，1～10，11～20，…，91～100，のように，等個数に切り分けても結果は同様である（書かれている整数の個数が同じであるテープが存在してもかまわない）。

正答 3

地方初級

No. 257　判断推理　市役所　6人の並び順　平成20年度

A～Fの6人が横1列に並んでおり，この6人の配置についてア～エのことがわかっているとき，確実にいえるものはどれか。

　　ア　AとBは隣り合っている。
　　イ　BとCの間には2人が並んでいる。
　　ウ　Dの位置は端ではない。
　　エ　EとFは隣り合っている。

1 AはDと隣り合っている。
2 CはFと隣り合っている。
3 Cの位置は列の端である。
4 Eの位置は列の端である。
5 FはBと隣り合っている。

解説

A，B，C3人の位置関係は次のように10通りが考えられるが，Dが列の端でないこと，EとFは隣り合っていることという条件を満たすのは，このうちの4通り（灰色で塗られていない配置）である。

A	B		C				A	B			C	
---	---	---	---	---	---		---	---	---	---	---	---
C		A	B				C		A	B		
		C		A	B		C			B	A	
	C			B	A		B	A		C		
	B	A		C					B	A		C

可能性のある4通りについてD，E，Fの配置を考えると次のような8通りが考えられるが，ここから確実にいえるのは「AはDと隣り合っている」という**1**だけである。

C	D	A	B	E	F		C	D	A	B	F	E
---	---	---	---	---	---		---	---	---	---	---	---
E	F	C	D	A	B		F	E	C	D	A	B
B	A	D	C	E	F		B	A	D	C	F	E
E	F	B	A	D	C		F	E	B	A	D	C

正答　1

地方初級

No. 258 市役所 判断推理 5つの家の位置関係 平成17年度

A～Eの5人の家がある。その位置関係について、次のア～エのことがわかっているとき、確実にいえるものはどれか。

　ア　Aの家はBの家の真南にある。
　イ　Bの家はDの家の真西にある。
　ウ　Dの家はCの家の真東にある。
　エ　CとDの家の距離は、CとEの家の距離よりも長い。

1 Aの家より北には、4人の家がある。
2 Bの家より西には、2人の家がある。
3 Cの家より東には、3人の家がある。
4 Dの家より西には、4人の家がある。
5 Cの家とDの家の間には、1人の家がある。

解説

位置関係を問う問題である。条件ア～エの内容を1つずつ地図の上に記入していこう。ただし、エでは、CとDおよびCとEの距離について述べてあるだけで、それぞれ互いにどの方角にあるかまではわからないことに気をつけよう。また、A～Eの5人のうち、Bはアとイの2つの条件に登場し、方角の情報もあるので、Bを中心に考えてみるとよい。

　アより、AとBの家は南北方向に並び、BはAより北にある。ただし、AB間の距離は不明。

　イより、Dの家はBの真東にあるから、BとDは東西方向に並んでいる。ただし、ここでもBD間の距離は不明。

　ウより、Cの家は線分BDを東西に延長した直線上にあり、Dより西ということだけがわかっている。Bより東にあるか西にあるかはわからない。そこで次のように2つの場合に分けて考える。

（1）BがCの西にある場合→図1
（2）BがCの東にある場合→図2

　エでは、Eの方角は定まらないが、Cの家を中心とする円周上にあることは間違いない。ここで、条件CE＜CDより、Cを中心とする半径CEの円を描くと、点Dはその円の外に出る。図1、図2のどちらの図でも、EはDより西側にあることがわかる。

　2つの図を見ながら、選択枝を検討しよう。

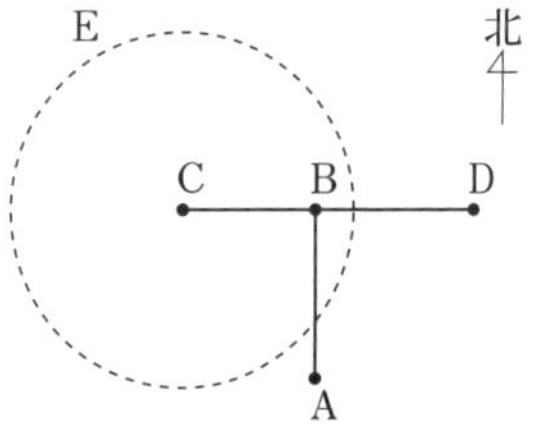

1. AB間の距離が不明である。たとえばEがCの真南のとき、AB＜CEなら、EはAより南側となる。よって、確実ではない。

2. 図1の場合は明らかに誤り。また、図2の場合にも、EがBより東にあることもありうるので、やはり確実ではない。

3. 図2で、EがCの西にいる場合には成り立つが、EがCの東の場合には「4人」となってしまう。また、図1の場合には、Cの東には多くても2人（DとE）しかありえない。よって、これも確実ではない。

4. 正しい。Eの位置がどこにあるかに関係なく、図1、図2の両方の場合に成り立っている。

5. 図1で、EがCとDの間にある場合のみ正しいが、それ以外の場合には当てはまらないので、確実ではない。

　以上より、確実にいえるものは**4**だけである。

図1　Bの家がCの家の西にあるとき

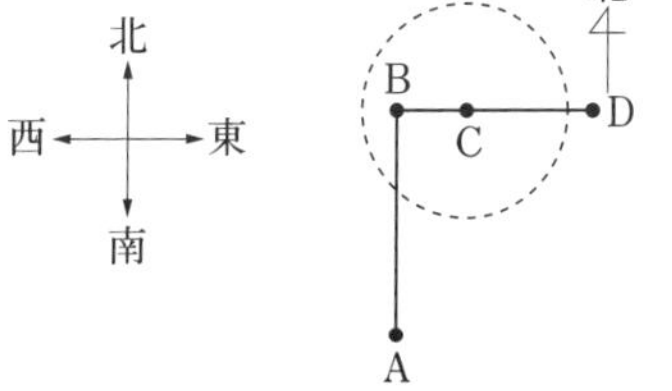

図2　Bの家がCの家の東にあるとき

正答　**4**

地方初級＜教養＞過去問350●259

No.259 判断推理 7人の部屋の位置関係 平成28年度

図のような7部屋あるアパートの各部屋に，A～Gの7人が住んでいる。以下のア～ウのことがわかっているとき，正しいのはどれか。

ア：いずれかの出入り口から入ってすぐ右はDの部屋であり，まっすぐ進んだ突当りはFの部屋である。
イ：Bの隣の部屋は，Dの部屋と通路をはさんで向かい合っている。
ウ：Aの部屋とEの部屋は通路をはさんで向かい合っており，Eの部屋の隣はGの部屋である。

1 Aの部屋の隣はFの部屋である。
2 Bの部屋とGの部屋は通路をはさんで向かい合っている。
3 Cの部屋の隣はBの部屋である。
4 Eの部屋は出入り口から入ってすぐ左である。
5 Gの部屋の隣はCの部屋である。

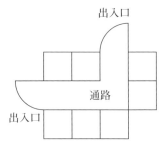

解説

条件アからDとFの部屋を考えると，図Ⅰ，図Ⅱの2通りが考えられる。
　次に条件イよりBの部屋を考えると，図ⅠではAとEの部屋を向かい合わせ（条件ウ）とすることができない（図Ⅰ-2）。図ⅡではBの部屋について2通りの可能性があるが，図Ⅱ-2だとAとEの部屋を向かい合わせとすることができない。Bの部屋を図Ⅱ-3のようにすると，A，E，Gの部屋を矛盾なく配置することができ，Cの部屋も決定する。
　この図Ⅱ-3より，正答は「Cの部屋の隣はBの部屋である」という **3** である。

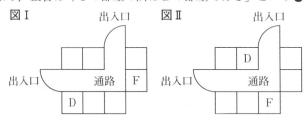

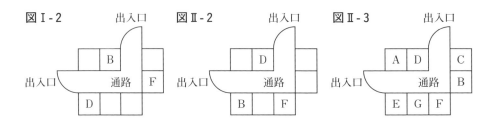

正答 **3**

地方初級

No. 260 市役所 **判断推理** **5台の自動車の位置関係** 平成25年度

A～Eの5人が1人ずつ乗った5台の自動車が，図のような配置で停まっている。5台の自動車にはそれぞれ，1号車から5号車までの異なる番号が与えられており，ア～オのことがわかっているとき，正しいのはどれか。

西 □ □ □ □ □ 東

ア　Aは3号車に乗っており，その東隣は1号車である。
イ　Bが乗っている自動車の東隣は4号車である。
ウ　Cが乗っている自動車の東隣は5号車である。
エ　Dが乗っている自動車は，Cが乗っている自動車より西側に停まっている。
オ　Eが乗っている自動車は，東西いずれかの端に停まっており，Bが乗っている自動車とEが乗っている自動車の間に，2台の自動車が停まっている。

1　Aが乗っている自動車は，東から2番目に停まっている。
2　Bが乗っている自動車は1号車で，西から2番目に停まっている。
3　Cが乗っている自動車は2号車で，東から3番目に停まっている。
4　Dが乗っている自動車は4号車で，西から4番目に停まっている。
5　Eが乗っている自動車は5号車で，西の端に停まっている。

解説

A，B，Cが乗っている自動車の東隣にはいずれも自動車が停まっており，Dが乗っている自動車はCが乗っている自動車よりも西側に停まっている。つまり，A，B，C，Dが乗っている自動車はいずれも東端に停まっていないので，東端に停まっているのはEの自動車である。ここから，Bが乗っている自動車は西から2番目であり，その東隣が4号車である（図Ⅰ）。

ここで，Aは3号車に乗っているので，Bの東隣ではないが，AがEの西隣だとすると，エよりCが4号車ということになり，Cの東隣が5号車であるウに対して矛盾が生じる。したがって，Aが乗っている自動車は最も西端に停まっている。そうすると，Dが4号車，その東隣がCとなり，図Ⅱのようになる。この図Ⅱから，正しいのは「Bが乗っている自動車は1号車で，西から2番目に停まっている」で，正答は**2**である。

図Ⅰ

西 □ | B 4 | □ | E 東

図Ⅱ

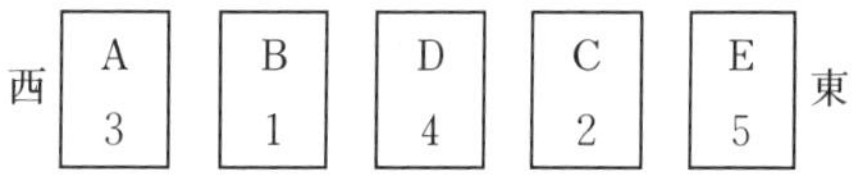

西 | A 3 | B 1 | D 4 | C 2 | E 5 | 東

正答 **2**

No.261 判断推理 6人の位置関係 （地方初級 平成24年度）

100mの等間隔で碁盤の目状に配置された街路がある。A～Fの6人がそれぞれ異なる位置で，2本の道路が交差する点（交差点）に立っており，自分の立っている交差点の2本の道路の延長上に立っている者は見ることができるが，それ以外の者については見ることができない。A～Dの4人が立っている交差点は図に示すとおりで，E，Fが立っている交差点については，次のア～ウのことがわかっている。

　ア　AからはEだけが見えるが，他の4人は見ることができない。
　イ　BからはEとFが見えるが，他の3人は見ることができない。
　ウ　FからはBとCが見えるが，他の3人は見ることができない。

このとき，Eの立っている交差点からFが立っている交差点まで道路に沿って歩く場合，その最短の距離として正しいのはどれか。

1 100m
2 200m
3 300m
4 400m
5 500m

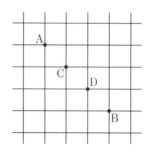

解説

Eは，AからもBからも見える位置に立っているので，Eが立っている交差点は図ⅠのP₁またはP₂のいずれかである。また，FからはBとCの2人が見えるので，Fが立っている交差点はQ₁またはQ₂のいずれかである。そして，EとFは互いに見ることができない位置に立っているので，EがP₁に立っているならFはQ₂（図Ⅱ），EがP₂に立っているならFはQ₁（図Ⅲ）の交差点に立っていることになる。交差点は100m間隔なので，どちらの場合も，Eの立っている交差点からFが立っている交差点まで道路に沿って歩けば，その距離は500mであり，正答は**5**である。

図Ⅰ

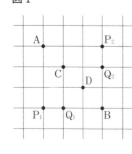

図Ⅱ

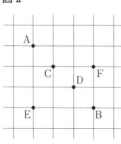

図Ⅲ

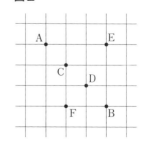

正答　**5**

No.262 判断推理　円卓に座る3組の夫婦の座席配置　平成26年度

地方初級／東京都

A～Fの6人は3組の夫婦で，1脚の円卓の6席に男女が交互に等間隔で座っており，次のア～オのことが分かっている。
　ア　Bの妻の1人置いた右隣はDである。
　イ　Cの妻はAの夫の隣ではない。
　ウ　Dの右隣はCである。
　エ　Fの妻の1人置いた隣はEである。
　オ　各組の夫婦は，いずれも夫は妻の正面に座っていない。
以上から判断して，確実にいえるのはどれか。

1　AはBの正面に座っている。
2　BはEの正面に座っている。
3　CはFの正面に座っている。
4　DはAの正面に座っている。
5　EはFの正面に座っている。

解説

条件より，B，C，Fが男なので，A，D，Eが女である。Dの右隣がCで，男女が交互に座っていることから，CとDの席を決めると，B，Fの席について2通り，A，Eの席について2通りがそれぞれ考えられ，図Ⅰ～図Ⅳまでの4通りの組合せとなる。条件アより，図Ⅰ，図ⅡではAがBの妻，図Ⅲ，図ⅣではEがBの妻である。ここで，「各組の夫婦は，いずれも夫は妻の正面に座っていない（条件オ）」ので，各夫婦は隣り合って座っている。したがって，図Ⅰでは（B，A），（C，E），（F，D），図Ⅱでは（B，A），（C，D），（F，E），図Ⅲでは（B，E），（C，A），（F，D），図Ⅳでは（B，E），（C，D），（F，A）がそれぞれ夫婦ということになる。しかし，図Ⅰおよび図ⅡではCの妻がAの夫の隣となるので，条件イと矛盾し，図ⅢではCの妻がAということになるので，やはり条件イと矛盾する。図Ⅳの場合はすべての条件を満たしており，成り立つのはこの図Ⅳだけである。

この図Ⅳより，正答は**1**である。

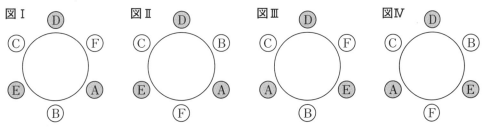

正答　1

判断推理 9棟のビルの位置関係 平成18年度

No. 263 地方初級

下の図のようなア～ケの土地にA～Iの9棟のビルが建てられている。9棟のビルは高さも幅もすべて等しいので、縦、横、斜めの位置で端どうしにあるビル（たとえばアとケ、イとク）は互いに見ることができない。以下のことがわかっているとき、確実にいえるものは次のうちどれか。

・AからB、C、Gのビルを見ることはできない。
・Hからは、Eを見ることはできるが、Fを見ることはできない。
・Dからはすべてのビルを見ることができる。
・Iはクの土地に建てられている。

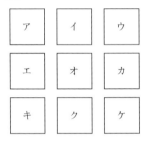

1 Aはウに建てられている。
2 Bはケに建てられている。
3 Cはアに建てられている。
4 Eはイに建てられている。
5 Fはエに建てられている。

解説

Dからはすべてのビルを見ることができるので、Dが建てられているのはオである。また、見えないビルが3つあるのは四隅の土地で、そこから見えないビルも四隅の土地にある。したがって、A、B、C、Gの4つのビルは四隅（ア、ウ、キ、ケ）に建てられている。ただし、4つのビルのどれがどの土地に建てられているかは確定できない。Iはクなので、互いに見えないFとHはエとカのいずれかとなるが、どちらかは確定できない。残るイがEの建てられている土地で、これはHがエ、カどちらであっても見ることができる。したがって、正答は**4**である。

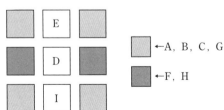

正答 4

No.264 判断推理 最短経路 平成16年度

図のように三角形の各辺の5等分点を結んだ道がある。AからBを通ってCへ行く最短コースは全部で何通りあるか。ただし，同じ道を何回通ってもよいものとする。

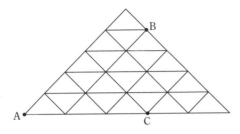

1 22通り
2 24通り
3 26通り
4 28通り
5 30通り

解説

AからBへの最短の道順の個数とBからCへの最短の道順の個数を別々に求め，それらをかけ合わせればよい。

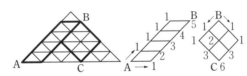

AからBへは→と↗の2方向，BからCへは↙と↘の2方向で進むと最短。AからBへは5通り，BからCへは6通りなので，
　5×6＝30〔通り〕
　よって，**5**が正しい。

正答　5

No. 265 判断推理　経路　平成23年度

次の図において，格子状の線分に沿って，7つの記号のすべてを1回ずつ「○→△→□→○→△→□→○」の順にたどるとき，通過する記号の順序の選び方は何通りあるか。

ただし，通過する記号の順序が同一であれば，複数の経路があっても1通りとし，同じ線分を2回以上通ること，および経路を交差させることはできないものとする。

1　3通り
2　4通り
3　5通り
4　6通り
5　7通り

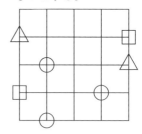

解説

図Ⅰのように，3つの○記号をそれぞれA，B，Cとし，2か所の△記号をP，Qとする。

「○→△→□→○→△→□→○」とたどるとき，3つの○記号A，B，Cの順序は，3！＝3×2×1＝6より，6通りあり，その6通りのすべてについてP，Qの順序が2通りあるから，A，B，CおよびP，Qの記号をたどる順序については全部で12通りが考えられる（実際にはそのそれぞれに□記号の順序が2通りずつある）。この12通りについて，実際に線分をたどってみればよい。

図Ⅱに示すように，条件を満たすことができる経路は4通りしかなく，ほかの順序はすべて不可能である。

図Ⅰ

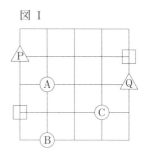

図Ⅱ

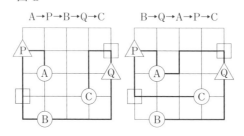

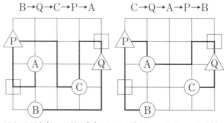

したがって，通過する記号の順序の選び方は4通りであり，正答は**2**である。

正答　**2**

No.266 判断推理 正三角形6枚の重ね合わせ 平成30年度

1辺の長さ l の正三角形が6枚ある。このうちの3枚を図1のように並べ，そこに重ねるように，残りの3枚を並べて図2とした。この図2において，正三角形が3枚重なっている部分についての記述として，正しいのはどれか。

図1
図2

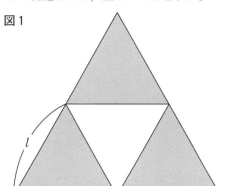
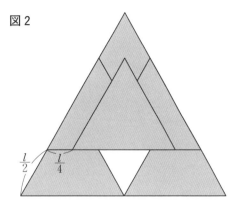

1　1辺の長さ $\frac{l}{2}$ の正三角形が1つのみ。

2　1辺の長さ $\frac{l}{2}$ の正三角形が2つのみ。

3　1辺の長さ $\frac{l}{4}$ の正三角形が4つのみ。

4　1辺の長さ $\frac{l}{2}$ の正三角形が1つと，1辺の長さ $\frac{l}{4}$ の正三角形が4つ。

5　1辺の長さ $\frac{l}{2}$ の正三角形が2つと，1辺の長さ $\frac{l}{4}$ の正三角形が4つ。

解説

6枚の正三角形は図のように配置されており，3枚が重なっているのは，図におけるA〜Eの部分である。A〜Dは1辺の長さ $\frac{l}{4}$ の正三角形，Eは1辺の長さ $\frac{l}{2}$ の正三角形となっている。

したがって，正答は **4** である。

正答　4

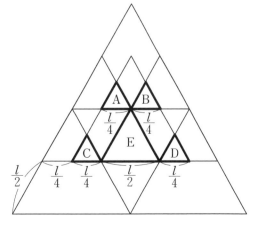

No. 267 判断推理　正方形内の正三角形が動きうる範囲　平成25年度

図のように，正方形の内部に正三角形があり，正方形と正三角形の1辺の長さの比は8：3で，正三角形の重心が図に示す位置にある。現在の正三角形の重心の位置が，正三角形の外部に出ないようにして，正三角形が自由に動くとき，正三角形の動き得る範囲を示した図として，正しいのはどれか。

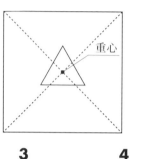

1　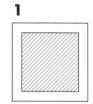　2　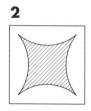　3　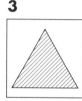　4　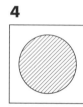　5　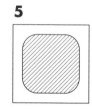

解説

正三角形が動いても，現在の正三角形の重心の位置が正三角形の外部に出ることはないので，正三角形の1つの頂点が現在の重心の位置（正方形の対角線の交点）にあるときが，正三角形が動きうる最も外側ということになり，たとえば図Ⅰの状態である。正方形と正三角形の1辺の長さの比は8：3なので，正三角形が正方形の外側に達することはない。この状態から現在の重心の位置を中心として正三角形を回転させてみれば，正三角形の1辺を半径とする円となり，これが正三角形の動きうる範囲となる。

　したがって，正答は**4**である。

図Ⅰ 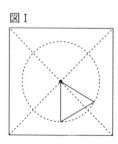　図Ⅱ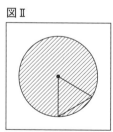

正答　4

地方初級 No.268 判断推理　正方形と三角形を重ねてできる図形　平成29年度

直線 l 上に，1辺 a の正方形と，底辺 a，高さ $2a$ の二等辺三角形が図のように置かれている。その状態から，正方形を二等辺三角形の方向に滑らせていくとき，正方形と二等辺三角形が重なる部分について，直角三角形以外にありえる図形の組合せとして，正しいのはどれか。

ア．台形
イ．平行四辺形
ウ．長方形
エ．五角形
オ．六角形

1　アとウ
2　アとエ
3　イとウ
4　イとエ
5　ウとオ

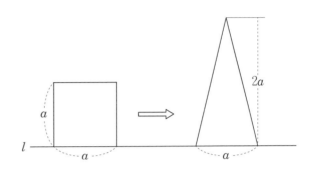

解説

正方形を滑らせていくと，正方形と二等辺三角形が重なる部分の図形は，図Ⅰ～図Ⅳのように変化する。このうち，図Ⅰ，図Ⅱ，図Ⅳではいずれも台形となるが，図Ⅲでは五角形となる。したがって，重なる部分の図形として直角三角形以外にありえるのは，台形と五角形であり，正答は **2** である。

図Ⅰ 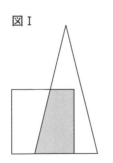　図Ⅱ 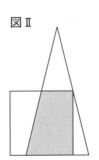　図Ⅲ 　図Ⅳ

正答　2

No.269 判断推理　4個並べたサイコロの目の数　平成26年度

展開すると図1のようになるサイコロを4個用意し，接する面の目が等しくなるようにして，図2のように並べた。このとき，図2におけるA，B，C 3面の目の和はいくらか。

1　8
2　10
3　12
4　14
5　16

図1

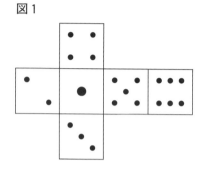

図2

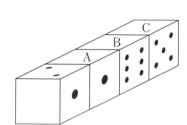

解説

展開図からサイコロの目の配置を考えると，図Ⅰのようになり，向かい合う面の目の和はすべて7である。サイコロ4個を並べた状態で，わかっている目を記入すると，図Ⅱのようになり，これと図Ⅰにおける目の配置，および，接する面の目は等しいことから，残りの面の目も記入すると図Ⅲとなる。この結果，A＝5，B＝5，C＝6となり，5＋5＋6＝16より，正答は **5**である。

図Ⅰ

図Ⅱ

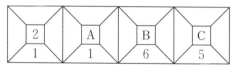

図Ⅲ

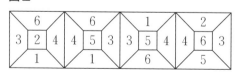

正答　5

No. 270 判断推理 図形の回転　令和元年度

図のように，2個の歯車P，Qがあり，歯数はPが12，Qが6である。歯車Pは固定されており，歯車Qが歯車Pの外側を，時計回りに噛み合いながら回転していく。歯車Qには三角形の記号が付けられており，ア，イの位置での記号の向きは図に示すとおりである。このとき，歯車Qが図のウの位置まで来たときの，三角形の記号の向きとして，正しいのはどれか。

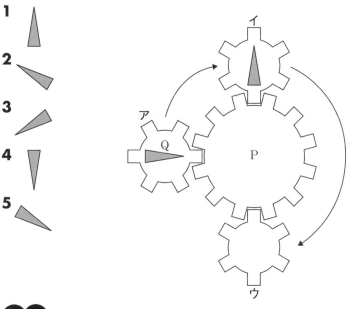

解説

図のように，歯車Qの歯をA～Fとし，歯車Pにも歯車Qの歯A～Fに対応する位置にA～Fを対応させてみるとよい。そうすると，ウの位置で噛み合うのは歯Dであるから，三角形の記号の向きは，イの位置と反対になる。したがって，正答は**4**である。

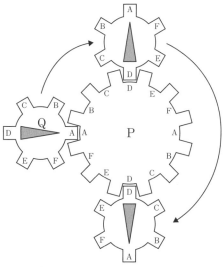

正答　4

No. 271 判断推理　軌　跡　平成26年度

図の2枚の扇形A，Bは，いずれも半径1，中心角90°である。扇形Bが扇形Aの弧および半径に沿って滑ることなく1周するとき，扇形Bの中心Pの描く軌跡として，正しいのはどれか。

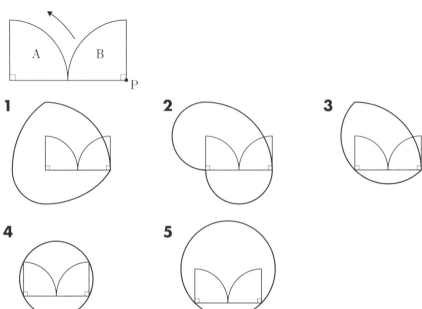

解説

最初は扇形Aの弧に沿って扇形Bが回転するので，中心Pの軌跡は点O（＝扇形Aの中心）を中心とする半径2，中心角90°の弧になる。次に，点Dを中心として扇形Bは180°回転し，点Pの軌跡は半径1の半円の弧になる。さらに扇形Bは点Oを中心として180°回転するが，このとき点Pは点Oの位置にあり，動かない。最後に，点Cを中心として扇形Bは180°回転し，点Pの軌跡は半径1の半円の弧になる（次図）。

この図より，正答は**2**である。

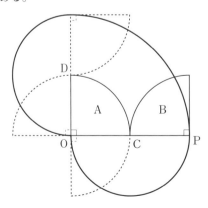

正答　**2**

地方初級 No. 272 判断推理　軌　跡　平成28年度

図のような半径1の円が，線に沿ってAからBまで回転移動するとき，この円の中心が描く軌跡として，正しいのはどれか。

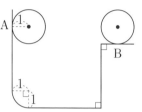

1 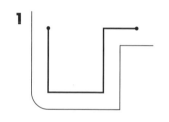　**2** 　**3**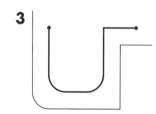

4 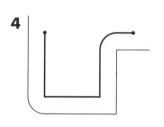　**5**

解説

図のC（弧になっている），D（直角になっている）の部分では，どちらも円の中心の軌跡は直角に曲がる（Dの部分を円周に沿った弧にしても軌跡は変わらない）。これに対し，Eの部分では円の中心は90°の弧を描くことになる。

したがって，正答は**4**である。

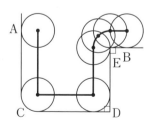

正答　4

No. 273 判断推理　軌　跡　平成30年度

図のような，1辺の長さaの正方形3枚で構成された図形を，直線lに沿って滑ることなく1回転させる。このとき，点Pが描く軌跡として，正しいのはどれか。

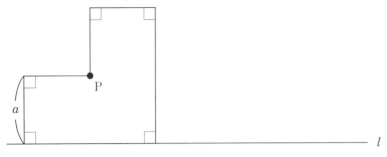

1

2

3

4

5

解説

問題の図形が直線l上を回転移動するとき，回転の中心は5か所の凸頂点になる。したがって，点Pの軌跡は5つの弧である。このうち，1番目，2番目，5番目の弧は，回転半径（$=\sqrt{2}\,a$），回転角度（$=90°$）とも等しいので，同一の弧となり，3番目と4番目は回転半径が小さく（$=a$），回転角度も45°である。

点Pの軌跡は図のようになり，正答は **3** である。

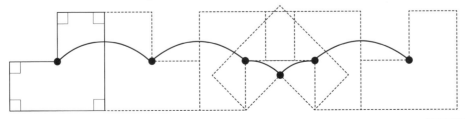

正答　**3**

No.274 判断推理　正四面体の切断面　平成25年度

地方初級／市役所

図のような正四面体 ABCD があり，辺 AB の中点を P，辺 BC の中点を Q，辺 AD の中点を R とする。この 3 点 P，Q，R を通る平面で切断したとき，その切断面の図形として正しいのはどれか。

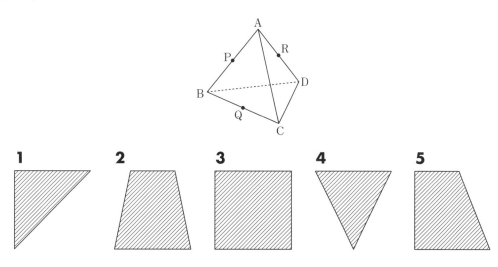

解説

立体を 1 つの平面で切断する場合，同一平面にある 2 点，P と Q，P と R を結ぶ直線分がその平面（面 ABC と面 ABD）での切り口となる。次に，面 BCD での切り口は，点 Q を通り線分 PR と平行な直線 QS となり，点 S は辺 CD の中点である。また，面 ACD での切り口は線分 PQ と平行な直線 RS となる。PQ，QS，SR，RP はいずれも正四面体の辺の中点を結ぶ線分だから，いずれも正四面体 ABCD の 1 辺の長さの $\frac{1}{2}$ で，同一の長さである。また，正四面体の対称性から，四角形 PQSR の内角はいずれも等しく，それぞれ 90° である。

したがって，切断面となる四角形 PQSR は正方形であり，正答は **3** である。

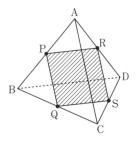

正答　3

No.275 判断推理 64個の小立方体 平成13年度

同じ大きさの小立方体を64個積み上げて図のような大立方体を作り，底面を除くすべての面に黒いペンキを塗った。このとき，2つの面が黒く塗られた小立方体はいくつあるか。

1　16個
2　18個
3　20個
4　22個
5　24個

解説

上から4段に分けて考える。図に示したように各段に含まれる2面が塗られた小立方体の数は，1段目が8個，2，3，4段目がそれぞれ4個となっている。

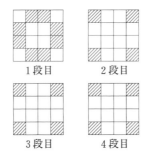

したがって，全部で8＋4＋4＋4＝20〔個〕である。
よって，**3**が正しい。

正答　**3**

No.276 判断推理 立方体の切断 市役所 平成24年度 地方初級

1辺の長さが4の立方体を，図の破線の部分で立方体の面と平行な平面で切断した。このとき，この立方体から切断された立体は何種類あることになるか。

1 4種類
2 5種類
3 6種類
4 7種類
5 8種類

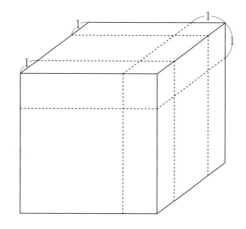

解説

1辺の長さが4の立方体を，問題図のように切断すると，

A：1×1×1の立体…2個
　（体積　1×2＝2）
B：1×1×2の立体…1個
　（体積　2×1＝2）
C：1×1×3の立体…4個
　（体積　3×4＝12）
D：1×2×3の立体…2個
　（体積　6×2＝12）
E：1×3×3の立体…2個
　（体積　9×2＝18）
F：2×3×3の立体…1個
　（体積　18×1＝18）

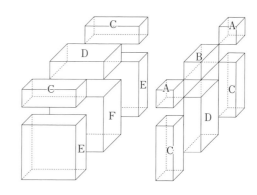

のように6種類（計12個）の立体に分割される。
したがって，正答は**3**である。

正答 **3**

No.277 判断推理　展開図　平成28年度

正六面体の6面を1周するように線を引いたとき，その展開図として正しいのはどれか。

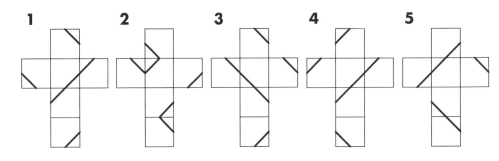

解説

図Ⅰの正六面体ＡＢＣＤ－ＥＦＧＨを展開すると，その展開図において2面並んだ長方形の対角線方向の頂点は，必ず「Ａ－Ｇ」，「Ｂ－Ｈ」，「Ｃ－Ｅ」，「Ｄ－Ｆ」で対応する。そこで，図Ⅱのように展開図における最上方の面を面ＡＢＣＤとすれば，すべての頂点が自動的に決まる。

そうすると，**1**では辺ＡＥ，辺ＢＦの部分でつながらず，**2**は2組に分かれてしまうことがわかる。また，**3**では辺ＡＤ，辺ＦＧの部分でつながらず，**4**では辺ＢＣ，辺ＥＨの部分がつながらない。これに対し，**5**では辺ＢＣ，辺ＢＦ，辺ＥＨの3か所がすべてつながっており，組み立てれば正六面体の6面を1周する線となる。

したがって，正答は**5**である。

図Ⅰ

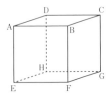 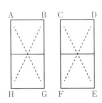

図Ⅱ

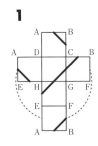 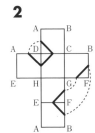 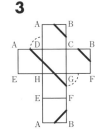 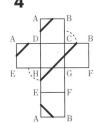 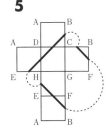

正答　5

No.278 判断推理 正八面体の展開図 平成29年度

図のような正八面体の展開図の2面に，白と黒の矢印が描かれている。展開図を組み立てて正八面体としたとき，矢印の描かれた面の位置関係が同一となるのは，次のうちどれか。

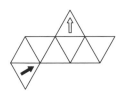

1 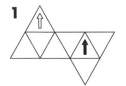   2 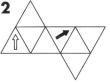   3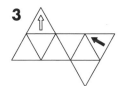

4 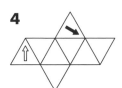   5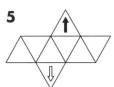

正八面体の展開図では，間に2面をはさんだ面どうしが平行面となる。つまり，問題図で白と黒の矢印が描かれた面は平行面となっている。**1**～**5**の図の中で，矢印の描かれた2面が平行面となっているのは**2**と**5**だけである。したがって，この両者について検討すればよい。

図Ⅰのような正八面体ABCDEFを展開すると，繋がった2面の長対角線方向の2頂点は，必ずA－F，B－D，C－Eという組合せとなる。

図Ⅰ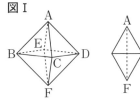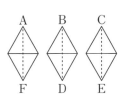

そこで，問題図の正八面体展開図について，白い矢印の描かれた面を面ABC（矢印の先端が頂点A）とすると，図Ⅱのようにすべての頂点が決まる。この場合，黒い矢印の面DEFにおいて，矢印の先端は頂点Eに向かっている。**2**と**5**についても同様に面ABCを決めると，面DEFも決まり，**2**は黒い矢印の向きも一致する（先端が頂点Eを向いている）が，**5**では黒い矢印の向きが一致しない（先端が頂点Dを向いている）。

図Ⅱ 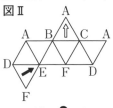   **2** 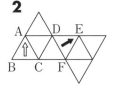   **5**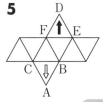

したがって，正答は**2**である。

正答 2

地方初級 No. 279 東京都 判断推理 展開図 平成27年度

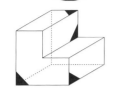

左図のような一部が着色された立体の展開図として，妥当なのはどれか。

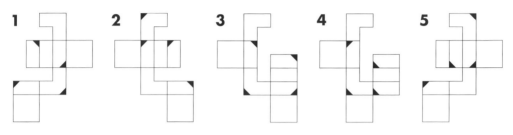

解説

図Ⅰの太線で示した2面の位置関係は図Ⅱのようになる（この段階で**2**および**4**は一致しないことがわかる）。これに，図Ⅲで示す太線の2面および斜線の面を加えると，図Ⅳのようになる。この図Ⅳから2面を移動させ，さらに左に90°回転させると図Ⅴとなる。この図Ⅴと一致する展開図は**1**だけであり，正答は**1**である。

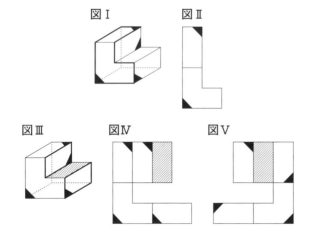

正答 **1**

No.280 判断推理 立方体の切断 平成22年度

図のように，白と黒に塗られた同じ大きさの小立方体を4個ずつ，互い違いに組み合わせて作られた大きな立方体がある。この大きな立方体を，4点A，B，C，Dを通る平面で切断したとき，切断されずに残る白と黒の小立方体の個数の組合せとして正しいのはどれか。

1 白＝0，黒＝1
2 白＝1，黒＝0
3 白＝1，黒＝1
4 白＝1，黒＝2
5 白＝2，黒＝1

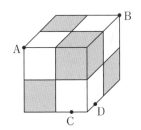

解説

4点A，B，C，Dを通る平面で切断した場合，大立方体の表面に切断面の切り口を表してみると図Ⅰのようになり（同一平面にある2点を直線で結べばよい），上段と下段の境界では点Pおよび点Qを通ることになる。これを上段と下段に分けて平面的に表せば図Ⅱとなり，それぞれ斜線で示した部分が切断面である。切断されない小立方体は，上段で黒が1個，下段で白が1個であり，正答は **3** である。

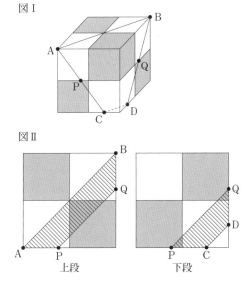

正答 **3**

地方初級 No.281 判断推理 立体を回転させたときの軌跡　平成18年度

図Ⅰのような円柱がある。この円柱の上面の中心Oを通る直径 l を引き，直径 l の一方の端点Xから底面に垂直に引いた線分と底面との交点をPとする。点Pから底面の円周上を時計回りに45°ずつ回転した位置に点Q，点Rを取る。次に，この円柱を直径 l が床面と垂直になるように図Ⅱのように置き，直径 l を軸として1回転させた。このとき，3点P，Q，Rが通った軌跡の長さについて，その大小関係を正しく示しているのはどれか。

図Ⅰ 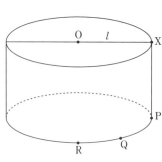　　　図Ⅱ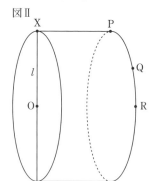

1　P=Q=R
2　P=Q<R
3　P<Q=R
4　P<Q<R
5　P<R<Q

解説

3点P，Q，Rの軌跡は円を描き，その回転中心はそれぞれ直径 l 上にある。そこでその中心を考えてみると，点Pの回転中心は点X，点Rの中心は点Oになる。3点P，Q，Rがある側の円の中心をTとすると，△ORTと平行な点Qを通る平面が直径 l と交わる点Yが点Qの回転中心である。つまり，点Pの回転半径はXP，点Qの回転半径はYQ，点Rの回転半径はORで，この回転半径の大小関係がそのまま軌跡の大小関係を表すことになる。点Yに相当する反対側の点をSとすれば，△YQS，△ORTは直角三角形である。XP=YS=OTで，

$YQ^2=YS^2+SQ^2=XP^2+SQ^2$

より，$XP^2<YQ^2$，したがって，XP<YQである。また，

$OR^2=OT^2+TR^2$

だが，$YS^2=OT^2$，$SQ^2<TR^2$だから，$YQ^2<OR^2$，したがって，YQ<ORである。

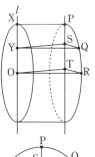

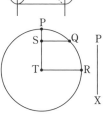　

回転半径の大小はXP<YQ<ORだから，その軌跡の長さの大小関係もそのままP<Q<Rとなり，正答は**4**である。

正答　**4**

No. 282 判断推理 断面図 　令和元年度

図のように，直角三角形2枚を組み合わせた図形がある。直線 l を軸として，この図形を回転させてできた立体を，直線 l を含む平面で切断したときの断面図として，正しいのはどれか。

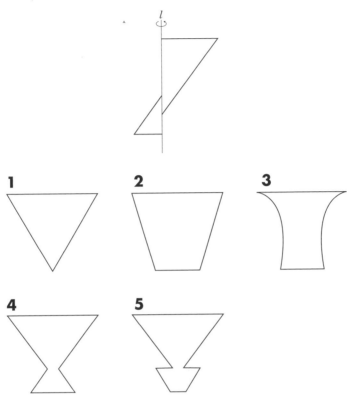

解説

問題の図形を，直線 l を軸として回転させると，図Ⅰのように円錐の頭部が互いに内部に入り込んだようになり，図Ⅱのような，円錐台を貼り合わせた立体ができる。この立体を，直線 l を含む平面で切断すると，その断面図は図Ⅲのようになる。したがって，正答は **4** である。

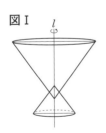

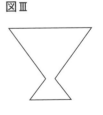

正答　4

No.283 判断推理 立体の切断 平成21年度

立方体ＡＢＣＤ－ＥＦＧＨに対して，まず3点ＡＦＨを通る平面で切断し，さらに3点ＢＤＧを通る平面で切断した。面ＡＢＤを含む立体について，切断した面を着色して，これをもとの平面ＢＣＧＦに対して垂直な方向から見たとき見える図は，次のうちどれか。

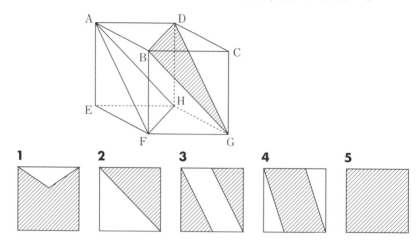

解説

もとの平面ＢＣＧＦに対して垂直な方向から見たとき，残った面ＢＦＧと切断後に着色された面ＢＤＧが次図のように見える。このとき，切断面ＡＦＨは反対側にあって見ることはできない。

したがって，正答は**2**である。

正答　2

No.284 数的推理 魔方陣 平成12年度

図のように1～9の数字を並べると，どの正方形の四隅の数字の合計も20になる。このとき，Aに入る数字はどれか。

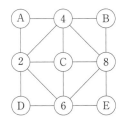

1　1
2　3
3　5
4　7
5　9

解説

左上，右上，左下，右下の小正方形より①，②，③，④のようになる。

$A + 4 + C + 2 = 20$ ……①
$4 + B + 8 + C = 20$ ……②
$2 + C + 6 + D = 20$ ……③
$C + 8 + E + 6 = 20$ ……④

ここで，①と②より⑥が，③と④より⑦が，また，②と④より⑧が導き出せる。

$A = B + 6$ ……⑥
$D = E + 6$ ……⑦
$B = E + 2$ ……⑧

一方，外側の大きな正方形より⑨となり，⑥と⑦を代入すると⑩となる。

$A + B + E + D = 20$ ……⑨
$B + E = 4$ ……⑩

⑧と⑩よりB＝3，E＝1となるので，①～④に代入すると，(A, B, C, D, E)＝(9, 3, 5, 7, 1)とわかる。

よって，**5**が正しい。

正答　5

No.285 数的推理 魔方陣 令和元年度

図のように，9個の○印を正三角形状に配置し，1～9までの数字を1つずつ入れる。各辺4個の○印内に入れられた数字の和はいずれも20であり，5と8の位置は判明している。また，$a+b=16$，$c+d=8$である。このとき，$b+c$の値はいくらか。

1　8
2　9
3　10
4　11
5　12

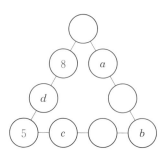

解説

図Ⅰのように，空いている3か所の○印をe，f，gとする。$(e+8+d+5)+(e+a+f+b)+(5+c+g+b)=20+20+20=60$，$(e+8+d+5+a+f+b+c+g)+(e+5+b)=60$である。

$(e+8+d+5+a+f+b+c+g)=1+2+3+4+5+6+7+8+9=45$だから，$e+5+b=60-45=15$，$b+e=10$である。ここで，$a+b=16$を考えると，1～9の中の異なる2数での組合せは(7，9)しかない。$a=9$，$b=7$とすると，$e=3$，$d=4$，$f=1$となる（図Ⅱ）。しかし，$c+d=8$，$d=4$だと，$c=4$となってしまい，条件に適さない。$a=7$，$b=9$とすると，$e=1$，$d=6$，$f=3$となる。このとき，$c=2$，$g=4$となって，条件に適する（図Ⅲ）。

したがって，$b+c=9+2=11$となり，正答は**4**である。

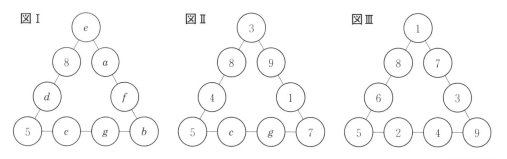

正答　4

地方初級

No. 286 数的推理 覆面算

地方初級

平成21年度

A, B, C は1～9までのそれぞれ異なる自然数であり，下の計算式が成り立っている。このとき，A, B, C の和として正しいものは，次のうちどれか。

$$
\begin{array}{r}
A \quad B \quad C \\
A \quad B \quad C \\
+ \ A \quad B \quad C \\
\hline
C \quad C \quad C
\end{array}
$$

1 　11
2 　12
3 　13
4 　14
5 　15

解説

まず C に着目すると，$C+C+C$ の1ケタ目（一の位）が C となっているので，$C=5$ しかありえない。

このとき，$C+C+C=5+5+5=15$ だから，$B+B+B+1$ の1ケタ目は5となり，$B+B+B$ の1ケタ目は4である。つまり，$B+B+B=14$，または，$B+B+B=24$ であるが，14は3の倍数ではないので，$B+B+B=24$，$B=8$ である。

そうすると，$A+A+A+2=5$ より，$A=1$ である。

したがって，$A+B+C=1+8+5=14$ で，正答は**4**である。

正答 **4**

地方初級＜教養＞過去問350●287

地方初級

No.
287 数的推理 ３つの自然数の値 平成 28年度

地方初級

３つの自然数a，b，cがあり，そのうち奇数は１つだけである。aは５より大きく，aとbの平均は５より小さい。また，aとcの差は３，bとcの差は８である。このとき，$a+b+c$の値はいくらか。

1 16
2 17
3 18
4 19
5 20

解 説

まず，$a>5$であり，$\dfrac{a+b}{2}<5$より，$a+b<10$である。ここから，a，bの組合せとしては，$(a,$ $b)=(6,1)$，$(7,1)$，$(8,1)$，$(6,2)$，$(7,2)$，$(6,3)$の６通りが考えられる。

a，bの差は最大でも７，bの最大は３なので，「aとcの差は３，bとcの差は８」という条件を満たすcは，aより３大きく，bより８大きい（aとbの差は５）数でなければならない。この場合，$(a,b,c)=(6,1,9)$，$(7,2,10)$の２通りとなるが，奇数は１つだけなので，最終的に条件を満たす組合せは，$(a,b,c)=(7,2,10)$だけである。

ここから，$a+b+c=7+2+10=19$となり，正答は**4**である。

正答 **4**

288●地方初級＜教養＞過去問350

地方初級

No. 288 数的推理　5枚のカードでできる3ケタの数　平成29年度

1ケタの整数0〜4が1つずつ書かれた5枚のカードがある。この中から3枚を選んで並べ、3ケタの奇数を作るとき，何通りが可能か。

1 10通り
2 12通り
3 14通り
4 16通り
5 18通り

解説

まず，一の位が1のとき，百の位は2，3，4のいずれかで3通り，十の位には0も使えるので，百の位に使わなかった2通りと0とで計3通りある。したがって，一の位が1である3ケタの奇数は，3×3＝9より，9通りあることになる。

一の位が3である場合も同様で，やはり9通りあるから，全部で18通りの奇数が可能である。

したがって，正答は**5**である。

正答　**5**

地方初級＜教養＞過去問350●**289**

地方初級

No. 289 市役所 数的推理　　　剰余算　　　令和 元年度

整数 p を整数 q で割ると，商が 7 で余りが 1 となる。また，整数 p を整数 q の 2 倍の整数で割ると，商が 3 で余りが 4 となる。このとき，$p+q$ の値はいくらか。

1 25
2 26
3 27
4 28
5 29

解説

$p \div q = 7 \cdots 1$ より，$p = 7q + 1$，$p \div 2q = 3 \cdots 4$ より，$p = 6q + 4$ となる。ここから，$7q + 1 = 6q + 4$，$q = 3$ である。そして，$p = 7 \times 3 + 1 = 22$ となる。

　したがって，$p + q = 22 + 3 = 25$ であり，正答は **1** である。

正答　**1**

290●地方初級＜教養＞過去問350

地方初級

No. 290 地方初級 数的推理 **整数相互の関係** 平成24年度

3つの自然数 a, b, c があり，$a<b<c<10$ である。a, b は奇数で，$2a<c<3a$，$\dfrac{a+c}{2}<b$ が成り立つとき，$a+b+c$ の値として，正しいのはどれか。

1　12
2　14
3　16
4　18
5　20

解説

まず，a は奇数であるが，$a=1$ だと，$2a<c<3a$ となる c が存在しない。また，$a=5$ だと，$c<10$ なので，やはり，$2a<c<3a$ となる c が存在しない。したがって，$a=3$ である。ここから，c は 7 または 8 のいずれかとなる。

　次に b を考えると，b は奇数で，$a<b<c$ より，b は 5 または 7 であるが，$b=5$ だと，$\dfrac{a+c}{2}<b$ より，$c=6$ となってしまい，条件を満たせない。

　ここから，$b=7$ である。この結果，$a=3$，$b=7$，したがって，$c=8$ と決まり，$a+b+c=3+7+8=18$ で，正答は **4** である。

正答　**4**

地方初級

No. 291 地方初級 数的推理 2種類の商品の合計重量・合計金額 平成30年度

A，B 2種類の商品があり，その重量はAが1個200g，Bは1個150g，価格はAが1個480円，Bは1個240円である。A，B合計で20個買い，合計重量を3.6kg以上，合計金額は7,800円以下にしたい。このとき，Aを何個買えばよいか。

1　11個
2　12個
3　13個
4　14個
5　15個

解説

Aを x 個買うとすると，Bは $(20-x)$〔個〕買うことになる。

　重量に関して，$200x+150(20-x)\geqq3600$，$200x+3000-150x\geqq3600$，$50x\geqq600$，$x\geqq12$

　価格に関して，$480x+240(20-x)\leqq7800$，$480x+4800-240x\leqq7800$，$240x\leqq3000$，$x\leqq12.5$

より，$12\leqq x\leqq12.5$ となり，x は整数だから，$x=12$ である。

　したがって，Aを12個買うことになり，正答は **2** である。

正答　**2**

292●地方初級＜教養＞過去問350

地方初級

No. 292 地方初級 数的推理　演算結果で条件を満たす数　平成18年度

1から15までの15個の数字の中から5個の数字を選ぶとき，次のア，イの条件を満たすような選び方は何通りあるか。

　　ア　5個の数字の和は30である。

　　イ　選んだ5個の数字の中に5の倍数が2つ含まれていて，それは選んだ数字を大きい順に数えて1番目と3番目である。

1　2通り

2　3通り

3　4通り

4　5通り

5　6通り

解説

最小の3つの数字の和が，1＋2＋3＝6であるから，残りの2つの数字の和は24以下である。したがって，選んだ数字の中の5の倍数は，15と5，10と5の2つの組合せ以外にはない。それぞれの場合に条件を満たす5つの数字の組合せを考えると次のようになる。

　(15，7，5，2，1)，(15，6，5，3，1)

　(10，9，5，4，2)，(10，8，5，4，3)

　よって，4通りの**3**が正しい。

正答　**3**

地方初級＜教養＞過去問350●**293**

No. 293 数的推理　作業にかかる日数　平成14年度

次のア〜オの条件で，すべての作業が終了するのに何日かかるか。
　ア　作業B，Cは作業Aが終了しないと始められない。
　イ　作業Cは作業Eが終了しないと始められない。
　ウ　作業Dは作業Bが終了しないと始められない。
　エ　作業Fは作業Cが終了しないと始められない。
　オ　作業Aと作業Eは同時に始める。

作業名	A	B	C	D	E	F
作業にかかる日数	8日	8日	4日	9日	14日	12日

1　25日
2　28日
3　30日
4　32日
5　35日

解説

条件を図式化すると次のようになる。

　作業Aから出発して作業Bを経て作業Dが終了するのに，8＋8＋9＝25〔日〕かかる。
　また，作業Eから出発して作業Cを経て作業Fが終了するのに，14＋4＋12＝30〔日〕かかる。
　作業Aと作業Eは同時に始められることから，すべての作業が終了するのには30日かかることがわかる。
　よって，**3**が正しい。

正答　3

地方初級

No. 294 数的推理 菓子の販売数 平成23年度

ある菓子店では，A，B，C3種類の箱に菓子を詰めて販売しており，Aは6個入り，Bは10個入り，Cは24個入りである。ある日に販売した箱数を調べると，AとCの合計はBより多く，BはA，Cよりも多く，AとCは同数であった。販売した箱の中身である菓子の個数が250個であったとき，この日に販売した菓子の箱数として，正しいのはどれか。

1 17箱

2 18箱

3 19箱

4 20箱

5 21箱

解説

AとCをそれぞれx箱，Bをy箱販売したとすると，$6x+10y+24x=30x+10y=250$ となり，$3x+y=25$ である。この式を満たす自然数x, yの組合せは，$(x, y)=(8, 1)$，$(7, 4)$，$(6, 7)$，$(5, 10)$，$(4, 13)$，$(3, 16)$，$(2, 19)$，$(1, 22)$ であるが，$2x>y$，$x<y$ の両者を満たす組合せは，$x=6$，$y=7$ だけである。

よって，この日に販売した菓子の箱数は，$6×2+7=19$ より，19箱である。

正答 **3**

地方初級

No. 295 地方初級 **数的推理** **本のページ数** 平成23年度

1冊の本を4日間で読み切ることにし，1日目は全体の$\frac{1}{4}$，2日目は残りの$\frac{1}{3}$を読んだ。さらに，3日目は残りの$\frac{3}{7}$を読み，4日目は3日目より22ページ多く読んで，全部を読み終えた。この本のページ数として，正しいのはどれか。

1 230ページ
2 256ページ
3 282ページ
4 308ページ
5 334ページ

解 説

3日目に読んだのは2日目までに読んだ残りの$\frac{3}{7}$だから，4日目には$\frac{4}{7}$が残っていたことになる。4日目は3日目より22ページ多く読んだのだから，この22ページが$\frac{1}{7}$に当たる。したがって，2日目が終わったときに残っていたページ数は，$22\div\frac{1}{7}=154$より，154ページである。

2日目に読んだのは，1日目に読んだ残り$\frac{3}{4}$のうち$\frac{1}{3}$だから，全体の$\frac{2}{4}=\frac{1}{2}$を2日目までに読み終えたことになる。したがって，この本のページ数は，$154\times2=308$〔ページ〕である。

正答 4

地方初級

No. 296 東京都 数的推理 売上金額が最大となる販売単価 平成27年度

ある商品の販売単価が2,000円のとき，年間の販売個数が300,000個であった。この商品の販売単価を10円値上げするごとに，年間の販売個数が1,000個ずつ減るとき，この商品の年間の売上金額が最大となる販売単価として，正しいのはどれか。

1 2,500円

2 2,600円

3 2,700円

4 2,800円

5 2,900円

解 説

販売単価を$10x$円値上げしたときに，年間の売上金額が最大になるものとする。このとき，年間の販売個数は$1,000x$個減ることになるので，その売上金額は，$(2000+10x)(300000-1000x)$〔円〕となる。

$$(2000+10x)(300000-1000x)$$
$$=10000(200+x)(300-x)$$
$$=10000(60000+100x-x^2)$$
$$=10000\{-(x^2-100x-60000)\}$$
$$=10000\{-(x^2-100x+2500-62500)\}$$
$$=10000\{-(x-50)^2+62500\}$$

となり，この式は$x=50$のとき，最大値625,000,000を取る。つまり，500円値上げすると，年間の売上金額は625,000,000円で最大となるのである。

したがって，その販売単価は2,500円であり，正答は**1**である。

正答　**1**

数学

物理

化学

生物

地学

文章理解

判断推理

数的推理

資料解釈

地方初級＜教養＞過去問350●**297**

地方初級

No. 297 数的推理　数字根が1になる2ケタの整数　平成25年度

地方初級

10〜99の2ケタの整数のうちで，その数字根が1となる数は何個あるか。

なお，数字根とは，各ケタを表す数字の和を取り，その和における各ケタの数字の和を取り，という操作を繰り返し，最終的に得られる1ケタの数のことである。たとえば，78,426の場合は，7+8+4+2+6=27，→2+7=9より，その数字根は9である。

1　9個
2　10個
3　11個
4　12個
5　13個

解説

たとえば，136，1,234の数字根を考えると，

　1+3+6=10，→1+0=1　　　1+2+3+4=10，→1+0=1

となって，いずれも数字根は1である。このように，数字根が1となるためには，その直前の段階が10でなければならない。2ケタの整数で数字根を考えると，最大の99でも，9+9=18，→1+8=9であり，最初の操作で18以下の2ケタの整数となる。つまり，2ケタの整数で数字根が1となるためには，最初の操作で10となる必要がある。このような2ケタの整数は，19，28，37，46，55，64，73，82，91の9個がある。さらに，10の場合は最初の操作で数字根が1と求められる。よって，2ケタの整数でその数字根が1となるのは10個あり，正答は**2**である。

正答　**2**

298●地方初級＜教養＞過去問350

地方初級
No. 298　地方初級 数的推理　　割 合　　平成24年度

A，B 2 つの容器にそれぞれ同量の水が入っている。今，Aの容器から60L を取り出し，これをBの容器に移した。この後，Bの容器に入っている水の量の $\frac{2}{5}$ をAに戻したところ，A，Bの容器とも最初に入っていた水の量と同じになった。A，Bの容器にそれぞれ最初に入っていた水の量として，正しいのはどれか。

1　80L
2　90L
3　100L
4　110L
5　120L

解説

最終的にはA，Bの容器に入っている水の量は最初と同じになったのだから，Bの容器からAの容器に戻した水の量は60L である。この60L が，Aの容器から水を移した後にBの容器に入っていた水の量の $\frac{2}{5}$ に当たるのだから，$60 \div \frac{2}{5} = 150$ より，Bの容器には150L の水が入っていたことになる。Aから60L 移して150L となったのだから，Bの容器に最初に入っていた水の量（Aの容器も同様）は90L （＝150－60）である。

　したがって，正答は**2**である。

正答　**2**

地方初級

No. 299 数的推理 商品A・Bの代金と購入数 平成26年度

A，B2種類の商品があり，A20個の代金とB15個の代金が等しい。今，Aを40個買うつもりでちょうどの金額を用意していったが，Aは30個しかなかった。そこで，Aを30個買った残りの金額でBを買うことにした。このとき，Bは何個まで買うことができるか。

1 4個

2 5個

3 6個

4 7個

5 8個

解 説

具体的な金額を設定して考えてみればよい。Aを1個150円とすると，$150×20÷15＝200$ より，Bは1個200円ということになる。Aを40個買うとき，その代金は，6,000円（$＝150×40$）である。A30個の代金は4,500円だから，残りの1,500円で買うことができるBの個数を考えればよい。

$1500÷200＝7…100$ より，Bは7個まで買うことができる。

したがって，正答は**4**である。

正答 **4**

300●地方初級＜教養＞過去問350

地方初級

No. 300 地方初級

数的推理 所持金を出し合って買ったパソコンの値段 平成**19**年度

AとBの2人の兄弟が同じ金額を出し合ってパソコンを購入した。その結果，A，Bの所持金はそれぞれ$\frac{3}{8}$，$\frac{2}{5}$残り，2人の所持金の差は6,000円であった。購入したパソコンはいくらか。

1 12万円
2 14万円
3 16万円
4 18万円
5 20万円

数学

物理

化学

生物

地学

文章理解

判断推理

数的推理

資料解釈

解説

A，Bの購入前の所持金をそれぞれa円，b円とすると，パソコン購入に使った金額はそれぞれ$\frac{5}{8}a$円，$\frac{3}{5}b$円であるから，

$$\frac{5}{8}a=\frac{3}{5}b\cdots\cdots①$$

①より，$a=\frac{24}{25}b\cdots\cdots②$なので，$a<b$

したがって，残金はBのほうが多いから，

$$\frac{2}{5}b-\frac{3}{8}a=6000〔円〕\cdots\cdots③$$

②を③に代入して

$$\frac{2}{5}b-\frac{3}{8}\times\frac{24}{25}b=6000〔円〕$$

両辺を200倍して

$$80b-72b=1200000$$
$$8b=1200000$$
$$b=150000〔円〕$$

これを①に代入すると，

$$\frac{3}{5}b=\frac{3}{5}\times150000=90000〔円〕$$

よって，2人が出し合った金額はともに9万円であるから，パソコンの代金は$9\times2=18$〔万円〕となり，正答は**4**である。

正答 **4**

地方初級＜教養＞過去問350●**301**

地方初級

No. 301 地方初級 **数的推理** **増加率と平均数** 平成**28年度**

あるスタジアムにおいて，3日間にわたり野球大会が行われた。2日目の観客数は1日目の観客数より10％多く，3日目の観客数は2日目の観客数より20％多かった。また，3日間の1日当たり平均観客数は17,100人であった。このとき，1日目の観客数は何人か。

1 14,600人

2 14,800人

3 15,000人

4 15,200人

5 15,400人

解 説

1日目の観客数をx〔人〕とすると，2日目の観客数は$\frac{110}{100}x$〔人〕，3日目の観客数は$\frac{110}{100}x\times$

$\frac{120}{100}=\frac{132}{100}x$〔人〕となる。ここから，

$$x+\frac{110}{100}x+\frac{132}{100}x=17100\times3$$

$$\frac{342}{100}x=51300$$

$$x=15000$$

となり，1日目の観客数は15,000人である。

　したがって，正答は**3**である。

正答 **3**

302●地方初級＜教養＞過去問350

地方初級
No. 302 　地方初級
数的推理　　バスの発車回数　　平成22年度

あるバスターミナルから，A，B，C 3本の路線バスが運行されている。A路線は15分ごと，B路線は18分ごと，C路線は10分ごとに発車しており，始発のバスが発車するのはいずれも 6 時である。このとき，7 時から19時までの間でA，B，C 3本のバスが同時に発車する回数として正しいのはどれか。

1　6回
2　7回
3　8回
4　9回
5　10回

解 説

A路線は15分ごと，B路線は18分ごと，C路線は10分ごとに発車するので，6 時に始発が発車すると，その後は15，18，10の最小公倍数となる90分ごとに同時に発車する。7 時から19時の間では，7 時30分，9 時，10時30分，12時，13時30分，15時，16時30分，18時の 8 回であり，正答は**3**である。

$$
\begin{array}{rcccc}
15 = & & 3 & \times & 5 \\
18 = & 2 \times & 3 \times & 3 & \\
10 = & 2 & \times & & 5 \\
\hline
\end{array}
$$
最小公倍数 $= 2 \times 3 \times 3 \times 5 = 90$

正答　3

数学　物理　化学　生物　地学　文章理解　判断推理　数的推理　資料解釈

地方初級＜教養＞過去問350●303

地方初級

地方初級

No. 303 **数的推理** **長椅子の着席人数と総人数** **平成29年度**

ある講演会において，参加者を用意した長椅子に着席させるのに，1脚に3人ずつ着席させると14人が着席できず，1脚に4人ずつ着席させると，3人が着席する長椅子が1脚でき，5脚が余った。このとき，講演会の参加者数は何人か。

1 116人
2 119人
3 122人
4 125人
5 128人

解説

長椅子の脚数をxとすると，1脚に4人ずつ着席させた場合に4人が着席するのは$(x-6)$脚だから，$3x+14=4(x-6)+3$が成り立つ。ここから，$3x+14=4x-21$，$x=35$となり，用意した長椅子は35脚である。

したがって，参加者数は，$3×35+14=119$より，119人であり，正答は**2**である。

正答　**2**

304●地方初級＜教養＞過去問350

地方初級

No. 304 地方初級 数的推理 食塩水の濃度 平成29年度

濃度20％の食塩水が200g ある。これに水を加えて濃度8％の食塩水を作ろうとしたところ，間違えて濃度5％の食塩水を加えてしまった。出来上がった食塩水の濃度は何％か。

1 10％
2 11％
3 12％
4 13％
5 14％

解 説

濃度20％の食塩水200g に含まれる食塩の量は，200×0.2＝40より，40g である。これが濃度8％である場合，40÷0.08＝500より，食塩水全体が500g でなければならない。つまり，加えようとした水の量は300g である。実際に加えたのは濃度5％の食塩水なので，300×0.05＝15より，15g の食塩が含まれている。したがって，出来上がる食塩水500g には，食塩が55g（＝40＋15）含まれていることになる。

55÷500×100＝11より，その濃度は11％となり，正答は**2**である。

正答 **2**

地方初級＜教養＞過去問350●**305**

地方初級 No.305 数的推理 ニュートン算 （東京都 平成24年度）

ある美術館の特別展において，開館待ちの列に，さらに毎分一定の人数が加わり続けている。開館してから列がなくなるまでに要する時間は，入口が1箇所の場合は3時間36分，入口が2箇所の場合は48分であるとき，入口が3箇所の場合に開館してから列がなくなるまでに要する時間として，正しいのはどれか。ただし，各入口から入館する人数は等しくかつ毎分一定であり，列から離れる人はいない。

1 18分
2 21分
3 24分
4 27分
5 30分

解説

この種の問題では，「行列の減る速さ」を考えるのがポイントになる。これは，速さと時間に関する問題と同様で，行列がなくなるまでにかかる時間の比と，行列が減っていく速さの比は逆比の関係である。

行列がなくなるまでの時間は，入口が1か所のときは3時間36分（＝216分），入口が2か所のときは48分だから，その比は216：48＝9：2である。行列の減る速さはその逆比で2：9だから，入口が1か所増えると，2と9の差である7だけ速くなる。したがって，入口が1か所のときと3か所のときとでは，その行列の減る速さの比は2：(9+7)＝2：16＝1：8になる。

したがって，入口が1か所のときと3か所のときとで，行列がなくなるまでにかかる時間の比は8：1であり，8：1＝216：27より，入口が3か所のときに行列がなくなるまでに要する時間は27分である。

よって，正答は**4**である。

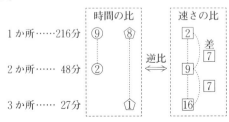

正答　**4**

地方初級

No. 306 地方初級 数的推理 給排水算 令和 元年度

水槽に18Lの水が入っている。ここから，毎分 x Lの水を汲み出したところ，5分経過した時点で，水槽にはまだ水が残っていた。そこで，5分経過した時点で水槽に残っていた水の量と等しい量の水を新たに加えて，毎分 x Lずつ汲み出したところ，水を汲み出し始めてから10分後には，水槽の水は空になっていた。このとき，x の値の範囲を示したものとして，正しいのはどれか。

1 $1.8 \leqq x < 2.4$

2 $1.8 \leqq x < 2.7$

3 $2.4 \leqq x < 2.7$

4 $2.4 \leqq x < 3.6$

5 $2.7 \leqq x < 3.6$

解説

5分間で汲み出した量（$=5x$L）は18L未満だから，$5x < 18$，$x < 3.6$である。

水を汲み出し始めてから5分後に水槽に残っている水の量は，$(18-5x)$ Lで，これに同量の水を加えるので，$2(18-5x)$ Lの水を5（$=10-5$）分以内に汲み出したことになる。ここから，$2(18-5x) \leqq 5x$，$36-10x \leqq 5x$，$36 \leqq 15x$，$2.4 \leqq x$ であり，x の値の範囲は，$2.4 \leqq x < 3.6$ となる。

したがって，正答は**4**である。

正答 **4**

地方初級＜教養＞過去問350●**307**

地方初級

No. 307 地方初級 **数的推理** 弁当の販売個数 平成22年度

A，B，C，Dの4人で弁当を合計90個販売した。各人が販売した弁当の個数を比較すると，A：B＝2：3，B：D＝4：5であり，CはAより4個多く販売した。このとき，弁当を販売した個数が最多の者と最少の者とで，その販売個数の差はいくらか。

1 10個

2 11個

3 12個

4 13個

5 14個

解説

AとBの販売個数の比がA：B＝2：3，BとDの販売個数の比がB：D＝4：5だから，次のようにA，B，Dの販売個数の比は（両方の比に共通するBについて，その最小公倍数を利用すればよい），

A：B：D＝8：12：15

となる。

Aの販売個数が8個，Bが12個，Dが15個だと，C（Aの販売個数より4個多い）を加えても，

8＋12＋(8＋4)＋15＝47

より，47個にしかならない。A，B，Dの個数をそれぞれ2倍にすると，Aが16個，Bが24個，Dが30個で，Cは16＋4＝20個だから，16＋24＋20＋30＝90より，合計90個となって条件に合致する。このとき，最も多く販売したのはDで30個，最も少ないのはAで16個だから，その差は14個となり，正答は**5**である。

```
A ： B      ＝ 2 ： 3
    B ： D ＝      4 ： 5
――――――――――――――――――――
A ： B ： D ＝ 8 ： 12 ：15
```

正答 **5**

308●地方初級＜教養＞過去問350

地方初級

No. 308 地方初級 **数的推理** A～Eの値段と売上個数・売上額 平成25年度

5種類の商品A～Eがあり，それぞれの価格は1個100円，170円，200円のいずれかである。ある日，Aは3個，Bは4個，Cは5個，Dは7個，Eは9個売れ，売上額の合計は4,000円であった。価格が200円の商品として正しいのはどれか。

1 A

2 B

3 C

4 D

5 E

解説

1個170円の商品が売れた個数が10の倍数でないと，合計で4,000円とはならない。ところが，170円の商品が30個売れたとすると，それだけで売上額は5,100円となってしまうので，170円の商品が売れた個数は10個または20個である。

170円の商品が20個売れたとすると，B，D，Eが170円ということになるが，この場合，A，Cを100円と200円に振り分けて，売上額の合計が4,000円とすることは不可能である。

170円の商品が10個売れたとすると，AとDが170円ということになる。残りの2,300円がB，C，Eの売上額となるが，200円の商品が9個売れたとすると，B，Cが200円で，Eが100円，またはB，Cが100円で，Eが200円のどちらでも，B，C，Eの売上額は2,700円となって不適である。つまり，200円の商品が売れた個数は8個以下である。Bが200円（C，Eは100円）だと，B，C，Eの売上額は2,200円にしかならない。Cが200円（B，Eは100円）のときだけ，B，C，Eの売上額が2,300円（A，Dを含めて4,000円）となる。

したがって，正答は**3**である。

正答 **3**

地方初級＜教養＞過去問350●**309**

地方初級

No. 309 数的推理　速さ・時間・距離　令和元年度

1周400mのトラックを，Aは時計回りに，Bは反時計回りに，同じ地点から同時にスタートしたところ，Bが150m進んだ地点でAと出会った。このトラックを，A，Bが同じ方向に同じ地点から同時にスタートした場合，BがAに最初に追い越されるまでに，Bは何m進むことになるか。ただし，A，Bはそれぞれ一定の速さで進むものとする。

1　550m

2　600m

3　650m

4　700m

5　750m

解説

Aは時計回りに，Bは反時計回りに，同じ地点から同時にスタートして，Bが150m進んだ地点でAと出会ったのだから，Aは250（＝400－150）m進んだことになる。A，Bが同じ方向に同じ地点から同時にスタートした場合，AがBより400m（＝トラック1周分）余計に進めば，Bを追い越すことになる。Bが150m進む間に，Aは250m進むので，その差は100mである。Bが150m進むごとに，AはBより100m余計に進むのだから，AがBより400m余計に進むのはその4倍となる。したがって，150×4＝600より，Bが600m進むと，AはBより400m余計に進むことになり，Bを初めて追い越す。

以上から，正答は**2**である。

正答　**2**

310●地方初級＜教養＞過去問350

地方初級

No. 310 地方初級 数的推理 列車の通過時間と長さ 平成26年度

一定の速さで走るある列車が，200mのトンネルを通過するのに20秒，650mの鉄橋を通過するのに45秒かかった。この列車の長さは何mか。

1 140m

2 160m

3 180m

4 200m

5 220m

解説

列車の長さを x m とすると，$(x+200)$ m 進むのに20秒，$(x+650)$ m 進むのに45秒かかっている。つまり，650m と200m の差である450m 進むのに25秒（＝45−20）かかることになる。ここから，$450 \div 25 = 18$ より，この列車の速さは毎秒18m である。

したがって，$18 \times 20 - 200 = 160$ より，列車の長さは160m であり，正答は **2** である。

正答 **2**

地方初級＜教養＞過去問350●**311**

地方初級

No. 311 地方初級 **数的推理** **速さ・時間・距離** ^{平成}**30年度**

小学生のA君は，毎日学校まで時速3.6kmの速さで通っている。ある日，寝坊したA君は，普段より5分遅く家を出て時速4.2kmの速さで学校に向かったところ，学校にはいつもと同じ時刻に着いた。A君の家から学校までの距離として，正しいのはどれか。

1 2.1km

2 2.4km

3 2.7km

4 3.0km

5 3.3km

解説

同じ距離を進むのにかかる時間の比は，速さの比と逆比の関係となる。普段のA君と，この日のA君の速さの比は，$3.6 : 4.2 = 36 : 42 = 6 : 7$だから，かかった時間の比は$7 : 6$である。この$7 : 6$の差である「1」が5分に相当するので，$5 \times 7 = 35$，$5 \times 6 = 30$より，普段は35分，この日は30分かかって学校へ行ったことがわかる。

時速4.2kmで30分$\left(= \dfrac{1}{2}$時間$\right)$かかるのだから，A君の家から学校までの距離は，$4.2 \times \dfrac{1}{2} = 2.1$より，2.1kmであり，正答は**1**である。

正答 1

312●地方初級＜教養＞過去問350

地方初級

No. 312 地方初級 数的推理 **船の所要時間** 平成 **23**年度

川の上流にあるP地点と，下流にあるQ地点を往復している2隻の船A，Bがある。川の流れの速さは一定であり，静水での船の速さは，Aが川の流れの速さの2倍で，Bは川の流れの速さの4倍である。AがPQ間を往復するのに1時間かかるとすると，BがPQ間を往復するのにかかる時間として，正しいのはどれか。

1 20分
2 24分
3 28分
4 32分
5 36分

解説 ━━━━━━━━━━━━━━━━━━━━━━━━━━━━━━━━━━━

川の流れの速さをxとすると，静水での船の速さは，Aが$2x$，Bが$4x$である。船が川を下るときの速さは「船速＋流速」となり，上るときの速さは「船速－流速」となるから，Aの下りの速さは$2x+x=3x$，上りの速さは$2x-x=x$，Bの下りの速さは$4x+x=5x$，上りの速さは$4x-x=3x$となる。

　ここで，Aが下りにかかる時間と上りにかかる時間を考えると，速さの比とかかる時間の比は逆比の関係となるので，下りの速さ：上りの速さ＝$3x:x=3:1$より，下りの時間：上りの時間＝1：3である。Aは往復するのに1時間＝60分かかるので，これを1：3に分けると，下りの時間：上りの時間＝1：3＝15分：45分，である。

　次に，AとBを比較すると，下りの速さは，A：B＝$3x:5x=3:5$だから，下りにかかる時間は，A：B＝5：3で，Aは15分かかるから，A：B＝5：3＝15分：9分，となり，Bが下りにかかる時間は9分である。上りの速さを比較すると，A：B＝$x:3x=1:3$，したがって，上りの時間の比は，A：B＝3：1となる。Aは上りに45分かかるので，A：B＝3：1＝45分：15分となり，Bが上りにかかる時間は15分である。

　以上から，BがPQ間を往復するのにかかる時間は，9分＋15分＝24分となり，正答は**2**である。

正答 **2**

地方初級＜教養＞過去問350 ●**313**

No.313 数的推理　兄が弟に追いつく時刻　平成21年度

家から駅まで，弟は徒歩で20分，兄は徒歩で15分かかる。ある朝，弟は午前8時に家を出て駅に向かって歩き出した。兄がその3分後に家を出て歩き出すと，兄が弟に追いつく時刻として正しいのは，次のうちどれか。ただし，2人とも歩く速さはそれぞれ一定であるものとする。

1　午前8時10分
2　午前8時12分
3　午前8時14分
4　午前8時16分
5　午前8時18分

解説

家から駅まで，弟は20分，兄は15分かかるので，兄が弟より3分遅く家を出た場合，兄は弟より2分早く駅に着くことになる。

次のような図で考えると，兄と弟の進み方を示す2本の直線から得られる上下の三角形は相似となる。時間の差に関する部分を2つの三角形の底辺部分とすると，その比は3：2なので，三角形の高さに当たる距離の部分の比も3：2となる。

つまり，弟は家から駅までの距離の $\frac{3}{5}$ を歩いた地点で兄に追いつかれる。一定の速さで歩くのだから，$20 \times \left(\frac{3}{5}\right) = 12$ より，兄が弟に追い着く時刻は午前8時12分で，正答は**2**である。

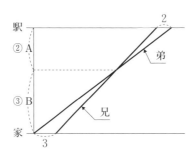

正答　2

地方初級

No. 314 数的推理 　地方初級　 **仕事算** 　平成**30**年度

ある製品を製造することができる3台の機械A，B，Cがある。この製品を現在必要とする個数だけ製造するのに，A1台では5時間，B1台では6時間かかることがわかっている。最初にA，B2台を同時に2時間稼働してこの製品を製造し，その後はCだけ4時間稼働したところ，必要な個数を製造することができた。この場合，Cだけで必要な個数を製造するのにかかる時間として，正しいのはどれか。

1　12時間
2　13時間
3　14時間
4　15時間
5　16時間

解 説

A1台では5時間かかるので，A1台で1時間に全体の$\frac{1}{5}$製造することができ，B1台では6時間かかるので，B1台で1時間に全体の$\frac{1}{6}$製造することができる。A，B2台を同時に稼働すると，$\frac{1}{5}+\frac{1}{6}=\frac{6}{30}+\frac{5}{30}=\frac{11}{30}$より，1時間に全体の$\frac{11}{30}$だけ製造できるので，2時間だと，$\frac{22}{30}=\frac{11}{15}$できる。そうすると，Cが製造したのは残りの$\frac{4}{15}$で，これに4時間かかっているから，C1台だと1時間に全体の$\frac{1}{15}$だけ製造できることになる。

　したがって，Cだけで必要な個数を製造するのにかかる時間は，$1\div\frac{1}{15}=15$より，15時間であり，正答は**4**である。

正答　**4**

地方初級＜教養＞過去問350●**315**

地方初級

No. 地方初級
315 **数的推理** **5人の持つ鉛筆の本数関係** 平成26年度

A～Eの5人が持っている鉛筆の本数は，2本，4本，6本，8本，10本のいずれかで，同じ本数の者はいない。Cが持っている鉛筆の本数は，Eが持っている鉛筆の本数の2倍であり，AとBが持っている鉛筆の本数の和は，CとDが持っている鉛筆の本数の和に等しい。このとき，Dが持っている鉛筆の本数は何本か。

1 2本

2 4本

3 6本

4 8本

5 10本

解説

CはEの2倍の本数を持っているので，Cが8本でEが4本，Cが4本でEが2本，のどちらかである。しかし，Eが4本持っていると，A～Dの4人が持っている鉛筆の本数の和は，2＋6＋8＋10＝26より，26本となる。このとき，AとB，CとDの和が等しくなるならば，それぞれ13本ずつでなければならないが，2本，6本，8本，10本を13本ずつ2組とすることは不可能である。Eが2本持っている場合，A～Dの4人が持っている鉛筆の本数の和は，4＋6＋8＋10＝28より，28本となる。この場合は，AとB，CとDの和が14本ずつということになり，Cが4本持っているので，Dは10本持っていることになる（AとBは一方が6本，もう一方が8本）。

したがって，正答は**5**である。

正答 **5**

316●地方初級＜教養＞過去問350

地方初級

No. 316 数的推理 サイコロの目の確率 平成12年度

大小2つのサイコロを投げるとき，大きいサイコロの目が6で小さいサイコロの目が奇数のときは10点，大きいサイコロの目が1のときは小さいサイコロの目はいくつであっても5点とする。ア〜ウの確率として正しいものはどれか。

ア　1回振って10点が出る確率
イ　1回振って5点が出る確率
ウ　2回振って合計点が15点になる確率

	ア	イ	ウ
1	$\dfrac{1}{36}$	$\dfrac{1}{12}$	$\dfrac{1}{36}$
2	$\dfrac{1}{12}$	$\dfrac{1}{6}$	$\dfrac{1}{12}$
3	$\dfrac{1}{12}$	$\dfrac{1}{12}$	$\dfrac{1}{12}$
4	$\dfrac{1}{12}$	$\dfrac{1}{6}$	$\dfrac{1}{36}$
5	$\dfrac{1}{36}$	$\dfrac{1}{12}$	$\dfrac{1}{48}$

解説

ア．6の目が出る確率は $\dfrac{1}{6}$，奇数の目が出る確率は $\dfrac{3}{6}=\dfrac{1}{2}$

よって，1回振って10点が出る確率は，

$$\frac{1}{6}\times\frac{1}{2}=\frac{1}{12}$$

イ．1の目が出る確率は $\dfrac{1}{6}$，何か目が出る確率は1

よって，1回振って5点が出る確率は，

$$\frac{1}{6}\times1=\frac{1}{6}$$

ウ．10点・5点の場合と5点・10点の場合の2つあることに注意する。

$$\frac{1}{12}\times\frac{1}{6}+\frac{1}{6}\times\frac{1}{12}=\frac{2}{72}=\frac{1}{36}$$

よって，**4**が正しい。

正答　**4**

地方初級
市役所

No.
317 数的推理 **良品である確率** 平成13年度

ある製品がある。1次検査でこの製品が不良品になる確率は0.12だが，その中には2次検査で0.17の確率で良品が見つけられる。また，1次検査の良品の中にも，2次検査で0.18の確率で不良品が見つけられる。2次検査の結果，良品である確率に最も近いのはどれか。

1 0.72
2 0.74
3 0.76
4 0.81
5 0.92

解 説

1次検査で不良品と判定されて2次検査で良品と判定される確率は，
$$0.12 \times 0.17 = 0.0204$$
1次検査で良品と判定されて2次検査でも良品と判定される確率は，
$$(1-0.12)(1-0.18) = 0.88 \times 0.82$$
$$= 0.7216$$
　したがって，2次検査の結果，良品である確率は，
$$0.0204 + 0.7216 \fallingdotseq 0.74$$
　よって，**2**が正しい。

正答 **2**

318●地方初級＜教養＞過去問350

地方初級

No. 318 市役所 数的推理 確　率 平成29年度

1枚の硬貨を8回投げるとき，表が1回だけ出る確率として，正しいのはどれか。ただし，いずれの回も，表と裏が出る確率はどちらも$\frac{1}{2}$である。

1 $\frac{1}{8}$

2 $\frac{1}{16}$

3 $\frac{1}{32}$

4 $\frac{1}{64}$

5 $\frac{1}{128}$

解説

1枚の硬貨を8回投げると，毎回表と裏の2通りがあるので，表裏の出方の組合せは2^8通りある。表が1回だけ出るとき，何回目が表となるかで8（$=2^3$）通りある。

したがって，その確率は，$\frac{2^3}{2^8}=\frac{1}{2^5}=\frac{1}{32}$となり，正答は**3**である。

正答　**3**

地方初級＜教養＞過去問350●**319**

地方初級 東京都 No.319 数的推理 車輪の回転数 平成15年度

下図のように、A～Fの車輪にベルトが掛けられている。Aは半径5cm、Bは半径15cm、Cは半径4cmでBと同じ軸に固定され、Dは半径10cm、Eは半径6cmでDと同じ軸に固定され、Fは半径5cmである。ベルトと車輪が滑らずに、Aが$\frac{1}{4}$回転するとき、Fの回転数として、正しいのはどれか。

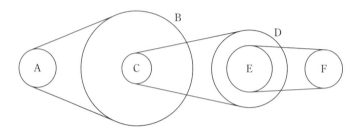

1　$\frac{1}{50}$

2　$\frac{1}{25}$

3　$\frac{3}{50}$

4　$\frac{2}{25}$

5　$\frac{1}{10}$

解説

回転数は半径に反比例するから、回転数の比をそれぞれ求めると、

　　A：B＝3：1＝75：25
　　C：D＝5：2＝25：10
　　E：F＝5：6＝10：12

ただし、BとC、DとEは同じ軸に固定されているから、回転数は同じである。

　よって、AとFの回転数の比は、

　　75：12＝25：4

求めるFの回転数をxとすると、

　　$25：4＝\frac{1}{4}：x$

より、$x＝\frac{1}{25}$ となる。

　よって、**2**が正しい。

正答　**2**

No. 320 数的推理　三角形の角度　平成11年度
地方初級　特別区

次の図のように，直角三角形 ABC に内接する円 O があり，円 O と辺 BC との接点を P とすると，∠AOP＝157°である。このとき，∠ACB の角度はどれか。

1　42°
2　43°
3　44°
4　45°
5　46°

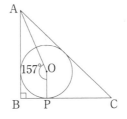

解説

円 O と辺 AB，AC の接点をそれぞれ Q，R とする。

　∠AOQ＝157°－90°
　　　　＝67°

∠AQO＝90°　であるから

　∠QAO＝90°－67°
　　　　＝23°

∠QAO＝∠RAO　であるから

　∠QAR＝2×23°＝46°

したがって

　∠ACB＝90°－46°＝44°

よって，**3** が正しい。

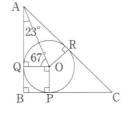

正答　3

地方初級

No. 321 地方初級 数的推理 長方形と正方形の辺の長さ 平成22年度

長方形の紙と正方形の紙がある。長方形の長辺は正方形の1辺より1cm長く，短辺は正方形の1辺より6cm短い。また，長方形の面積は正方形の面積の$\frac{1}{2}$より6cm²だけ小さい。このとき，長方形の4辺の長さの和として正しいのはどれか。

1 28cm
2 30cm
3 32cm
4 34cm
5 36cm

解 説

正方形の1辺の長さをxとすると，長方形の長辺は$(x+1)$，短辺は$(x-6)$であるので，長方形の面積は$(x+1)(x-6)$と表せる。正方形の面積はx^2で，長方形の面積は正方形の面積の$\frac{1}{2}$より6cm²だけ小さいのだから，

$$(x+1)(x-6)=\frac{1}{2}x^2-6$$

である。ここから，

$$x^2-5x-6=\frac{1}{2}x^2-6$$

$$\frac{1}{2}x^2-5x=0$$

$$x^2-10x=0$$

$$x(x-10)=0$$

より，$x=0$，10となるが，$x>0$だから，$x=10$である。

長方形の長辺は$10+1=11$，短辺は$10-6=4$となり，長方形の4辺の長さの和は，

$(11+4)\times2=30$〔cm〕

よって，正答は**2**である。

正答 **2**

322●地方初級＜教養＞過去問350

No. 322 数的推理 三角形の辺の比と面積 平成30年度

図において，AD：DB＝1：2，BE：EC＝3：1である。△CDE＝1のとき，△ABCの面積として正しいのはどれか。

1　5
2　6
3　7
4　8
5　9

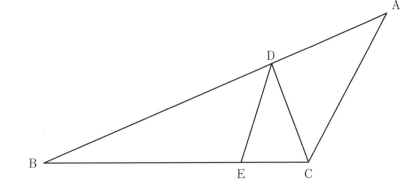

解説

△BDEと△CDEについて，底辺をそれぞれBE，ECと考えれば，高さが等しくなるので，その面積比はBE：ECに一致する。つまり，△BDE：△CDE＝3：1であり，ここから，△BCD＝3＋1＝4である。同様に，△ACD：△BCD＝AD：DB＝1：2＝2：4である。

したがって，△ABC＝△ACD＋△BCD＝2＋4＝6となり，正答は**2**である。

正答　2

No.323 数的推理　直角三角形の垂線の長さ　平成13年度

下図のような∠BAC＝90°，AB＝8cm，AC＝6cmの直角三角形がある。AからBCに下ろした垂線の足をDとしたとき，線分ADの長さはいくらになるか。

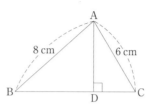

1　4.2cm
2　4.4cm
3　4.5cm
4　4.8cm
5　5.0cm

解説

三平方の定理により，
　　$BC^2 = AB^2 + AC^2 = 8^2 + 6^2 = 100$
　∴　$BC = 10$〔cm〕

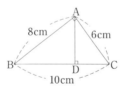

△ABCの面積を2通りに表すと，ABを底辺，ACを高さとして，

　　$\triangle ABC = \dfrac{1}{2} \cdot 8 \cdot 6 = 24$〔cm²〕

BCを底辺，ADを高さとして，

　　$\triangle ABC = \dfrac{1}{2} \cdot 10 \cdot AD = 5AD$〔cm²〕

　∴　$5AD = 24$

　　　$AD = \dfrac{24}{5} = 4.8$〔cm〕

よって，**4**が正しい。

正答　**4**

No. 324 数的推理 平面図形の面積 平成17年度

図のように，半径4cmの円に内接している底辺BCの長さが4cmの二等辺三角形ABCの面積を求めよ。

1　$6+2\sqrt{2}$ cm²
2　$8+2\sqrt{2}$ cm²
3　$8+4\sqrt{3}$ cm²
4　$12+2\sqrt{3}$ cm²
5　$18+4\sqrt{3}$ cm²

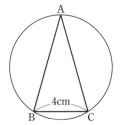

解説

次の図のように，円の中心をOとすると，△OBCは，OB=OC=BC=4〔cm〕の正三角形だからBH=2cm，OH=$2\sqrt{3}$ cm，
　よって，△ABCの高さは，
　　AH=AO+OH=$4+2\sqrt{3}$ 〔cm〕
　したがって，その面積Sは，
　　$S=\dfrac{1}{2}\times 4\times (4+2\sqrt{3})=8+4\sqrt{3}$ 〔cm²〕

となり，**3**が正しい。

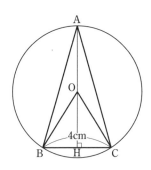

正答　3

No.325 数的推理 三角形の面積比 平成14年度

次の図のように，三角形ABCの辺BC上に点Dがあり，BD：DC＝2：3，線分AD上に点Eがあり，AE：ED＝2：1である。このとき，三角形ABEと三角形BCEと三角形CAEの面積比はどれか。

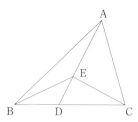

1 3：4：5
2 4：5：6
3 4：6：7
4 5：6：7
5 5：7：8

解説

△BDEの面積を2Sとすると，△ABEの面積は4S，△EDCの面積は3Sとなるから，△CAEの面積は6Sとなる。

したがって，△BCEの面積は，
　2S＋3S＝5Sであるから，
求める面積比は，
　4S：5S：6S＝4：5：6となる。
よって，**2**が正しい。

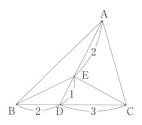

正答 **2**

地方初級

市役所
No. 326 数的推理 円筒形容器の底面積と水の深さ 平成25年度

2つの円筒形の容器A，Bがある。底面積の比は，A：B＝3：2であり，容器Aには深さ18cm，容器Bには深さ8cmまで水が入っている。今，容器Aから容器Bにある量の水を移したところ，2つの容器に入っている水の深さが等しくなった。このとき，容器に入っている水の深さとして，正しいのはどれか。

1 12cm

2 13cm

3 14cm

4 15cm

5 16cm

解説

容器Aの底面積を$3x$cm^2，容器Bの底面積を$2x$cm^{2}とすると，容器Aに入っている水の体積は$54x$cm^3，容器Bに入っている水の体積は$16x$cm^{3}で，合計$70x$cm^{3}である。容器Aから容器Bにある量の水を移すことにより，2つの容器に入っている水の深さが等しくなったのだから，その深さは，$70x$cm^{3}の水を底面積$5x$cm^{2}の容器に入れたときの水の深さと同じである。

$70x \div 5x = 14$ より，水の深さは14cmであり，正答は**3**である。

正答 **3**

地方初級＜教養＞過去問350●**327**

No. 327 数的推理　多角形の分割　平成13年度

次の多角形は，すべて正方形に分割することができるが，最低いくつに分割することができるか。

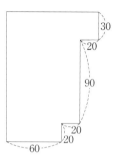

1　6個
2　7個
3　8個
4　9個
5　10個

解説

なるべく大きい正方形を，位置を考えながら作っていくと，次のように最低7個に分割できる。

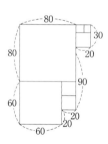

よって，**2**が正しい。

正答　**2**

No.328 地方初級 数的推理　2平面間での点と点の距離　平成19年度

図1において，P面，Q面は互いに垂直で，点A，B，Cがある。点A，B，CからP面，Q面にそれぞれ垂線を下ろし，A′，B′，C′またA″，B″，C″とし，lを境目にして平面上に広げたものが図2である。1目盛りを1としたとき，AB，AC間の距離の組合せとして正しいのは次のうちどれか。

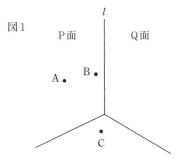

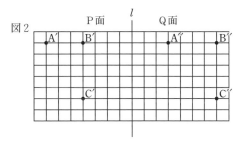

	AB	AC
1	4	7
2	4	$5\sqrt{2}$
3	5	$3\sqrt{5}$
4	5	7
5	5	$5\sqrt{2}$

解説

次図のように，座標軸を考えて，点Cが xy 平面上にあるものとする。

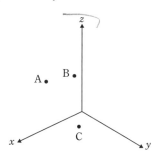

点A，B，Cの各座標を考えると，A(7, 3, 5)，B(4, 7, 5)，C(4, 7, 0)となる。
ここから，

$AB = \sqrt{(7-4)^2 + (3-7)^2 + (5-5)^2}$
$ = \sqrt{3^2 + (-4)^2} = \sqrt{25} = 5$

$AC = \sqrt{(7-4)^2 + (3-7)^2 + (5-0)^2}$
$ = \sqrt{3^2 + (-4)^2 + 5^2} = \sqrt{50} = 5\sqrt{2}$

となる。
よって，正答は**5**である。

正答　5

No. 329 数的推理 立方体の切断と角度 平成20年度

次の図のような立方体を，3点A，F，Hを通る平面で切断した。このとき，頂点Cを含む側の立体で，頂点Aに集まるすべての面の，頂点Aにおける角度の和として正しいものは，次のうちどれか。

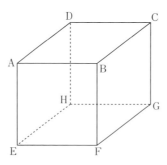

1　180°
2　210°
3　240°
4　270°
5　300°

解説

立方体ABCD－EFGHを，3点A，F，Hを通る平面で切断すると，頂点Cを含む側の立体は，次の図のようになる。頂点Aに集まる面の頂点Aにおける角度は，∠DAB＝90°，∠BAF＝45°，∠DAH＝45°および∠FAH＝60°である。∠FAHについては，△AFHはAF＝AH＝FH（もとの立方体の各面の対角線に該当する）より正三角形なので，その1内角は60°となる。したがって，そのすべての角度の和は，90＋45×2＋60＝240より，240°で，正答は**3**である。

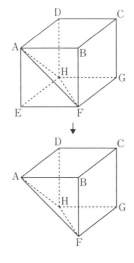

正答　3

No.330 数的推理　立体の外接球の直径　平成20年度

下の図のように，1辺の長さが1cmの立方体を7個組み合わせた立体がある。この立体を入れることができる最小の球を考えるとき，その球の直径として正しいものは，次のうちどれか。

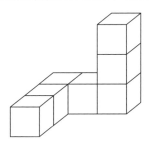

1　3 cm
2　$3\sqrt{2}$ cm
3　$3\sqrt{3}$ cm
4　4 cm
5　$4\sqrt{2}$ cm

解説

立体を入れることができる最小の球を考えるのだから，まず，この立体における最も遠い2点を考えてみる。この立体を入れることのできる球の直径は最も遠い2点間の距離より小さくなることはないからである。次の図Ⅰにおける2点A，Bがこの立体における最も距離の長い2点である。これは図Ⅱのようにして考えれば，1辺の長さが3cmの立方体の対角線に該当する。図Ⅱの立方体において，その対角線ABは立方体の外接球の直径であり，これより小さい球に入れることは不可能である。そして，問題の立体（図Ⅰ）においても2点A，Bの位置関係は図Ⅱの立方体と同様なのだから，問題の立体を入れることができる最小の球は，図Ⅱの立方体の外接球である。この外接球の直径は立方体の対角線の長さに一致し，立方体の対角線の長さは1辺の$\sqrt{3}$倍であるから，$3\sqrt{3}$ cmで，正答は**3**である。

図Ⅰ 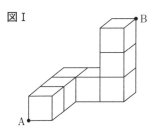　　図Ⅱ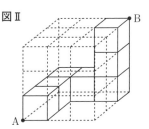

参考：次の図の立方体ABCD-EFGHにおいて，1辺の長さと面の対角線の長さ，および立方体の対角線（超対角線）の長さの関係は，AB：AC：AG＝$1:\sqrt{2}:\sqrt{3}$である。

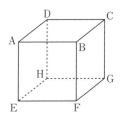

正答　**3**

No.331 数的推理 円柱の底面積と水の深さ 平成27年度

図Ⅰのような、底面が20×20の正方形をした水槽に、深さ10まで水が入っている。ここに、高さ12の円柱を沈めたところ、図Ⅱのように水の深さは16となった。このとき、この円柱の底面積として正しいのはどれか。

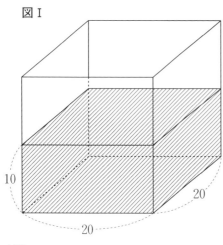
図Ⅰ

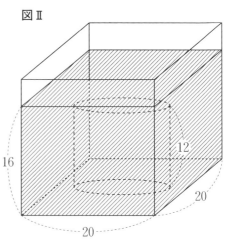
図Ⅱ

1　120
2　160
3　200
4　240
5　280

解説

図Ⅰの状態で、水の体積は、20×20×10＝4000である。高さ12の円柱を沈めたら、水の深さが16となったのだから、（水の体積＋円柱の体積）は、20×20×16＝6400

したがって、円柱の体積は、2,400（＝6400－4000）である。

ここから、円柱の底面積は、2400÷12＝200となり、正答は**3**である。

正答　3

数的推理 切断された円柱の体積と展開図 平成17年度

次の文中の空欄ア，イに当てはまる数値および図の組合せとして正しいものはどれか。

左図の立体は円柱を斜めの平面で切断したものである。この立体の体積は（　ア　）cm³ であり，側面の展開図を示したものは（　イ　）である。

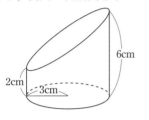
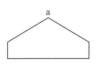

	ア	イ
1	36π	a
2	36π	b
3	36π	c
4	24π	a
5	24π	b

解説

ア：求める立体の体積 V は，次の図のような底面の半径が 3 cm，高さ 8 cm の円柱を二等分したものであるから，

$$V = \frac{1}{2} \times 3^2 \pi \times 8 = 36\pi \ [\text{cm}^3]$$

となる。

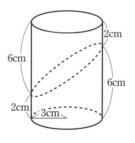

イ：円柱を斜めに切ったときの切り口部分の側面の展開図はサインカーブ（正弦曲線）になることが知られているので，c のようになる。

以上から，正答は **3** である。

正答　3

No. 333 数的推理 くり抜かれた立方体の体積 平成18年度

1辺が3cmの立方体を図のように幅1cm，高さ2cmで2方向からくり抜いたとき，残った立体の体積を求めよ。

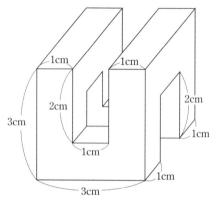

1　15cm³
2　16cm³
3　17cm³
4　18cm³
5　19cm³

解説

1辺が3cmの立方体の体積は，$3^3=27$〔cm³〕。

くり抜く幅1cm，高さ2cmの立体の体積は，$1×2×3=6$〔cm³〕。

ところが，中心部の，1辺が1cmの立方体部分が，2方向から同時にくり抜かれていることから，求める立体の体積は，

$27-6×2+1=16$〔cm³〕

となり，**2**が正しい。

正答　**2**

地方初級 No.334 数的推理　直方体を分割した立体の体積　平成15年度

図のような AB＝20cm，AD＝10cm，AE＝5cm の直方体を，B から辺 AD 上の点 P を通って，点 H へ最短経路で結ぶ線で分割したとき，点 A のあるほうの立体の体積はいくらか。

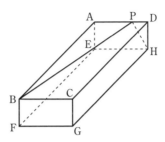

1　450cm³
2　500cm³
3　550cm³
4　600cm³
5　650cm³

解説

切り口は下図のようになり，PD＝FQ であるから，分割された2つの立体の体積は等しい。

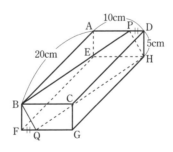

よって，$\frac{1}{2} \times 20 \times 10 \times 5 = 500$〔cm³〕となり，**2** が正しい。

正答　**2**

No. 335 数的推理　金属製の円柱を成型し直したときの高さ　平成28年度

図1のような，直径4，高さ10の金属製の円柱がある。この円柱を一度溶かし，図2のように直径6で，内部に直径4の円柱状の空洞がある立体に成型し直した。このとき，図2の立体における高さxの値はいくらか。

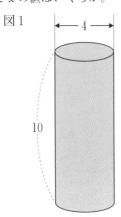

図1

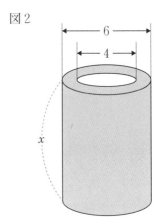

図2

1　6.5
2　7
3　7.5
4　8
5　8.5

解説

図1における円柱の体積は，$2^2\pi \times 10 = 40\pi$ である。

図2の立体においても体積は変化しないので，$3^2\pi x - 2^2\pi x = 40\pi$，$5\pi x = 40\pi$，$x = 8$ であり，正答は**4**である。

正答　4

No.336 数的推理 水面の高さとグラフ 平成21年度

円すいと円柱を組み合わせた図のような容器に，毎分一定の量の水を入れていく。このとき，水面の高さの変化を示したグラフとして最も妥当なものは，次のうちどれか。

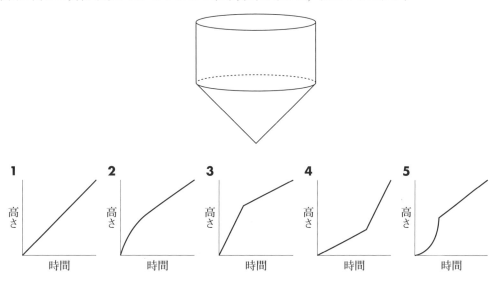

解説

円すい部分に水を入れる段階では，最初のうちは横断面積が小さいので水面の高さの変化は速いが，次第に遅くなっていく。また，円柱部分では水面の高さの変化は一定である。ここから，初めの円すい部分の高さの変化が直線となっている**1**，**3**，**4**は誤り，円すい部分の高さの変化が次第に速くなる**5**も誤りで，正答は**2**である。

正答 **2**

地方初級

No. 337 特別区 **資料解釈** **国別水産物輸入数量の指数** 平成**19**年度

次の表から確実にいえるのはどれか。

我が国における５か国からの水産物輸入数量の指数の推移

（平成12年＝100）

国　　名	平成12年	13	14	15	16
中　　国	100	119	122	102	116
アメリカ	100	116	112	94	108
チ　　リ	100	111	103	86	99
タ　　イ	100	109	117	113	112
ロ　シ　ア	100	91	84	94	88

1 平成13年から平成16年までの各年とも，ロシアからの水産物輸入数量は，前年のそれを下回っている。

2 平成13年において，中国からの水産物輸入数量の対前年増加量は，タイからの水産物輸入数量のそれの３倍より小さい。

3 平成14年のアメリカからの水産物輸入数量とチリからの水産物輸入数量との合計は，平成13年のそれを上回っている。

4 平成15年において，チリからの水産物輸入数量の対前年減少率は，タイからの水産物輸入数量のそれの３倍より大きい。

5 表中の各国のうち，平成16年における水産物輸入数量の対前年増加率が最も大きいのは，中国である。

解　説

1. 平成15年においてロシアの指数は前年に比べ増加しているので，ロシアからの水産物輸入数量もこの間に増加している。

2. いずれかの年において各国からの水産物輸入数量の実数またはそれらの比に関する情報が与えられていないと，このようなことは判断できない。

3. 平成13年から14年にかけてアメリカ，チリともに指数が減少しているので，アメリカ，チリからの水産物輸入数量はともにこの間に減少している。したがって，合計もこの間に減少しているといえる。

4. 正しい。平成15年における水産物輸入数量の対前年減少率は，チリが$(103-86)\div103\fallingdotseq$ 0.165，タイが$(117-113)\div117\fallingdotseq0.0341$ となっており，$0.0341\times3<0.165$ であるから，前者が後者の３倍を上回っている。

5. 平成16年における水産物輸入数量の対前年増加率は，中国が$(116-102)\div102\fallingdotseq0.137$，アメリカが$(108-94)\div94\fallingdotseq0.149$ となっており，後者のほうが大きい。

正答　**4**

地方初級

No. 338 資料解釈 古紙回収率など 平成13年度

表は，1990年と1998年におけるA〜E5か国の古紙回収量，古紙消費量，古紙回収率を示している。この表に関する以下の記述のア〜エの部分について，すべて正しいものを組み合わせているのは，次のうちどれか。ただし，古紙回収率＝$\dfrac{古紙回収量}{紙消費量}$とする。

1990年

	古紙回収量(万t)	古紙消費量(万t)	古紙回収率(%)
A国	1205	961	42.6
B国	318	304	21.3
C国	1527	1478	45.9
D国	1631	1204	38.5
E国	982	880	15.7

1998年

	古紙回収量(万t)	古紙消費量(万t)	古紙回収率(%)
A国	1659	1254	53.5
B国	780	842	41.3
C国	2166	1963	63.2
D国	2580	2122	55.3
E国	1207	1236	23.6

・1990年において，E国の紙消費量はB国のそれの $\overset{\text{ア}}{}$（3倍，4倍）を超えている。

・1998年において紙消費量に占める古紙消費量の割合が最も高い国は $\overset{\text{イ}}{}$（C国，A国）である。

・5か国全体での古紙回収量，古紙消費量を見ると，1990年は $\overset{\text{ウ}}{}$（回収超過，消費超過），1998年は $\overset{\text{エ}}{}$（回収超過，消費超過）となっている。

	ア	イ	ウ	エ
1	3倍	A国	回収超過	消費超過
2	4倍	C国	回収超過	回収超過
3	4倍	A国	回収超過	消費超過
4	4倍	C国	回収超過	消費超過
5	3倍	A国	回収超過	回収超過

解説

ア．紙消費量＝$\dfrac{古紙回収量}{古紙回収率}$ であるから，紙消費量は1990年においてはE国が $\dfrac{982}{0.157}≒6250$［万t］，B国が $\dfrac{318}{0.213}≒1490$［万t］となっており，6250＞1500×4＞1490×4であるから，E国はB国の4倍を超えている。

イ．アと同様にして1998年における紙消費量を計算すると，A国3100万t，B国1890万t，C国3430万t，D国4670万t，E国5110万tとなっており，この値と古紙消費量の値を用いて紙消費量に占める古紙消費量の割合を計算するとA国は $\dfrac{1254}{3100}≒0.40$，C国は $\dfrac{1963}{3430}≒0.57$，同様に計算してB国0.45，D国0.45，E国0.24となっている。したがって，この割合が最も高いのはC国である。

ウ，エ．1990年にはどの国も回収超過であり，計算するまでもなく，5か国全体でも回収超過である。1998年にはB国とE国が消費超過となっているがその超過量はどちらの国もわずかであり，やはり計算するまでもなく5か国全体では回収超過である。

よって，**2**が正しい。

正答 **2**

地方初級＜教養＞過去問350●**339**

地方初級

No. 339 地方初級 資料解釈 交通事故の負傷者数など 平成12年度

次の表はある年の年齢別の交通事故の負傷者数と死亡者数をまとめたものである。この表から正しくいえるものはどれか。ただし，人口10万人当たりの死亡者数および負傷者数は，小数第2位を四捨五入した数値である。

	総人口（千人）	死　　者		負　傷　者	
		人数	人口10万人当たり	人数	人口10万人当たり
0～6歳	8374	130	1.6	24983	
7～15歳	12509	165	1.3	52297	
16～24歳	16071	2026	12.6	244230	
0～24歳	36954	2321		321510	
全年齢	126166	9640		958925	

1 0～24歳の人口10万人当たりの負傷者数を多い順に並べると，16～24歳，0～6歳，7～15歳となる。

2 0～24歳の人口10万人当たりの負傷者数を多い順に並べると，7～15歳，0～6歳，16～24歳となる。

3 人口10万人当たりの死亡者数を比べると，0～24歳と25歳以上では0～24歳のほうが多い。

4 人口10万人当たりの負傷者数を比べると，0～24歳と25歳以上では25歳以上のほうが多い。

5 16～24歳の交通事故死亡者は，およそ同年齢層の8,000人に1人である。

解説

人口10万人当たりの負傷者数（x人とする）の出し方は，比を利用するとわかりやすい。「人口：負傷者数＝10万：x」となるから「x＝負傷者数×10万÷人口」である。これをもとに年齢層別に計算すると，0～6歳が298.3人，7～15歳が418.1人，16～24歳が1519.7人となる。

1，2とも誤りである。0～24歳と25歳以上との比較では，25歳以上のデータは直接与えられていないから，「全年齢のデータ－0～24歳のデータ」を計算しなければならない。上記同様に計算すれば，人口10万人当たりの死亡者数は，0～24歳が6.3人，25歳以上が8.2人であり，同負傷者数は，前者が870.0人，後者が714.5人となる。

3，4とも誤りである。

5では，16071千：2026＝x：1を計算してxを求める。$2026x$＝16071千だから，x＝7932.4。およそ8,000人に1人であり正しいことがわかる。

よって，**5**が正しい。

正答　5

340●地方初級＜教養＞過去問350

地方初級

No. 340 東京都

資料解釈　新設住宅戸数構成比の数表　平成24年度

次の表から正しくいえるのはどれか。

新設住宅の戸数の利用関係別構成比の推移

(単位：%)

	平成19年	20年	21年	22年
持　　家	29.7	29.1	36.1	37.5
貸　　家	41.6	42.5	40.8	36.7
給与住宅	0.9	0.9	1.7	1.0
分譲住宅	27.8	27.5	21.4	24.8
合　　計	100.0 (1,060,741)	100.0 (1,093,519)	100.0 (788,410)	100.0 (813,126)

(注)　( )内の数値は，新設住宅の戸数の合計（単位：戸数）を示す。

1 貸家の新設住宅の戸数についてみると，平成19年は21年を130,000戸以上，上回っている。

2 分譲住宅の新設住宅の戸数についてみると，平成19年から21年までの3か年の累計は750,000戸を上回っている。

3 平成20年における持家の新設住宅の戸数を100としたとき，22年における持家の新設住宅の戸数の指数は90を下回っている。

4 平成20年から22年までの給与住宅の新設住宅の戸数についてみると，いずれの年も前年に比べて増加している。

5 平成22年についてみると，持家の新設住宅の戸数の対前年増加数は，分譲住宅の新設住宅の戸数の対前年増加数の0.6倍を下回っている。

解説

1. 平成19年における貸家の新設住宅戸数は，1060741×0.416≒441000 であり，平成21年は，788410×0.408≒322000 であり，その差は約120,000戸である。

2. 正しい。平成19年における分譲住宅の新設住宅戸数は，1060741×0.278≒295000，平成20年は，1093519×0.275≒301000，平成21年は，788410×0.214≒169000 であり，その累計は，760,000戸を超えている。

3. 平成20年における持家の新設住宅の戸数は，1,100,000戸の30％としても330,000戸である（実際にはこれより少ない）。平成22年は800,000戸の37.5％$\left(=\dfrac{3}{8}\right)$とすると300,000戸となる（実際にはこれより多い。約305,000戸）。300000÷330000≒0.91 だから，90を超えている。

4. 平成21年における給与住宅の新設住宅戸数は10,000戸を超えているが，平成22年では8,200戸弱であり，平成22年は21年より減少している。

5. 平成21年における持家の新設住宅戸数は，788410×0.361≒284600，平成22年は，813126×0.375≒304900 だから，その増加数は約20,300戸である。平成21年における分譲住宅の場合は，788410×0.214≒168700，平成22年が，813126×0.248≒201700 だから，その増加数は約33,000戸である。33000×0.6＝19800 だから，持家の新設住宅の戸数の対前年増加数は，分譲住宅の新設住宅の戸数の対前年増加数の0.6倍を上回っている。

正答　2

地方初級 No.341 東京都 資料解釈 きのこ類の生産量の構成比 令和元年度

次の図から正しくいえるのはどれか。

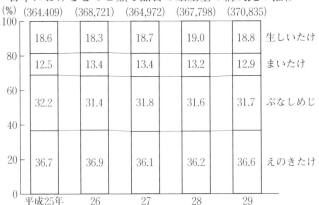

日本におけるきのこ類4品目の生産量の構成比の推移
(注)（　）内の数値は、きのこ類4品目の生産量の合計（単位：トン）を示す。

1　平成25年についてみると、えのきたけの生産量は、ぶなしめじの生産量を20,000トン以上、上回っている。
2　平成25年におけるまいたけの生産量を100としたとき、26年におけるまいたけの生産量の指数は120を下回っている。
3　平成26年から28年までの3か年における生しいたけの生産量の累計は、180,000トンを下回っている。
4　平成26年から29年までの各年についてみると、生しいたけの生産量に対するえのきたけの生産量の比率は、いずれの年も2.0を上回っている。
5　平成27年から29年までのうち、まいたけの生産量が最も多いのは29年であり、最も少ないのは28年である。

解説

1．364409×(0.367－0.322)＝364409×0.045＜400000×0.050＝20000より、その差は20,000トン未満である。
2．正しい。364409×1.02≒364409＋7288＞368721、12.5×1.1＝12.5＋1.25＞13.4より、平成25年に対する26年の増加率は、きのこ類4品目の生産量が2％未満、まいたけの構成比が10％未満である。1.02×1.10≒1.12であり、指数としては約112となるので、120を下回っているというのは正しい。
3．360000×0.18＞64000より、平成26年から28年までの3か年とも生しいたけの生産量は64,000トンを超えており、3か年における生しいたけの生産量の累計は、180,000トンを上回っている。
4．平成27年から29年までの3か年は、いずれもえのきたけの構成比が生しいたけの構成比の2倍未満であり、生しいたけの生産量に対するえのきたけの生産量の比率は、2.0を下回っている。
5．平成27年の場合は、364972×0.134≒48900、平成29年の場合は、370835×0.129≒47800であり、まいたけの生産量は平成29年より27年のほうが多い。

正答　2

地方初級
No. 342 東京都
資料解釈　広告業の売上高の構成比 平成30年度

次の表から正しくいえるのはどれか。

広告業の業務種類別売上高の構成比の推移

(単位：％)

	平成25年	26年	27年	28年	29年
新聞	15.7	15.0	13.8	12.8	11.9
雑誌	4.5	4.3	4.0	3.6	3.2
テレビ	60.2	59.7	58.6	57.5	56.3
ラジオ	2.1	2.0	1.9	1.9	1.8
インターネット	17.5	19.0	21.7	24.2	26.8
合計	100.0 (24,803)	100.0 (25,862)	100.0 (25,928)	100.0 (26,857)	100.0 (27,087)

(注) （ ）内の数値は，売上高の合計額（単位：億円）を示す。

1 平成25年における雑誌による売上高を100としたとき，28年における雑誌による売上高は80を下回っている。

2 平成25年から27年までのうち，テレビによる売上高が最も多いのは，26年であり，最も少ないのは27年である。

3 平成26年についてみると，インターネットによる売上高の対前年増加額は，テレビによる売上高の対前年増加額の２倍を上回っている。

4 平成26年から28年までのうち，ラジオによる売上高はいずれの年も前年を下回っている。

5 平成27年から29年までの新聞による売上高の３か年の累計額は，9,000億円を上回っている。

解説

1. 平成28年と25年における雑誌の構成比を比較すると3.6÷4.5＝0.8である。しかし，合計の売上高は平成28年が25年を上回っている。したがって，平成25年における雑誌による売上高を100としたときの28年における雑誌による売上高は，80を上回っている。

2. 24803×0.602≒14900（平成25年），25928×0.586≒15200（27年）であり27年より25年のほうが少ない。

3. 平成26年における，インターネットによる売上高の対前年増加額は，25862×0.190－24803×0.175≒570，テレビによる売上高の対前年増加額は，25862×0.597－24803×0.602≒508であり，２倍に満たない。

4. 平成27年と28年では，ラジオの構成比は変わらず，合計は増加しているので，平成28年におけるラジオによる売上高は，前年を上回っている。

5. 正しい。概数で取ってみても，26000×0.12×３＝9360であり，平成27年から29年までの新聞による売上高の３か年の累計額は，9,000億円を上回っている。

正答　**5**

地方初級＜教養＞過去問350●**343**

No.343 資料解釈 製材の材種別の輸入量の推移 （東京都 平成27年度）

次の図から正しくいえるのはどれか。

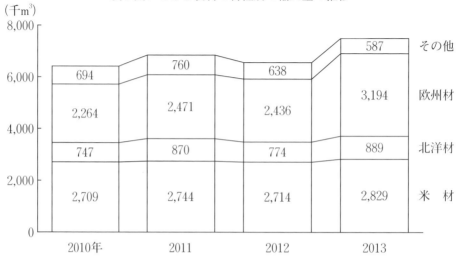

我が国における製材の材種別の輸入量の推移

1 2010年における欧州材の輸入量を100としたとき，2012年における欧州材の輸入量の指数は120を上回っている。

2 2010年から2013年までの4か年における北洋材の1年当たりの平均の輸入量は，830千m^3を下回っている。

3 2011年から2013年までの各年についてみると，製材の輸入量の合計に占める米材の輸入量の割合が最も小さいのは2012年である。

4 2011年から2013年までの各年についてみると，北洋材の輸入量の対前年増加率が12％を上回っているのは2011年だけである。

5 2012年における米材の輸入量に対するその他の輸入量の比率は，0.1を下回っている。

解説

1． 2010年における欧州材の輸入量は2,264だから，これを100としたときに120を上回るためには，2264×1.2＞2264＋450＝2714より，2012年における欧州材の輸入量が2,700を超えていなければならない。

2． 正しい。830を基準としてみると，2010年は－83，2011年は＋40，2012年は－56，2013年は＋59であり，－83＋40－56＋59＝－40となるので，1年当たりの平均の輸入量は830千m^3を下回っている。

3． 2012年の場合，製材の輸入量の合計はおおむね6,500であり，2,714はその40％（＝2,600）を超えている。これに対し，2013年では，製材の輸入量の合計はおおむね7,500であり，2,829はその40％（＝3,000）に満たない。したがって，2012年より2013年のほうが割合が小さい。

4． 2013年は2012年より115増えており，その増加率は約15％ある。

5． 2012年における米材の輸入量の0.1なら，272を下回っていなければならない。

正答 **2**

No. 344 資料解釈 燃料消費量と電力消費量の指数 　東京都　平成25年度

次の図から正しくいえるのはどれか。

産業分野における都県別の燃料消費量の指数及び電力消費量の指数の推移

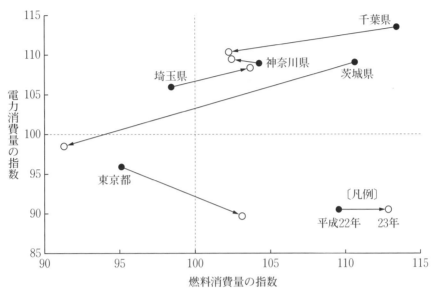

（注）燃料消費量の指数及び電力消費量の指数は、それぞれ平成21年の燃料消費量及び電力消費量を100とした数字である。

1. 東京都の燃料消費量についてみると、平成22年及び23年はいずれも前年に比べて減少している。
2. 埼玉県の電力消費量の対前年増加率についてみると、平成22年及び23年はいずれも5％を上回っている。
3. 平成21年から23年までのうち、神奈川県の燃料消費量が最も多いのは23年であり、最も少ないのは22年である。
4. 平成21年に対する23年の電力消費量の増加率について都県別にみると、最も少ないのは東京都であり、次に少ないのは茨城県である。
5. 平成23年についてみると、22年に比べて燃料消費量と電力消費量が共に減少している都県は、千葉県だけである。

解説

1. 東京都の場合、平成22年の燃料消費量指数は約95、平成23年は約103だから、平成22年は前年より減少しているが、平成23年は前年より増加している。
2. 埼玉県の場合、平成22年の電力消費量指数は約106、23年は約108である。この指数は平成21年を100としているので、23年の対前年増加率は、108÷106≒1.02 より、約2％である。
3. 神奈川県の燃料消費量指数をみると、平成23年は22年より小さくなっている。したがって、平成23年は22年より少ない。
4. 正しい。平成21年に対する23年の電力消費量の増加率は、平成23年を示すグラフが下方にあるほど小さくなる。したがって、最も小さいのが東京都、次に少ないのが茨城県である。
5. 平成22年に比べて23年の燃料消費量と電力消費量がともに減少していれば、グラフは左斜め下に向かう。このようなグラフは千葉県と茨城県であり、茨城県も燃料消費量と電力消費量がともに減少している。

正答　4

No.345 資料解釈 海洋汚染の発生件数など 平成12年度

次のグラフはある国の海洋汚染の発生件数と被害額をまとめたものである。グラフの外側の数字は，発生件数・被害額とも98年を100とする指数で示した合計であり，グラフの中の数値はいずれも構成比（％）を示している。正しくいえるものはどれか。

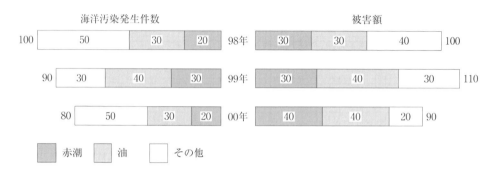

1　赤潮の1件当たりの被害額は年々減少している。
2　赤潮の発生件数は年々増加している。
3　油汚染の1件当たりの被害額は年々増加している。
4　油汚染の発生件数は年々減少している。
5　油汚染の1件当たりの被害額が一番多かったのは98年である。

解説

98年の発生件数を仮に100件・被害額を100億円としてほかの年がどうなるか計算して正誤を判別する。99年の赤潮の発生件数は，全体の指数90に構成比の30％＝0.3をかけた27，同被害額は110×0.3＝33億円となる。同様に計算した結果を整理すると，赤潮・油・その他の順に，

〈発生件数〉
98年：20・30・50
99年：27・36・27
00年：16・24・40

〈被害額〉
98年：30・30・40
99年：33・44・33
00年：36・36・18

となる。1件当たりの被害額は，被害額を発生件数で割ればよい。

1．赤潮の1件当たりの被害額は，98年1.5，99年1.2，00年2.3なので誤り。
2．赤潮の発生件数は，98年20，99年27，00年16なので誤り。
3．油汚染の1件当たりの被害額は，98年1.0，99年1.2，00年1.5なので正しい。
4．油汚染の発生件数の推移は，30→36→24なので誤り。
5．98年の油汚染の1件当たりの被害額は1.0，99年は1.2，00年は1.5なので誤り。
　　よって，**3**が正しい。

正答　**3**

No.346 資料解釈　コーヒー生豆の輸入量の対前年増加率　平成26年度　東京都　地方初級

次の図から正しくいえるのはどれか。

我が国における4か国からのコーヒー生豆の輸入量の**対前年増加率**の推移

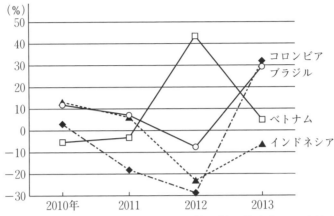

1　2011年から2013年までのうち，ベトナムからの輸入量が最も多いのは2012年であり，最も少ないのは2011年である。
2　2011年についてみると，4か国のうち輸入量が前年に比べて減少した国はコロンビアとベトナムだけである。
3　ブラジルからの輸入量についてみると，2010年から2012年までの3か年の1年当たりの平均輸入量は2013年の輸入量を上回っている。
4　インドネシアからの輸入量についてみると，2010年を100としたとき，2013年の指数は80を上回っている。
5　コロンビアからの輸入量の対前年増加量についてみると，2013年は2010年を下回っている。

解説

1．2013年におけるベトナムからの輸入量は，前年より約5％増加しているので，2012年より2013年のほうが多い。
2．正しい。コロンビアは約－18％，ベトナムは約－2％で前年より減少している。これに対し，ブラジルとインドネシアは前年より7～8％増加している。したがって，2011年の輸入量が前年より減少しているのは，コロンビアとベトナムの2か国である。
3．2010年におけるブラジルからの輸入量を100とすると，2011年は約108，2012年は99～100である。2013年は2012年より約30％増加しているので，2013年は130程度あることになる。したがって，2010年から2012年までの3か年の1年当たりの平均輸入量は，2013年の輸入量を下回っている。
4．図から判断する限り，$100 \times (1+0.05) \times (1-0.22) \times (1-0.07) \fallingdotseq 76$ となり，80を下回っている。
5．2009年におけるコロンビアからの輸入量を100とすると，2010年は約103で，増加量は3である。2012年の輸入量は，$103 \times (1-0.19) \times (1-0.29) \fallingdotseq 59$，2013年は約31％増加しているので，$59 \times 1.31 \fallingdotseq 77$ となり，2013年の増加量は約18となる。したがって，2010年より2013年のほうが対前年増加量は多い。

正答　2

地方初級 特別区 No.347 資料解釈 消費支出の構成比 平成15年度

次の図から確実にいえるのはどれか。

勤労者世帯1世帯・1か月当たりの消費支出の構成比の推移 （単位：％）

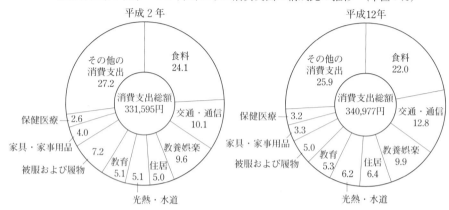

1 　平成2年における「食料」の消費支出に対する「被服および履物」の消費支出の比率は，平成12年におけるそれを下回っている。

2 　「交通・通信」の消費支出の平成2年に対する平成12年の増加率は，「教養娯楽」のそれの6倍より大きい。

3 　「住居」の消費支出の平成2年に対する平成12年の増加額は，「教育」のそれの3倍を上回っている。

4 　「光熱・水道」の消費支出の平成2年に対する平成12年の増加額は，4,000円を下回っている。

5 　平成2年の「保健医療」の消費支出を100としたときの平成12年のそれの指数は，140を上回っている。

解説

同一年における消費支出の比較の場合は，構成比で比較してもよいことに注意する。

1．この比率は，平成2年が $7.2 \div 24.1 \fallingdotseq 0.30$，平成12年が $5.0 \div 22.0 \fallingdotseq 0.23$ であるから，平成2年が平成12年を上回っている。

2．この増加率は，「交通・通信」が $(341000 \times 0.128) \div (332000 \times 0.101) \fallingdotseq 1.302$ より0.302，「教養娯楽」が $(341000 \times 0.099) \div (332000 \times 0.096) \fallingdotseq 1.059$ より0.059，ここで $0.059 \times 6 = 0.354 > 0.302$ であるから，「交通・通信」は「教養娯楽」の6倍より小さい。

3．正しい。この増加額は，「住居」が $340000 \times 0.064 - 330000 \times 0.050 \fallingdotseq 5300$〔円〕，「教育」が $340000 \times 0.053 - 330000 \times 0.051 \fallingdotseq 1200$〔円〕，ここで $1200 \times 3 = 3600 < 5300$ であるから「住居」は「教育」の3倍を上回っている。

4．この増加額は，$340000 \times 0.062 - 330000 \times 0.051 \fallingdotseq 4300$〔円〕，$4300 > 4000$ であるから4,000円を上回っている。

5．平成12年におけるこの指数が140だったとすると，「保健医療」の消費支出は $330000 \times 0.026 \times \frac{140}{100} \fallingdotseq 12000$〔円〕となるが，平成12年の「保健医療」の消費支出は $340000 \times 0.032 \fallingdotseq 11000 < 12000$〔円〕であり，平成12年におけるこの指数は140を下回っていることがわかる。

正答 **3**

No.348 資料解釈 日本の二国間政府開発援助 平成23年度

次の図から確実にいえるのはどれか。

日本の二国間政府開発援助額及びその地域別構成比の推移

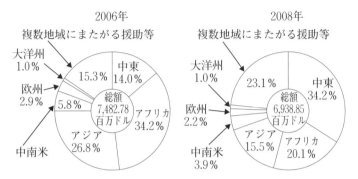

1 図中の各地域のうち，2006年の政府開発援助額が20億ドルを上回っているのは，アフリカだけである。

2 中南米への政府開発援助額の2006年に対する2008年の減少率は，アフリカへの政府開発援助額のそれより大きい。

3 2008年の欧州への政府開発援助額と大洋州への政府開発援助額との計は，2006年のそれの80％を超えている。

4 アジアへの政府開発援助額の2006年に対する2008年の減少額は，中南米への政府開発援助額のそれの6倍より小さい。

5 2006年の中東への政府開発援助額を100としたときの2008年のそれの指数は，230を上回っている。

解説

1. 74.82億×0.268≒20.05億より，アジアも20億ドルを上回っている。

2. 減少率を比較するだけなので，それぞれの年における構成比を比較すれば足りる。5.8×6＝34.8だから，2006年におけるアフリカの政府開発援助額は中南米の6倍弱ある。これに対し2008年は，3.9×5＝19.5より5倍強（約5.15倍）である。したがって，中南米への政府開発援助額の2006年に対する2008年の減少率は，アフリカへの政府開発援助額のそれより小さい。

3. 2008年における政府開発援助額の総額を2006年と比較すると，6939÷7483≒0.927より，約0.93倍となっている。欧州への政府開発援助額と大洋州への政府開発援助額との計をその構成比で見ると，（2.2＋1.0）÷（2.9＋1.0）≒0.820より，2008年は2006年の0.82倍である。0.82×0.93≒0.762より，約76％となる。

4. 正しい。アジアへの政府開発援助額の2006年に対する2008年の減少額は，7483×0.268－6939×0.155≒2005－1076＝929，中南米への政府開発援助額の2006年に対する2008年の減少額は，7483×0.058－6939×0.039≒434－271＝163であり，163×6＝978＞929だから，6倍より小さいというのは正しい。

5. 2008年の総額は2006年の約0.93倍なので，34.2÷14.0×0.93≒2.27より，その指数は約227であり，230を下回っている。

正答 **4**

No.349 資料解釈 穀物生産量と小麦生産量 平成17年度

図は，A，B，C，D，E 5か国の穀物生産量と小麦生産量を1980年と2000年とで比較したものである。この図からいえることとして正しいものは，次のうちどれか。ただし，小麦生産率とは，穀物生産量に占める小麦生産量の割合（％）である。

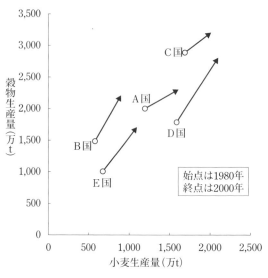

1　1980年における穀物生産量が最も多いのはD国，最も少ないのはE国である。
2　2000年における小麦生産量を見ると，C国はB国の3倍を超えている。
3　1980年における小麦生産率が最も大きいのはC国である。
4　2000年における小麦生産率が最も小さいのはB国である。
5　1980年から2000年にかけての穀物生産量の増加率を見ると，C国はA国を上回っている。

解説

1．1980年における穀物生産量が最も多いのはC国（2,900万t），最も少ないのはE国（1,000万t）である。

2．2000年における小麦生産量は，C国が2,000万t，B国が900万tとなっており，前者は後者の3倍には達していない。

3．小麦生産率の大小は，原点と当該点（矢印の始点または終点）とを結ぶ直線の傾きを比較することで判断できる。すなわち，この傾きが大きいほど小麦生産率は小さいといえる。したがって，原点と矢印の始点とを結ぶ直線の傾きを比較して，1980年における小麦生産率が最も大きいのはD国であることがわかる。

4．正しい。原点と矢印の終点とを結ぶ直線の傾きを比較して，2000年における小麦生産率が最も小さいのはB国であることがわかる。

5．1980年から2000年にかけての穀物生産量の増加率を見ると，C国が $\frac{3200}{2900}-1 \fallingdotseq 0.10$，A国が $\frac{2300}{2000}-1=0.15$ であるから，C国はA国を下回っている。

正答　4

地方初級 No.350 東京都 資料解釈 デジタルカメラとレンズの出荷額 平成22年度

次の図から正しくいえるのはどれか。

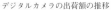
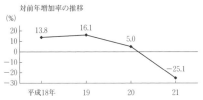
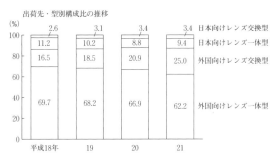

1 平成18年から21年までの各年についてみると、外国向けレンズ一体型の出荷額は、いずれの年も日本向けレンズ一体型の出荷額の6.5倍を上回っている。

2 平成18年から21年までのうち、日本向けレンズ交換型の出荷額が最も少ないのは18年である。

3 外国向けレンズ交換型の出荷額についてみると、平成19年を100としたとき、20年の指数は130を上回っている。

4 外国向けレンズ一体型の出荷額についてみると、平成20年は前年を下回っている。

5 デジタルカメラの出荷額についてみると、平成20年及び21年はいずれも前年を下回っている。

解説

1. 平成18年の日本向けレンズ一体型出荷額の構成比は11.2%であり、この6.5倍は、11.2×6.5＝72.8＞69.7となるので、平成18年の外国向けレンズ一体型の出荷額は、日本向けレンズ一体型の出荷額の6.5倍未満である。

2. 正しい。平成19年および20年はデジタルカメラ出荷額もそこに占める日本向けレンズ交換型の構成比も前年より増加しているので、日本向けレンズ交換型の出荷額は平成18年より多い。そこで、平成18年と21年を比較すると、平成18年のデジタルカメラ出荷額を100としたとき、平成18年の日本向けレンズ交換型は2.6、平成21年は、100×1.161×1.05×(1－0.251)×0.034≒3.1で、平成21年のほうが多い。したがって、最も少ないのが平成18年というのは正しい。

3. 平成19年の外国向けレンズ交換型の構成比は18.5%、平成20年は20.9%だから、18.5×1.2＝22.2より、構成比の数値は1.2倍未満である。平成20年におけるデジタルカメラ出荷額の対前年増加率は1.05倍だから、平成20年における外国向けレンズ交換型を平成19年と比べると、1.05×1.2＝1.26より小さく、指数としては126未満である。

4. 平成20年のデジタルカメラ出荷額の対前年増加率は5%だから、66.9×1.05＞70＞68.2となり、平成20年の外国向けレンズ一体型は平成19年を上回っている。

5. 平成20年は前年より5%増加している。

正答 **2**

●本書の内容に関するお問合せについて

本書の内容に誤りと思われるところがありましたら，まずは小社ブックスサイト（jitsumu.hondana.jp）中の本書ページ内にある正誤表・訂正表をご確認ください。正誤表・訂正表がない場合や訂正表に該当箇所が掲載されていない場合は，書名，発行年月日，お客様の名前・連絡先，該当箇所のページ番号と具体的な誤りの内容・理由等をご記入のうえ，郵便，FAX，メールにてお問合せください。

〒163-8671 東京都新宿区新宿1-1-12 実務教育出版 第二編集部問合せ窓口
FAX：03-5369-2237 E-mail：jitsumu_2hen@jitsumu.co.jp

【ご注意】
※電話でのお問合せは，一切受け付けておりません。
※内容の正誤以外のお問合せ（詳しい解説・受験指導のご要望等）には対応できません。

公務員試験 合格の350シリーズ

地方初級〈教養試験〉過去問350［2022年度版］

2021年4月20日 初版第1刷発行 〈検印省略〉

編　者　資格試験研究会
発行者　小山隆之

発行所　株式会社 実務教育出版
　　　　〒163-8671 東京都新宿区新宿1-1-12
　　　　☎編集 03-3355-1812 販売 03-3355-1951
　　　　振替 00160-0-78270

印　刷　精興社
製　本　ブックアート

©JITSUMUKYOIKU-SHUPPAN 2021
ISBN978-4-7889-6779-3 C0030 Printed in Japan
乱丁，落丁本は本社にておとりかえいたします。

本誌掲載の記事および復元問題等は，当社が独自に編集したものであり，一切の無断引用・無断転載を禁じます。

【個人情報の取り扱いについて】 本誌で募集している試験情報，愛読者カード等により，皆様からご提供いただきました個人情報につきましては，個人情報保護法など関連法規を遵守し，厳重に管理・使用いたします。
弊社個人情報の取り扱い方針は実務教育出版ウェブサイトをご覧ください。
https://www.jitsumu.co.jp/

実務教育出版

2021年度試験対応
高卒・短大卒程度 公務員セット

[国家公務員・地方公務員・警察官・消防官・中途採用]

高卒・短大卒程度試験を徹底攻略！

教養　適性　作文　面接
すべての対策が揃って、**受講料 35,200円（税込）**

POINT 1　出るところに絞った教材！
幅広い出題範囲の中から重要なところをピックアップ！短期間で効率よくマスターできます！

POINT 2　解き方のコツが身につく！
教材はわかりやすく、問題の解説は丁寧です。
基礎から実戦力までスムーズに身につきます。

POINT 3　二次試験対策も万全！
作文試験、面接試験のポイントを詳しく解説したテキストが充実。作文の添削付きです。

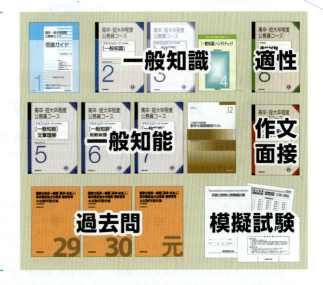

web限定申込

実務教育出版　検索　https://www.jitsumu.co.jp/

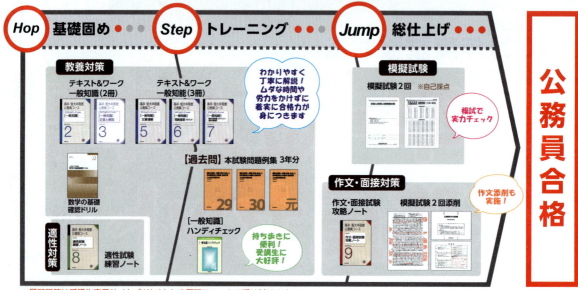

■受講対象
高卒・短大卒程度 教養試験(基礎能力試験)対策

[都道府県、政令指定都市、特別区(東京23区)、市役所など、事務系、技術系、保育士や栄養士など資格免許職、中途採用。
国家一般職高卒、社会人(係員級)、国家専門職高卒、国家特別職高卒、警察官、消防官(士)]

■受講料 (2020年8月1日現在の10%税込価格です)
【一括払い】**35,200円** (本体32,000円+税 教材費・指導費等を含む総額)

※本セットのお支払い方法は、コンビニ・郵便局(一括払い)またはクレジット決済(一括払い)のみです。
※クレジット決済の詳細は、各カード会社にお問い合わせください。

■受講受付期間
2020年8月1日~2021年7月31日

テキストで知識を「吸収」し、
ワークの問題演習で
知識の「定着」をはかりましょう。
この繰り返しが短期攻略のカギ!

■教材一覧
受講ガイド
●テキスト&ワーク (5冊)
　一般知識 [政治、経済、社会、労働、国際関係、文学・芸術、国語、倫理、日本史、世界史、地理、数学、物理、化学、生物、地学、英語]
　一般知識 正答と解説
　一般知能 文章理解
　一般知能 判断推理(課題処理)
　一般知能 数的推理(数的処理)・資料解釈
●適性試験練習ノート
●作文・面接試験攻略ノート
●数学の基礎確認ドリル
●[一般知識]ハンディチェック
●模擬試験 (試験別 各1回 全2回) *自己採点(正答と解説つき) *作文は計2回添削
　高卒・短大卒程度公務員 [教養試験、作文試験、適性試験]
　警察官・消防官 [高卒・短大卒] [教養試験、作文試験]
●本試験問題例集 (過去問 3年分 全3冊)
　令和元年度 国家一般職[高卒・社会人]/高卒 地方公務員・警察官等
　平成30年度 国家一般職[高卒・社会人]/高卒 地方公務員・警察官等
　平成29年度 国家一般職[高卒・社会人]/高卒 地方公務員・警察官等

※教材はすべて一括で送付します。

Voice 合格体験記

自分の弱点から目をそらさず、丁寧に学習することが合格への近道です

上越市 Ⅲ種(高校卒業程度) 一般行政 合格
松山 紫音 さん (新潟県立高田高等学校卒業)

　私の在学している高校では多くの生徒が大学へと進学します。しかし私は早く社会の一員として働き、多くの人に貢献したいと考え、公務員試験を受験することにしました。
　公務員試験を受験するにあたり、父から実務教育出版の通信講座を勧められたため受講することに決め、勉強を進めていきました。私は高校2年生の冬から公務員試験対策の無料講座にも通っていたので、無料講座のテキストと通信講座の教材を同時進行していましたが、実務教育出版の通信講座は内容が非常に充実しており、安心して試験に臨むことができました。
　特に一般知能のテキスト&ワークには、やさしい問題から難しい問題まで多くの例題が掲載されており、様々な問題にふれることができます。私はこのテキスト&ワークを夏休み中に2回繰り返しました。どうしてもわからないときは、質問ができたので助かりました。
　他にも公務員試験特有の問題に対応できるテキストが多く、有効活用することができました。私が本格的に学習を始めたのは高校3年生の6月頃からですが、この通信講座のおかげで本命だった市役所以外にも、県庁、国家一般職、裁判所事務官のすべての試験に最終合格することができました。
　公務員試験合格を目指している方に伝えたいことは、とにかく自分の弱点から目をそらさず丁寧に学習してほしいということです。わからないところほど繰り返してください。その積み重ねが合格への近道です。必ず力がつくのであきらめずに頑張ってください。

お申し込みはweb限定! https://www.jitsumu.co.jp/
実務教育出版 TEL.03-3355-1822 (土日祝日を除く 9:00~17:00)

公務員 公開模擬試験

2021年度試験対応

web限定申込

主催:実務教育出版

個人が自宅で受けられる模擬試験！
直前期の最終チェックにぜひご活用ください！

個人が個別に web申込・お支払 ▶ 模擬試験が自宅に届く ▶ 自宅で公開模擬試験を実施 ▶ 答案を締切日までに郵送 ▶ 自宅に結果返送

試験日程・受験料

試験名	申込締切日	問題発送日 当社発送日	答案締切日 当日消印有効	結果発送日 当社発送日	受験料 （税込）
高卒・短大卒程度 公務員	6/8	6/23	7/14	8/2	3,600 教養+適性+作文添削
[高卒・短大卒程度] 警察官・消防官	6/8	6/23	7/14	8/2	3,600 教養+作文添削

実務教育出版webサイトからお申し込みください
https://www.jitsumu.co.jp/

公開模試の詳細はこちら

試験構成・対象

試験名	試験時間・問題数	対象
高卒・短大卒程度 公務員	教養 [択一式/1時間40分/45題] 適性 [択一式/15分/120題] 作文 [記述式/50分/1題] ＊添削付き	都道府県、市区町村、 国家一般職（高卒者、社会人）事務、 国家専門職（高卒程度、社会人）、 国家特別職（高卒程度）など、 高卒・短大卒程度試験
[高卒・短大卒程度] 警察官・消防官	教養 [択一式/2時間/50題] 作文 [記述式/60分/警察官 or 消防官 いずれか1題] ＊添削付き	高卒・短大卒程度 警察官・消防官（男性・女性）

■公開模擬試験【個人自宅受験】の特徴

●**2021年度（令和3年度）試験対応の予想問題を用いた、実戦形式の試験です！**
試験構成、出題数、試験時間など実際の試験と同形式です。マークシートの解答方法はもちろん時間配分に慣れることができ、本試験直前期に的確な最終チェックが可能です。

●**自宅で本番さながらの実戦練習ができます！**
全国規模の実施ですので、実力を客観的に把握できます。「正答と解説」には、詳しい説明が記述されていますので、周辺知識までが身につき、一層の実力アップがはかれます。

●**全国レベルの実力がわかる、客観的な判定資料をお届けします！**
マークシートご提出後に、個人成績表をお送りいたします。精度の高い合格可能性判定をはじめ、得点、偏差値、正答率などの成績データにより、学習の成果を確認できます。

▼個人成績表
▼マークシート
▼教養試験・適性試験
▼作文添削

■申込方法

公開模擬試験【個人自宅受験】は、実務教育出版webサイトの公開模擬試験申込フォームから個別にお申し込みください。

1. 受験料のお支払いは、クレジット決済、コンビニ決済の2つの方法から選べます。
2. コンビニ決済の場合、ご利用のコンビニを選択すると、お申込情報（金額や払込票番号など）とお支払い方法が表示されます。その指示に従い指定期日（ネット上でのお申込み手続き完了日から6日目の23時59分59秒）までにコンビニのカウンターにて受験料をお支払いください。
この期限を過ぎますと、お申込み自体が無効となりますので、十分ご注意ください。

※料金お支払後の受験内容の変更・キャンセル等、受験料の返金を伴うご要望には一切応じることができませんのでご注意ください。

お申し込みはコチラ

◆**公開模擬試験【個人自宅受験】についてのお問い合わせ先**
問題発送日より1週間経っても問題が届かない場合、下記「公開模擬試験」係までお問い合わせください。
実務教育出版　「公開模擬試験」係　TEL：03-3355-1822（土日祝日を除く9：00～17：00）

実務教育出版webサイトからお申し込みください
https://www.jitsumu.co.jp/